古代斯巴达政制研究

Studies on the Ancient Spartan Political System

祝宏俊 ◎ 著

国家社科基金后期资助项目
出版说明

后期资助项目是国家社科基金设立的一类重要项目，旨在鼓励广大社科研究者潜心治学，支持基础研究多出优秀成果。它是经过严格评审，从接近完成的科研成果中遴选立项的。为扩大后期资助项目的影响，更好地推动学术发展，促进成果转化，全国哲学社会科学规划办公室按照"统一设计、统一标识、统一版式、形成系列"的总体要求，组织出版国家社科基金后期资助项目成果。

全国哲学社会科学规划办公室

本书部分参考文献缩写对照表

Apol.	Apollodorus, *the Library*
Arist. *Ath. Pol.*	Aristotle, *Athenian Constitution*
Arist. *Fr.*	Aristotle, *Fragments*
Arist. *Pol.*	Aristotle, *Politics*
Athen.	Athenaeus, *The Deipnosophists*
Cic.	Cicero
CP	*Classical Philology*
CQ	*the Classical Quarterly*
Diod.	Diodorus, *The Library of History*
FGrHist	*the Fragments of Greek History*
Hdt	Herodotus, *Histories*
I. G.	*the Inscreptions of Greece*
Ild.	Homer, *Iliad*
Iso. *Pan.*	Isocrates, *Panathenaicus*
JHS	*the Journal of Hellenic Studies*
Ody.	Homer, *Odyssey*
Paus.	Pausanias, *Description of Greece*
Plato, *Rep.*	Plato, *Republic*
Plato, *Alcib.*	Plato, *Alcibiades*
Plut. *Ages.*	Plutarch's *Lives*, *Agesilaus*
Plut. *Agis*	Plutarch's *Lives*, *Agis*
Plut. *Aristides.*	Plutarch's *Lives*, *Aristides*
Plut. *Cleom.*	Plutarch's *Lives*, *Cleomenes*
Plut. *Lyc.*	Plutarch's *Lives*, *Lycurgus*

Plut. *Lyc & Numa*	Plutarch's *Lives*, *Lycurgus & Numa*
Plut. *Lys.*	Plutarch's *Lives*, *Lysander*
Plut. *Mor.*	Plutarch, *Moralia*
Plut. *Pel.*	Plutarch's *Lives*, *Pelopidas*
Plut. *Phocion*	Plutarch's *Lives*, *Phocion*
Plut. *Solon*	Plutarch's *Lives*, *Solon*
Poly.	Polybius, *The Histories*
Strabo.	Strabo, *Geography*
Thuc.	Thucydides, *History of the Peloponnesian War*
Tyr. fr.	Tyrtaeus, *Fragments*
Xen. *Agesilaos*	Xenophon, *Agesilaos*
Xen. *Hell.*	Xenophon, *Hellenica*
Xen. *Lac. Pol.*	Xenophon, *Constitution of the Lacedaemonians*

说明：

1. 本书古典文献依据罗易卜古典丛书，文中的版本不再一一列举，可参考书后的参考文献部分。

2. 本书古典文献部分的注释依照国际惯例采用缩写形式，并采用卷、章、段或行标注法，罗马数字表示卷，阿拉伯数字表示章、段或行，如"Hdt. IX. 1."，"Thu. I. 18."或"Xen. Hell. I. 2. 3."，同一卷中的几个并列的段或行，则用逗号隔开，如"Ild. XV. 234－245, 345－357."，"Hdt. IX. 1, 2, 3, 4."，如果三级标注中出现同卷不同章、段，则全部标注出来，用分号隔开，如"Xen. Hell. I. 2. 3; I. 4. 5."；如出现同卷同章不同段的情况，则用逗号隔开段落数字，如"Xen. Hell. I. 4. 5, 6."

目 录

序 一 .... 王敦书 001
序 二 .... 郭小凌 001
前 言 001

第一章 "埃伏尔"制度研究 001
第一节 古典作家对埃伏尔的研究 001
一、产生时间 001
二、产生原因 003
第二节 早期埃伏尔 005
一、埃伏尔的起源 005
二、早期埃伏尔的属性 007
三、早期埃伏尔的职权 009
第三节 古典时期的埃伏尔制度 011
一、古典埃伏尔制度的组织特征 011
二、古典埃伏尔制度的产生 014
三、古典埃伏尔的权力 016
第四节 晚期埃伏尔 019
一、埃伏尔成为贵族利益的代表 020
二、军事、外交成为埃伏尔权力的核心 023
三、埃伏尔的堕落蜕变 025
四、埃伏尔成为社会矛盾的焦点 027

第二章　公民大会研究 ·· 029
第一节　荷马时代的公民大会 ······························ 029
一、荷马时代公民大会的职权 ···························· 029
二、荷马时代公民大会的政治地位 ······················ 031
第二节　斯巴达的公民大会 ································ 035
一、斯巴达公民大会的形成 ······························ 035
二、斯巴达公民大会的特点 ······························ 038
第三节　斯巴达公民大会的权力 ···························· 042
一、公民大会的政治地位 ································ 042
二、公民大会的立法权辨析 ······························ 043
三、公民大会选举权辨析 ································ 048

第三章　阿卡伽塔伊制度研究 ································ 052
第一节　阿卡伽塔伊制度的产生 ···························· 053
一、学术界关于阿卡伽塔伊制度的讨论 ·················· 053
二、阿卡伽塔伊制度的产生 ······························ 057
第二节　阿卡伽塔伊制度的特点 ···························· 062
一、国王的权力 ·· 062
二、阿卡伽塔伊制度与执政官制度和君主制的比较 ······ 070
三、王位的继承 ·· 075
第三节　古典时期阿卡伽塔伊制度的演变 ·················· 080
一、古典时期前期"强弱格局"的形成 ·················· 080
二、双王并立格局的恢复 ································ 084
三、优律彭家族的再次兴起 ······························ 086
第四节　晚期阿卡伽塔伊制度 ································ 089
一、国王成为国家独立的象征 ···························· 089
二、国王立志改革重振雄风 ······························ 093
三、阿卡伽塔伊制度的废止 ······························ 096

第四章　长老会议研究 ·· 100
第一节　《荷马史诗》中的长老会议 ······················ 100
第二节　斯巴达长老会议 ···································· 105

一、斯巴达长老会议的构成 …………………………… 105
　　二、长老的资格和产生方法 …………………………… 108
　第三节　长老会议的政治地位 …………………………… 113
　　一、长老会议的职权 …………………………………… 114
　　二、长老会议与其他主要权力机构之间的关系 ……… 116

第五章　外交政策研究 ……………………………………… 123
　第一节　单边扩张的外交 ………………………………… 123
　　一、斯巴达的早期殖民活动 …………………………… 123
　　二、征服美塞尼亚地区 ………………………………… 125
　　三、美塞尼亚人的结局 ………………………………… 130
　第二节　结盟外交 ………………………………………… 133
　　一、走向结盟外交 ……………………………………… 133
　　二、伯罗奔尼撒同盟 …………………………………… 139
　第三节　区域霸权外交 …………………………………… 145
　　一、区域霸权外交政策的社会背景 …………………… 145
　　二、维持本土的霸权 …………………………………… 146
　　三、对波斯自私保守 …………………………………… 148
　　四、对雅典宽容、忍让 ………………………………… 151
　　五、进攻性的"锁国外交" …………………………… 153
　第四节　"泛希腊霸权"外交 …………………………… 159
　　一、立足于希腊本土的"泛希腊霸权"外交 ………… 159
　　二、跨爱琴海的"泛希腊霸权"外交 ………………… 164
　　三、泛希腊霸权外交的失败 …………………………… 169

第六章　地方管理体制研究 ………………………………… 172
　第一节　斯巴达地方管理体制的形成 …………………… 172
　　一、斯巴达地方管理体制的分类 ……………………… 172
　　二、斯巴达地方管理体制的形成 ……………………… 174
　第二节　斯巴达城区的管理 ……………………………… 179
　　一、血缘组织 …………………………………………… 180
　　二、奥巴制 ……………………………………………… 186

三、吉姆纳西尤姆 ………………………………………… 192
　　　四、叙希提阿 …………………………………………… 194
　第三节　庇里阿西区 ……………………………………………… 200
　　　一、庇里阿西区的空间结构 …………………………… 201
　　　二、庇里阿西区的人口结构 …………………………… 204
　　　三、庇里阿西区的政治权力 …………………………… 207
　第四节　黑劳士区的管理 ………………………………………… 211
　　　一、黑劳士区概述 ……………………………………… 211
　　　二、以家庭为中介的管理 ……………………………… 213
　　　三、库普提亚制 ………………………………………… 216

第七章　境外管理模式研究 …………………………………………… 221
　第一节　亲斯巴达政府 …………………………………………… 221
　第二节　总督体制 ………………………………………………… 228
　第三节　海军统帅制度 …………………………………………… 243

第八章　职官制度研究 ………………………………………………… 254
　第一节　斯巴达官僚系统的分类 ………………………………… 254
　　　一、国王系统的职官 …………………………………… 254
　　　二、埃伏尔系统的职官 ………………………………… 258
　　　三、公民大会系统的职官 ……………………………… 260
　第二节　斯巴达职官的任命 ……………………………………… 264
　　　一、身份、特权与才干 ………………………………… 264
　　　二、世袭、选举与任命 ………………………………… 269

结束语：斯巴达是寡头制国家吗？ …………………………………… 272
　　　一、当代学者对斯巴达政制的认识 …………………… 272
　　　二、古典作家对斯巴达政体的分析 …………………… 276
　　　三、古典作家对寡头制的认识 ………………………… 281
　　　四、从政体代表性看斯巴达政体性质 ………………… 285
　　　五、从平民的政治地位看斯巴达政体的性质 ………… 288
　　　六、民主视角下的雅典与斯巴达政体 ………………… 291

附录一：斯巴达王表 ·················· 295
附录二：历次公民大会一览表 ·············· 299
附录三：人名地名对照表 ················ 300
参考文献 ························ 308
后　记 ························· 322

序 一

王敦书

城邦是古希腊的基本政治单位，也是研究希腊史乃至世界古代史的重要的切入点。丹麦著名古典学者摩恩·汉森及其主持的哥本哈根城邦研究中心正是从这个切入点，联合世界各国学者，在古希腊史研究方面取得了许多重大成果。上个世纪80年代，我国世界古代史学界在林志纯先生带领下，曾经对古代世界的城邦开展过广泛研究，那可以说是国内城邦研究的巅峰时期，其代表作是日知（林志纯先生的笔名）主编的《古代城邦史研究》。这次研究更多的是对古代城邦问题进行理论上的探讨，强调城邦的普遍性，并将它推广应用于古代埃及、西亚、南亚与中国；但对古希腊城邦的研究略显不足，这与古希腊城邦在整个城邦问题研究中的地位似乎不太相称，而且没有涉及斯巴达城邦。

在古希腊城邦中，雅典和斯巴达无疑是两个最重要的城邦。但雅典因为资料相对于后者更为丰富，加之，古代雅典曾经的民主政治比较繁荣，这一遗产与现代西方主流意识相契合，吸引了更多的学者。再者，古希腊文化主要借助于雅典作家的作品而留传至今，其他地区的作品或因为产量较少，或由于存世稀缺，因此，对古希腊文化的研究尽管戴着古希腊的"头衔"，也更多反映了雅典的特色。相对而言，对雅典的研究要比对斯巴达的丰富得多。这种研究格局与斯巴达在古希腊的国际地位、政治地位乃至文化地位有点不相匹配。斯巴达从公元前6世纪中期开始通过缔结"伯罗奔尼撒同盟"，执希腊半岛之牛耳，直至公元前5世纪70年代中期。其后雅典取代斯巴达成为希腊世界最强大的城邦，但半个世纪之后，斯巴达得到波斯帮助，再次超越雅典，直至公元前4世纪80年代。此后，尽管有底比斯、雅典等邦短期称雄，但其实力实际上已经与过去的雅典、斯巴达不可同日而语。可见，斯巴达在更长的时间内是希腊世界的最强大、最具影响力的城邦。斯巴达的成功使得斯巴达的政治制度也引起了希腊各国，尤其是雅典知识分子的关注。这其中又以柏拉图与色诺芬为最。斯巴达成为柏拉图现实版"理想国"的雏形；色诺芬则投靠斯巴达，写下了斯巴达国王《阿格西劳斯传》及《斯巴达政制》两部作品。过去，一般认为斯巴达的文化不发达。其实，公元前6世纪中期以前斯巴达的诗歌、艺术、建筑、雕刻、陶器制作等还是相当昌盛的。至于众口流传的所谓斯巴达人的传统精神，这更是值得人们玩味探讨的。

20世纪中期以来，西方古典学与古代史学界以英国为代表，充分利用不列颠雅典学院在斯巴达及拉科尼亚地区长期考古发掘与勘察的成果，加强了斯巴达研究，人才辈出，作品纷呈，琳琅满目。例如，K. M. T. 克莱姆斯的《古代斯巴达：一个对证据的再考察》（1949），G. L. 赫胥黎的《早期斯巴达》（1962），A. H. M. 琼斯的《斯巴达》（1967），W. G. 弗勒斯特的《公元前950—192年斯巴达史》（1968），E. 劳逊的《欧洲思想中的斯巴达传统》（1969），D. M. 路易斯的《斯巴达与波斯》（1977），J. T. 胡克的《古代斯巴达人》（1980），C. A. 包威尔主编的《古典斯巴达：在她成功背后的技术》（1989），C. A. 包威尔与S. 霍德金森合编的《斯巴达的影子》（1994）等专著。著名学者M. I. 芬利1968年在法国发表的《斯巴达》论文，以及牛津马克思主义史家德·圣·克鲁瓦院士的名著《伯罗奔尼撒战争的起源》（1972）中关于斯巴达的论述，对英国乃至国际的斯巴达研究都有重要的影响。

当代英国最著名的二位斯巴达史权威是保罗·卡特勒治与斯蒂芬·霍德金森。卡特勒治1975年发表《朝向斯巴达革命》论文，崭露头角；1979年出版《斯巴达与拉科尼亚：一部公元前1300—362年地区史》，一举成名。其后，接连出版《阿格西劳斯与斯巴达危机》（1987）与《希腊化与罗马时期的斯巴达：双城记》（1991，与A. J. S. 斯泡弗思合著）等专著及多篇论文。霍德金森1983年发表论文《古典斯巴达的社会秩序与价值冲突》，脱颖而出。其后，接连发表斯巴达社会经济史领域论文多篇，如《古典斯巴达的土地制度与财产继承》、《继承、婚姻与人口统计学：古典斯巴达盛衰的透视》、《公元前4世纪的斯巴达社会：危机与持续》等，并与包威尔合编《斯巴达的影子》一书。20世纪90年代，在英国先后分别召开了关于斯巴达的艺术、考古与历史的三次国际学术研讨会。1997 年 9 月举行的关于斯巴达历史的国际会议盛况空前，会议代表来自四大洲十二个国家，其成果由霍德金森与包威尔共同主编，以"斯巴达的新透视"为名于 1999 年出版，扉页题写"献给乔弗雷·德·圣·克鲁瓦"。2000 年新世纪伊始，霍德金森马不停蹄，立刻出版大部头专著《古典斯巴达的财产与财富》。卡特勒治再接再厉，2001 年将其以往发表的斯巴达论文修订集合成专著《斯巴达反思》出版；2002 至 2004 年又将自己三十年来研究斯巴达之心得精华提炼凝聚成《斯巴达人》一书普及世界发行。这一切预示着斯巴达研究在 21 世纪将有新的发展。

19 世纪后期西学逐渐传入中国后，国人才开始知道斯巴达的名字。新中国建立之后，国内学者关于斯巴达的研究大致上始于黑劳士问题。这一研究是在社会形态问题争论的大背景下展开的。改革开放后，北京师范大学刘家和先生在《世界古代史论丛》发表长篇重要力作《论黑劳士制度》。这原是他 1957 年在东北师范大学世界古代史研究班研修时的毕业论文，受到苏联专家与林志纯的指导与好评，经过二十多年的进一步思考锤炼而后正式公开问世，乃我国斯巴达研究的开山奠基之作。可惜，刘先生以后专心研究中国古代史与史学史，未把斯巴达研究继续下去。在刘先生的启发下，1983 年我利用在希腊雅典访学的机会与图书条件，写了《斯巴达早期土地制度考》一文，提交给该年 5 月在河南郑州大学召开的中国世界古代史研究会第二届代表大会，年末在《历史研究》发表。可是，以后我虽继续关注国内外斯巴达研究的状况，却未再写这方面的文章。

祝君宏俊毕业于扬州大学（原扬州师范学院），少年英俊，聪颖勤奋，严谨治学。后为北京师范大学世界史专业博士研究生，专攻古希腊史，由郭小凌先生任导师，亦受教于刘家和先生。虽其博士学位论文乃关于古希腊的伦理思想方面，但他已开始关心及从事斯巴达研究。2004 年荣获博士学位后，来南开大学历史学院与我合作，集中精力进行斯巴达史博士后研究。不久，他的第一篇论文《斯巴达的"监察官"》在《历史研究》上发表，可谓一炮打响。2006 年，他从南开大学出站，又得于沛先生垂爱，进入社科院世界历史研究所做博士后，继续从事斯巴达研究。2008 年上半年，他到英国诺丁汉大学古典学系"斯巴达与伯罗奔尼撒研究中心"访学，得到霍德金森的指导。至今，宏俊在这一领域研究已经十余年，取得了一系列成果。我作为他在南开的博士后合作指导老师，为此感到由衷的高兴。

目前出版的这部著作就是在南开大学的博士后出站报告的基础上进一步完善而成的，当时的出站报告主要研究了中央政权机构，现在的成果则增加了斯巴达的地方管理部分，这样构成了对斯巴达政治制度更为全面的研究。尽管书中的某些观点还可以继续探讨，继续研究，她无疑是我国关于斯巴达研究的第一部重要专著，对我国的世界古代史、古希腊史研究也很有意义。我国的斯巴达研究有厚望焉！

是为序。

序 二

郭小凌

这是迄今国内学界对斯巴达社会、政治、经济制度体系所进行的相对最为深入具体研究的一本书，是我国古典学在近三十多年不断取得进步的又一明证。

斯巴达在世界史上颇为特殊。它是希腊诸邦中国土面积最大、人口最多的国家，但具有公民特权的男性却在最多的时候不到一万人，较其他大邦的公民集体规模要小许多。但这并不是令人对斯巴达感到特殊的主要地方。许多人还注意到斯巴达人对为数众多的耕奴希洛人以及非公民自由人庇里阿西人的统治与压迫，但在世界历史长河中，这种一个公民公社对另一个或若干个被征服族群的统治可谓屡见不鲜。斯巴达的特殊之处在于它的基本经济制度是平均主义的公有制，在此基础上其相应的政治制度是公民基本平等参与的共和制，即斯巴达人自诩的"平等者公社"制。这一切表现在莱库古改革之后，公民集体内部缺乏大宗的私有动产与不动产，国家拥有公民田产与奴隶的所有权，公民社会的男性成员无论贵族与平民，均享有基本平等的政治参与权、土地与奴隶的占有权以及强制性的军训权利，所有公民的个人生活都要受到国家的严格控制与监督，包括公共食堂与家庭生活。这样一种集权主义和平均主义的制度今天看来不可思议，却在相当长的时间里保证了斯巴达公民社会的长期团结与稳定，且稳定的长度超过古希腊任何其他国家。也因为内部稳定，并长期进行专业化的训练，尽管斯巴达公民兵人数不多，却成就了一支打遍希腊世界无敌手的强大陆军。在公元前 146 年希腊被罗马征服之前，斯巴达可谓希腊世界诸邦中称霸时间最长、国际影响力最大的国家。

由于斯巴达表现出来的多方面优势，当公元前 4 世纪希腊世界面临内外交困的形势时，公元前2世纪罗马军团席卷地中海世界时，希腊世界的那些为天下之忧而忧的知识分子们，如苏格拉底、伊索克拉底、柏拉图、亚里士多德、波里比乌斯等人，便纷纷把斯巴达的政治体制看作是振兴城邦和罗马成功的样板。他们的众多分析与价值评判，使得斯巴达的政治体制在古代世界的政治学领域成为好政体的典型。相反，对古代民主制，古希腊那些最睿智的学者却多持批判甚至否定的态度。对于这样一个颇值得玩味的国家，我国学界给以的注意力似乎远远不够。"文革"前只有刘家和先生就希洛制的起源与属性有过深入细致的分析与论证。改革开放之后由于古典学领域欠账太多，30年里只有很少数论著涉及斯巴达史的某个方面，光焰四射的雅典与罗马吸引了我国大部分学者的学术旨趣。而在国外，特别是在欧美学界，多半是因现今流行的价值观，对实行军国主义、平等主义的斯巴达也并不在意，有关专著的数量远不能同有关雅典的专著数量相比，反映了西方古希腊史家的价值取向。鉴于此，祝宏俊博士的这部专著便有了填补缺口的意义。

就我所知，作者是在本世纪初转向斯巴达史研究的。此前，作者在梳理古希腊思想史的过程中，敏锐地察觉斯巴达对古希腊思想家的影响，遂生出解释这一现象背后的原因的冲动。后来他两度从事博士后研究，把念头付诸实践，对斯巴达史展开较为全面的考察。再后，他有幸先后赴英国、美国访学，收集到许多相关史料，掌握了有关问题的最新学术动态，带着问题走访过国际古典学领域的学术带头人卡特里奇、霍德金森等教授。一份付出带来一份收获。近些年来，作者在斯巴达研究方面接连发表一些颇具分量的论作，这本书显然是已有过程的继续，汇集了作者的最新研究心得。

我观宏俊博士的斯巴达研究，感觉至少有两个方面颇具特色，具有启发意义。首先是他的从个别到一般的研究方法。这并不是什么新颖的方法（古希腊最渊博的学者亚里士多德的政治学研究就十分成功地采用了这种方法），但却是被当代许多学人忽略的方法。在历年刊行的史学论文中，我们经常看到这样一种现象，就是题目很大，结论很大，支持结论的具体事实却很薄弱。或者换句话说，作者并没有搞清复杂的细节，庞大的结论往往基于粗浅的一般描述，从而简单化了复杂的历史事物。而本书作者却从有关斯巴达的一个个具体问题入手，如埃伏尔制度、公民大会制度、阿卡伽塔伊制度、长老会议制度之类中央权力体制，以及地方行政管理制度、海外殖民地、附属国的管理制度，包括职官制度等等，把每一制度都放到具体的历史条件下加以考察，穷根究底到史料的局限使进一步的分解不再可能为止。然后再进行每个局部问题的归纳。这就使有关斯巴达政制的整个综合有了相对可靠的依据。其次是注重局部与整体的有机联系。本书的基本架构虽是专题研究，但在每个专题内部却突出整体史的叙事方式，尽量把斯巴达建国至国家被罗马征服之间的每一单个的历史进程同整个国家的历史进程结合在一起。

在这种深入细致的考析下，作者能够从一些既定史料中找到一些新的解释。例如对斯巴达的国王制度，以往学界主要强调"双国王"的特征，但本书作者却指出，在斯巴达实行一夫多妻的制度下，王位继承不仅要符合血统纯正、长幼有序的原则，还要符合王统原则，即继承人应该是父亲担任国王期间所生。又如，在斯巴达的地方管理方面，作者认为传统所说的公餐团制度、秘密警察制度等兼具行政管理的功能。如果不是细致爬梳与推敲史料，这样具体的结论是不可能归纳出来的。

关于斯巴达政治中的民主成分问题古今都有人进行过讨论，本书作者则把这个问题的研究向前推进了一大步。他认为，斯巴达中央政权分为阿卡伽塔伊制度（即国王制度）、长老会议、埃伏尔制度（即监察官）、公民大会四个主要权力机构。前两者为一组，主要代表贵族；后两者为一组，主要代表平民。四个机构之间并无明显的依附关系，基本处于独立状态。同时四个权力机构所掌握的职权有明显差别，国王主要掌握军权和宗教权，长老会议主要拥有提案权，但议案大多由国王提交公民大会，监察官主要负监督权，公民大会的权力主要在于审议、表决法案。而斯巴达公民集中居住在斯巴达几个邻近的村落中，为公民参与提供了方便。所有这一切产生出斯巴达特殊的民主表现：（1）政治的代表性更为广泛，斯巴达人不分平民贵族可直接参政，尤其是贵族和平民均可利用自己掌控的权力机构发出声音，这与古典作家所批评的雅典平民专政，即简单多数的暴民政治，有明显区别。（2）政治分权，斯巴达有四个主要权力机构，各个权力机构的职权存在区别，同时又分掌在不同的阶级手中，所以，斯巴达政治实际上体现了一种原始的分权与制衡，且在相当长的时间里能够维持这种权力的平衡。个中原因还待作者的进一步研究。

当然，这部著作的有些结论还存在可商榷之处，某些史料的似是而非致使推导出的看法并非完全令人信服。但世界上哪里有没有瑕疵的著作呢？无论如何，作为我国第一部斯巴达政治制度史的研究专著，祝宏俊博士的这本新作丰富了我国的古希腊史研究，为今后其他学者的斯巴达研究提供了良好的参照。作为他曾经的老师和现在的同事，我为作者取得的成绩感到由衷的高兴。祝宏俊博士曾多次表示，他的研究不只到斯巴达即止，而是把斯巴达研究当作深入认识希腊城邦史的起点，将逐一对古希腊的代表性城邦展开个案研究。我祝他在这一正确方向上持之以恒，再接再厉，不断取得新的成绩。

前　言

斯巴达是古希腊与雅典并立的两个重要城邦，但斯巴达的政治制度和政治发展过程却与雅典有着很大的区别。雅典的政制经过了王政、贵族政治、僭主政治、民主政治、寡头政治等多种形式，而斯巴达政制却长期保持稳定，从传说中的莱库古改革，斯巴达政制初步建立起来，直至公元前4世纪较少发生重大的政治变革，即使到了罗马统治时期，斯巴达仍然保持了较多的传统制度。这一点在古代就已引起人们的高度重视。如希罗多德认为斯巴达在莱库古改革之后就一直享有"良好的制度"[①]，修昔底德指出：斯巴达政治制度是高度稳定的制度，它历经400年未变[②]，后来普鲁塔克则称其制度500年未变[③]，西塞罗甚至称700年不变[④]。笔者并不同意古典作家"长期不变"的观点，但"长期稳定，较少变革"确实是斯巴达政治发展史的特征。斯巴达稳定型的政治体制是在公元前7世纪中期初步建立起来，后经不断地补充完善最终形成。正是这样一种稳定的制度带来了斯巴达近两个世纪（从公元前6世纪后期到公元前4世纪中期）的强盛。至公元前4世纪中期，斯巴达迅速衰落。这种衰落有多种原因，但政治体制乃是其中最主要的原因。因此，对斯巴达政治体制的研究是我们认识斯巴达历史兴衰的关键。

斯巴达的强盛以及支撑这种强盛的政治制度引起了古代思想家的极大关注。柏拉图、色诺芬、亚里士多德、斯多亚派、波利比乌斯、西塞罗、普鲁塔克等都曾经对斯巴达的政治制度进行过深入的研究。柏拉图

---

① Hdt. I. 66.
② Thuc. I. 18.
③ Plut. Ly. 29.
④ Cic. *Flacc.* 63, *Tusc.* 2. 34.

在《理想国》、《法律篇》中关于第二等国家、法治国家的大量阐述受到斯巴达的影响。亚里士多德、波利比乌斯、西塞罗则主要依据斯巴达的政治模式提出了混合政体（或共和政体、公民政体）的思想。受斯巴达的影响，柏拉图、斯多亚派提出了共产共妻的乌托邦思想。色诺芬、普鲁塔克、亚里士多德则将斯巴达强盛的原因主要归结为道德和习俗。尽管古典作家的分析大多侧重于一个或几个侧面，未能进行较全面的分析，但他们却开启了斯巴达政治制度研究的先河。

然而，在当今的史学研究中，学术界对这两个旗鼓相当的城邦却显现出明显的厚此薄彼，对斯巴达的重视程度远逊于雅典。其中的原因，一方面是当今学术研究的整体氛围使然。当今世界，自由、民主成为主流价值观，受此影响，具有较多自由、民主色彩的雅典政制自然受到学术界的重视。而斯巴达政制在某一历史时期具有整体主义和军国主义色彩，这一特征又为现代被纳粹法西斯有意利用，因此，人们往往在潜意识中将其等同于专制、极权、独裁，从而自觉不自觉地忽视了对斯巴达的研究。相对于雅典的研究成果，斯巴达的研究可谓小巫见大巫。更有甚者，国际学术界在一段时间内还存在一股人为否定斯巴达的倾向。①

第二个原因是斯巴达的史料相对缺乏。关于古希腊史研究的资料大致上可以分为考古资料和文献资料。在我们研究的这段历史时期内（主要是古风、古典时期），古代斯巴达留下来的公共建筑、神庙祭坛、陶器器皿等考古资料相对较少。正如修昔底德所言，古典时期的斯巴达是若干个乡村的组合，没有宏伟的神庙和公共建筑物。② 相对于这些实物，对政治制度研究更重要的铭文资料几近空白。尽管关于斯巴达历史文献材料的情况略好于考古资料，但情况仍不能令人满意，无论是数量还是质量都远不及雅典。我们既没有《雅典政制》那样内容较为丰富且直接关乎政治制度的历史文献，也没有伊索克拉底、德摩斯梯尼、尼西阿斯等当时人留下的数量众多且与政治制度相关的演说词。尽管相对于其他（不包括雅典）城邦，我们拥有的资料相对较多，但这些有限的资料又存在一个共同的不足：他们不是来自斯巴达内部，而是来自雅典等其他

---

① 参见晏绍祥：《古典历史研究发展史》，华中师范大学出版社，1999年，第202—203，327—328页。

② Thuc. I. 10.

城邦（主要是雅典）和罗马作家。雅典作家大多生活在公元前5世纪、4世纪，当时雅典、斯巴达长期处于战争状态，出于战争中的需要，雅典作家要想获取斯巴达资料比较困难。此外，由于雅典与斯巴达的矛盾，这些雅典作家很难客观公正地叙述斯巴达的历史。罗马作家尽管相对于我们距离斯巴达的历史更近，但一方面他们的资料主要来自希腊文献，而希腊文献又主要来自斯巴达之外；另一方面，罗马作家毕竟生活在数百年之后，由于战争和社会动荡，希腊文献实际上已经残缺不全了，同时罗马作家的写作又不可避免地受到当时文化氛围和价值观念的影响。所有这些都使得关于斯巴达历史的文献资料的可信度大大降低。[①] 这些文献资料的先天不足自然增加了研究的难度，也限制了以追求历史真实为目的的史学工作者的学术兴趣。

主要由于上述原因，近代以来直到"二战"之后的一段时间内，人们对古代斯巴达的政治制度研究一直没有重大突破，他们一方面延续古典作家关于斯巴达政治制度僵化不变的传统观点，另一方面认为斯巴达政制的基本特征是寡头制、极权制、整体主义（totalism）。

但是，"二战"之后，部分西方学者开始摆脱传统观点的窠臼，重新反思斯巴达的历史。这股反思潮流其实在"二战"之前就开始了，如法国学者奥列尔（Ollier）在1933年出版了《斯巴达的幻像》一书[②]，在这本书中奥列尔指出：传统的斯巴达的学术形象被人为扭曲了，这或者是斯巴达人自己有意为之，但更主要的是那些非斯巴达人为了自己的理想而人为扭曲的，这种扭曲掩饰了对当时斯巴达形象的描述。"二战"之后，这种建立在史料批评基础上的反思继续向前发展。如克里姆斯的《古代斯巴达》借助考古资料从文献学的角度对斯巴达的历史进行反思[③]，提尔格斯泰德的《古典时期的斯巴达传说》、劳逊的《欧洲思想中的斯巴达传统》、帕韦尔和霍德金森合著的《斯巴达的影像》、帕韦尔和沃顿的《幻想背后的斯巴达》，则从学术思想史的角度分析我们习以为常的斯巴达"印象"是如何形成的，从而引导人们摆脱旧意识形态的束缚，建构更为真实的斯巴达史。

[①] C. G. Starr, "The Credibility of Early Sparta History", *Historia* 14, 1965, 257 – 72.

[②] F. Ollier, *Le Mirage Spartae*: *Étude sur l'idealisation de Sparte dans l'antiquité l'origine jusqu'aux Cyniques*, Paris: de Boccard, 1933.

[③] K. M. T. Chrimes, *Ancient Sparta*, Manchester Universty Press, 1952.

在这股反思潮流中,部分学者对斯巴达的政治制度从不同的角度展开了研究,代表性的有密希尔、克鲁瓦、卡特利奇、刘易斯、安德鲁斯等。密希尔在《斯巴达》一书中对斯巴达的各个中央权力机构的结构进行了较为全面的叙述;克鲁瓦在《伯罗奔尼撒战争的起源》一书中围绕斯巴达的外交决策,介绍了斯巴达的政治运行和不同政治力量之间的冲突。卡特利奇的《阿吉西劳斯与斯巴达危机》一书中分析了各个权力机构在一般的政治决策过程中的作用;刘易斯在《斯巴达与波斯》一书中介绍了各个权力机构的运行。[1] 这些研究主要集中在斯巴达中央权力机构,较少涉及到地方政府的管理与运作,也没有涉及中央权力机构之间的关系问题,更没有对斯巴达政治制度的基本特征做出判断,似乎还在沿袭传统的"寡头制"政府的观点。

由于受资料不足的限制,加之我国世界古代史的研究本身起步较晚,我国对斯巴达的研究成果更显落后。但是,国内学者克服重重困难,仍然取得一些值得重视的成果,如刘家和先生、王敦书先生、郭小凌先生、黄洋教授、晏绍祥教授、徐松岩教授等都曾经就斯巴达的某些专题进行过研究。刘家和先生主要研究了黑劳士问题,王敦书先生主要研究了土地制度,郭小凌先生在《古代的民主与共和制度》一书中对古代斯巴达的政治制度作了较为详细的研究,黄洋教授在其专著《古代希腊土地制度研究》中不仅研究了土地制度,同时也涉及到王位制度、社会制度等问题。晏绍祥曾经对斯巴达政治体制中的民主因素进行过总结。刘小荣主要研究了莱库古改革问题。徐松岩曾经就斯巴达的公民队伍解体提出自己的见解。这些研究只涉及到斯巴达社会的某些层面,尚不足以给我们提供整体的形象,尤其是斯巴达的政治制度的历史状况和学术定位依然非常模糊。

斯巴达特殊的历史地位、学术界关于斯巴达政治制度的研究现状,使得斯巴达政治制度的研究具有了特殊的学术价值。不仅如此,研究斯巴达政治制度还具有重要的现实意义。斯巴达社会长期稳定、强盛,后来又忽然间迅速衰落,这其中的经验和教训值得我们去研究和总结。

---

[1] H. Michell, *Sparta*, Cambridge, 1964; De Ste. Croix, *The Origins of the Peloponnesian War*, London: Duckworth, 1972; Paul Cartledge, *Agesilaos and the Crisis of Sparta*, London: Duchworth, 1987; David M. Lewis, *Sparta and Persia*, Leiden: Brill, 1977; A. Andrewes, "The Government of Classical Sparta", E. Badian, ed., *Ancient Society and Institutions*, Oxford: Basil Blackwell, 1966.

这里我们仅举一例，根据古典作家的研究，斯巴达政制体现了"多阶层共同执政"和"权力分权制衡"的原则，这种制度相对于雅典的民主制度具有更高的政治参与度，也具有了更大的代表性。如果说民主就是人民参政，最彻底的民主就是全民参政，那么这种制度岂不显得更加民主？在社会分层无法消除的历史情境中，斯巴达的政治制度相对于雅典的绝对民主，可能具有更大的现实意义。在现在的政治学话语中，"共和"指的是与一人专权相对的政治体制，这只是从具体的制度层面来理解共和，其实如果从国体、政体的层面看，这种多阶层共同执政的制度未尝不是"共和"。正因为这样，亚里士多德等人才从斯巴达政体中发现了混合政体的原型，并把混合政体作为最美好的制度，作为拯救希腊、解除希腊世界危机的蓝图。

  基于此，本书在前人研究的基础上，试图立足古典文献对斯巴达政治制度做出较为全面的研究。有关斯巴达的古典文献主要集中在希罗多德、修昔底德、色诺芬、柏拉图、亚里士多德、普鲁塔克、狄奥多罗斯、波桑尼阿斯、斯特拉波等古典作家的作品中，其中尤其以普鲁塔克的作品最为重要。但是，正如前文所述，这些作家中的古希腊作家都不是来自斯巴达，他们笔下的斯巴达或多或少都带有雾里看花的特征；罗马作家，如普鲁塔克，距离斯巴达历史的终结已经数百年的时间，他们所使用的古希腊文献大多散佚，我们无法参照印证和校对核实。因此，对古典作家留下来的文献必须小心谨慎，批判对待。

  全书主体包括序言、正文和结束语。正文大致上分为两大部分，第一部分侧重研究斯巴达的中央权力机构，本部分分四章，分别讨论埃伏尔制度、公民大会制度、阿卡伽塔伊制度和长老会议制度。鉴于斯巴达政治制度的特殊性，本书将传统的监察官制度和国王制度采取音译的方法，分别称之为埃伏尔制度和阿卡伽塔伊制度，因为意译容易使我们望文生义，难以准确揭示该制度的主要特征。第二部分侧重于地方权力机构的研究，本部分也分四章，分别研究斯巴达的外交政策、地方管理和海外管理，以及选官制度。尽管外交不是严格意义的政治制度，但它是斯巴达地方管理体制建立的社会背景，因此，本书从纵向发展的角度叙述了斯巴达外交政策的演变。接下来的两章分别研究了斯巴达国内、国外管理模式，最后研究了斯巴达的职官制度，总结了官员任用的原则和方法，这些原则和方法同时适用于中央和地方政府机关。结束语部分旨在从理论上分析斯巴达政治制度的基本特征，在总结古典作家和现当代学者研究成果的同时，将斯巴达与雅典的政治制度进行比较。

第一章 "埃伏尔"制度研究

在古代斯巴达的政制中，埃伏尔是最引人注目的官职，也是史学争议的焦点之一。"埃伏尔"希腊语写作"ephor"，在希腊语中，它的意思有"边境"、"征集"、"观察"、"监督"、"保卫"、"统治"等含义。现代英语国家史学界一般直接借用希腊原文，写作"ephor"，而把以 ephor 为中心的制度写成 ephorate[①]。中文文献一般译作"监察官"[②]，这个译法的依据一是该词本身所具有的含义，二是这一职务所具有的特殊的监督职能。但是，如上所述，该词的含义多种多样，而且下文即将揭示，这一职务的职能也不仅仅是监督，所以"监察官"一词并不能真正揭示这一职务的最大特征。吴寿彭先生在翻译亚里士多德《政治学》时将其音译为"埃伏尔"，笔者认为甚为恰当。基于此，笔者将 ephor 音译为埃伏尔，而将以 ephor 为中心的这一制度称作埃伏尔制度。

第一节 古典作家对埃伏尔的研究

一、产生时间

近代人们对埃伏尔认识的分歧很大程度上来自古代作家对埃伏尔的认识，这里我们首先从产生时间和产生原因两个方面来总结一下古代作家对埃伏尔的记述。

关于埃伏尔的产生时间大致上有三种说法，即莱库古说或公元前

[①] J. B. Burry, *A History of Greece*, Macmilian and Russell Meiggs, 1975, p.94.
[②] 如周启迪主编:《世界上古史》，北京，北京师范大学出版社，1994年，第220页；刘家和、王敦书主编:《世界史》（古代史编，上册），北京，高等教育出版社，1994年，第242页。

9世纪说、色奥彭浦斯说或公元前8世纪说、基隆说或公元前6世纪说。

1. 莱库古说

莱库古说的首倡者是希罗多德，他在《历史》第一卷第65节中介绍莱库古改革时说莱库古设置了埃伏尔①；色诺芬也持这种观点②；拉尔特的第奥根尼（Laertius）曾转述撒提罗斯的观点：认为第一个埃伏尔设置于莱库古时期。③ 莱库古是斯巴达历史上颇有争议的人物，不少人对他及其所领导的改革的历史真实性持怀疑态度，但现在学术界普遍把莱库古改革作为斯巴达国家产生时期的一系列社会剧变的象征，据此人们把莱库古改革的时间定位在公元前9世纪末。④

2. 色奥彭浦斯说

色奥彭浦斯是公元前8世纪末7世纪初的斯巴达国王。《牛津古典辞书》称他在公元前720—670年做国王。⑤ 持此说的有亚里士多德、普鲁塔克。亚里士多德在政治学第五卷第十一章中说：色奥彭浦斯采取了"谦恭"的政策，创立了埃伏尔；⑥ 普鲁塔克在《莱库古传》中进一步丰富了亚里士多德的说法，他明确地说"第一位民选长官埃拉托斯和他的同事的任命是当色奥彭浦斯在位之时，约在莱库古去世130之后。"⑦ 在《克利奥墨涅斯传》中，普鲁塔克又说：在美塞尼亚战争期间，国王选择自己的朋友，帮助自己代行国政。⑧ 持类似观点的还有柏拉图，他在《法律篇》中总结了斯巴达政制的发展过程，认为第一位立法者设立了两位国王，第二位立法者设立了长老会议，第三位立法者设

---

① Hdt. I, 65. 参见希罗多德：《历史》，王嘉隽译，北京，商务印书馆，1959年，第197页，王嘉隽将"监察官"译作"五长官"。
② Xen. Lac. Pol. VIII. 3.
③ Diogenes Laertius, *Lives of Eminent Philosophers*, I, 68. 参见马永翔等译，长春，吉林人民出版社，2003年，第43页。
④ 有关争论的情况参见刘晓荣：《莱库古政制改革辨析》，《南开学报》（哲学社会科学版），2002年第2期。
⑤ Simon Hornblower & Antony Spawforth, *The Oxford Classical Dictionary*, Oxford University Press, 1996, p. 1505.
⑥ Arist. Pol. 1313a25. 参见吴寿彭译本，商务印书馆，1997年，第291页。
⑦ Plut. *Lyc.* 7.
⑧ Plut. *Cleom.* 10.

置了埃伏尔①，柏拉图没有明确说第三位立法者是什么人，但从立法内容的顺序看应当是指莱库古之后不久的某个人，这很容易使人想到色奥彭浦斯。②

3. 基隆说

基隆生活在公元前6世纪前半叶，据第奥根尼记述：基隆在第55届奥林匹亚运动会期间当选为埃伏尔，也是欧叙德谟执政期间第一个担任埃伏尔的人。同时，他调整了埃伏尔的职权，第一个使埃伏尔成为与国王平起平坐的人。第奥根尼还记述了当时人对此的不同看法，如帕费拉说基隆是在第56届奥林匹亚运动会期间担任埃伏尔的。③对这则史料后人有不同的理解，罗易卜本认为这则史料不可信，荣格（C. D. Yonge）则理解为"基隆第一个使埃伏尔成为国王的辅助者"④，《牛津古典词典》理解为"使埃伏尔成为与国王并立的人"。⑤如果我们把埃伏尔理解成拥有独立政治地位，具有较高政治权力的官职，那么这也不妨作为一种说法。

这些说法所提供的时间界定的对错姑且不说，他们都有一个共同的地方，即都把埃伏尔的产生归结为某个历史人物；除克利奥墨涅斯外，都认为埃伏尔的职权一开始就如此，没有随历史的发展而变化。

二、产生原因

就埃伏尔的产生原因来说，古典作家分为两种观点，即限制权力说和社会发展说。

1. 限制权力说

持此说的主要是亚里士多德、柏拉图。柏拉图的《法律篇》首次从制度层面认识政治生活，提出了制度分权的思想。现实生活中埃伏尔的权力

---

① Plato, Law, 692a；参见《柏拉图全集》第三卷，王晓朝译，北京，人民出版社，2003年，第448页。王晓朝将监察官误译为礼仪官。

② Pavel Oliva, Sparta and Her Social Problems, p. 125.

③ Diogenes Laertius, Lives of Eminent Philosophers, I. 68。参见马永翔等译，吉林人民出版社，2003年，第43页。

④ 参见荣格英译本，伦敦，1853年；引文参见 http://classicpersuas.Org/pw/Diogenes/dlchilon.htm。

⑤ Simon Hornblower & Antony Spawforth, The Oxford Classical Dictionary, Oxford University Press, 1996, p. 322.

结构及其与国王和长老会议之间的矛盾,以及埃伏尔一词的字面意思,使柏拉图认识到了埃伏尔所具有的特殊的分权效用。这在他对斯巴达政制发展的描述中看得很清楚,无论是实行双王制,还是建立长老会议、设置埃伏尔,其目的都是限制国王权力①,应该说"限制权力"的思想影响到柏拉图对埃伏尔产生时间的认识,柏拉图在他所遗留的一封信中曾经指出是莱库古设立了埃伏尔②,但他显然认为色奥彭浦斯时期的、经过了发展的埃伏尔才是真正意义上的埃伏尔,据此他才提出了上述看法。

亚里士多德是柏拉图的杰出学生,他把柏拉图出于谨慎没有说出的话变成了现实,明确指出是色奥彭浦斯设立了埃伏尔。他从如何维持政体稳定的角度来论证"限制王权"的积极意义,提出凡采取温和谦恭的政策的君王往往能够维持他们的名位,王权范围越小,王位维持的时间越长,因为这样君王就不致妄自尊大,推行专制,就能与他人保持平等,也不会招致他人的嫉妒。他把斯巴达作为一个例证,认为斯巴达政体之所以长久,根本原因就在于它的政体精神合乎这样的原则,它的政体自始就设置两位国王,色奥彭浦斯更是彻底奉行谦恭政策,设置埃伏尔制。史传他的妻子曾责怪他留给后代的权力比他受自自己父亲时小,他说:"我确实无愧于后代,因为我传授给他们的权力将是历世更久的权力"。③这种政体精神、这种谦恭政策实际上是对王权的一种限制,但这种限制是国王出于对维持王权的需要和限制王权而采取的自觉行动。

这种解释具有一定的合理性,但是它混淆了原因与结果的关系。他们把埃伏尔的设置作为个人行为的结果,其认识缺少历史感,从而产生这种错误。其实限制王权只是设置埃伏尔的结果或影响之一,而不是设置埃伏尔的根本原因。而且把埃伏尔的设置归结为神或个人的自发的行动,也是一种唯心主义的解释。

2. 社会发展说

另一种解释是从社会发展和现实需要的角度进行解释。这种解释集中体现在普鲁塔克的《克利奥墨涅斯传》中。克利奥墨涅斯三世生活在公元前3世纪,当时斯巴达衰败不堪,为了拯救斯巴达,克利奥墨涅斯决定实行变革,其中一项政策就是取消埃伏尔,为此他发表演讲为自己

---

① Plato, *Laws*, 692a.
② Plato, *Epistle*, VIII. 354.
③ Arist. *Pol.* 1313a15 – 25.

的政策辩护。由于后文还要利用这段辩护词，这里我们把它迻译如下：莱库古改革时规定，长老与国王共同执政，这样的政府延续了很长一段时间，并没有其他形式的官员。但后来，在美塞尼亚战争期间，国王不得不长期外出作战，无暇处理政务，他们就从他们的朋友中挑选出一些人，让他们代替他处理各种事务，他们被称为埃伏尔。一开始，埃伏尔不过是国王的仆从，后来他们逐步篡夺了这些权力，成为独立的官职。这一事实体现于当时仍为国王所遵守的一种传统之中，即当埃伏尔传唤国王时，他们可以拒绝两次，到了第三次，就不得不接受传票了。阿斯特罗普斯首先提升了埃伏尔的权力，在这之后，他还活了很多年。只要埃伏尔们在适当的范围内行使自己的职权，他们就应该得到宽容。但不可容忍的是，他们肆无忌惮地行使权力，蛮横地驱逐、杀害国王，迫害那些试图在斯巴达恢复最神圣、最优秀的制度的人，这种权力将要颠覆历史悠久的国家体制。[①]

这种解释从现实社会的矛盾运动来分析埃伏尔产生的原因，同时，认为埃伏尔的权力存在着发展和变化，具有更大的合理性。但是，它仍然把埃伏尔的设置归结为个人作用的结果，而且，认为埃伏尔产生于美塞尼亚战争时期本身也是一个需要进一步阐述的结论。

这些距离历史实际较近的古典作家对埃伏尔问题就产生如此大的分歧，也就难怪后来人在这一问题上争论不休，意见不一了。我们认为要解决问题还得从埃伏尔本身入手。埃伏尔是斯巴达自身历史发展的产物，作为一种官职，它的最大特征在于它的权限，这种权限不是一朝一夕形成的，因此，我们应该从埃伏尔自身权力的演化过程来认识埃伏尔本身。

第二节　早期埃伏尔

一、埃伏尔的起源

学术界关于埃伏尔的起源存在不同的看法。有的学者认为它起源于神职人员，有的学者认为它起源于某种不起眼的小司法官员[②]，有人认

[①] Plut. *Cleom*. 10.
[②] Pavel Oliva, *Sparta and Her Social Problem*, p. 131.

为起源于荷马时代的传令官（Kerykes）。① 有人认为埃伏尔是斯巴达人所特有；② 有人则认为是多利亚人所共有。③ 我们认为，埃伏尔可能与早期多利亚社会中的部落首领有关。

现在流传下来不少记有埃伏尔的铭文，这些铭文大多属于公元前2—1世纪，发现铭文的地区大多是以前从属于斯巴达的庇里阿西区，如波伊厄、库提尔塔、吉戎特拉、吉提乌姆、庇里库斯、泰拉鲁姆等。④ 因此，奥利瓦、琼斯等据此认为这些都是模仿斯巴达，或受斯巴达的影响而设置埃伏尔职。但是，克里姆斯对此持不同意见，首先，人们在伯罗奔尼撒半岛之外的一些城邦也发现设有埃伏尔，如提拉、昔兰尼、塔壬廷地区的赫拉克利亚等，尤其是提拉属于基拉迪克群岛，基本上不受斯巴达的影响，但属于多利亚人国家。⑤ 其次，克里姆斯发现，那些曾经从属于斯巴达的地区的埃伏尔人数是三人，如吉戎特拉、泰拉鲁姆、合并前的阿卡米莱等⑥，这与斯巴达的埃伏尔五人制截然不同。据载多利亚人在南下时保持了传统的三部落制⑦，希昔翁僭主克里斯提尼执政时曾将国内的多利亚人分为三个部落，并为其取了侮辱性的名称以示羞辱。⑧ 于是，克里姆斯将埃伏尔与多利亚人的三部落制联系起来，认为埃伏尔是多利亚旧制的延续。

他们的观点都有偏颇之处，克里姆斯正确地揭示出埃伏尔产生于多利亚人的三部落制，指出埃伏尔是多利亚旧制的延续，因为斯巴达的五人制毕竟是个别现象，而且如后文所揭示的，五人制是晚后才发展起来的。但延续不是原封不动地保存，埃伏尔制在历史发展过程中已经发生了巨大的、甚至根本性的变化，建立在部落基础上的那些官职不能简单地称为"埃伏尔"。奥利瓦坚持古典时期斯巴达埃伏尔的特殊性，却没有看到这一官职与多利亚的传统之间的内在联系，没有认识到埃伏尔本身有一个发展演变的过程。如后文即将叙述的，埃伏尔拥有多种权力，

---

① K. M. T. Chrimes, *Ancient Sparta*, p. 410.
② Pavel Oliva, *Sparta and Her Social Problem*, p. 127; A. H. M. Jones, *Sparta*, p. 29.
③ K. M. T. Chrimes, *Ancient Sparta*, pp. 283, 406.
④ K. M. T. Chrimes, *Ancient Sparta*, p. 283; Pavel Oliva, *Sparta and Her Social Problem*, p. 127, note3; A. H. M. Jones, *Sparta*, p. 28.
⑤ K. M. T. Chrimes, *Ancient Sparta*, p. 284.
⑥ K. M. T. Chrimes, *Ancient Sparta*, pp. 165, 283.
⑦ 《世界上古史纲》编写组：《世界上古史纲》（下），北京，人民出版社，1981年，第116页。
⑧ Hdt. V. 68.

且在初期，军事、宗教方面的权力更为突出，这种权力内容和权力结构非一般人员或官职所能具备。这种权力结构，加之三部落制与三埃伏尔之间的对应关系，似乎暗示埃伏尔与部落首领（phylobasileis）之间有某种关联。①

据研究，现在所知最早的埃伏尔出现于公元前754或753年。② 这正是斯巴达国家建立、传说中的莱库古改革时期。希腊国家的产生经过了一个所谓的"塞诺西辛"过程，即经过部落间的联合和部落联盟内部的改革过渡到国家，这种国家产生过程使得早期的国家体制中具有较多的原始成分。具体到斯巴达，国家产生这一历史剧变集中体现在莱库古改革的各项措施中。生活在公元前5世纪的希罗多德认定莱库古设置了埃伏尔③，我们没有足够的材料否认希罗多德的观点。正如前文已经提及的，莱库古改革中斯巴达的部落制度发生重大变革，原来林林总总的部落合并成三个部落。三个埃伏尔制度可能正是源于这种部落制设置，只不过三埃伏尔制在斯巴达人内部消失了，但却保存在拉科尼亚的其他地区。

二、早期埃伏尔的属性

但是，这时的埃伏尔与古典时期的埃伏尔有着天壤之别。其重要的表现是前者代表着贵族的利益。亚里士多德在《政治学》中曾将斯巴达的埃伏尔与克里特的哥斯谟（kosmoi）相对比，指出哥斯谟选自少数贵族之家。④ 赫胥黎（G. L. Huxley）据此指出早期的埃伏尔来自斯巴达显贵家族。奥利瓦则否定这一观点。⑤ 我们认为赫胥黎的推论是有道理的。首先，亚里士多德的对比不是随意的，克里特是多利亚人建立的政权⑥，这是比较的基础。两者相较，斯巴达的情形是发展后的情形，而克里特则是发展前的情形。其次，斯巴达埃伏尔本身并不排斥贵族，亚里士多德明确指出所有公民都有被选举权。⑦ 色奥彭浦斯"设立"埃伏尔时，

---

① K. M. T. Chrimes, *Ancient Sparta*, p. 409.
② Pavel Oliva, *Sparta and Her Social Problem*, p. 125; A. H. M. Jones, *Sparta*, p. 28.
③ Hdt. I. 65.
④ Arist. *Pol.* 1272a32－35.
⑤ Pavel Oliva, *Sparta and Her Social Problem*, p. 128.
⑥ 《世界上古史纲》（下），第117页。K. M. T. Chrimes, *Ancient Sparta*, p. 277.
⑦ Arist. *Pol.* 1272a31.

曾经遭到以王后为代表的保守派的反对，他辩称：埃伏尔能够维持王权的长久存在。这说明，在当时人们还认为埃伏尔与贵族的利益是一致的。① 此外，历史上也曾经有过贵族担任埃伏尔的例子，如埃伏尔阿吉西劳斯②就是国王阿基斯四世的叔叔。③ 这期间，埃伏尔与国王之间更多的是相互合作的关系。

早期的埃伏尔作为贵族利益的代表符合当时斯巴达的历史现实。莱库古改革发生在多利亚人征服拉科尼亚地区之后、征服美塞尼亚之前。这期间，斯巴达贵族的势力在征服战争中得到强化，而普通民众则开始相对地贫困下去。社会矛盾一度比较紧张，修昔底德称斯巴达人定居下来之后，很长时间内是希腊治理最混乱的国家。④ 普鲁塔克称，"很长一段时间内无法无天与骚乱暴动遍布斯巴达"，莱库古的父亲、斯巴达国王就是在暴动中被打死的。⑤ 这种情况下，贵族一方面要限制王权，一方面要防止平民和下层的反抗，从而维护本阶级的权益，于是他们设置了双国王，同时设置了埃伏尔。这时的埃伏尔与国王之间的关系更为密切。如前所述，公元前3世纪的斯巴达立志改革的国王克利奥墨涅斯三世在推行改革前的演讲中指出：早期的埃伏尔只是国王的仆从，后来他们逐步篡夺了权力，才成为独立的官职。⑥

这一时期的埃伏尔在斯巴达政坛上的地位并不显著。尽管希罗多德认定莱库古设置了埃伏尔⑦，但是，公元前7世纪的斯巴达诗人提尔泰乌斯记述莱库古设立了阿卡伽塔伊（archagetai，即国王）、长老会议、包括普通居民在内的阿波罗集会（Apella，通常称之为人民大会）三个权力机构，却没有提到埃伏尔。⑧ 产生这种差异的原因可能在于，希罗

---

① Arist. *Pol.* 1313a25.
② 与另一位斯巴达国王同名。
③ Plut. *Agis* , 12, 16.
④ 《世界上古史纲》编写组：《世界上古史纲》（下），北京，人民出版社，1981年，第121页；王敦书：《斯巴达早期土地制度考》，《贻书堂文集》，北京，中华书局，2003年，第393页；又见 Herodotus, I, 65; Thuc, I, 18, 1。
⑤ Plut. *Lyc.* 2.
⑥ Hdt. VI, 57.
⑦ Hdt. I. 65.
⑧ 瑞特拉的原文见普鲁塔克的《莱库古传》VI, 1。但对这段神谕后人有不同的认识，这里主要依照克里姆斯和福雷斯特的译文。见 K. M. T. Chrimes, *Ancient Sparta*, p. 488; W. G. Forrest, *A History of Sparta*, p. 41。

多德生活时代，斯巴达埃伏尔的权力已经得到了极大的提升，于是，希罗多德特别提到埃伏尔，却没有提到双国王。

三、早期埃伏尔的职权

由于史料的匮乏，要想清晰了解早期埃伏尔的职权几乎不可能，但是从学术研究的角度，我们又不能放弃这种努力。下面的研究建立在两个理论基础上，一是埃伏尔的权力是发展变化的，在不同的历史时期，埃伏尔的权力侧重点有所不同。二是古典埃伏尔的权力。关于第一点，古人其实已经注意到了。按照克利奥墨涅斯的解释，埃伏尔建立于美塞尼亚战争期间，其权力经过了三个阶段，两次转变，第一次转变是阿斯特罗普斯提升埃伏尔的职权，普鲁塔克在《莱库古传》中也提到这个人，但没有详细交代，查《牛津古典词典》亦未见该人的介绍，估计这是一个影响不大的历史人物。从上下文看，这次转变应该发生在埃伏尔设置之后不久。第二次转变是埃伏尔擅权，但他没有说明第二次转变的时间。这个关于权力发展的说明不一定对，但却为学术研究提供了借鉴。关于第二点，古典埃伏尔的权力将在下一节研究。

基于上述理论前提，早期埃伏尔的权力主要集中在宗教和军事。就早期埃伏尔的宗教权力而言，现代不少学者已经注意到这一点，他们认为早期的埃伏尔是牧师。奥利瓦说：很可能埃伏尔产生之时，并不是主要的官职，只是被委以宗教职能。但他认为尽管在早期希腊社会管理常常与宗教联系在一起，但宗教职能并不构成埃伏尔的基本职能，他引用米尔的话说，司法审判才是埃伏尔的基本职责。① 这里奥利瓦正确地告诉我们，在早期的埃伏尔权力结构中，宗教权力具有重要的地位，但他认为：早期的埃伏尔不重要、司法审判是埃伏尔的主要职能，这则是不正确的。司法审判是埃伏尔的主要职能更多地来自于古典作家的记述，反映了古典时代的情况，不能代表早期的情形。

古典时期的作家如希罗多德、修昔底德、柏拉图、亚里士多德、色诺芬等古典作家都没有提到埃伏尔的神权。但是，我们在普鲁塔克的《名人传》见到这方面的材料，在《阿基斯传》中，普鲁塔克记录到在斯巴达有一种传统，即埃伏尔每九年举行一次天象观察，观察选择在晴

---

① Pavel Oliva, *Sparta and Her Social Problem*, p. 131.

朗的夜晚举行，所有的埃伏尔一起仰望天空，观察是否有流星划过，他们认为这是一种神兆，说明国王犯了错误，惹怒了神灵，所以，一旦有流星划过，国王就要因渎神而被解职。莱山德就利用这种传统与国王利奥尼达斯展开斗争，尽管其他人没有看到流星，但莱山德坚持说他看到了，迫使利奥尼达斯逃离斯巴达。① 另外，斯巴达有一风俗，派遣埃伏尔到位于美塞尼亚的特拉麦的派斯菲神谕所求取神谕。② 这两则轶闻说明埃伏尔曾经拥有神权。但随着时间的推移，这种权力渐渐不为人们所重视，这就是我们在其他作家的记述中所见甚少的原因。这种在古典时期非常淡薄的宗教权力也许就是早期埃伏尔权力的残余，反过来，这提醒我们，宗教权力是早期埃伏尔的重要职权。

早期的埃伏尔可能拥有较古典时期更大的军事权力。我们可以从三个方面考察，一是词源学的考察，ephor 一词的动词形式 ephoraw 既有"监察、监督"之意（to look over, oversee, observe），还有一层意思是"挑选、选择"（to choose out）③，这种挑选往往带有"选拔、征用人员"的含义，如《伊利亚特》第 9 卷第 167 行："让我们赶快挑选人去佩琉斯儿子的营帐里"，《奥德赛》第 2 卷第 294 行"我要从中为你挑选最坚实的船"，这里的"挑选"用的都是 ephoraw。而色诺芬记载，埃伏尔恰恰要负责军事行动中的征兵、征调物资等事务。④ 此外，"埃伏尔"一词本身还包含"边境"（frontier）的意思。⑤ 再者，在五个埃伏尔中有两位是特殊的军事埃伏尔，他们跟随国王参加军事行动。古典时期埃伏尔出现在战场而不是履行监督之责的例子很少，只有在普拉提亚战役中，波桑尼阿斯曾将乞求投降的科斯女王交给"在场的几位埃伏尔"⑥，这里的几位似乎不止两位，因为古希腊语表示"二"有专门的形式，当然，这些埃伏尔来战场是参与军事指挥还是有其他目的不得而知，但总算表明它对重大军事行动有干预权。另外，埃伏尔还要主持一年一度的对希洛人的宣战仪式。这些事实都透露出一个历史信息，即"埃伏尔"一职与军事有着千丝万缕的联系，早年的埃伏尔势必拥有更大的军事权力。虽然

---

① Plut. *Agis*, 11.
② K. M. T. Chrimes, *Ancient Sparta*, p. 405.
③ Lidell-Scott-Jones, *A Greek-English Lexicon* (abridged edition), Oxford, 1977, p. 294.
④ Xen. *Lac. Pol.* XI. 2.
⑤ Lidell-Scott-Jones, *A Greek-English Lexicon*, Oxford, 1996, p. 746.
⑥ Hdt. IX. 76.

在古典作家对埃伏尔的权力论述中，军事权力的地位不及监督、司法权力，但结合前面的论述，我们有理由相信埃伏尔的权力结构中，军事权力走的是一条下降的路线，也就是说，在早期的埃伏尔的权力结构中，军事权力是比较重要的。

综上所述，早期的"埃伏尔"是贵族利益的代表，共有三人，在政治上不是非常重要。早期埃伏尔的权力主要是宗教、军事方面的权力。这一权力主要涉及国家事务的核心部分，与国王的权力高度雷同。

第三节　古典时期的埃伏尔制度

大约在"第一次美塞尼亚战争"之后，埃伏尔制度发生了很大变化，新的埃伏尔制度持续时间很长，直至公元前4世纪才解体。这一时期的埃伏尔制度在整个埃伏尔制度发展史上最有代表性，存在的时间也最长，覆盖整个古典时期。因此这段时间的埃伏尔制度可以称为古典的埃伏尔制度。

一、古典埃伏尔制度的组织特征

早期的埃伏尔与古典埃伏尔无论是阶级属性、政治地位、组织制度等等方面都有巨大的差别。首先是阶级属性发生转变，平民享有选举权和被选举权。① 第一位民选埃伏尔据说是埃拉托斯。② 当然，贵族也享有选举权和被选举权，但由于平民人数上的优势，所以现在的埃伏尔主要成为平民阶层的代表。亚里士多德据此认为：埃伏尔使得斯巴达政治具有了民主政治的特征。③

其次是政治地位发生了变化，正如柏拉图所说，埃伏尔成为王权的制约。④ 第奥根尼说基隆是第一个与国王"平起平坐"的人⑤，克利奥

---

① Arist. *Pol.* 1270b15 - 25, 1272a30.
② Plut. *Lyc.* 7.
③ Arist. *Pol.* 1270b15.
④ Plato, *Laws*, 690c, 692a.
⑤ Diogenes Laertius, *Lives of Eminent Philosophers*, I. 68.《名哲言行录》（上），马永翔等人译，第43页。

墨涅斯称埃伏尔阿斯特罗普斯僭取了国王的权力①，可见，古典时期的埃伏尔摆脱了对国王的从属地位。亚里士多德称埃伏尔"具有军国大事的权力"②；"有权监督一切行政人员的行为"③ 和普通公民；"有权监督国王"④；有权审判国王，而且是该法庭的组织者⑤；修昔底德特别指出埃伏尔有权将国王拘捕投入监狱。⑥ 埃伏尔还拥有召开公民大会的权力，公元前432年的公民大会就是由埃伏尔主持召开，而且埃伏尔还有权决定公民大会的程序，如这次公民大会上，埃伏尔斯森涅莱达斯认为呼声投票的方式不利于自己的提案通过，就提议采取站队投票的方式，使得投票结果有利于自己。⑦ 卡特利奇认为埃伏尔因为监察而得罪贵族、平民，一旦卸任就会默默无闻，没有机会担任高级职务。⑧ 其实不然。如伯拉西达斯曾经担任公元前431年的埃伏尔，但后来，他成为斯巴达远征军的统帅，不可谓不是要职。基隆曾经担任公元前556/5年的埃伏尔，但曾经被选为长老会议议员。⑨ 为此，亚里士多德认为斯巴达埃伏尔的权力太大了⑩，由于埃伏尔的特殊权力和阶级属性，斯巴达政治也就转变为民主政治了。⑪

再次是实现抽签制。柏拉图在《法律篇》中明确说斯巴达的埃伏尔通过抽签制产生。⑫ 吴寿彭称埃伏尔由公民大会在全体公民中选任。⑬ 这个阐述并不准确。亚里士多德称斯巴达平民都有"作为埃伏尔的被选举权"，都有"被选为埃伏尔的机会"⑭，他说"一切公民都有被选举担任公职的权利，但不应该用现行的方法，这种方法很幼稚"。⑮ 亚里士多德

---

① Plut. *Cleom.* 10.
② Arist. *Pol.* 1270b30.
③ Arist. *Pol.* 1271a5.
④ Arist. *Pol.* 1270b10.
⑤ Paus. III. 5. 2; Xen. *Hell.* III. 5. 25; Diod. XIV. 89, 1; Plut. *Lys.* 30.
⑥ Thuc. I. 131.
⑦ Thuc. I. 87.
⑧ Paul. Cartledge, *Agesilaos and the Crisis of Sparta*, p. 126.
⑨ Aris. Rhotic, 1398b15. 第143页
⑩ Arist. *Pol.* 1270b12, 1271a8.
⑪ Arist. *Pol.* 1270b10, 1271a5.
⑫ Plato, *Laws*, 692a.
⑬ 亚里士多德：《政治学》，吴寿彭译，北京，商务印书馆，1983年，第88页注2。
⑭ Arist. *Pol.* 1270b25, 1272a31.
⑮ Arist. *Pol.* 1270b28. 译文据周厄特英文翻译。

两次说到斯巴达的选举方式"幼稚",但都没有说到具体的方法,我们只能根据上下文推测。除了埃伏尔的选举外,亚里士多德称斯巴达长老的选举方式也是"幼稚",笔者认为后一种的"幼稚"主要是指"游说"①,而前一种的"幼稚"主要是指"抽签"。如前所述,苏格拉底、柏拉图、亚里士多德师徒三人对雅典民主制度中的抽签、游说等制度都持批评态度。因此,亚里士多德所用的作为批评之意的"幼稚"既可以指游说,也可以指抽签。亚里士多德曾经批评选举制更有利于贵族,那么,那种可以使斯巴达"一切公民"都有机会当选埃伏尔的制度应当指抽签制。结合柏拉图的材料,有理由相信,埃伏尔的产生采用了抽签制。

埃伏尔的任期也有了明确的规定,一年一任。②色诺芬曾经列数了伯罗奔尼撒战争期间作为名年官的二十九位埃伏尔的详细名录,名录证明埃伏尔一年一任。③

再次,官员人数增加为五人④,实行集体任职,但内部没有分工,没有职权、职能的划分,其中只有一位职能比较肯定,那就是"名年"。名年埃伏尔有权参与国际性和约的签署,并且排名在国王之后、其他高级官员和军事首领之前。⑤但"名年"只是一种荣誉,他是否有实权不得而知。五位埃伏尔中有两位跟随国王出征,以便监督国王。但没有资料说这两位是固定人选。因此,总体上看,五个埃伏尔彼此地位相等,任何人不具有高出同侪的权能。⑥有学者认为这是"监察官(埃伏尔)会议"。⑦

最后,权力结构发生了变化,监督、司法、立法权力成为主要的权力内容和职权范围。这一点留待后文详细叙述。

由此可见,埃伏尔制度从早期埃伏尔发展到古典埃伏尔发生了巨大

---

① 详见长老的选举部分。
② Robin Osborne, *Classical Greece*, Oxford University Press, 2000, p. 68.
③ Xen. *Hell*. II. 3. 10. 这些监察官是 Aenesias, Brasidas, Isanor, Sostratidas, Exarchus, Agesistratus, Angenidas, Onomacles, Zeuxippus, Pityas, Pleistolas, Cleinomachus, Ilarchus, Leon, Chaerilas, Patesiadas, Cleosthenes, Lycarius, Eperatus, Onomantius, Alexippidas, Misgolaidas, Isias, Aracus, Euarchippus, Pantacles, Pityas, Archytas, Endius。
④ Arist. *Pol.* 1272a5.
⑤ 如公元前421年,普雷斯托拉斯参与了当年的停战协定和尼西阿斯和约的签署。Thuc. V. 19, 24, 25.
⑥ A. H. M. Jones, *Sparta*, p. 26.
⑦ 周启迪主编:《世界上古史》,北京,北京师范大学出版社,1994年,第220页。

的变化。

二、古典埃伏尔制度的产生

如此巨大的变化必然与斯巴达社会的某一特殊历史时段和某一非常重大的历史事件联系在一起。据希罗多德,埃伏尔曾经与长老一起改变一夫一妻制以便国王阿那克桑戴里达斯娶两位妻子①,还曾经参与审判国王克利奥墨涅斯。② 这里,埃伏尔已经不再是国王的随从,而对国王起到某种制约作用。这表明,在古风时期,古典的埃伏尔模式实际上已经产生。而古风时期,在莱库古改革之后,斯巴达政治生活中发生的最大事件当数美塞尼亚战争和色奥彭浦斯、波吕多洛斯改革。

斯巴达国家体制初步建立之后,斯巴达人随即将贪婪的目光投向了自己的同族人、西部邻居美塞尼亚人的居住区。大约在公元前740年,斯巴达对美塞尼亚发动战争。美塞尼亚地区土地肥沃,面积、人口与斯巴达不相上下。面对外来侵略,美塞尼亚人誓死不屈,坚决抵抗,同时得到周围国家的支持。斯巴达原先计划短时间内征服美塞尼亚地区,最终演变成拖延了一个多世纪的长期战争。战争的初二十年和后二十年(公元前740—前720年,公元前640—前620年,即通常所说的"第一次美塞尼亚战争"、"第二次美塞尼亚战争")是整个征服战争的两次高潮。

色奥彭浦斯和波吕多洛斯是"第一次美塞尼亚战争"末期的国王。前者的任期大约在公元前720—670年之间,后者的任期则在公元前700—665年。在历史上,色奥彭浦斯、波吕多洛斯是斯巴达两位颇有作为的国王。据提尔泰乌斯,正是色奥彭浦斯带领斯巴达人打败了美塞尼亚人③,取得了"第一次美塞尼亚战争"的胜利。更重要的是,他们还实施了一些政治、社会改革。

"第一次美塞尼亚战争"结束之后,斯巴达社会并没有因为获得新的领土而获得社会的和谐稳定,相反却因为分配土地产生了新的社会矛盾,传说一批"处女之子"因为没有获得土地密谋举行暴动,斯巴达政府被迫组织他们到海外殖民,并承诺如果殖民不顺利将允许他们回国,

---

① Hdt. V. 39, 40.
② Hdt. VI. 63, 65.
③ Tyr. Fr5. *Elegy and Iambus*, p. 65.

并分给他们土地。在政治生活中，平民利用公民大会与贵族展开斗争，他们"利用增减字句的办法来歪曲或曲解提交给他们的议案的意思"，从而通过体现本阶级意志的法律。与此同时，征服美塞尼亚地区的事业并没有结束，还需要全体斯巴达公民的参与。正是在这种情形下，贵族们不得不做出政治上的让步，也正是在这种情况下，色奥彭浦斯、波吕多洛斯采取了一系列具有改革性质的措施。

改革包括政治和经济两个方面。经济方面的改革主要归功于波吕多洛斯。据史书记载，波吕多洛斯分给斯巴达平民4500份（又说3000份土地）份地，使斯巴达份地数达到9000份。① 波吕多洛斯因此在平民中广受欢迎，在斯巴达拥有极好的名声，但却遭到贵族的反对，代表贵族利益的军事统帅（Polemarchus）将波吕多洛斯暗杀了。② 政治改革主要归功于色奥彭浦斯，改革的内容主要是设置民选的埃伏尔、调整公民大会权力。据亚里士多德记载，正是色奥彭浦斯采取"谦恭政策"，创立"监察职权"，"剥夺了王室固有的某些权力"。③ 普鲁塔克记述第一位民选埃伏尔是埃拉托斯④，他是色奥彭浦斯时期的人，约在莱库古之后130年；另一位埃伏尔阿司特洛普斯扩张了埃伏尔权力。⑤ 阿司特洛普斯的具体年代不明确，据奥利瓦推测亦属公元前8世纪中期。⑥ 这个旨在削弱王权的"监察职权"就是古典时期的代表平民利益的"民选"埃伏尔。可能是色奥彭浦斯一人，也可能是他和波吕多洛斯两人一起推动颁布了所谓的大瑞特拉补充条款，或曰小瑞特拉。该条款是在人民大众常常"利用增减字句的办法来歪曲或曲解提交给他们的议案的意思"的情形下制定的，条款规定："如果人民大众意欲采纳一个歪曲的议案时，长老和国王有权休会"。⑦ 这一条款并没有取消人民大众的讨论表决权，但是赋予贵族、国王休会以阻止完全体现平民意志的法案通过。从这些措施看，色奥彭浦斯和波吕多洛斯领导的这场改革体现了平民的要求。

尽管普鲁塔克认为莱库古创立了埃伏尔制度，但是比他更早的亚里

---

① Plut. *Lyc.* 8.
② Paus. III. 3. 3.
③ Arist. *Pol.* 1313a25.
④ Plut. *Lyc.* 7.
⑤ Plut. Cleom. 10.
⑥ Pavel Oliva, *Sparta and Her Social Problems*, p. 129.
⑦ Plut. *Lyc.* 6

士多德明确指出色奥彭浦斯设立了民选埃伏尔。从一般治学态度来看，亚里士多德要比普鲁塔克更加严谨，而从时间早晚来看，亚里士多德更早于普鲁塔克，因此亚里士多德的材料也更可信。因此，笔者认为，古典模式的埃伏尔、或民选埃伏尔产生于色奥彭浦斯改革时期。

纵观历史，"第一次美塞尼亚战争"结束之后，即公元前7世纪初，随着平民力量和政治地位的提升，早期的埃伏尔发展为后来人们所熟知的、典型意义上的埃伏尔。

三、古典埃伏尔的权力

古典埃伏尔的权力非常复杂。现存关于埃伏尔的权力主要存在于公元前5世纪和前4世纪罗马作家的作品中。这些作品从时间看，更多地反映了古典时期的埃伏尔的权力。

ephor一词的主要意思是监督，古典作家强调得比较多的也是监督，但是，一些中文著作译为"监察官"并不是很合适，因为，埃伏尔的权力远远不止"监督、监察"这一项。具体讲，埃伏尔的权力包括如下五种：

1. 宗教权力

第一章已经述及，公元前3世纪，埃伏尔利用宗教干预国王废立，这表明埃伏尔的宗教权力直到公元前3世纪仍在一定程度上存在着。这不仅暗示早期的埃伏尔的宗教权力较强，同时更直接表明古典的埃伏尔仍然拥有一定的宗教权力，史书记载，古典时期斯巴达行军打仗，埃伏尔要参与其间举行的祭祠、问卜等活动，尽管他们不直接主持这类活动。

2. 军事权力

相对于宗教权力，埃伏尔的军事权力要大一些。据希罗多德，普拉提亚战役前夕，雅典使节出使斯巴达请求其出兵，他们首先就来到埃伏尔处汇报，开始埃伏尔犹犹豫豫，后来当雅典使节以投降波斯相威胁时，埃伏尔立即就他们的建议加以考虑，并决定连夜出兵。① 这个当夜做出的决定显然不会召开公民大会讨论。据色诺芬介绍，一旦发生战争，国王出征时有两位埃伏尔陪同出征，他们的主要职责是监督国王和战争过程是否违背法律、传统。除了国王的需要之外，他们一般不直接参与军事活动。我们今天极易将这一权力混淆为监督权。其实古代战争并不纯

---

① Hdt. IX. 7–10.

粹是你死我活的殊死搏斗，而是夹杂着宗教等活动，如吕底亚国王阿律亚特斯在进攻米利都时在军队中竟配有笙管、竖琴、横笛等乐手。这说明仪式在当时的军事行动中具有重要的意义，那么监督军事活动是否合乎传统就具有一定的军事意义了。当然，随着战争的发展，仪式在战争中意义越来越小，埃伏尔直接参与军事决策、指挥的情况也日渐稀少，也就不为人们所重视。但是，色诺芬的"除了国王的需要"的插入语还是给人很多遐想：也许这些埃伏尔确实拥有军事权力。

这种推测并非毫无根据。首先，埃伏尔在就任时通常要举行对希洛人的宣战仪式；其次，埃伏尔有权决定某次战役所应征发的士兵及辅助人员的年龄，征调必需的物资；再次，埃伏尔有权宣布战争或媾和，如《阿吉西劳斯传》中，阿吉西劳斯说，在斯巴达只有埃伏尔有权终止战争①，宣布国家处于战时状态，在色诺芬的《希腊史》中也多次提到这类情况，公元前399年，斯巴达与厄利斯交恶，埃伏尔与公民大会大怒，埃伏尔于是对其宣战，并调集军队。② 在后来的历史中，埃伏尔也许通过某些途径增强了自己对军事行动的直接干预，例如公元前412年埃伏尔曾要求将军阿尔克墨涅斯在率军出征时要"派一名骑兵"③，及时向他们汇报情况。

这里我们见到埃伏尔的似有似无的军事权力。埃伏尔没有直接指挥战争的权力，但却拥有许多与战争有关的权力，我们认为这说明埃伏尔拥有部分军事权力。

3. 监察权

监察权是埃伏尔的所有权力中最引人注目的。埃伏尔一词的主要含义就是监督（to oversee）。埃伏尔拥有对所有公民的监督权，包括国王和一切大小官吏，亚里士多德说他"有权检查一切行政人员的行为"。④ 埃伏尔有权监督一切伤风败俗、违背旧例、违背法律的行为，可以说事无巨细，无所不包，诸如"刮须修面"⑤、衣着服饰⑥之类的琐事也在其监督范围之内。色诺芬介绍说，为了培养斯巴达人的勇敢好战的精神，斯

---

① Plut. *Ages.* 10.
② Xen. *Hell.* III. 2. 23；V. 4. 13, 47；VI. 4. 17.
③ Thuc. VIII. 11.
④ Arist. *Pol.* 1271a5
⑤ Plut. *Cleom.* 9；*Mor.* 550b；Arist. *fr.* 539.
⑥ K. M. T. Chrimes, *Ancient Sparta*, p. 158。

巴达在社会上有意识地组织各种类型的竞赛和竞争，如挑选一些杰出之士，再由他选拔100名成员组成竞争小组，这一活动的组织者就是埃伏尔。这种活动常常导致社会的纠纷，一旦发生纠纷，所有的人都有义务进行调解，不给予调解和不接受调解的人都要被带到埃伏尔前，接受处罚。①

4. 司法权

其实，使埃伏尔的监察权引人关注的不仅仅在于这一权力本身，更在于它所拥有的司法审判权。监督权与司法审判权的合一，使埃伏尔可以直接对一切违法和不道德行为加以惩罚和褒奖，同时确保其审判结果得到有效实施。普鲁塔克曾记载穷人塞达苏斯的女儿被人害死，到拉开戴蒙城找埃伏尔和国王上诉未果，自杀身亡。② 在斯巴达历史上，国王可以在具体的军事行动中处理与之相关的违法行为，长老会议负责一切恶性刑事案件③，而埃伏尔主要负责民事案件。审判的对象从普通公民到大小官吏、直至国王概莫能外。埃伏尔权重之时，可以对在外带兵打仗的国王加以逮捕，施加各种惩罚。④ 而且在审判时可以不接受被告的辩护，尤其是在审判希洛人的过程中。⑤ 因此，亚里士多德曾批评埃伏尔的权力过大。⑥ 惩罚形式包括鞭打、禁止参加公餐、剥夺公职、囚禁，甚至处死。⑦

5. 立法权

埃伏尔的立法权主要集中在它作为公民大会召集人的身份上。⑧ 作为民选官员，埃伏尔又是公民大会的召集人。公民大会是斯巴达最高立法机关，长老会议有权提出议案或决议草案，由埃伏尔交由公民大会讨论表决，公民大会在讨论时，虽无权全面推翻决议草案，但可以对其修改，增添或减少字句，正因为这一点，国王色奥彭浦斯颁布法律，规定

---

① Xen. *Lac. Pol.* IV. 2 – 6.
② Plut. *Mor.* 773 – 774.
③ 施治生、郭方主编：《古代民主与共和制度》，北京，中国社会科学出版社，1998年，第215、217页。
④ Thuc. I. 131.
⑤ Iso. *Pan.* 181.
⑥ Arist. *Pol.* 1271a7.
⑦ Xen. *Lac. Pol.* VIII. 3 – 4.
⑧ Thuc. I. 87.

长老会议和国王有权休会，甚至立即解散议会。① 偶尔，埃伏尔也有提出议案的权力，如阿基斯四世时，莱山德就曾向长老会议提出自己的法案——Rhetra，在未获通过的情况下，又向公民大会提出该法。②

由此可见，埃伏尔的权力实际上由五个部分、五种权力组成。五大权力中，监督、司法、立法是最具世俗色彩的国家管理权力，三者之间直接的关联度也最高，它们成为古典时期斯巴达埃伏尔权力的主体。从现代政治学理论看，立法权、司法权、监督权三位一体是埃伏尔权力体系的最大特色。虽然埃伏尔在理论上不是国家最高首脑，但由于特殊的权力体系，使其逐步获得了较多的权力，如有权剥夺公职人员（包括国王）的权力，甚至能逮捕或拘禁国王。③ 有权对任何违法的公民加以审判，甚至可以不接受辩护即宣布判决，还可以不经审判处死罪犯。阿吉西劳斯任国王时（公元前444—360年），就不得不小心翼翼地服从埃伏尔和长老会议的决议。④ 据色诺芬记载，埃伏尔每月都要与国王交换一次誓言，埃伏尔代表城邦起誓，而国王则以个人的名义起誓，坚决执行现行的国家法律，城邦则在国王信守誓言的情况下有义务保证王权不受侵犯。⑤ 亚里士多德也说埃伏尔有权决断军政大事，而且可以凭私意，随便决断可否。⑥ 埃伏尔似乎成为国家最高权力的化身。

当然，我们也不要过高估计埃伏尔的权力，因为埃伏尔有一个重要的弱点，即集体行使权力，且一年一任，彼此间的牵制加之极短的任期（一般为期一年），缺少积聚权力的基础和机会。

第四节 晚期埃伏尔

古典的埃伏尔制度从公元前7世纪初开始建立，大约存在300年的时间，到公元前4世纪初末开始解体。

---

① Plut. *Lyc.* 6.
② Plut. *Agis*, 8.
③ Arist. *Pol.* 1270b10, 1271a5; Thuc. I. 87. 1–5; Xen. *Lac. Pol.* VIII. 4.
④ Plut. *Ages.* 4.
⑤ Xen. *Lac. Pol.* XV. 7.
⑥ Arist. *Pol.* 1270b30.

一、埃伏尔成为贵族利益的代表

古典埃伏尔制度解体的第一个标志就是其阶级属性重新回归到贵族阶层。古典的埃伏尔曾经是平民利益的代表，但这种性质在晚期斯巴达不复存在。这主要是晚期希腊世界和斯巴达社会状况的改变导致的。从整个希腊世界来说，经过伯罗奔尼撒战争的冲击，希腊世界的贫富分化加剧。公元前4世纪的雅典著名演说家德谟斯提尼说："在伯罗奔尼撒战争期间，因我们的国家当时受到灾难，许多公民作了乳母、日佣和收获葡萄的帮工，同时也有不少穷汉成了富翁。"在这股社会分化浪潮中，斯巴达的贫富分化开始的较晚，但却进行得更激烈。根据古典时期的作家的记载，斯巴达典章制度在希腊世界中是最稳定的，这种制度自莱库古改革建立以来，一直持续到古典时期。据称，古代斯巴达的社会中存在一个地位稳定而又人数较多的公民阶层，所有的公民之间一律平等，号称为"平等人公社"。所有的公民都领有一份数量相等的份地，这些份地都由黑劳士加以耕种。所有的公民一律参加公餐，不得私自开伙。尽管这种"平等"带有夸张色彩，不符合实际，但也表明斯巴达社会相对稳定。这种较为平等的社会生活在斯巴达持续了数百年之久，修昔底德认为持续了四百年，直到伯罗奔尼撒战争结束①，波利比乌斯则指出斯巴达长期以来享受着莱库古制定的优良的社会制度，直至留克特拉战役（公元前371年）之时。② 也就是说，斯巴达的传统制度到公元前4—3世纪之交不复存在了。虽然在希腊世界中，斯巴达的贫富分化开始的较晚，却发展得较迅速、彻底。在公元前6世纪，斯巴达还有公民9000人以上，但到了公元前4世纪前期，公民人数迅速减少。公民人数迅速减少的重要原因是大约在公元前400年颁布的《厄庇塔戴乌斯法》，该法允许土地用于赠送和继承，于是人们往往借用赠送与继承之名，行买卖土地之实，土地兼备更盛，公民人数加速减少。公元前371年，留克特拉战役中，斯巴达倾尽全国军力，参战的斯巴达人只有1000人，最后牺牲了400人。到公元前3世纪，整个斯巴达只剩下700名公民，其中只有100余人占有土地，其他人只能靠打工为生。在这期间，尽管美塞尼亚地区独立削减了斯巴达的国土面积，但美塞尼亚地区的土地面积约占整个斯巴达的一半，而公民

---

① Thuc. I. 18.
② Poly. IV. 81. 12.

人数下降的比例远远大于一半。这说明，斯巴达的土地已经大大地集中了。土地占有状况的变化只能说明大土地贵族的兴起，而传统的以占有一小块土地为经济基础的平民队伍不复存在了。平民转变成贫民。

社会的贫富分化加剧了社会矛盾，尤其是贫富之间的矛盾。早在公元前5世纪，黑劳士与斯巴达人之间的矛盾因为大起义而大大激化了，加之雅典在皮罗斯、西塞拉地区的诱逃，斯巴达加剧了对黑劳士的控制与防范。黑劳士阶层开始分化，少数人富裕起来，他们甚至可以充当重装步兵，还有一部分因为战功或富有等原因上升为利奥达摩戴斯（neodamodeis，意即"新公民"），但绝大部分人贫困下去，受到主人更加沉重的剥削。斯巴达人内部的贫富分化也日渐加剧，在斯巴达形成了赫波麦奥尼斯（hypomeiones，意即"下级公民"）和蒙塔库斯（Monthakes）。赫波麦奥尼斯只是在色诺芬《希腊史》中出现过一次，按照色诺芬记录的顺序：黑劳士、新公民（neodamode）、下级公民（hypomeiosi）、庇里阿西人。① 这个顺序似乎是从低到高排列的，下级公民的地位低于庇里阿西人。基那敦可能就是赫波麦奥尼斯中的一员。色诺芬说，以前他曾帮埃伏尔完成过逮捕罪犯的工作②，这显示他以前可能是公民，色诺芬还说，基那敦身体健壮、心如磐石，显然他似乎接受过良好的教育。③ 他还说基那敦是非平等人，基那敦起义的目的是要建立没有下层人的下层人的社会，那么他很有可能就是下层公民。费拉库斯（Phylarchus）称：蒙塔库斯是拉开戴蒙人的养子。斯巴达公民的每一个儿子都会根据自己情况领养一个、两个或更多的养子作为自己的兄弟，或可谓之为从兄。④ 费拉库斯还说莱山德就是其中的一员。埃利安（Aelian）也说：卡里克拉提达斯、吉利普斯、莱山德都是蒙塔库斯。⑤ 吉利普斯的父亲曾经担任斯巴达年幼的国王普罗斯托阿那克斯的监护人，其地位显然比较显赫，但后来因受贿被判处死刑，被迫流亡海外，吉利普斯可能因此而受连累，沦为蒙塔库斯。莱山德的祖上属于赫拉克勒斯家族，虽不是王族，但其社会地位也比较高。但莱山德出生于贫困家庭，从小就生活

---

① Xen. Hell. III. 3. 6.
② Xen. Hell. III. 3. 9.
③ Xen. Hell. III. 3. 5.
④ FGH81F43.
⑤ Aelian. XII, 43.

贫困。① 因此，蒙塔库斯似乎是因为犯罪受罚或家境贫寒导致，洛兹、米歇尔都认为：蒙塔库斯就是奴隶或黑劳士。② 据色诺芬记述，阿吉西劳斯的军队中有一特殊的类别：καὶ νόθοι τῶν Σπαρτιατῶν 字面意思为"非正室所生的斯巴达人"、"与外室或女奴所生的斯巴达人"，这种类型的社会成员可能主要由于父母或祖上的一方不是斯巴达人而导致的。赫波麦奥尼斯、蒙塔库斯和非法婚生子女阶层的出现标志着斯巴达人内部的分化。

贫富分化导致了社会矛盾的激化。公元前399年，基那敦发动起义。据基那敦介绍，斯巴达城内，只有长老、埃伏尔、国王，大约四十人是起义的敌人，其他的都是他的同伙，在奴隶主的庄园中只有奴隶主本人是敌人，其他的都渴望起义。此后不久，斯巴达还发生过一次小规模的起义，200多名不满现状的斯巴达公民举行暴动，但被阿吉西劳斯带兵镇压。③ 至公元前3世纪，斯巴达先后发生了三次社会改良运动，它们分别由阿基斯四世、克列奥孟尼斯三世和纳比斯领导，主要的改革措施都是围绕土地问题。值得重视的是，斯巴达再也无法恢复昔日的公民队伍了，阿基斯假托莱库古之名，只提出分配4500份土地，其数量只及过去的一半。

埃伏尔已经失去昔日的社会基础，蜕变为一群玩弄权力的政客，成为社会保守力量的堡垒，阻挠社会发展的绊脚石。在如此狭窄的社会基础上，可想而知，原先的选举制不可能真正举行。虽然我们还看到埃伏尔在一年一年地更换，但我们同样看到被委任的埃伏尔，如阿基斯四世改革时就提拔了一位支持自己的人——莱山德任埃伏尔，更多的埃伏尔可能是靠阴谋诡计、玩弄权术上台。

更重要的是，埃伏尔已经不再是平民利益的代表。前文所述厄庇塔戴乌斯就是在埃伏尔任上制定了允许土地继承的法令。这个法令实质上更有利于贵族，因为贵族可以借助"馈赠"的形式进行土地的收购，恰恰是这部法令颁布之后，斯巴达公民人数迅速减少。由此可见，埃伏尔已经不能继续代表平民的利益。在基那敦起义中，领导镇压的正是埃伏尔，他们先是向起义队伍派出密探，在得知了起义的确凿消息之后，他们抛开了公民大会，连"小公民大会"也来不及召开，立即施以阴谋，

---

① Plut. *Lys.* 2.
② D. Lozte, "Mothakes", *Historia*, 11 (1962), p. 426; H. Michell, *Sparta*, p. 89.
③ Plut. *Ages.* 35.

诱捕了基那敦，随后又指挥军队大肆抓捕起义群众。在阿吉西劳斯镇压不满现状的斯巴达公民暴动时，埃伏尔就指示阿吉西劳斯不加审判就秘密处死所有俘虏。①

在阿基斯改革中，五位埃伏尔中，只有阿基斯提拔的莱山德支持改革，其他的全部反对改革。一年后，莱山德任期满，新上任的埃伏尔先是迎回了被放逐的反对改革的另一位国王利奥尼达斯，废除了阿基斯的改革措施，最后又伙同长老会议判处阿基斯死刑。阿基斯死后不久，国王克利奥墨涅斯三世继续进行改革，埃伏尔依然是改革的阻力所在，迫使克利奥墨涅斯采取果断措施，杀死埃伏尔，取消了埃伏尔职。阿基斯和克利奥墨涅斯改革的一个共同点就是打击贵族、支持平民，如取消债务、分配土地。在这两次改革中埃伏尔处处抵制改革，表明其阶级属性已然发生根本的变化。

总之，在斯巴达历史的后期，随着希腊世界和斯巴达的发展，埃伏尔已经不再是平民利益的代表，成为贵族利益的维护者。

二、军事、外交成为埃伏尔权力的核心

变质了的埃伏尔不再满足于监督，僭取了军事、外交等方面的权力。这种变化在色诺芬和波利比乌斯的作品中有较多的记载。在他们的著述中，埃伏尔的权力实际上主要以军事和行政为主。在色诺芬的《希腊史》中，埃伏尔大约出现了50次，涉及监督的只有5次，两次涉及纪年，其余的都与军事、外交、行政相关。如接受外国使节递交的国书，制定对外政策，伯罗奔尼撒战争末期，他们接见雅典使节，拒绝雅典的建议，主张彻底摧毁雅典。② 公元前399年，埃伏尔颁布法令惩罚厄利斯，调用盟国力量进攻厄利斯。公元前4世纪初（约公元前396年），埃伏尔颁布法令，取消莱山德在希腊世界建立的寡头政治，同意希腊各个城邦恢复传统制度。③ 公元前384年，埃伏尔对斐鲁斯发出照会，要求他们善待政治反对派，声称他们是斯巴达的朋友。④ 第二个主要活动领域是军事。如：公元前399年，埃伏尔下令提波戎率军发动进攻卡利亚

---

① Plut. *Ages.* 35.
② Xen. *Hell.* V. 4. 47.
③ Xen. *Hell.* III. 4. 2.
④ Xen. *Hell.* V. 2. 9.

的战役。公元前398年，埃伏尔特别恩准德尔西里达斯可以一边接受埃伏尔的审查，一边带军打仗。大概在公元前394年，由于波桑尼阿斯（Pausanias）的儿子阿基斯波利斯年幼，埃伏尔指令王室成员、幼主监护人阿里斯托戴摩斯作为军队指挥官。① 第三个主要活动领域是行政。最典型的莫过于公元前399年，埃伏尔亲自指挥的平息基那敦暴动的事件。又如公元前371年，留克特拉战役失败的消息传到斯巴达国内，埃伏尔和其他民众正在看戏，但埃伏尔镇静地等戏演完，然后通知了死者的近亲，同时要求遗孀不要过分悲哀。然后，埃伏尔调用了不到危急之际不得轻易动用的后备军队。②

再来看看波利比乌斯的记述。公元前238年，马其顿新主菲利普即位，斯巴达埃伏尔以为菲利普年幼无能，主张与埃托利亚联盟修好，但菲利普迅速从马其顿杀来，埃伏尔们见风使舵，马上召开公民大会，趁机夺取政权，并派代表去与菲利普交涉，试图与马其顿修复关系，但菲利普拒绝了埃伏尔的要求，相反要埃伏尔送交人质，埃伏尔被迫答应。③ 公元前220年，斯巴达与美塞尼亚发生冲突，斯巴达内部产生不同意见，马卡塔斯代表埃托利亚来斯巴达斡旋，他首先拜见埃伏尔，然后在埃伏尔的引导下，来到公民大会上发表演讲。最后因为各种原因，亲马其顿派获得胜利，埃托利亚派发动叛乱，杀死埃伏尔。④ 公元前221年，克利奥墨涅斯三世改革失败，被迫流亡海外，此后三年，斯巴达王位空悬。克利奥墨涅斯死后，本无继承资格的王室成员莱库古通过贿买埃伏尔被推举为国王。⑤

总体看来，晚期埃伏尔的权力发展到巅峰，成为斯巴达政坛的政治核心。政治、军事，以及一些重大问题都由埃伏尔决断。前文已经述及，每个月埃伏尔和国王都要分别以国家和个人的名义，在信守国家法律的前提下宣誓，承诺互相支持。公元前399年，初登基的阿吉西劳斯对埃伏尔可谓是毕恭毕敬，不管做什么事都要听取埃伏尔的意见，不管什么时候只要埃伏尔有召唤立即前往，但埃伏尔仍然没有放弃对阿吉西劳斯

---

① Xen. *Hell.* IV. 2. 9.
② Xen. *Hell.* VI. 4. 16.
③ Poly. IV. 22.
④ Poly. IV. 34，35.
⑤ Poly. IV. 35.

的防范和敌视。① 亚里士多德在描述埃伏尔的权力时称它类似于僭主,"权力太大",可以"专断事务","随意决断可否"。② 这大概也反映了晚期斯巴达埃伏尔的实情。但是,埃伏尔的这些权力不是建立在国家宪法的基础上,而是专权、僭越的结果。

三、埃伏尔的堕落蜕变

公元前4世纪之后,埃伏尔逐步堕落,他们追逐私利、贪污受贿、彼此争斗,已经不再是平民利益的代表。

在希罗多德的作品中,我们没有见一个具体的埃伏尔名称。在劝说阿里斯托戴摩斯再婚生子③、阿里斯托戴摩斯的妻子生育④、阿里斯通接到妻子生育的消息⑤、戴玛拉托斯被逐⑥等事件中都有埃伏尔出现,但却没有一个埃伏尔的名字。在修昔底德的作品中,尽管少数地方揭示埃伏尔之间已经发生分歧,如公元前420年的埃伏尔反对前一年度的埃伏尔支持签署的尼西阿斯和约,但这是不同年份的埃伏尔集体之间的意见分歧⑦,公元前412年,雅典名将阿尔西比阿德斯叛逃斯巴达,提出远征伊奥尼亚的计划,为了使计划被通过,阿尔西比阿德斯极力争取恩迪乌斯等埃伏尔的同意。⑧ 这里,修昔底德特别强调了"恩迪乌斯及其他埃伏尔",显然,这时的埃伏尔还是集体独立做出自己的决策。

但到公元前4世纪,埃伏尔已经成为某些政治实权人物的追随者。公元前403年,雅典国内发生政变,民主派试图推翻莱山德扶植的"三十寡头"统治,寡头党向莱山德求助,莱山德率军前往。但莱山德的势力引起了斯巴达国王波桑尼阿斯的嫉妒,于是他争取了三位埃伏尔的支持,自己亲自率军前往进攻盘踞在庇里乌斯港的寡头党。⑨ 显然,埃伏尔内部出现了分裂。这种情况在以后的历史进程中越演越烈。据波利比乌斯记载,在公元前238年,马其顿国王腓力普(公元前238年—

---

① Plut. *Ages*. 4.
② Arist. *Pol.* 1270b10 – 35.
③ Hdt. V. 40.
④ Hdt. V. 41.
⑤ Hdt. VI. 63.
⑥ Hdt. VI. 65.
⑦ Thuc. V. 36.
⑧ Thuc. VIII. 12.
⑨ Xen. *Hell*. II. 4. 28 – 20.

前179年）登基，斯巴达对此产生不同认识，形成了不同的政治派别。其中两位埃伏尔彼此激烈斗争，而其他的埃伏尔则死心塌地地追随埃托利亚联盟。腓力普大举南下，斯巴达国内慌成一团。三位埃托利亚派的埃伏尔害怕自己的行为败露，特别是那两位闹矛盾的埃伏尔中的一位——阿戴曼托斯，因为该人对他们的行径有所了解。于是亲埃托利亚的埃伏尔鼓动一批年轻人在一次公民大会上，杀死了阿戴曼托斯及其他一些长老，另一位波吕丰托斯则提前投靠了腓力普，现在埃伏尔控制了斯巴达的政权，立即派人讨好腓力普。① 然而第二年，斯巴达国内的亲埃托利亚派重新得势，他们杀死了追随马其顿的埃伏尔，从本政治团体中任命新的埃伏尔，然后由他们出面重新制定了亲埃托利亚的外交政策。②

现在埃伏尔已经沦落为贪财好利之徒，他们带头破坏法律，败坏社会风气。本来遵纪守法是斯巴达的优良传统，正如希罗多德所说：他们受着法律的统治，他们畏惧法律就像臣民畏惧君王一样……凡是法律规定的他们一定遵照执行。③ 色诺芬也称：斯巴达人从小养成了绝对服从法律的习惯，这种严格的社会秩序受到柏拉图的推崇。但是在公元前4—3世纪，这种遵纪守法的道德风貌已经不存在了。

在修昔底德的作品中我们没有见到埃伏尔的违法行为，但在色诺芬的《希腊史》中此类丑行却每每常见。伯罗奔尼撒战争结束后，斯巴达成为爱琴海世界的霸主，征服了许多小邦，约在公元前389年，斯巴达著名的将领德尔西里达斯再次征服阿比杜斯，然而尽管德尔西里达斯没有错误，埃伏尔却委派了与他们私交甚好的阿那克西比乌斯去做阿比杜斯的总督。④ 这里色诺芬特别强调埃伏尔们没有发现德尔西里达斯有什么污点，阿那克西比乌斯只是因为与埃伏尔的私人交情得以上任。埃伏尔一方面试图对德尔西里达斯加以控制，另一方面又要利用，于是埃伏尔开天辟地的允许德尔西里达斯一边接受审查，一边带军打仗。

亚里士多德曾经指出埃伏尔出身贫寒，这种人由于急需金钱，容

---

① Poly. IV. 22.
② Poly. IV. 35. 4, 10.
③ Hdt. VII. 104.
④ Xen. *Hell.* IV. 8. 32.

易开放贿赂之门。① 他列举了安德罗斯岛事件为证。安德罗斯岛事件大概发生于公元前333年，其时波斯舰队与希腊各邦联合起来共同反对马其顿，相传某些斯巴达埃伏尔接受了波斯的贿赂，力主与波斯通好。② 安德罗斯岛事件在历史上详情不清，但波利比乌斯却记录了一件实实在在的埃伏尔接受贿赂的事件。公元前219年，被迫流亡海外三年的克利奥墨涅斯三世去世，斯巴达国内决定推举一位新国王以取代克利奥墨涅斯，阿吉达斯家族的莱库古本没有资格当国王，但他贿赂五位埃伏尔，给每个人送了一塔兰特（talent）的钱财，终于如愿以偿地当了国王。③

总而言之，晚期埃伏尔已经完全堕落蜕变。埃伏尔群体变成一群专权贪腐、争权夺利之徒。

四、埃伏尔成为社会矛盾的焦点

堕落的埃伏尔已经失去了自己的政治理想，成为见风使舵的政客，卷入了斯巴达政治斗争的漩涡，到公元前3世纪，成为斯巴达社会矛盾的焦点，屡受屠戮与罢免。

进入公元前3世纪，斯巴达社会的贫富分化加剧，平民与奴隶主之间的斗争越演越烈。为了恢复斯巴达昔日的强盛，也为了增加自身的权利，一些有远见的国王看到了斯巴达社会的症结，他们利用平民的不满，推行改革，这种改革不仅符合国王自身的利益，同时也有利于平民经济状况的改善，稳定斯巴达社会。但在这场改革运动中，埃伏尔从整体上看站在改革的对立面，竭力阻挠改革。在阿基斯改革中，只有阿基斯提拔的埃伏尔莱山德支持改革，在阿基斯的竭力推动下，改革提案得以通过。但原先假意支持改革的阿基斯的叔叔——阿吉西劳斯在当上埃伏尔后却施展阴谋诡计，暗中破坏改革，他以逐步推行改革为由，引诱阿基斯避重就轻，先取消债务，而对平民期盼的重分土地则千方百计拖延。拖延分土地引起了平民的极大不满，反对派乘机迎回改革反对派首领、被迫流亡在外的另一位国王——利奥尼达斯。利奥尼达斯迫使支持改革

---

① Xen. *Hell.* III. 2. 6.
② Arist. *Pol.* 1270b5–10. 有关安德罗斯岛事件可参见亚里士多德：《政治学》，吴寿彭译，北京，商务印书馆，1983年，第87页，注1。
③ Poly. IV. 35. 13.

的埃伏尔——克里奥布鲁托斯流亡他乡,同时抓捕了改革领袖阿基斯。在由埃伏尔和长老共同组成的法庭上,阿基斯被判处死刑。①

当埃伏尔越来越深地卷入到斯巴达达政治斗争的漩涡中,成为贵族利益公开代表的时候,埃伏尔本身所遭受的打击也是非常严厉的。阿基斯改革时,就曾采取措施取消埃伏尔。克利奥墨涅斯三世改革时,更是将取缔埃伏尔作为推行改革的前提和必要步骤。公元前227年,克利奥墨涅斯提出取消债务、重分土地,恢复公民队伍,遭到埃伏尔的强力反对。于是克利奥墨涅斯利用征讨阿卡亚同盟、埃伏尔不注意之机,率军潜回斯巴达,杀死了4名正在公共食堂吃午餐的埃伏尔,只有一位装死得以逃脱。接着,克利奥墨涅斯取消了埃伏尔办公厅中的埃伏尔专用的座椅,只保留了一个特供国王专用。这次行动实际上取消了埃伏尔制度。② 此后,埃伏尔似乎不断遭到屠戮,约在公元前220年,斯巴达内部的亲马其顿派和亲埃托利亚派发生冲突,先是亲马其顿派得势,亲埃托利亚派则寻机发动政变。在一次纪念雅典娜的祭祀活动中,政变者携带武器,混在游行队伍中,就在祭坛上,他们杀死了正在主持祭祀活动的埃伏尔③,在神坛上杀人长期以来是希腊社会不允许的行为。第二年,斯巴达内部再次发生权力之争,王室成员基隆认为自己才有资格继承克利奥墨涅斯的王位,试图将靠贿选上台的莱库古赶下台。他聚集了200多位同伙,发动政变,基隆认为埃伏尔和莱库古是自己登基的最大障碍,首先对埃伏尔发起打击,在晚宴上,基隆的支持者杀死所有的埃伏尔,波利比乌斯称这是"罪有应得"。④

整体上看,晚期的斯巴达埃伏尔已经沦为贵族利益和政治保守势力的代表。这一时期的埃伏尔的权力虽然还有监督、宗教等权力内容,但主要以军事、外交、行政为主。作为保守势力的代表,晚期的斯巴达埃伏尔更深地卷入政治斗争,成为社会矛盾的焦点,在激烈的政治斗争中遭到沉重的打击。公元前3世纪末,克利奥墨涅斯三世首次取消埃伏尔,从此,埃伏尔在斯巴达政治生活中的地位一落千丈。

---

① Plut. *Agis*, 19.
② Plut. *Cleom.* 8, 10.
③ Poly. IV. 35.
④ Poly. IV. 81. 3 – 4.

第二章 公民大会研究

公民大会（apella）是古代斯巴达重要的政权机构。总的来说，公民大会在斯巴达政治生活中的地位低于其他三个，但它对某些问题，尤其是在外交和重大案件的审理等方面有着特殊的作用。所以研究斯巴达的政治制度，我们不能忽视公民大会。

第一节 荷马时代的公民大会

一、荷马时代公民大会的职权

公民大会在古代希腊历史上并不陌生，在荷马时期就大量存在公民大会。① 这一现象在《荷马史诗》中有较多地体现。研究斯巴达的公民大会首先必须从荷马史诗中的公民大会开始，这样我们才能看清斯巴达公民大会的发展过程。

在荷马史诗中公民大会被称为 agora。这一词同时还有"广场"、"集市"的意思，暗含着参加大会的人员比较广泛。从《荷马史诗》的内容看，参加公民大会的人员大多是城邦公民，但在公民内部没有再作区分，虽然不是每次公民大会都由全体公民参加，但公民大会没有对部分公民做出歧视性的规定。

《荷马史诗》中公民大会的职权比较广泛，所有与全体人民有关的问题都会拿到会上讨论。在《伊利亚特》一开始，希腊联军就召开了一场公民大会，这场大会的起因是阿伽门农拒绝了太阳神祭司克律塞斯赎

---

① 国内学者中晏绍祥对此有专文，本节写作时参考过该文。晏绍祥：《荷马史诗中的人民大会及其政治作用》，《华中师范大学学报》2000 年 11 月，第 39 卷第 1 期。

取女儿的请求，克律塞斯请求太阳神为他复仇，太阳神给希腊联军降下瘟疫，给希腊联军造成重大损失。为解除灾难，阿基琉斯出面召集希腊联军的全体大会。会上，先知卡尔卡斯宣布了瘟疫原因，指出解除灾难的办法就是放回克律塞斯的女儿，阿基琉斯要求阿伽门农执行神谕。阿伽门农虽然勉强同意，但认为这是自己的战利品，不能随便让出，否则必须给以补偿，同时他提出了一个带有报复性的措施，即要阿基琉斯让出自己的女俘。结果，两人发生冲突，会议不欢而散。① 这次会议讨论的主题基本与战争无关，而是军队内部的日常管理，其目的是克服困难，争取胜利，但它涉及到一个社会生活中常见的问题，即社会财产的分配和不同等级的社会成员之间的关系。《奥德赛》的第二卷，伊大卡也举行了一场公民大会，这场会议的起因是奥德修斯参加特洛伊远征之后，众贵族子弟为了夺取奥德修斯家产，纷纷向奥德修斯之妻佩涅洛佩求婚。为了迫使佩涅洛佩答应，他们在奥德修斯的家中胡作非为，糟蹋钱财。奥德修斯之子特勒马科斯为维护自家财产，驱散众求婚者，召集公民开会，寻求公民的支持。这次公民大会讨论的也是人们日常生活中的矛盾和纠纷。由此我们可以看出，荷马史诗中的公民大会拥有广泛的权力。

《荷马史诗》告诉我们，在荷马时代，公民大会的作用有时是比较重要的。如在《奥德赛》中，求婚者担心他们伏击特勒马科斯的阴谋一旦被揭露，伊大卡的人民可能转而支持奥德修斯，那时他们就会被逐出伊大卡。② 这里虽然没有直接提到公民大会的作用，但公民的作用既然如此重要，那么公民大会的作用自然不可忽视。在另一处，奥德修斯回到伊大卡后，编造了一个故事来掩饰自己的身份，他提到"人们委派我和那位著名的伊多麦纽斯统率舰队前往伊利昂，我们无法拒绝委任，国人们的委命严厉难推辞"。③ 这里"国人们的委任"不大可能是一种纯粹的心情，更可能是经过一定程序制定的决策，也就是说公民大会的决策。没有公民大会的支持（亦即没有公民的支持），政治人物就可能遭到失败，如在《奥德赛》第二卷，特勒马科斯试图借助公民的力量赶走求婚者，召开了公民大会，但公民大会并没有给特勒马科斯明确的支持，特勒马科斯不得不委屈地说：先让他出去打听一下父亲的消息，如果奥德

---

① Ild. I. 8-305.
② Ody. XVI. 375-382.
③ Ody. XIV. 237-239.

修斯果真死去,他将允许母亲改嫁。① 特勒马科斯在这次斗争中实际上失败了,其原因在于公民没有给予支持。在《奥德赛》最后一卷,伊大卡公民在欧佩特斯的蛊惑之下,群起进攻奥德修斯,虽然奥德修斯准备迎战,但雅典娜出面制止了奥德修斯的行动,称这场战斗的双方将"不分胜负"。② 这些材料更多地展示了公民在社会生活中的重要作用,但它使我们有理由相信,公民大会在社会生活中同样具有重要的作用。

二、荷马时代公民大会的政治地位

但是,如果说公民大会真的可以与贵族势力分庭抗礼,那是不合乎实际的。实际上,贵族在较大程度上控制了公民大会。首先,召集会议的权力掌握在巴赛勒斯和贵族的手中。在整部史诗中,没有出现过一位出身于平民的政治人物出面召开公民大会。《伊里亚特》第一卷的公民大会是阿基琉斯召开的,《奥德赛》第二卷的公民大会是特勒马科斯出面召开的,第八卷费埃克斯人的公民大会虽然没有明说是贵族召开,但在前一卷末国王阿尔基诺斯私下向奥德修斯宣称"明天将让他回去",第二天会上又是阿尔基诺斯首先发言,宣布自己的决定,可见国王在费埃克斯的公民大会上处于主导地位。第二十四卷的那次公民自发的行动也是在求婚者安提诺奥斯的父亲、贵族欧佩特斯的鼓动下发生的。格洛兹认为:只有国王有权召开公民大会,贵族只是在特殊情况下,才有可能召开公民大会。③ 但从史诗的内容看,不仅国王有此权力,在许多情况下贵族也有此权。事实上,前文所述四次公民大会,只有一次是国王召集的。当特勒马科斯召集公民大会时,艾吉普提乌斯提出了这样的问题:"现在是谁召集我们?"④ 这句话暗示我们公民大会的召开权并不集中于一人之手,否则,艾吉普提乌斯的提问就是无的放矢。

就召开公民大会而言更关键的似乎是"权杖",在《伊里亚特》第二卷的那次公民大会上,奥德修斯从阿伽门农手中接过权杖就可以主持大会,惩罚违抗贵族利益的特尔西特斯。在《奥德赛》第二卷的公民大会上,特勒马科斯也是凭借权杖召开会议。凭"权杖"也就意味着召集

---

① *Ody.* II. 1 – 223.
② *Ody.* XXIV. 542 – 544.
③ G. Glotz, *Greek City and Its Institutions*, London, 1929, p. 50.
④ *Ody.* II. 28.

和主持公民大会不是一个人而是一群人,当然是贵族,而不是普通公民。

其次,荷马时代的公民大会没有固定的会期。在荷马史诗中公民大会没有自己的开会时间。《奥德赛》第二卷中说:自奥德修斯出征,伊大卡就没有召开过公民大会,屈指算来,其间大约间隔了二十年。但在《伊里亚特》中,希腊联军似乎经常召开公民大会,在第一卷阿基琉斯出面召开了一次公民大会,接着在第二卷,阿伽门农又召开了一次公民大会。第一次会议的目的是化解内部矛盾,第二次会议的目的是协调军事行动。这两次会议的间隔时间大约不会太长,因为,整部《伊利亚特》叙述的故事发生的时间并不长。召开的原因也不是因为固定会期,而是出现了具体的重要事件。

我们所见到的公民大会或是出于特殊的需要,或由贵族决定,临时召开的。如在《伊里亚特》第一卷,希腊联军发生瘟疫,直至第十天,由阿基琉斯出面召开了公民大会。第二卷,阿伽门农试图摆脱阿基琉斯的影响,冒险进攻,于是先召开长老会议,决定进攻,然后才召开公民大会,宣布长老会议的决议。在《奥德赛》的第二卷,也是由于特勒马科斯的临时决定召开了公民大会。《奥德赛》第八卷,费埃克斯国王阿尔吉诺奥斯只是为了表明自己的好客,在奥德修斯到来的第二天,举行了一场规模较大的公民大会。《奥德赛》的最后一卷,则是由于包括奥德修斯在内的贵族的剥削,社会上普遍存在不满,少数贵族(求婚者的族人)借机煽动人民,进攻奥德修斯。这些会议有一个共同点,即它们都是临时召开,事先没有固定的开会日期。固定会期的缺乏实际反映了公民大会可有可无,表明了公民大会在政治生活中的低下的地位。

再次,公民大会的会址不固定。在《伊里亚特》中我们看到,公民大会的开会场所随意性比较大。如第一卷阿基琉斯召集的公民大会就没有提到会址,很可能是在海边的空地上,或阿基琉斯的船只边。第二卷的会址在涅斯托尔的船边。① 同一卷中特洛伊人在普里阿摩斯的"大门内"② 开会。第七卷中特洛伊人在"高城上"或普里阿摩斯的"大门外"③ 开会。在《奥德赛》中,特勒马科斯在"广场上"④ 召开公民大

---

① *Ild.* II. 53 – 54.
② *Ild.* II. 788.
③ *Ild.* VII. 345 – 346.
④ *Ody.* II. 6 – 7.

会，费埃克斯人在"海港边"① 召开会议，最后一卷，公民们在奥德修斯住宅外自发集会。② 可见，在荷马时代，虽然公民大会随处可见，但各国公民大会的会址并不固定，甚至同一政治体内会址也不固定。

但总体来说，公民大会会址的确定是有规律可循的，大致上由贵族决定，大多在巴赛勒斯的居住地周围。如《伊里亚特》中特洛伊人的会址在普里阿摩斯宫殿的附近，希腊人的会址大致上在主要军事将领的船只旁，《奥德赛》中特勒马科斯"召集长发的阿卡亚人到广场开会"③，至于费埃克斯人为奥德修斯举行的盛大集会，史诗称：国王阿尔基诺斯早早来到"海港附近的费埃克斯人的会场"，然后雅典娜幻化成传令官通知人们到海边开会。这里，并不是雅典娜真的显灵，而是伊大卡和费埃克斯的公民对集会的场所已经比较熟悉，这些场所可能已经成为公民约定俗成的集会场所。这种空间上的安排说明当时的公民大会并没有属于自己的政治空间，而是从属于贵族。

再次，公民没有提案权。就《荷马史诗》中出现的几次公民大会而言，公民大会本身不能提出任何自己的决定或讨论它希望讨论的问题。公民没有自己的利益代表，自然也不能提出公民认为需要讨论的议题，公民大会所讨论的问题都是由巴赛勒斯或贵族提交的。贵族们或以个人身份提出问题，如阿基琉斯就以个人身份召集会议讨论如何扑灭希腊联军中瘟疫，或在集体讨论之后向公民大会提交，如阿伽门农在召开了长老会议之后才召开公民大会，讨论希腊军队是继续战争还是收兵回国。特勒马科斯召集的那次会议则是特勒马科斯为寻求社会支持，驱逐求婚者而举行的。

又次，公民大会没有审议权。公民大会真正发挥作用必须具有审议权和表决权，但荷马时代的公民大会没有审议权，公民在公民大会上无权自由发表自己的意见。最典型的莫过于《伊里亚特》第二卷的那次公民大会，以阿伽门农为代表的贵族经过事先的讨论，已经决定继续对特洛伊作战，但他在公民大会上伪称要撤兵回国。撤军回国是众多下层士兵的愿望，阿伽门农的提议在下层士兵中引起共鸣，许多士兵表示赞同。但士兵的意见遭到以奥德修斯为代表的贵族的压制，奥德修斯先是用权

---

① *Ody*. VIII. 4 – 5.
② *Ody*. XXIV. 412 – 449.
③ *Ody*. II. 6 – 7.

杖责打一个士兵,禁止他说话,诬蔑他没有战斗精神,没有力量。然后他又鞭笞特尔西特斯,特尔西特斯是下层士兵的代表,他被描写成"腿向外弯曲,一只脚跛瘸,两边肩膀是驼的,在胸前向下弯曲,肩上的脑袋是尖的,长着稀疏的软头发。"① 诗人的这种描写只是说明特尔西特斯的社会地位低下。就是这位下层的代表,被奥德修斯打得眼泪汩汩,伤痕累累。最后,广大士兵在贵族的胁迫下,接受了继续战斗的提议。在其他的各次会议上,我们甚至没有听到下层的声音,如《伊里亚特》第一卷的会议上只有阿基琉斯和阿伽门农、涅斯托尔、卡尔卡斯的发言,这里除了卡尔卡斯之外全是贵族,卡尔卡斯是鸟卜者,但他是在阿基琉斯的支持下发言的。公民大会上的讨论只限在贵族内部,比如前面提到的会议上发生了不同意见的交锋,但交锋是在阿基琉斯、阿伽门农和涅斯特尔之间进行的。在《奥德赛》第二卷的公民大会上共有八人发言,分别是英雄艾吉普提乌斯、奥德修斯之子特勒马科斯、年迈的老英雄哈利特尔塞斯、奥德修斯的伴侣兼家臣门托尔、求婚者安提诺奥斯、勒奥克里托斯、欧律马科斯。在《奥德赛》最后一卷的自发的公民集会上发言的则是安提诺奥斯的父亲、贵族欧佩特斯。这里都没有普通公民的影子。

最后公民大会没有表决权。《荷马史诗》中的各次公民大会上都没有举行过公民表决活动,公民在权力运作过程中处于弱势甚至是可有可无的地位,他们只能被动地接受贵族的提案,无法表达自己的意志,更不可能使自己的意志获得合法性。在古希腊的政治生活中,政治权力被细分为不同的组成部分,前述的提案权、审议权就是其中的一部分,从立法程序看,最后的表决同样是重要的环节。但是荷马时代的公民大会没有表决权,公民大会上的发言者的目的只是表述自己的主张,针对的是另一个反对自己或自己反对的贵族,而不是寻求普通公民的支持。在古典时代,无论是雅典还是斯巴达,发言者的目的都是要争取公民的支持,在《荷马史诗》却未见此景。《伊里亚特》第一卷,阿基琉斯和阿伽门农发生了剧烈的争吵,彼此互不让步,这时涅斯托尔出面调停,但三个人谁都没有提议交给公民大会表决。一番剧烈的争吵之后,公民大会就被解散了。在这场权力斗争中,公民只是看客,完全没有介入政治过程之中。在第二卷中,虽然下层的普通公民讲话了,而且与贵族的主

---

① *Ild.* II. 117 – 119.

张截然对立,但普通公民的意见被彻底镇压下去,最后奥德修斯代表贵族集团公开了自己的真实意图,在没有进行任何形式的表决的情况下,公民大会接受了奥德修斯和涅斯托尔的主张。① 在特勒马科斯召集的公民大会上,特勒马科斯和哈利特尔塞斯、门特尔为一方,安提诺奥斯、欧律马科斯和勒奥克里托斯为另一方,意见截然对立,虽然特勒马科斯向公民请求政治支持,但显然公民被排除在政治过程之外,他们并没有机会发表自己的意见。最后,勒奥克里托斯解散了公民大会,特勒马科斯寻求公民大会支持的计划失败。②

上述的事实告诉我们,荷马时代的公民大会,不过是巴赛勒斯和贵族进行统治的工具。它很少能表达自己的意志,更不能提出独立的要求。尽管在史诗中我们也可见到一些强调公民政治作用的话语③,但在直接涉及公民大会的段落中,我们却看不到公民大会履行自己的职能。所以公民大会即使不说它是可有可无的装饰品,至少也是无足轻重的。

第二节　斯巴达的公民大会

一、斯巴达公民大会的形成

荷马时代的公民大会大致上反映了斯巴达国家早期的情形。但在斯巴达定居拉科尼亚不久,斯巴达发生了著名的莱库古改革。在莱库古改革中,斯巴达的公民大会发生了革命性变革,这种变革主要体现于大瑞特拉④中的新的制度规定中。大瑞特拉指示斯巴达:经常在巴比卡和科

---

① *Ild*. II. 188 – 402

② *Ody*. II. 35 – 259.

③ 如,《伊里亚特》第三卷,赫克托尔警告帕里斯:如果不是特洛伊人胆怯的话,他早被乱石打死。(*Ild*. III. 56 – 57),《奥德赛》第十六卷,佩涅洛佩提醒安提诺奥斯要重视人民的力量,不要杀死特勒马科斯。(*Ody*. XVI. 424 – 430)。

④ 大瑞特拉是关于古代斯巴达政治的重要历史文献,后文将不断引用这个文件的部分内容。兹将全文转录如下:
当你为希腊人的宙斯神和希腊人的雅典娜女神建起了神庙,并把人们分成"菲伊拉"(phyle)、"奥巴伊"(Obai),再创立起包括"阿卡格塔伊"(Archagetai)在内的三十人的元老院(Gerousia)之后,你们就得经常在巴比卡和克那基翁之间"阿佩拉普"(apellazein),并在那儿提出或废除提案;但是人民必须有决定性的声音,必须有权力。

纳基翁之间"阿佩拉曾（apellazein）"① 并在那儿提出或废除提案。但是，人民必须要有表决权和权力。②

大瑞特拉中重新设立的公民大会与荷马时期的公民大会有了极大的变化。第一个显而易见的变化是大会的名称由 agora 变成阿佩拉（apella）。大瑞特拉提供了四个政治任务，一是创立新的宗教信仰，二是实行新的行政区划，即以血缘和地缘双重标准来划分。三是创立包括国王在内的长老会议。第四就是创立阿佩拉会议。

在大瑞特拉中，有一个明显的语法现象，就是名词动词化。如第二句，φυλάς φυλάξατα καὶ ὠβὰς ὠβάξαντα，这里就是将名词 φυλάς、ὠβὰς 变成同根的动词 φυλάξατα 和 ὠβάξαντα，表示使 φυλάς 成其为 φυλάς，ὠβὰς 成其为 ὠβὰς，那么可以想见，ἀπελλαζειν 一词也有一个名词形式：απελλα。但 apella 一词在后来的希腊语中出现得很少，所以人们对它早期的具体情况了解并不多。在斯巴达内部只是在吉提乌姆的一个铭文中出现过，而且是复数，在斯巴达之外，则在德尔菲的记述拉庇阿戴的胞族组织制度的铭文中出现过。③ 如此稀少的记述给人们认清早期的阿佩拉带来了巨大的困难。

据克里姆斯研究，阿佩拉可能来自德尔斐的神阿波罗，我们从阿波罗神的名称——apollo 可以看得更清楚。在德尔斐地方，太阳神写作 Απέλλων，阿佩拉就是以祭祀太阳神阿波罗为中心的宗教集会。拉庇阿戴地区的阿佩拉集会则由所有氏族成员参加。由此，克里姆斯进一步得出结论：ἀπελλαζειν 意思就是举行祭祀阿波罗的集会，或举行由所有公民参加的集会。④ 整个大瑞特拉包含了斯巴达政治制度的巨大变化，但是在瑞特拉的前述内容中未见到对阿波罗的崇拜。但是，瑞特拉改革显然涉及宗教，宗教方面的改革是整个瑞特拉法律的第一条，可见宗教改革在这场改革中的特殊意义。而且在古代宗教对国家政治的影响极大，因此举行一种带有宗教色彩的会议代替以前的那种公民大会，或者借助于宗教的力量召集民众的力量，举行公民集会，是有可能的。但是这个词被用到斯巴达时不再特别指阿波罗集会，而是指一种具有宗教色彩的

---

① 意即举行 apellac 会议，详见下文。
② ［古罗马］普鲁塔克：《希腊罗马名人传》，黄宏煦等译，商务印书馆，1999 年，第 9 页。
③ Pavel Oliva, *Sparta and Her Social Problems*, p. 91.
④ K. M. T. Chrimes, *Ancient Sparta*, pp. 487 – 488.

群众的集会。从大瑞特拉的后文看，文献规定了会议召开的地点、职能等。显然，阿佩拉是一个代表面较广的权力机构。它与荷马史诗时期的 agora 相比，可能差别之一就在它带有较多的宗教色彩。荷马时期的宗教祭祀主要活动集中在长老会议上，公民大会无权举行正规的宗教祭祀。

在大瑞特拉改革中，斯巴达公民大会的召集人似乎没有发生本质的变化，大瑞特拉的条文中没有这方面的明确记述。估计这时公民大会的召开仍然控制在贵族和国王的手中。①

但史载的公民大会实例中，大多数公民大会都是由埃伏尔主持的。最早的是公元前432年的公民大会，在这次会议上，埃伏尔亲自把问题提交公民大会，并且临时决定更改大会的表决方式，即用分队站立的方式取代呼声表决。② 这里，很明显，埃伏尔在会议进程中，控制着大会的举行程序，因此，公民大会很可能就是由他们出面组织召开的。对斯巴达公民大会记录最多的是色诺芬的《希腊史》，在这本书中，色诺芬比较全面记述公民大会的地方有8处。他们分别在第2卷第2章第19节、第2卷第4章第38节、第3卷第2章第23节、第4卷第6章第3节、第5卷第2章第11和20节、第5卷第2章第33节、第6卷第3章第3节、第6卷第4章第3节。在这当中，第一次会议明确指出是由埃伏尔召开的，第二次未明确说明召集人，第三次因为国王阿基斯在厄利斯受到不礼貌的待遇，于是埃伏尔和公民大会都觉得气愤，决定对厄利斯宣战，宣布战令的就是埃伏尔。第四次的情形与第三次差不多，也是由埃伏尔和公民大会一起对他国宣战，只是宣战对象改为阿卡奈人，第五次是阿堪杜斯和阿波罗尼亚的使节来到斯巴达，埃伏尔在听取了他们的出使目的之后，将他们带到了公民大会上，第六、七、八次未明确提及召集人。在这八次中，大概有一半比较肯定是由埃伏尔召开，而且会议的决议也是由埃伏尔宣布的。可以想见，斯巴达的公民大会在埃伏尔正式设立之后主要由埃伏尔出面召开。

关于公民大会的召集人何时从贵族、国王变为埃伏尔，缺少直接的史料，但如下章将要阐明的，平民性质的埃伏尔出现于第一次美塞尼亚战争之后，也许从这个时候埃伏尔才成为公民大会的召集者。而在大瑞特拉颁布后的一段时间内，在古风时期早期，斯巴达的公民大会仍然较

---

① 详见"公民大会的权利"一节。
② Thuc. I. 87.

多地控制在贵族的手中。

二、斯巴达公民大会的特点

在大瑞特拉中,公民大会成为相对固定的权力机构,有了比较固定的召开地点和召集时间。大瑞特拉规定,公民大会在巴比卡和科纳基翁之间举行。据亚里士多德研究,科纳基翁是一条河,巴比卡则是一座桥。但瑞特拉中这两个名词前用的是μεταξὺ,该词意为"在……之间(between, among)",这样,巴比卡不可能是科纳基翁河上的桥,而应是在斯巴达卫城附近另一条支流上的桥。普鲁塔克对亚里士多德的说法没有作修改,只是指出巴比卡在他那个时代改称科马罗斯,科纳基翁改称奥努斯。① 古代斯巴达城座落在厄托拉斯河中游及其支流交汇处,据卡特利奇提供的古斯巴达地图,在厄托拉斯河上曾经有一座桥,克里姆斯认为科纳基翁就是厄托拉斯的一条支流。② 如果是这样,那么斯巴达的公民大会则必须在斯巴达人聚居地中的一个空旷处。克里姆斯提出了另一个解释,认为科纳基翁实际是"野山羊",而巴比卡则指"鹈鹕",野山羊生活在群山之上,而鹈鹕生活在沼泽等湿地环境中,斯巴达三面环山,南面以沼泽为主,所以,克里姆斯认为这句话实际上没有明确指出公民大会召开的地点,也就是说公民大会是巡回召开的。③ 密希尔也认为:到底有没有固定场所很难下定论。④ 但是,克里姆斯的说法过于牵强,如他认为大瑞特拉中的βαβύκας是βαβυκᾶν之误,进而认为它的原型是βαβυκώς,然后他再认为βαβυκώς代指斯巴达南部的沼泽地。因此,笔者认为,自大瑞特拉之后,斯巴达的公民大会有了至少相对固定的会址。

但是,此时的公民大会很可能没有固定的会议厅。亚里士多德、普鲁塔克的记述,克里姆斯的分析都暗示一点,早期的公民大会没有古典时期雅典等城邦那样的精心设计、修建的会议厅或会场,而是在旷野召开的。普鲁塔克对此作过解释,称莱库古认为厅堂建筑对会议会产生不好的影响,与会人员会专注于欣赏雕像绘画或其他装饰物,为了防止这

---

① Plut. *Lyc.* 6
② K. M. T. Chrimes, *Ancient Sparta*, p. 485.
③ K. M. T. Chrimes, *Ancient Sparta*, pp. 485–486.
④ H. Michell, *Sparta*, p. 146.

一情况，莱库古决定在旷野开会。① 但是，斯巴达本来就注重简朴，反对豪华奢侈，即使有会议厅也不会布置得过于华丽，以致影响会议效果。所以在旷野开会只能是传统公民大会会址的延续，并非人们有意为之。

波桑尼阿斯在他的游记中称斯巴达的公民大会有固定的开会地点，称这个会址为西阿斯。它位于通往市场的一条道路上。在西阿斯周围有圆形建筑物，这里建有宙斯和阿芙罗狄特神像。波桑尼阿斯还介绍西阿斯是由萨摩斯的提奥多罗斯建造的，可见西阿斯是人工建造的会场，不过我们暂时不知道具体的建筑样式。波桑尼阿斯称，在他那个时代西阿斯还用作公民大会的场所。② 波桑尼阿斯生活在公元后的 2 世纪，他所知道的西阿斯用作公民开会场所的起始时间我们无法得知。但他告诉我们，斯巴达的公民大会后来肯定有了固定的开会场所。

由此也可以推知，斯巴达的公民大会的场所经过了一个发展过程，按照克里姆斯和密希尔的观点，这个转变似乎经过了从城外到城内的转移。前者认为早期公民大会是在城外的荒野之处，而密希尔则认为莱库古为了防止城内的嘈杂而将会议放在城外举行。不过这种观点可能不正确。从历史来看，早期的公民大会主要与军事行动有关，那么在军队出征前的结合地举行公民大会这是很可能的，而大瑞特拉中提到的那块空地很可能是出征前军队的结合地，这种空地不一定在城外（实际是居住区之外），更可能是在城内，这样便于大家集中。至于密希尔所说的在城内拥挤、嘈杂等都是按照现代的城市情形的推测。要知道莱库古改革本身据说就包含了取消商业，早期的斯巴达城内不可能出现拥挤、嘈杂等城市繁荣的"副产品"，进而影响公民开会。再说雅典的公民大会就是在市民广场上召开的，市场的嘈杂并没有影响公民开会，相反市民的聚集本身才带来市场的繁荣。所以，早期的公民大会更可能在城内，即居住区中间，即使有空间位置的变化也只是在城内的变动，而不会是城外到城内的变动。

笔者认为，场所变化的关键不在于从城外转向城内，而是从简陋的空地变成人为建造的会场。亚里士多德所说的"巴比卡和科纳基翁之间"可能只是一个没有任何建筑的空地，而波桑尼阿斯所说的西阿斯则是由"萨摩斯人提奥多罗斯"设计建造的，周围有"圆形建筑物"，有

---

① Plut. *Lyc.* 6
② Paus. III. 12. 10.

"宙斯和阿芙罗狄特神像"。这时的会场本身连同周围的建筑显然已经是经过精心设计的建筑物。

大瑞特拉表明公民大会已经不再是不知何时召开的、可有可无的权力机构，而是成为定期开会的实权机构。大瑞特拉中对公民大会的召开用了一个介词词组——ὥρας ἐξ ὥρας做状语。ὥρας是ὥρα的复数形式，ὥρα的原始意思是"一段固定的时间"，"按自然规律划定的时间如季节，"复数形式常指"季节"。① 曾经有人将它理解作"年"，意为"一年一度"，现在似乎所有的学者都认为它是小于"年"的时间单位，但具体的理解却各有不同。克里姆斯认为是一个季度一次，而且其次数可能也有所变化。② 他指出：荷马、赫西俄德曾经把一年分为三个季度（ὥραι）：夏季、秋季、冬季，后来阿尔克曼分为四个季度，所以，从早期的语言习惯看，ὥρας ἐξ ὥρας指一个季度一个季度的举行。他还针对他人常用的修昔底德提供的"满月开会"这一史料批评说，满月只是说明了开会当天的情形，不能由此简单地得出逐月开会的结论。哈蒙德认为会议间隔没有固定的时间，但其频率大于每月一次，所以他认为ὥρας ἐξ ὥρας的意思是"经常、总是（for ever and ever, in perpetuity）"③，但它没有说是不是一个季度一次。罗易卜丛书也与哈蒙德持同样的观点，我国商务印书馆出版的《希腊罗马名人传》（上册）在翻译相关段落时也持同样的观点。④

但大多数学者认为公民大会是逐月开的。如密西尔、奥利瓦、瓦德-盖里等，瓦德-盖里更认为它在每个月的固定日子召开。⑤ 综合比较，此论得到更多的证据支持。修昔底德在记述公元前432年的斯巴达公民大会时，曾经用了一个修饰词 εἰωθότα，原形是ἔτω，意思是习惯的、惯常的。⑥ 这表明斯巴达的公民大会是政治生活中的常见现象，一年一次、一季一次似乎都间隔太久。希罗多德曾经在记述在马拉松战役

---

① Liddelland Scott, *Greek - English Lexicon*, Oxford, 1996, p. 2035.
② K. M. T. Chrimes, *Ancient Sparta*, p. 488.
③ N. G. L. Hammond, "The Laycurgus Reform at Sparta", *JHS*, Vol. 70 (1950), p. 43.
④ [古罗马] 普鲁塔克：《希腊罗马名人传》（上），黄宏煦等译，北京，商务印书馆，1999年，第93页。
⑤ H. Michell, *Sparta*, p. 146. Pavel Oliva, *Sparta and Her Social Problems*, p. 92.
⑥ Thuc. I. 67.

前夕，斯巴达出于消极回避战争的目的，拒绝向雅典提供军事支持，于是推托说：他们不能破坏他们的传统规矩，因为那天是一个月的第九天，月亮还没圆，所以他们不能出征①，最后他们一直等到满月的时候，而此时马拉松战役已经结束。显然，"月圆"在斯巴达的政治生活中有着重要的意义。如果我们联系斯巴达公民大会本身与宗教有着特殊的关系，同时处理军事行动又是公民大会的重要职能，那么在每个月的满月之时召开公民大会与其他的观点相比显得更为合理。

有一点必须注意到，斯巴达的公民大会是定期与不定期相结合的。在色诺芬记述的八次公民大会中，公元前405年的那一次是临时召开的，此时雅典遭受斯巴达军队的包围，为克服困境派全权代表到斯巴达求和，斯巴达埃伏尔在他们到达之时召开公民大会。② 公元前403年，国王波桑尼阿斯和莱山德围攻雅典的庇利乌斯港，同时两位指挥官之间发生矛盾，波桑尼阿斯暗中指示庇利乌斯港内的雅典人向他求和，雅典使者与他接触之后，被随军埃伏尔派往斯巴达国内，然后守卫城墙的雅典人也派使者到斯巴达，他们在斯巴达公民大会上通报了各自的要求，看来这次公民大会也不是按固定会期召开的。③ 公元前383年，阿堪杜斯和阿波罗尼亚的使节来到斯巴达，先向埃伏尔通报，然后埃伏尔将他们带到了公民大会上，这次公民大会也不可能是按固定会期召开的。④ 另外，公元前399年，国王阿基斯在厄利斯受到羞辱，埃伏尔和公民大会气愤万分⑤；公元前383年，底比斯的两个政治派之一派人到斯巴达，他们也到斯巴达公民大会发表了演讲。⑥ 这两次大会也不大可能等到月圆时刻再开会。所以，从这些情况看，斯巴达的公民大会有些也是不定期召开的。

大瑞特拉中对公民大会的间隔时间和开始日期做出初步的规定，虽然我们现在无法确定这个间隔时间的长度和最初的开会日期，但从各种情况看，大瑞特拉改变了荷马史诗中公民大会没有明确会期的情况。这是公民大会和普通民众政治地位提高的表现，公民大会的定期召开使得

① Hdt. VI. 106.
② Xen. *Hell.* II. 2. 19.
③ Xen. *Hell.* II. 4. 38.
④ Xen. *Hell.* V. 2. 11.
⑤ Xen. *Hell.* III. 2. 23.
⑥ Xen. *Hell.* V. 2. 33.

公民大会初步摆脱了贵族的控制，推进了斯巴达政治制度的发展和政治民主化的发展。在雅典，定期召开公民大会直到公元前508年克利斯提尼改革才初步。可见，大瑞特拉的改革使斯巴达的政治民主化来得比雅典更早。

第三节　斯巴达公民大会的权力

一、公民大会的政治地位

大瑞特拉改革之后，斯巴达公民大会的权力发生了很大变化。大瑞特拉的最后一句规定：δάμω δὲ τὰν κυρίαν ἦμεν καὶ κάρτος，译成中文意为"要让人民（δεμοσ）拥有权力"。权力的内容在大瑞特拉的第三句中作了规定，即οὕτως εἰσφέρειν τε καὶ ἀφίστασθαι，中文意为"在那儿提出或废除提案"。大瑞特拉的这一句话在学术界引起许多争论，学者们对εἰσφέρειν没有太大的疑义，它的字面意思是"在……前提出议案"[1]，结合上下文可知应是国王或长老会议在公民大会前提出议案。普鲁塔克说："公民大会被召集来了之后，他们是不允许提出议案的；但对于议员和国王提出的议案，他们可以表示赞同，也可加以反对[2]。"由此可见，现在的斯巴达公民大会已经拥有实权。

斯巴达公民大会的职权范围我们没有见到明确的记载，但从史料看，主要是有关军事、外交、重要官职及一些重大的政治决策。在所知的十五次公民大会上，涉及军事、外交的有12次。在这12次中，公元前475年[3]、432年[4]、402年[5]、371年春[6]和371年夏[7]这5次是斯巴达主动开会讨论军事决策。公元前415年[8]、404年、403年、389年、383年、

---

[1] N. G. L. Hammond, "The Lycurgean Reform at Sparta", *JHS*, Vol. 70 (1950), p. 43.
[2] ［古罗马］普鲁塔克：《希腊罗马名人传》，黄宏煦等译，北京，商务印书馆，1999年，第93页。
[3] Diod. XI. 50.
[4] Thuc. I. 79f.
[5] Xen. *Hell*. III. 2. 23.
[6] Xen. *Hell*. VI. 3. 3
[7] Xen. *Hell*. VI. 4. 3
[8] Thuc. VI. 88. 10.

382年①这6次是接待外国使节，公元前418年的1次仅仅出现在与雅典的和约条文中。② 涉及重大决策的有两次，它们分别是阿基斯四世改革时为了使其改革措施获得合法性，召开公民大会。③ 其后，克利奥墨涅斯三世改革时，为了为自己的改革行动辩护，他召开公民大会，发表了洋洋洒洒的演说。④ 涉及其他方面的一次，这是由埃斯奇利斯记述的，埃斯奇利斯主要是讨论发言人的身份，认为一个道德品行恶劣的人不能在公民大会发言。⑤ 公民大会还拥有选举主要官职的权力，斯巴达的主要官职除国王世袭外，长老和埃伏尔都须经过选举产生，长老终身任职，但死后由全民公选递补，埃伏尔一年一任，每年都要举行公选。这种公选只能由公民大会来完成。这里，我们可以看到，公民大会的主要职权是立法、外交、重要官员的选举等。

二、公民大会的立法权辨析

立法是公民大会的主要职权。就立法过程而言，立法权又分成提案权、审议权和表决权三部分，它涵盖了一项法律从无到有的生成过程。公民大会到底有没有提案权？从普鲁塔克的解释看答案是绝对的：没有。但从后来的历史来看，似乎比较复杂。很可能情况改变发生在平民埃伏尔设置之后。代表平民利益的埃伏尔和普通平民都曾经在公民大会上直接提出议案。如公元前432年的斯巴达公民大会上，在这次会上，科林斯等一些对雅典不满的城邦代表以及雅典代表先后发言，然后是国王阿基达玛斯发言，最后是埃伏尔发言。埃伏尔的发言内容与国王明显不一样，阿基达玛斯要求暂缓宣战、寻求仲裁，而埃伏尔主张立即宣战，最后公民大会表决认为斯巴达和雅典之间的"三十年和约"已被破坏，必须宣战。虽然后来的斯巴达政策没有立即宣战，但基本上抛弃了阿基达玛斯的建议，而是采取紧锣密鼓的措施进一步向雅典施压，并不惜宣战。⑥ 又，据普鲁塔克记载厄庇塔戴乌斯任埃伏尔时，与其子吵架，于是提出一条法案，允许人们生前或在遗嘱中将其产业和份地给予他所愿

---

① Xen. *Hell*. II. 2. 19；II. 4. 38；IV. 6. 3；V. 2. 11. 20；V. 2. 33.
② Thuc. V. 77. 1.
③ Plut. *Agis*. 9.
④ Plut. *Cleom*. 10.
⑤ Aeschines, *Against Timarch*, 181.
⑥ Thuc. I. 87 – 88, 126.

意的任何人。公民们出于贪婪表示欢迎，并使其成为合法的法律。① 又，阿基斯在推行改革的时候遭到反对派的抵制，他首先支持莱山德当了埃伏尔，然后由莱山德向公民大会提出整套改革方案。② 又，约在公元前475年，斯巴达的著名将领波桑尼阿斯被处死之后，斯巴达失去了海上指挥权，盛怒之下要对雅典宣战，这时一位长老，名叫赫托伊马里达斯，向长老会议和公民大会提出反对意见。最后，公民大会采纳了他的意见。③ 赫托伊马里达斯虽然属于贵族阶层，但他显然不是以长老会议和国王的名义，而是以公民的身份提出新建议的。如此看来，在历史上，向公民大会提交议案的权力主要掌握在国王和埃伏尔手中。国王的背后是长老会议、贵族阶层，埃伏尔的背后则是公民。但是，普通公民基本不拥有独立、自由的提案权，历史上留下的这类实例比较少见。

可以肯定地说，公民大会拥有审议权。普鲁塔克称最初公民大会没有权力提出议案，但对国王和长老提出的议案可以同意也可以反对，这时的审议权是简单、原始的，要么全盘反对，要么全盘同意，可以说此时还没有真正意义的审议权。后来，人们开始对议案的具体内容加以审议，在审议的过程中利用增减字句的方法歪曲或曲解所提交的议案的意思。于是到色奥彭浦斯和波吕多洛斯任国王时，斯巴达制定了大瑞特拉的补充条款："如果人民大众意欲采纳一个歪曲的议案时，长老和国王有权休会"。这一条款的制定表明公民大会的审议权落到了实处，也就是说公民大会的审议权得到了承认。④

但公民大会的审议权是有限的。大瑞特拉补充条款已经表明，国王或贵族们有权停止公民大会。现在人们对大瑞特拉的第三条款存在较大的争论，争论的焦点在该条款中一个词 ἀφίστασθαι，该词的原意是"撤退、离开"，谁撤退？撤退的政治意义是什么？这是学者争论的关键。撤退的主体应与提出议案的主体即国王或长老会议相一致。撤退干什么？在后来由色奥彭浦斯提出的大瑞特拉补充条款中说：如果公民大会意欲通过一个"被扭曲"的决议，国王或长老会议有权解散公民大会。那么"撤退"就意味着国王或长老离开会场，也就意味着公民大会不得不停

---

① Plut. *Agis*, 5.
② Plut. *Agis*, 8–9.
③ Diod. XI. 50.
④ Plut. *Lyc.* 6

止开会，决议也就无法通过。生活在公元前7世纪的斯巴达诗人提尔泰乌斯曾经留下一篇残诗，诗中说：国王的努力使得城邦美丽、安定，国王、长老、公民一起通过未经扭曲的法律。① 这里一个深层的含义可能就是：如果公民意欲通过一个不正义的法律，国王或长老有权采取措施加以阻止。这个措施大概就是"撤退"，撤退是一种比较含蓄的说法，实际就是"休会"。② 这些材料都表明，公民大会在获得审议权的同时，也受到一定程度的抑制。文献指出了剥夺公民大会立法权的前提：通过一个被扭曲的法律。这里的关键是"被扭曲"的仲裁者是谁？我们不得不考虑到斯巴达的历史现实，尽管公民的地位有所提高，但贵族仍然掌握了主要政治权力，正义是贵族的正义，正义与否由贵族裁定。因此，公民大会的审议权受到很大的限制。在后来的历史进程中，我们没有看到取消国王或长老中止公民大会权力的文献，只能认为这一权力一直存在着。

公民大会对某些提案没有审议权。文献记载，当两位国王意见一致时，可以不将提案提交公民大会；当两位国王和长老会议的意见一致时，他们可以决定议案是否提交公民大会，提交之后公民大会不能修改、否决；当两位国王和长老会议的意见不一致时，提案则需提交公民大会，公民大会可以对提案进行讨论。如果站在公民大会的角度看，也就是说，公民大会对两位国王一致同意的和两位国王与长老会议一致同意的提案没有审议权，只有同意权。

在审议的过程中，普通公民发表个人意见的机会很少。斯巴达是一个讲究纪律、节制、顺从的国家，对权重、位高、年长者必须服从，这种德性使得公民在公民大会上失去了自由发言的机会，因此，在斯巴达我们几乎见不到雅典公民大会中那种自由发言的情况，也不像雅典拥有众多的演说家和专擅蛊惑人心的平民领袖，以传授辩论术为业的智者在斯巴达几乎不见踪影。在前面我们所举到的十五次公民大会中③，在会上发言的几乎都是外国使节、国王和埃伏尔等高级官职，以个人身份出

---

① Plut. *Lyc.* 6；Diod. VII. 6.
② Pavel Oliva, *Sparta and Her Social Problems*, pp. 95 – 96.
③ Thuc. I. 79；V. 77；VI. 88；Xen. *Hell.* II. 2. 19；II. 4. 38；III. 2. 23；IV. 6. 3；V. 2. 11, 20；V. 2. 33；VI. 3. 3；VI. 4. 3；Diod. XI. 50；Plut. *Agis*, 8；*Cleom.* 10；Aeschines, *Against Timarch*, 180 – 181.

现的只有三次。第一次是公元前475年的公民大会，来自贵族阶层的赫托伊马里达斯提出了与长老会议和公民大会不同的意见。① 第二次是公元前415年的公民大会，阿尔西比阿德斯以流亡者的身份出席斯巴达公民大会②，但阿尔西比阿德斯本身是雅典的贵族，又是来自敌对国的具有重要军事价值的叛国者，其身份颇为特殊。第三次不知道时间，它出现于埃斯奇利斯（Aeschines）的演讲：一次，一位善于演讲但名声恶劣的人在公民大会上提出自己的议案，公民大会准备对他提出的议案进行表决，这时一位长老赶到会场指责公民大会竟允许这样的人发言，建议大会指定一位不善演讲，但具有勇敢、公正、智慧的人将他的演说尽可能完美地重述一遍。③ 这位名声恶劣的人无法确定是贵族还是平民，但结合其他情况看，至少来自社会上层。这三次大会有四个人以私人身份发言。但是，严格来说，他们都不是普通公民，而是贵族或长老，可见，斯巴达公民大会并不能使公民的意见得到充分的表达，作为公民行使政治权力的部门其职能并没有得到很好的实现。由此我们也可以得出另一个印象：斯巴达公民大会内部并不对议案进行充分的讨论，这种会议程序大大制约了公民大会的审议效果。

严格来说，审议权表现为对所提交的议案内容加以讨论、修正。在斯巴达公民大会上，确实存在着讨论，但这种讨论并不像雅典那样所有的与会者都可以自由发言，而是与会者静静地听取各方的情况汇报和观点论证，最后或者不对提案做出修订，只是在不同的意见之间进行选择，或在稍加修订的基础上做出决策。前一种类型的实例如：公元前475年的公民大会，在这次会议上赫托伊马里达斯认为要求海上指挥权与斯巴达无益，主张彻底放弃海上指挥权，并为此提出了许多相关证据。最后，公民大会接受了这一建议。公元前371年，斯巴达与雅典签署合约，召回驻外总督，但克里奥布鲁托斯拒绝召回，普罗托斯在公民大会建议执行合约，撤军回国，最后公民大会拒绝了普罗托斯的建议，指示克里奥布鲁托斯继续带军监视底比斯军队。④ 阿基斯四世改革时，先由埃伏尔在公民大会上提出具体的改革措施，然后阿基斯发言表示支持，同时做

---

① Diod. XI. 50.
② Thuc. VI. 88.
③ Aeschines, *Against Timarchus*, 180–181.
④ Xen. *Hell.* VI. 4. 2–3.

了充分的论证，最后公民大会接受了他们的主张。①

后一种类型如：公元前432年的公民大会，这次会议上科林斯、雅典等国的使节、国王阿基达玛斯和埃伏尔先后发言。在充分展示了双方的论据之后，斯巴达国王阿基达玛斯提出先提请仲裁人加以裁决，如果不济再诉诸战争。接着埃伏尔斯森涅莱达斯发言，要求立即诉诸战争。议决的最后结果是斯巴达认定雅典与斯巴达的合约已经被破坏，这个结果与埃伏尔的主张虽然有些不同，但基本精神一致。它承认斯巴达与雅典之间的战争不可避免，必须采取措施准备战争。此后斯巴达积极准备战争，一是召开同盟大会，动员盟国参战②，二是抓住各种机会③，向雅典挑衅，或要求雅典放逐伯里克利，或要求雅典取消麦伽拉法令。④ 最后利用底比斯进攻普拉提亚的机会主动发动了战争。⑤ 又如公元前415年的公民大会，斯巴达讨论是否出兵支持叙拉古，本来埃伏尔打算既不让叙拉古向雅典投降，又不愿提供军事支持，后经科林斯和叙拉古代表、特别是阿尔西比阿德斯的说服，最终决定立即出兵支持叙拉古。这里的修正也如大瑞特拉的补充条款所说的那样，没有违背原议案的基本精神。

表决是立法的最后一个程序。斯巴达公民大会如何进行表决我们有一个实例，即公元前432年的公民大会。在各方代表发言结束后，埃伏尔斯森涅莱达斯主持了最后的表决，修昔底德说："埃伏尔斯森涅莱达斯通过上述发言，亲自把问题提交给拉栖代梦人的公民大会。他说，他辨不出哪一方呼喊声更大（他们的表决方式是根据呼喊声音的大小而不是得票多少）。其实，这是因为他希望他们自由地表述他们的意见，从而激发他们对战争的热情。因此，他说：'拉栖代梦人，你们当中所有那些认为和约已被破坏、雅典是罪魁祸首的人，起来，站在一边。'于是他们站起来分为两部分。认为合约已被破坏的人占绝大多数。"⑥ 从这个记述中我们可以看到表决的基本原则是"多数决定"；表决的方式有呼声决定，即按呼声高低决定，和站队决定。下文我们还会看到，斯巴达社会中还有投票决定，这种表决原则也可能被运用到公民大会上。

---

① Plut. *Agis*, 9.
② Thuc. I. 119.
③ Thuc. I. 118.
④ Thuc. I. 139.
⑤ Thuc. II. 10.
⑥ Thuc. I. 87.

综上所述，斯巴达公民大会具有一定的立法权。但是，它对两位国王一致同意或国王与长老会议一致同意的提案没有否决权或审议权；对提交的议案或在两种不同的意见作出选择，或对提交的议案进行讨论和修订，但修订不能彻底改变原来的决议。

三、公民大会选举权辨析

如前所述，选举官员是公民大会的重要职权。目前所知，斯巴达的重要官员如埃伏尔、长老，还有一些主要的军事指挥人员，都在公民大会上选举产生。

但文献对官员选举的方法记载不详。亚里士多德在《政治学》中说到了埃伏尔和长老的选举，称这两种官员的方法都是"幼稚"的。① 亚里士多德没有说埃伏尔的选举到底如何幼稚，在谈及长老的选举时，他说："选举长老的程序从选举的角度看是幼稚的，同时它又是错误的，因为每一个愿为长老的人，必须向选举人做一番游说。在我们想来，公职只应选拔贤能，不管谁愿意或不愿意担任这种职位。"② 这里介绍了长老选举的一些细节，即必须做一番竞选工作，如游说、拉选票等。游说、竞选是雅典政治生活中的常见现象，这本来是雅典政治民主的体现，但后来成为少数政治蛊惑家操纵人民的手段，亚里士多德对此肯定有比较深刻的认识，那么贬其为"幼稚"是可以理解的，但这并不是幼稚的全部。

数百年后，普鲁塔克对斯巴达的长老选举方法作了较为详细的介绍。现代注释家认为普鲁塔克写《莱库古传》时曾经参考了亚里士多德失佚的著作《斯巴达政制》，那么他介绍的选举方法可能直接来自于亚里士多德。这种方法是这样的：

> 首先召开民众大会，然后把挑选出来的人关在附近的一间房里，他们看不到别人，别人也看不到他们，他们却能听到会场上的呼喊声。就像处理其他事务一样，大会上的呼声决定竞选者的胜负。参加竞选的人不是同时出场，而是按照抽签的顺序，一个一个分别地被引入，默默地穿过会场。再说，被隔离的评委们，每人都持着写

---

① Arist. *Pol*. 1270b28, 1271a10.

② Arist. *Pol*. 1271a10–13.

字板，将每次的呼喊声的高低记录下来。他们并不知道呼声是为谁而发出的，仅仅知道这是第一个被引进来的，那是第二个第三个被引进来的等等。谁受到的欢呼次数最多、呼声最响亮，他们就宣布他当选。①

这里，我们可以看到，斯巴达公民大会对长老的选举方法具有直接民主的成分，即由公民直接投票，获得简单多数者即可当选。另外，在雅典政治生活中抽签制在斯巴达似乎没有什么重要意义，只是用作决定候选人的出场次序，以防止评委作弊。这就是著名的呼声选举。

普鲁塔克还谈及另一种选举方法——投票选举。他说：

> 据说若有人想要申请成为食堂的就餐人员，得接受如下的考验：每个在食堂公共就餐的人，手里拿着一个松软的面团，当仆人顶着碗走过来时，他们就一言不发地将面团放到里去，像投票一样。如果同意那位申请人，就将面团保持原样投进去，如果不赞成的话，就事先将手中的面团捏扁。因为扁平的面团具有否决票的效力。如果碗里有这么一块扁面团，申请人加入那个食堂的要求就算没有获准，因为他们希望所有进餐的人都志趣相投、好恶一致。②

这种方法是不是用于公民大会的表决不得而知，但这种可能性确实不能被排除。

伊索克拉底也谈到斯巴达的选举方法，但比较简单和间接。他说：

> 我最后要说说斯巴达的政治制度。我并不认为莱库古发明或设计了他们的制度，相反，他模仿了我们祖先的政府模式，在斯巴达人中间建立起类似于雅典的民主制度，但其间混杂了贵族政治的因素。它规定长老的产生不是采用抽签方法，而是采用选举的方法。它规定：这些即将负责所有公共事务的长老们的选举——正如他们所说——应该与我们祖先所使用的选举战神山会议成员的方法完全

---

① Plut. *Lyc.* 26.
② Plut. *Lyc.* 12. 引文参见《希腊罗马名人传》，黄宏煦等译，北京，商务印书馆，1999年。引文中保留了"食堂"一词，实即公餐团。

一样，进一步，这些长老的权力也与我们雅典的战神山会议成员的权力一样。①

这里，伊索克拉底只是提到长老的选举，他认为这个方法与雅典贵族政治时代一样。那么雅典贵族政治时代的选举方法是怎样的呢？据亚里士多德的《雅典政制》：在德拉古之前，雅典"国家最高官吏之任用都以门第和财富为准，而且他们最初都是终身职"。②梭伦改革之后，选举方法有了较大的变化，特别是九位执政官的选举，梭伦规定："国家的官职应先由各个部落分别投票预选候选人，然后在这些候选人中抽签产生，以九执政官而言，每个部落先行预选十人，然后就这些人中再行抽签选举。"③ 如果我们结合普鲁塔克描述的制度，那么这里伊索克拉底所指称的制度大概就是德拉古之前的制度，即选举以门第、财富为准，终身任职，这也是亚里士多德所批评的贵族政治的成份④，除此并无其他特殊意义。伊索克拉底的记述的价值在于它明确告诉我们，斯巴达没有抽签制。抽签制是雅典政治民主化的重要制度要素，伊索克拉底视其为雅典的独创和荣耀，缺乏抽签制被伊索克拉底视为斯巴达政治的最大缺陷而大加抨击。

总体来看，斯巴达公民大会内部的表决方法大概有呼声选举、投票表决等几种，但最常用的大概是呼声表决。前文所述的站队表决也可能用于选举。在选举过程中会采用某些演讲、游说等方法，但抽签制不具重要意义。

总之，斯巴达的公民大会与荷马时代相比，更为正规，有自己的会期、会址和召集人，基本上摆脱了贵族的控制。但斯巴达的公民大会不像古典时期雅典公民大会，没有成为国家最高权力机关，雅典的国家大事全部由公民大会讨论决定，公民在公民大会上可以自由发言，大会表决采用投票制，这种方式可以使每一位与会者的意志得到表达。雅典的官员选举虽然也在公民大会上进行，但选举采用抽签制，这可以尽可能地防止少数贵族操纵选举。总之，斯巴达的公民大会无论是

① Iso. Pan. 154.
② Arist. Ath. Pol. III, 1.
③ Arist. Ath. Pol. VIII. 1.
④ Arist. Pol. 1270b35–1271a4.

在政治权力还是民主程度上都不及雅典公民大会。斯巴达公民大会是与长老会议、阿卡伽塔伊并立的权力机构,如果不考虑埃伏尔的政治影响,那么它的权能远远不及长老会议和阿卡伽塔伊。只有在埃伏尔还是平民利益的代表时,公民大会与埃伏尔集合起来才使得公民大会的政治地位得到强化。

第三章 阿卡伽塔伊制度研究

众所周知，古代斯巴达有两个职位世袭的最高统治者，他们分别来自两个家族，即阿基斯（Agis）家族和优律彭（Eurypon）家族。人们通常将这两个最高统治者称作"国王"，认为他们产生于多利亚人与其他民族或多利亚不同部落之间的联合。在大瑞特拉①中，这两位最高统治者被写作 archegetai。但生活在第二次美塞尼亚战争期间的、被称为斯巴达军旅诗人的提尔泰乌斯在其诗作中称他们的国王色奥彭浦斯为巴赛勒斯（basileus），普鲁塔克也认为 archegetai 就是"巴赛勒斯"②，现代人一般认为巴赛勒斯就是国王，因此，里德尔《希英辞典》认为"archegetai"一词在多利亚语中意为"国王"（king）③，《牛津古典词典》称它可能指"国王"（king）④。但是，从构词法看，archegetai 一词由 arche 加后缀 hegeomai 组成，按照林志纯先生的意见，应属于雅康（archon）系列的官职，林先生认为，雅康系列的官职与

---

① 大瑞特拉是研究古代斯巴达政治制度，尤其是早期政治制度最为重要的文献材料。这份材料记载于普鲁塔克的《莱库古传》。在普鲁塔克的众多人物传记中，莱库古传的史料价值被公认为是最高的。这一份材料虽然是孤本，但其巨大的史料价值确实不容忽视的。相传大瑞特拉是斯巴达早期的改革家莱库古从德尔菲神庙得到的一份神谕，据哈蒙德研究，大瑞特拉系用古老的阿提卡语写成的，因而，它更可能是早期雅典作家对斯巴达政治的记述。有关莱库古改革早已成为学术界的一桩疑案，许多史学家对此进行了深入的研究，在本文中笔者主要讨论斯巴达的政治制度，因此对莱库古改革不做讨论，相关研究可参见刘晓荣《莱库古改革辨析》，国外学者的代表性作品首推哈蒙德的《斯巴达的莱库古改革》。大瑞特拉对斯巴达的政治制度的重建作出了基本的规定，对大瑞特拉内容的解读构成本书斯巴达中央政治制度研究的基础。
② Plut. *Lyc.* 6.
③ Henry George Liddle and Robert Scott, *A Greek-English Lexicon*, Oxford: Clarendon Press, 1996, p. 252.
④ Simon Hornbilower and Antony Spawforth, *The Oxford Classical Dictionary*, Oxford Universty Press, Oxford; New York: Oxford University Press, 1996, p. 143.

basileus 系列的官职不一样，前者属于民选官员，具有民主色彩，后者代表贵族利益。① 林志纯先生的观点对错姑且不论，但是，正如下文即将详细阐述的，斯巴达的 archegetai 制度不同于一般的国王制度，因此，笔者认为，为了显示斯巴达国王制度的特殊性，将这一名称音译为"阿卡伽塔伊制"，而具体的王则依据古人习惯称为"国王"，这样更加合适。

目前学术界对斯巴达的阿卡伽塔伊制度并没有专文研究，人们对这一制度产生的时间、产生的原因、国王的权力、运作机制等都不甚明了。或认为这一制度产生于斯巴达国家产生之初、是由于民族间的联合而产生。本章将在吸收现有研究成果的基础上，利用古典材料对斯巴达的阿卡伽塔伊制度举行进一步的探索。

第一节 阿卡伽塔伊制度的产生

一、学术界关于阿卡伽塔伊制度的讨论

1. 阿卡伽塔伊制度产生的时间

现存有关阿卡伽塔伊制度的比较准确的最早记述是大瑞特拉。大瑞特拉指示莱库古建立起包括"阿卡伽塔伊"在内的三十人的长老会议。据研究，大瑞特拉的出现非常早，保留了古代语言的特点。史料中提到的阿卡伽塔伊，据普鲁塔克分析，就是"国王"，这也许是最早的明确提到"双国王"的史料。② 大瑞特拉据说是莱库古从德尔斐神庙求回的指导改革的神谕。但似乎没有学者认为阿卡伽塔伊制度产生于莱库古改革。不过，笔者认为，我们不能否认这种可能性。如果是这样，阿卡伽塔伊制度的产生时间就转化成莱库古改革的时间，而后者是学术界的不

---

① 参见林志纯:《梭伦以前雅典政治简史》,《中西古典学引论》, 长春, 东北师范大学出版社, 1999 年, 第 179—180 页。晏绍祥:《荷马史诗中关于政治领袖的术语》,《华中师范大学学报》(人文社会科学版), 第 41 卷第 1 期, 2002 年 1 月。林志纯先生将 archon 音译成"雅康", 但国内学术界通常称之为执政官, 本文从之。

② Plut. *Lyc.* 6. 中译文参见黄宏煦等翻译, 北京, 商务印书馆, 1999 年。

解之谜①，这也许是学者不肯做这种联系的原因。笔者认为，莱库古改革是肯定存在，改革的内容主要体现在大瑞特拉之中，改革的时间大约是公元前8世纪初。

最早的直接提及具体的斯巴达国王的是提尔泰乌斯。提尔泰乌斯是公元前7世纪的雅典诗人，在第二次美塞尼亚战争期间来到斯巴达，他写了许多鼓舞士气的诗篇来激励斯巴达人英勇奋战，其中有一首残诗流传到现在：……神灵之友、我们的国王，色奥彭浦斯率领我们征服广袤的美塞尼亚……②后来的史料称：色奥彭浦斯是古风时期斯巴达著名的"国王"，与另一位"国王"波吕多洛斯同时做"国王"。如此看来，斯巴达的双"王"不迟于第一次美塞尼亚战争（公元前640—前620年）。有些学者，如基阿瑞佐（G. Giarizzo），据此认为色奥彭浦斯和波吕多洛斯是第一任阿卡伽塔伊制度下的国王。③

波桑尼阿斯在《希腊游记》中记述：斯巴达"国王"阿尔克劳斯和卡利拉奥斯联合征服了埃吉斯。④ 这是最早有关"双国王"联合行动的明确记录。卡特利奇认为这则史料是可信的，他认为阿尔克劳斯和卡利拉奥斯是第一对联合执政的"国王"，也是阿卡伽塔伊制度产生的标志。⑤ 这一观点还从普鲁塔克的名人传中得到了佐证，据普鲁塔克记述，莱库古是卡利拉奥斯的叔叔、摄政王，正是莱库古推行改革，创立了阿卡伽塔伊制度。⑥ 这次征服的时间，汤因比认为大约在公元前790—前760年之间⑦，卡特利奇认为在公元前775年左右。⑧ 如此，则"双国王"产生的时间最晚不迟于公元前760年，也就是在第一次美尼亚战争之前。

---

① 参见王敦书：《斯巴达早期土地制度考》，《贻书堂史集》，北京，中华书局，2003年，第393页。国际学术界关于莱库古改革时间的不同观点参见刘小荣：《莱库古改革辨析》，《南开学报》，2002年第2期。

② Tyr. *fr.* 5. 本书的提尔泰乌斯残诗主要依据罗伊卜丛书之《哀歌诗和抑扬格诗》（*Elegy and Iambus*），同一套丛书中的《希腊哀歌诗》（*Greek Elegiac Poetry*）可作参考。

③ Pavel Oliva, *Sparta and Her Social Problems*, Prague: Academia, 1971, p. 26.

④ Paus. III. 2. 5.

⑤ Paul Cartledge, *Sparta and Lakonia, A Regional History, 1300 – 362 BC*. London: Routledge, 1979, p. 103.

⑥ Plut. *Lyc.* 3.

⑦ A. Toynbee, "The Growth of Sparta", *JHS*, Vol. 33 (1913), p. 249.

⑧ Paul Cartledge, *Sparta and Lakonia*, p. 100.

希罗多德、波桑尼阿斯、普鲁塔克曾经记录了一份古代斯巴达的王表①，这些王表都将第一代双"王"认定为尤利斯特尼斯和普罗克勒斯。按希罗多德的记述，他们是孪生兄弟，其父是阿里斯托戴摩斯。根据斯巴达神话，赫拉克利特的第四代孙阿里斯托戴摩斯和他的两个兄弟特墨诺斯、克里斯丰忒斯发动了征服伯罗奔尼撒的战争。胜利后，三兄弟瓜分被征服领土，阿里斯托戴摩斯家族分得拉哥尼亚，但由于阿里斯托戴摩斯在征服开始时就已身亡，于是拉科尼亚地区由他的孪生儿子尤利斯特尼斯和普罗克勒斯领有。② 多利亚人南下的时间大致在公元前12世纪前后。如此看来，斯巴达阿卡伽塔伊制度产生的相对时间在多利亚人初到拉科尼亚地区之际，莱库古改革之前，绝对时间应该在公元前12世纪左右。哈蒙德即持这种观点。③

2. 阿卡伽塔伊制度产生的途径和原因

关于阿卡伽塔伊制度产生的途径和原因，大多数人认为产生于民族间的联合。他们认为，多利亚人在征服拉科尼亚地区的过程中或与土著的原住民联合，或者与其他多利亚部落联合，这样导致斯巴达国家政治中存在两股政治势力，从而产生了双"王"。④

前一种观点又分成两种类型。一是多利亚人与非多利亚人的民族联合。他们认为斯巴达的"双王"是在斯巴达国家形成过程中，在征服、吸收其他民族的基础上建立起来的。其中最有代表性的说法就是，认为斯巴达"双王"来自两个不同的民族：多利亚人和阿卡亚人。⑤ 阿卡亚人是伯罗奔尼撒半岛上的原住民，多利亚人在征服伯罗奔尼撒的过程中，采取了剿、抚并用的策略。但是，多利亚人并没有真正征服阿卡亚人，最后两个民族缔结政治联盟，同时各自保存自己的"王"，于是阿卡伽塔伊制度产生。这种解释的依据是希罗多德的一段记述，克利奥墨涅斯曾去德尔菲神庙听取神谕，德尔菲祭司一见他来就从座位上站起来，对他说"拉开戴蒙的客人，回去，不要进到圣堂里面来，因为按规矩，多

---

① 见附录一。
② Apol. II. 8. 2 – 4.
③ N. G. L. Hammond, *A History of Greece: to 322 B.C.*, Oxford: Clarendon Press, 1986, p. 103.
④ 奥利瓦曾经对这些观点进行过很好的归纳。参见 Pavel Oliva, *Sparta and Her Social Problems*, pp. 23 – 28。
⑤ Pavel Oliva, *Sparta and Her Social Problems*, pp. 23, 25.

利亚人不能进这里来。"克利奥墨涅斯则回答说:"我不是多利亚人,而是阿卡亚人",后来与他同去的人被雅典人判处死刑,而他则被保存了生命,但被赶出来。①

另一种观点认为另一位"国王"来自密利安人。② 据传说阿尔戈号船上的水手的后裔被佩拉斯吉人(雅典人的始祖)赶出来,他们流浪到拉科尼亚,被称为密利安人。斯巴达人接纳了他们,给予他们土地,同时将他们分散到斯巴达的部落组织之中。密利安人将他们带来的妇女(可能是掠获的妇女亦可能是本族人)嫁给斯巴达人为妻,他们自己则娶斯巴达妇女为妻。③

这两种观点都存在巨大的疑问。首先是这两种观点的证据都非常缺乏,都是从希罗多德留下的个别史料加上想象推导出来的。奥利瓦(Oliva)对后面这种观点提出了批评,认为此类观点仅见于希罗多德的作品,即使在神话传说中亦未见类似的例子,不足信。④

更大的疑问是这种推论本身不符合历史事实。以最具影响的"与阿卡亚人联合"为例,其实这则史料不能说明问题。克利奥墨涅斯是斯巴达历史上著名的政治家,在他统治时期,斯巴达的实力有了巨大的发展,这与克利奥墨涅斯的努力是分不开的。克利奥墨涅斯政策中一个重要内容就是延续了拉拢、争取原住民——阿卡亚人的政策。但是,我们知道,克利奥墨涅斯生活在公元前6世纪末,斯巴达的阿卡伽塔伊制度的产生显然要早于这个时间,而斯巴达在早期的征服过程中,决不允许外族与之分享政治权力。他们的政策是要么融化,要么驱逐,要么投降、要么消灭。⑤ 如密利安人就完全融入斯巴达人氏族组织之中,失去了自己的社会组织。⑥ 原先的土著民部分成为庇里阿西人,虽然保存了原先的社会组织,但失去了传统的政治地位,成为二等公民。部分则成为三等公民,乃至非公民,如黑劳士,他们在政治上没有些许权力。密利安人、

---

① Hdt. V. 72.
② Pavel Oliva, *Sparta and Her Social Problems*, p. 24.
③ Hdt. IV. 145, 149.
④ Pavel Oliva, *Sparta and Her Social Problems*, p. 24.
⑤ K. M. T. Chrimes, *Ancient Sparta*, Manchester: Manchester University Press, 1952, pp. 274, 285.
⑥ 希罗多德说:后来密利安人曾经要求与斯巴达"国王"同等的权利,但遭到斯巴达人的坚决镇压。参见 Hdt. IV. 149。

庇里阿西人和黑劳士是被征服者的三种出路或结果,他们不可能在政治上与斯巴达人平起平坐,更不可能在政治上有属于本族的"王。"① 因此,如果说民族融合带来阿卡伽塔伊制度,这是不可能的。所以,希罗多德的记载不足以说明两个民族的融合。

另一种观点认为阿卡伽塔伊制度来自多利亚人内部。涅尤曼等人认为是两股多利亚人共同来到拉科尼亚②,但我们没有多利亚人南下的直接证据,所以,到底有多少多利亚部落来到拉科尼亚,我们无法清楚。密西尔(H. Michell)等人则认为是多利亚人的三个部落王演变而来,但这里无法解释的是另一个部落王如何消失的。③ 如果作为部落首领的王消逝,实际也就意味着这个部落的消逝,意味着这个血缘部落制度的解体。但部落制度在斯巴达建国后较长一段时间内依然存在,至少在第二次美塞尼亚战争期间仍可见到④。雅典尼乌斯曾经记述了斯巴达的卡尔奈亚节这一带有军事色彩的节日,在这个节日上,斯巴达人按部落安排活动,可见,部落组织在斯巴达长期存在。⑤ 那么,部落保存着,国王哪去了?这是作者无法解决的。

二、阿卡伽塔伊制度的产生

要真正认识阿卡伽塔伊制度产生的过程,首先必须了解阿卡伽塔伊制度产生的起点,即"双王"产生之前斯巴达的国王到底有几位?这个问题并没有引起学者的重视。但是这个问题不解决我们就无法清晰认识阿卡伽塔伊制度的产生。目前学术界似乎有一个未明确表达的共识,即"双王"产生之前,斯巴达存在三个国王。他们认为,双王产生之前,斯巴达国家尚未产生,斯巴达的社会组织处于部落联盟阶段,而多利亚人南下大多分为三个部落,每个部落都有自己的王,所以在每个多利亚

---

① 关于庇里阿西人的起源及其政治地位学术界存在不同的意见,但是,我们从未见到土著民在国家政府中有自己的利益代言人。奥利瓦的《斯巴达及其社会问题》一书有很好的总结,见 Pavel Oliva, *Sparta and Her Social Problems*, pp. 55—62。

② Pavel Oliva, *Sparta and Her Social Problems*, p. 24.

③ H. Michell, *Sparta*, Cambridge: the University Press, 1964, p. 103; Pavel Oliva, *Sparta and Her Social Problems*, p. 26.

④ 在第二次美塞尼亚战争期的斯巴达诗人提尔泰乌斯在一篇残诗中曾经提到斯巴达军队按部落排兵布阵。

⑤ 刘家和:《论黑劳士制度》,见刘家和:《古代的中国与世界》,武汉,武汉出版社,1995年,第81—82页。

人社会共同体中存在三个最高统治者。

笔者认为，双王制产生之前只有一王。即使阿卡伽塔伊制度产生时多利亚人处于部落联盟阶段，我们也不能据此认为存在三个国王。诚然，在部落联盟内部存在许多所谓的王，但就部落联盟而言仍只有一位最高的统治者——部落首领。按照《荷马史诗》描绘的情形，在众王之上存在一位最高却又不享有绝对权威的王——阿伽门农。这大概反映了荷马时期的社会管理机制，多利亚人的历史也不会例外。荷马史诗中说斯巴达地区也有一位最高的王——墨涅拉奥斯。根据希罗多德介绍，在阿里斯托戴摩斯之前，斯巴达一直盛行单王制，从赫拉克勒斯传至阿里斯托戴摩斯，凡五代，五代之内均为单王继承。① 再者，按柏拉图的解释，"双王"是在国王滥用权力之后为了限制国王的权力才产生的②，我们认为这个解释有一定的合理性，至少它是在王制产生一定弊端之后才产生的。还有，虽然希腊国家的形成经过了一个塞诺西辛过程，即地方的政治力量逐步走向联合，从而建立起国家。但在其政治发展史的初期，大多实行王权政治，如雅典，按照亚里士多德的记载，在早期也存在王制③。

现存的斯巴达王表也表明早期的斯巴达实行单王制。现存斯巴达王表中，优律彭家族的前五位国王具有明显的人为性。首先，在两个王族中，优律彭家族的人员组成变化不定，说法众多，共计出现了优律彭、索斯、普利提安、优诺莫斯、卡利拉奥斯、波吕德克特斯、尼堪德七位国王，四种说法，④ 首位国王则有两种观点：优律彭、索斯。而与此对应，阿基斯家族的王系则相对统一，没有出现众说纷纭的现象。其次，优律彭家族的七位国王中至少有三位的名称存在疑问：索斯、普利提安、优诺莫斯。索斯（Soos）的字面意思是健全的、聪明的；普利提安的字面意思是主席，这在雅典等其他城邦是官职名称；优诺莫斯的字面意思则是良好秩序，良好法律。这些命名法明显不同于其他国王，这暗示早期的优律彭家族的王表是后人的人为伪造，很可能优律彭家族早年是斯巴达的重要官员。希罗多德说，斯巴达的两个王室中，阿基斯家族居于

---

① Hdt. VI. 52.
② Plato, *Laws*, 691e.
③ 后来雅典国王的地位下降，成为王者执政官；但在希腊文献中仍称为巴赛勒斯。
④ 详见附录一。

主要地位，享有一定特权。这些暗示：阿基斯家族可能是早年斯巴达唯一的王族，而优律彭家族则是后来才成为国王，但优律彭家族为了美化本族历史，论证本族统治的合法性，才编造了早期的历史。

现代的学者中，布索特（G. Busolt）认为斯巴达阿卡伽塔伊制度是从一王制（monarchy）演变而来。布索特认为：古风时期，希腊世界都经历了从一王制（monarchy）到寡头制（oligarchy）的演变，斯巴达同样如此。① 卡特利奇也持同样的观点，但其论证不同，他认为：斯巴达"双王"之中，阿基斯家族居于主导地位，且被称为是更长的王族，这就暗示了阿基斯家族在初期是单一的"王室"。② 帕瑞特（Pareti）也持类似的观点。但他认为一王制后来被三个部落王所取代。这使得帕瑞特的观点又面临着三王向"双王"转变的困难。③

事实上，阿卡伽塔伊制度是在斯巴达国家产生过程之中，社会内部矛盾发展到一定地步之后产生的。根据考古学的材料，公元前12世纪拉科尼亚地区出现了与当地风格不同的原始几何陶，斯巴达人大约在这期间来到这里④，公元前十世纪成为这一地区的统治阶层。起初他们一度占有欧罗塔斯河南部的阿卡米莱等地区。但后来阿基斯一世（Agis I）人为降低南方臣服者的地位，剥夺他们的权力，这些措施引起了土著的不满，赫罗斯地方的居民举行起义，被阿基斯镇压。⑤ 接着，斯巴达向北部扩张，波桑尼阿斯记述，阿基斯之子厄切斯特拉托斯在位时宣称：库努里亚人公开抢劫斯巴达领地，于是将库努里亚人中达到军龄的男子全部征调走。在拉伯塔斯统治时期，拉开戴蒙人对北部的阿尔戈斯人开战。他们指控阿尔戈斯人正在兼并拉哥尼亚的东北部的库努里亚，引诱他们的边民起义。斯巴达在初期的战争中处于劣势，阿基斯家族随后的两代"王"多利苏斯、阿吉西劳斯一世都被杀死了。⑥ 此后，阿尔克劳斯即位，他与卡利拉奥斯同时率军出征，"占领了一个名叫埃吉斯的边民城

---

① Pavel Oliva, *Sparta and Her Social Problems*, p. 25.
② Paul Cartledge, *Sparta and Lakonia*, p. 105.
③ Pavel Oliva, *Sparta and Her Social Problems*, p. 26.
④ John V. A. Fine, *The Ancient Greeks*, Cambridge, Massachusetts & London: Harvard University Press, 1983, p. 138.
⑤ Strabo. VIII. 5. 4.
⑥ 刘家和：《论黑劳士制度》，见刘家和：《古代的世界与中国》，武汉，武汉出版社，1995年，第87—88页。Paus. III. 2. 3~4。

市，并将其居民卖为奴隶"，彻底控制了北部地区。① 至此，斯巴达人真正控制了整个欧罗塔斯流域，同时斯巴达人开始了从前国家社会向国家、从迁移式生活向定居生活的转变。在整个转变过程中，各种社会矛盾激化。

首先是土地问题。斯巴达人在走向定居生活的过程中，土地成为最重要的财富并为社会各个阶层所追逐，在斯巴达的历史上曾经多次进行土地分配。普鲁塔克在叙述莱库古分配土地时顺带转述了一个古代希腊的一种说法，认为斯巴达的份地数量经过了莱库古和波吕多洛斯两次分配。② 在古代斯巴达有所谓"古代份地"之说，这一部分土地不能出售转让。据卡特利奇研究，这种份地位于欧罗塔斯河流域，分配较早，而美塞尼亚地区的份地则属于新地。③ 这种土地分配并不是如普鲁塔克所说的那样绝对的平均分配，伊索克拉底（Isocrates）说斯巴达人在分配土地时把肥沃的土地分给斯巴达人，人民大众只分得最贫瘠的土地，尽管艰苦劳动仅能每日勉强糊口。④ 显然，早期获得土地的人虽然不乏普通公民，但主要是占据社会上层的贵族，土地问题并未解决。所以，特勒克劳斯才迫不及待地发动美塞尼亚战争。

土地的分配不均带来了社会结构的变化。贵族阶层因为占有大量土地而势力膨胀，企图瓜分国王权力，国王与贵族之间矛盾激化，据载，"优律彭是第一个放松自己的统治及分散过度集权以求得民心和众望的'国王'。这种松弛的结果使得人民变得胆大妄为了"，这种放松完全只能是社会矛盾紧张的结果。这里的"人民"也不是普通的公民成员，只能是在王权削弱过程中获利最大的贵族阶层。贵族甚至掀起暴动，莱库

---

① 刘家和：《论黑劳士制度》，见刘家和：《古代的世界与中国》，武汉，武汉出版社，1995年，第86页。Paus. III. 2. 5.

② 参见王敦书：《斯巴达早期土地制度考》，见《贻书堂史集》，北京，中华书局，2003年，第403页。据普鲁塔克记述，莱库古改革时将全国土地分成9000等份，分给所有的公民，从此9000份土地成为斯巴达的定制。但关于莱库古的土地分配普鲁塔克说在古代人们就对此存在疑问，出现了三种不同说法，一种说法称莱库古分配了9000份公民份地，另一种说法是莱库古只分配了6000份，后来波吕多洛斯又增加了3000份，第三种说法是莱库古分配了4500份，波吕多洛斯增加了另外4500份份地（Plut, *Lyc.* 8）。笔者认为，普鲁塔克所记的这些传说可能更可信。它说明斯巴达历史上的土地分配不止一次。

③ Paul Cartledge, *Sparta and Lakonia*, p. 168.

④ Iso. *Pan.* 119.

古之父、一位斯巴达国王就是在内部冲突中被杀的。① 莱库古的哥哥波吕德克特斯即位,波吕德克特斯死后无子,莱库古自己担任国王,但不久在权力斗争中被驱逐,而把王位传给刚刚出生的卡利拉奥斯。② 后来,莱库古重新回国实行改革,根据亚里士多德记述,莱库古有 30 位助手,这样的叙述很容易使人联想到莱库古从国外带来政治小群体发动政变夺取政权,实行改革。希罗多德说:莱库古之前,斯巴达是希腊世界治理得最坏的,③ 修昔底德称:斯巴达在定居于拉科尼亚后,长期处于混乱之中,其混乱时间是他所知地区内最长的。④

在这个过程中,发生了著名的莱库古改革。正是这次改革留下的文献中首次提到阿卡伽塔伊制度。我们所知的第一对"双王"——阿尔克劳斯和卡利拉奥斯——也属于这一时期。史书记载,卡利拉奥斯曾经和阿尔克劳斯一起攻占埃吉斯。莱库古家族属于优律彭家族,而这个家族如前所述早期的历史非常可疑,我们宁愿相信这个家族早期的历史不可信,⑤ 即早期的几位国王并不是真正的国王,而是莱库古实行政变、实施改革之后才人为编撰的。因此,我们认为斯巴达的阿卡伽塔伊制度实际是在莱库古改革过程中建立起来的。

阿卡伽塔伊制度的设立是贵族对王权的胜利。莱库古改革是以贵族为中心,为维护贵族利益而进行的一场改革。从大瑞特拉的内容来看,这种政治倾向非常明显。改革的第一项政策是修建宙斯和雅典娜神庙,这些政策涉及宗教事务。但是,我们都知道,《荷马史诗》是贵族的诗歌,奥林匹斯神话也体现了贵族的情怀。所以,修建这两个神庙同时也是提倡新的宗教,从宗教方面维护贵族的利益和地位。第二项政策是调整长老会议与公民大会的关系,虽然公民大会有权力,但其权力主要限于表决,失去了对国家生活的基本控制权。第三项政策是对巴赛利亚进行改革。原来单一的、至高无上的巴赛勒斯被取消了,代之以阿卡伽塔

---

① Plut. *Lyc.* 2.
② 据史料,卡利拉奥斯即位时年幼无知,莱库古任摄政王。后因政敌嫉妒,莱库古去国远游。周游一番后,莱库古重新回到斯巴达,实行了改革。Cf. Plut. *Lyc.* 3, 5.
③ Hdt. I. 65.
④ Thuc, I. 18.
⑤ W. G. Forrest, *A History of Sparta*, 950 – 192 *B. C.*, London:Hutchinson, 1969, p.29; K. M. T. Chrimes, *Ancient Sparta*, pp. 337 – 338. 其实,该家族的第一位国王也非常可疑,其名字 Soos 的字面意思是考虑全面的、理智的。

伊制度。阿卡伽塔伊制度采用了同僚制和有限权力制。国王有两位，以便受到互相制衡的效果。① 相比于传统的巴赛勒斯，国王的权力大大缩小，以军事宗教为主，且有两位以便互相制衡，另外他们又是长老会议的成员，受到长老会议的制约。从这个角度说，莱库古改革取消了王制，在当时应该说是希腊世界比较激进的政治改革。但是，莱库古本人的特殊身份，加上贵族本身的阶级利益，改革不可能将新的国王像古典时期的雅典执政官那样，置于严格的社会控制之下。巴赛勒斯的特权仍然在相当程度上保存下来，这主要是终身制和世袭制。可见，阿卡伽塔伊制度使国王成为更能代表贵族利益，也更能为贵族所控制，同时又带有明显的巴赛勒斯特征的执政官系列的官职。

阿卡伽塔伊制度产生之时正是希腊世界城邦产生之际。当时，一般的希腊城邦都按照政治的一般发展逻辑呈现出权力逐步集中、最终建立僭主制的特点，如科林斯、希昔翁、阿尔戈斯、麦伽拉、厄里斯、皮萨等，包括雅典也在公元前6世纪中期建立起僭主制，但是，斯巴达较早地建立起阿卡伽塔伊制度，实现了对政治权力中心的分权制约，从而防止了僭主制在斯巴达的建立，成为希腊政治民主化发展史上不可缺少的环节，为希腊的政治民主化作出了特殊的贡献。

第二节 阿卡伽塔伊制度的特点

深刻认识阿卡伽塔伊制度可以从三个方面着手：一是阿卡伽塔伊制度下国王的权力；二是国王相对于古代希腊其他政治体制中最高统治者的特点；三是作为国王制度最大特征的继承制度的特点。

一、国王的权力

1. 军事权力

在现代政治学理论中，军事权力是政治权力的关键，而古代斯巴达的国王则是最高军事权力的掌控者。对斯巴达国王权力作出较多记述的是希罗多德、亚里士多德和色诺芬。根据他们的记述，斯巴达国王拥有

---

① Plato, *Laws*, 691e.

特殊的军事权力。希罗多德称，他们可以随便对任何国家开战，而任何斯巴达人都不能加以阻止，否则便会受到诅咒。① 亚里士多德称：斯巴达"王"没有绝对的统治权，他们只在率军出征、离开本邦之后，才有指挥军事的全权。……它实际上只是一个统帅职位，受任终身，对于军事可以独立自主，发号施令。他们与史诗时代的王不同，前者不操生杀之权，后者在出征期间可以任意处死罪犯。②

但就军事权力而言，斯巴达国王很难与其他地区的国王相比。首先，国王之军权主要在陆军，亚里士多德说："斯巴达原有的两'王'本来是终身的陆军统帅，这里更以海军统帅与之对峙，这就可以说在两'王室'之外又另有一'王室'了。"③ 海军统帅分享国王军权的情况出现得比较晚。斯巴达本是陆上强国，海军力量薄弱。在希腊各邦组建联军抗击波斯时，叙拉古胆敢无视斯巴达的盟主地位，公开要求海军统帅权，而有资格回击叙拉古的是雅典。④ 这表明，在希波战争初期，斯巴达海军还非常微弱。伯罗奔尼撒战争初期，斯巴达开始筹建海军。伯罗奔尼撒战争后期，借助于波斯的支持，斯巴达海军迅速发展壮大，成为东地中海最有实力的海军，公元前405年大将莱山德率200艘战舰远征赫勒斯滂，大获全胜。⑤ 可以说，这时斯巴达才有海军统帅与国王相对峙的情形。

其次，斯巴达有两位国王，他们分享军事指挥权，这使得每一位国王很难独霸军事权，也使得他难以凭借军事权力而垄断其他政治权力，成为独裁君主。在斯巴达历史早期，两个国王一同率军出征，到公元前6世纪末，斯巴达改为一位国王出征，一位留守，但这并不意味着率军出征的国王独占军事指挥权。希罗多德称，出征的国王有权带上海伦的孪生哥哥狄奥斯科里的一座塑像。⑥ 在斯巴达，狄奥斯科里是孪生兄弟波吕德克斯和卡斯托尔的合称，他们被奉为青年、军队和国家的保护者，

---

① Hdt. VI. 56.
② Arist. *Pol.* 1285a2～16.
③ Arist. *Pol.* 1271a35.
④ Hdt. VII. 158－161.
⑤ Xen. *Hell.* II. 2. 5.
⑥ Hdt. V. 75. 狄斯科里指波吕德克斯（Polydeukes）和卡斯托尔（Castor）两兄弟，卡斯托尔以驯马见长，而波吕德克斯则以力大艺高的拳击手闻名，相传他们曾同国王阿法柔斯之子伊达斯（Idas）和林扣斯（Lynceus）搏斗。在搏斗中卡斯托尔死于伊达斯之手，而波吕德克斯则杀死了林叩斯，波吕德克斯不愿比兄弟长寿，请求宙斯赐死，宙斯感于他们兄弟情深，答应他们平分永生之权，从此兄弟俩轮流，一天在地府，一天在奥林匹斯山。

也是体操运动的庇护者，受到广泛崇拜。① 一位国王出征，但他只能带走一个神像，意味着他并没有独占军事权力。

再次，国王不享有军事行动中的外交权力。军事行动从来就与外交活动紧密联系在一起，但斯巴达国王只负责狭义的战争，其他事务交由随军出征的埃伏尔或本国政府。色诺芬记载说阿吉西劳斯、莱山德在公元前404年最后攻陷雅典时，雅典求和，但他们都声称无权决定，这些权力归埃伏尔。② 虽然阿吉西劳斯、莱山德此时的权威都非常隆盛，但他们依然要祭出这个传统旧制，这说明长期以来国王在涉及战、和这一重大问题上并没有实权。因此斯巴达国王的军事权只是具体的军事指挥权，比如征调盟军、指挥具体战役等。

最后，国王的军事权力受到明显的牵制。亚里士多德说，斯巴达"国王"在出使他国时有"与之相杵"的人随行③，我们在史书中没有见到斯巴达的国王作为使节出使的情形，所以这种"出使"可能就是出征。色诺芬则明确指出：在国王的出征队伍中有两位埃伏尔形影不离，他们对国王在军中的行动起着监视作用。④ 修昔底德在述及逮捕波桑尼阿斯时，曾加入一段插入语称：埃伏尔有权幽禁国王。⑤ 那么军中的这两位埃伏尔对国王的威慑作用可想而知。

2. 宗教权力

国王的第二大权力是宗教权力。古语云：国之大事，在祀与戎。⑥ 宗教、军事是古代国家政治的两个主要组成部分，宗教甚至重于军事。从希罗多德和色诺芬的记载来看，斯巴达国王的权力也主要在宗教方面，尤其是在和平时期，而国王其他方面的一些特权都来自这一权力。但亚里士多德没有提到宗教权力；另外，从现代政治学理论看，宗教权力弱于军事权力，所以笔者将其作为国王的第二大权力。

色诺芬说："莱库古规定，出身于神的国王以国家名义主持各种公共祭典"，希罗多德说："国王在和平时期，在举行任何公共祭祀的场合，

---

① Paul Cartledge, *Agesilaos and the Crisis of Sparta*. p. 109.
② Xen, *Hell*. II. 2. 12 & 18.
③ Arist, *Pol*. 1271a25.
④ Xen, *Hell*. II. 4. 36.
⑤ Thuc. I. 131. 2. 此波桑尼阿斯是希波战争初期斯巴达的著名将领，与后文所提到的斯巴达国王波桑尼阿斯和罗马旅行家波桑尼阿斯不是同一人。
⑥ 《左传·成公十三年》。

都要坐在首席，最先受到款待"。① 不过我们从史料上看到的更多的是有关出征的祭祀活动。希罗多德称："他们在出征时，可以用尽可能多的牺牲祭祀。"② 色诺芬讲得更清楚：国王首先在斯巴达城内举行祭祀活动，在走出国境时还要举行类似活动。参加祭祀的有各级军事指挥官，有外国盟军代表，还有埃伏尔，而且埃伏尔不得插手祭祀活动。③ 国王的祭祀并不纯粹是谢恩或求泽之举，同时也问卜，如果问卜结果不佳，军事行动便不能进行。在任何一个环节上，如果神谕不吉都不能举行军事行动，但在战场上，一旦神谕不吉，可以反复问卜，直至吉兆出现。在两军正式交战时还要举行祭祀，其时需以一只小母山羊祭之。

3. 经济权力

经济上国王似乎不具有足够强大的实力。古代其他地区的国王都拥有实力雄厚的王室经济，所占的土地在国土总面积中的比重相当高，但斯巴达国王在这方面无法与这些地区的国王相比。一般认为斯巴达国家具有较为明显的平等色彩，如国土平分，所有的公民参加叙希提阿团，④ 不许私自开伙；所有的人都衣着整齐的简便服装。但现实可能并非如此，⑤ 国王实际上处于经济地位的上层。其中最直接的史料是色诺芬提供的，色诺芬称，莱库古改革时为了使国王能够履行主持公共祭典的职责，允许他们在庇里阿西人的地区，取得足够数量的土地，使他具有一切必备的物品。⑥ 色诺芬曾强调斯巴达"王制"在莱库古时就已制定，一直没有改变，⑦ 那么这种"王室"土地一定由来已久。普鲁塔克还提到阿基斯二世拥有一些黑劳士为仆人，⑧ 可见阿基斯拥有一定数量的剩余财产。柏拉图亦称斯巴达国王是最富有的公民。⑨ 色诺芬在阿吉西劳斯传中称他的庄园中拥有符合其身份的财产，驯养着许多猎狗和战马。⑩

---

① Hdt. VI. 57.
② Hdt. VI. 56.
③ Xen. *Lac. Pol.* XIII. 4.
④ 即通常所谓公餐团，详见后文。
⑤ 参见黄洋：《古代希腊土地制度研究》，上海，复旦大学出版社，1995年，第106—112页。
⑥ Xen. *Lac. Pol.* XV. 3.
⑦ Xen. *Lac. Pol.* XV. 1.
⑧ Plut. *Ages.* 3.
⑨ Plato. *Alcib.* 123a.
⑩ Xen. *Ages.* 9.

希罗多德还记载了阿基达玛斯参加奥林匹亚驷马马车比赛，并取得冠军的事件。① 驷马战车赛需要较多的财富，因为参加者首先必须饲养多匹良马，这就需要拥有大量土地。希腊土瘠，大量养马本身就是奢侈的行为，只有极富者才能养得起，所以色诺芬在阿吉西劳斯传中说阿吉西劳斯说服其妹妹参加驷马赛车，以此说明驷马赛车是财富而非美德的象征。② 可见，"王室"必然比较富有。③

"王室"除了拥有较多土地之外，还拥有其他方面的一定经济特权。首先他们有权获取较多的战利品。希罗多德记述道：在普拉提亚战役后，波桑尼阿斯获得了战利品中的十分之一；④ 波利比乌斯记述到：克利奥墨涅斯三世在征服麦伽勒波利斯之后取得了三分之一的战利品。⑤ 其次是在祭祀中享有优先分得祭祀牺牲剩余物的权力。希罗多德称：他们在出征的祭祀中有权将一切牺牲的皮和脊肉留给自己，⑥ 在举行灌奠礼时，他们亦有取得牺牲的皮革的特权。⑦ 色诺芬称国王有权取得奉神牺牲中那块受人尊重的部位。⑧ 国王有权从产仔猪那里取得一头乳猪。⑨ 此外，他们还有权利用公费为其举行的各种祭祀活动。⑩ 可见，国王通过其宗教权力获得了相应的经济特权。再次国王在公餐方面也享有特权，如果他们不能参加公餐，国家则要将一定数量的食物送到国王手中。国王在参加公餐时可以分得双份的份额；在私人宴会时，亦有权享用双份，多出的一份他们可以自由支配。⑪ 最后，国王享有由国家用公费提供的仆从，如在出征过程中有三位仆从负责饮食起居，在宗教事务中有两位仆从——皮提安（Pythian）负责到神庙听取神谕⑫，这两位仆从也陪同国王一起吃饭。⑬

---

① Hdt. VI. 70. 3.
② Xen. *Ages.* 9.
③ 参见黄洋：《古代希腊土地制度研究》，第 109 页。
④ Hdt. IX. 81.
⑤ Poly. XI. 62. 12.
⑥ Hdt. VI. 56.
⑦ Hdt. VI. 57.
⑧ Xen. *Lac. Pol.* XV. 3.
⑨ Xen. *Lac. Pol.* XV. 5.
⑩ Hdt. VI. 57.
⑪ Hdt. VI. 57.
⑫ Hdt. VI. 57.
⑬ Xen. *Lac. Pol.* XV. 4.

国王的经济特权有两点值得我们重视：一是国王没有针对国家公共财产的财政权，即使在征战过程中也不直接染指公共财产，支取财物须到公共财务官处，战利品交由公卖官负责，出征所需的物资由埃伏尔定夺。① 但国王有一项权力值得一提，即新国王登基时有权免除任何人对国王或对国家所负一切债务。② 二是斯巴达国王的经济实力有限，没有达到其他地区那种富裕程度。色诺芬称国王所获得的土地不致富裕得超出规定。③ 据统计从公元前548年至公元前5世纪末，斯巴达人共在奥林匹亚运动会上，获得12次驷马战车赛冠军，这其中只有一个来自斯巴达国王家族，即戴玛拉托斯在公元前504年获得一次，④ 希罗多德称他是唯一一位获此殊荣的斯巴达国王。⑤ 这说明斯巴达还有一个人数众多的富人阶层存在，国王只是其中之一。希罗多德还记述到在希波战争前夕，斯巴达选派两个贵族青年去抵偿以前被他们杀死的两名波斯使节，他们都来自斯巴达最富有的家庭。⑥ 可见，国王在斯巴达没有占绝对优势的经济实力。

4. 立法和司法权力

现代政治学认为，立法和司法是国家主权的主体。在我们现在所认识的王制中，王往往拥有最高的立法权，所谓"朕即法律"，王也拥有最高的司法权，所谓"君要臣死，臣不得不死"。斯巴达国王理所当然拥有立法和司法权力。但古代斯巴达的国王似乎并不拥有这样显赫的权力。

据普鲁塔克所记的大瑞特拉，莱库古改革时设置了包括国王在内的长老会议，亦即国王属于长老会议。⑦ 希罗多德称：国王与28名长老在长老会议中共商国是。⑧ 斯巴达的立法权掌握在公民大会的手中，但提案权在长老会议手中。在长老会议中，国王与普通长老会议议员肯定存在区别。提尔泰奥斯的一篇残诗在描述制定法律时依次提到国王、长老、

---

① Xen. *Lac. Pol.* XI. 1.
② Hdt. VI. 59.
③ Xen. *Lac. Pol.* XV, 2.
④ 黄洋：《古代希腊土地制度研究》，第108页。
⑤ Hdt. VI, 70.
⑥ Hdt. VII, 134.
⑦ Plut. *Lyc.* 6
⑧ Hdt. VI. 57.

公民大会。① 可见，国王与一般的长老之间存在一定的差别，但它没有超越其他长老的权力。柏拉图在分析斯巴达政制时指出，斯巴达先有"王"后有长老会议，长老会议设立的目的就是限制王权。② 亚里士多德说长老会议中国王与长老们的意见一致时，这种提案就自动具有了法律效力，一旦不一致，则把两种意见同时提交给公民大会。③ 此时公民大会就可以对提案进行讨论，甚至小幅度的修改，但不能彻底更改提案内容。④ 长老会议内部在制定提案的过程中，采用的大概是投票制。希罗多德称：如果国王不来参加的话，则和他们关系最近的长老代其投票，这位长老先投两票，第三票才是他自己的。⑤ 修昔底德对此提出反对意见，认为国王事实上只有一票表决权。⑥ 不管他们各自拥有一票还是两票，有一点可以肯定：国王没有达到操纵、控制长老会议的地步，更没有绝对的立法权。这与后世的"朕即法律"的王权制度有着天壤之别。

但是，应该注意到，当两位国王意见一致时，他们的提案可能具有更大的政治效力。阿基斯四世改革时，阿基斯面临同僚的反对，埃伏尔莱山德建议他重立同僚，以便两者保持意见一致，并称这样埃伏尔也就不能干预他们的政治活动。⑦ 希罗多德说如果两位国王不去食堂参加共餐，那么他们有权从食堂得到应属于他们的食物。⑧ 普鲁塔克记述到阿基斯在远征雅典回来之后，想取回食物在家就餐，但遭到拒绝。⑨ 可能原因就在于，阿基斯一个人想取回食物，不符合制度规定，因而被拒绝。克利奥墨涅斯一世死后，当利奥提奇达斯要从雅典取回当初他与克利奥墨涅斯一起拘禁在雅典的厄吉纳人质时，雅典回答说：当初他们受托于两位国王，而现在只有一位国王，他们不能就此释放人质。⑩ 可见，一旦两位国王的意见一致，那么他们的权力就会更大，但大到什么地步，

---

① Tyr. *fr.* 4,
② Plato, *Laws*, 691e.
③ Arist. *Pol.* 1273a5 – 12.
④ Plut. *Lyc.* 6.
⑤ Hdt. VI. 57.
⑥ Thuc. I. 20.
⑦ Plut. *Agis*, 12.
⑧ Hdt. VI. 57.
⑨ Plut. *Lyc.* 12.
⑩ Hdt. VI. 73, 85, 86.

我们不是十分清楚。

在司法方面，国王有三项特权，一是有权决定一位未婚的女继承人应当嫁给什么人，前提是她的父亲没有把她嫁出去；二是有权主持收养养子的仪式。① 斯巴达长期的对外战争造成了斯巴达人口比例的失调，妇女在总人口中的比例较高，由此引发了一系列的社会问题，亚里士多德称由于女继承人众多，以及嫁妆的丰厚，致使大约五分之二的土地掌握在妇女手中②，可见妇女问题的突出。女继承人导致的一个危害是土地所有权的流动，国王干预女继承人婚姻问题的着眼点可能就在土地。第二点可能也有着类似的作用，由于家族男性后裔的绝灭，为使家族延续就需要收养养子，同时，家族的稳定也具有稳定土地制度的效果。所以，国王的这两项权力实际是对国家土地制度、家族制度和军事制度的维护，具有行政和司法的双重功能。国王拥有的第三项权力是公路管理。③ 密西尔认为这可能是为了保证军队调度的方便。④

总之，国王对国家的司法事务有一定的权力。但不可忽视的是，国王在国内也受到较多的制约，一些国王受到严厉惩罚甚至被处死。如，阿里斯托戴摩斯的婚姻受到埃伏尔和长老会议的干预，并被迫娶了第二个妻子。许多"国王"都曾遭到严厉的惩罚，或被处死或被放逐或被罚款等。⑤ 另外，据色诺芬记载，国王必须每个月同埃伏尔交换誓言，埃伏尔代表城邦、国王以个人的名义起誓。"国王"发誓按国家现行法律行事，而城邦则在国王遵守誓言的情况下有义务保证王权不受侵犯。⑥ 可见，国王的权力受到埃伏尔和国家法律的巨大制约，"朕即法律"的信条是不适合于斯巴达的。

5. 其他特权

据现有材料，国王还享有其他方面的一些特权。

特权之一是国王的人身不受侵犯。据普鲁塔克，任何人即使是埃伏

---

① Hdt. VI. 57.
② Arist. Pol. 1270a23.
③ Hdt. VI. 57.
④ H. Michell, Sparta, p. 110.
⑤ 有史可查的有克利奥墨涅斯一世（Cleonmenes I）（Hdt. VI, 75）、利奥提奇达斯（Leotychidas）（Hdt. VI, 72）、阿基斯二世（Agis II）（Thuc. V, 63.）、波桑尼斯（Pausanias）（Xen. III, 5, 25）、阿基斯四世（Agis IV）（Plut. Agis. 19.）
⑥ Xen. Lac. Pol. XV. 7.

尔都无权触摸国王的身体，这不仅是传统的习惯，而且也是神定的律令，即使国王被判处死刑，也不该由行刑手以手触及国王之身。① 公元前404年波桑尼阿斯被判死刑，但最终被流放海外，也许正是这一传统使然。② 普鲁塔克甚至说：即使是在战场上，对手也不会以手加害国王。③

第二个特权是国王受到特别的尊重。色诺芬说：无论在什么公共场合，一旦国王出现，任何人都要起身，除了埃伏尔可以例外。④ 希罗多德曾说：在斯巴达年长者到来时年轻人要起立，年轻人遇到年长者则要让路，但年长者遇到国王则要避让，无论国王年轻还是年长⑤，可见国王之特权。普鲁塔克称阿吉西劳斯为了提升自己的权势，稳固地位，竟然在埃伏尔出现时自座位上起立，并以此作为特例。可见，斯巴达国王对埃伏尔和其他人员享有特别的社会特权。⑥

第三项特权是他们的身后礼遇。斯巴达国王在死后会受到国家的极高礼遇，希罗多德说过：一旦他们去世，骑士们就到拉科尼亚各地宣布他们的死讯。在市内，妇女们敲着锅到各处去报信，每一个家庭的两个自由人，一男一女都要去服丧，否则便要受到惩罚。庇里阿西人、希洛人也要派代表参加葬礼，葬礼人数多达数千人，所有参加葬礼的人必须拼命拍打自己的前额以示无限哀痛。⑦ 如果国王战死，那么就要为他们做一尊塑像，把它放在一个装饰得富丽堂皇的床上，抬着去下葬。在下葬后的十天内，要持续举行哀悼活动，不得举行任何市集或选举长官活动。⑧ 色诺芬称斯巴达对死去的国王都会给予半神式的礼遇，非常人可比。⑨

二、阿卡伽塔伊制度与执政官制度和君主制的比较

古希腊的政治制度多种多样，其中尤以亚里士多德的分类具有概括力。他将其分为一人执政（君主制、僭主制）、少数人执政（贵族制、

---

① Plut, *Agis*, 19. 这一特权到公元前3世纪后期遭到破坏。
② Xen, *Hell*. III. 5. 25.
③ Plut, *Agis*, 19, 21.
④ Xen, *Lac. Pol*. XV. 6.
⑤ Hdt. II. 80.
⑥ Plut, *Ages*. 4.
⑦ Hdt. VI. 58.
⑧ Hdt. VI. 58.
⑨ Xen. *Lac. Pol*. XV. 9.

寡头制)、多数人执政（民主制、共和制）三种类型，在此基础上又有许多介于两者之间、兼具两者或三种体制的特点。但是，无论是哪种类型，都存在最高的官职，纵观古希腊政治，最有代表性的最高官职有执政官（archon）、巴赛勒斯（basileus）、僭主（tyrannus）。从更宏观的角度，将阿卡伽塔伊制度与执政官制度、僭主制度做比较，将有利于我们进一步认识这一制度的特点。

1. 与执政官制度的比较

哈蒙德曾经指出：大瑞特拉主要是使用阿提卡方言写成的。[1] 因此，我们应在阿提卡方言中理解大瑞特拉中的 archēgetai。正如前文指出的，archēgetai 应属于执政官系列的官职。这类官职的典型代表无疑是雅典。其特点：一是同僚制，同一官职由若干官员组成，官员之间没有正负之分，他们共同协商解决所管辖的政务。如，作为最高国家官职的执政官有九位，虽有分工，但没有地位高低、权力大小。二是选举制。所有官职除了军队系列的官职外，一律由公民选举（或抽签）产生。三是短任期制，雅典执政官全部一年一任，且不得连任。四是有限权力制，执政官虽是最高官职，但没有传统的巴赛勒斯，或者说是僭主（tyrannus）的权力，也不是独占权力的东方式君主。所有的执政官必须向公民大会负责，执行公民大会的法律，接受公民大会的质询，卸任后接受公民大会的审查。

通过比较可以看出，阿卡伽塔伊制度实行特殊的同僚制。[2] 斯巴达有两位国王，分属不同的家族。据波桑尼阿斯，斯巴达的两位国王的墓地分别在匹塔那（阿基斯家族墓地所在地）和利姆奈（优律彭家族墓地所在地）。[3] 这与古代希腊历史见到的双国王有很大的不同。据研究，双王制度（dyarchy）在古希腊并不鲜见，但其他国家的双王大多来自同一个王室，且存在时间较短[4]，这种制度实际上仍是一种王朝体制。建立在两个家族基础上的斯巴达阿卡伽塔伊制度同时实现了政治上的互相独立和分权，彼此之间没有地位、权限上的差别，这使得阿卡伽塔伊制度具有了执政官制的同僚制特征，从而与一般意义上的双国王制度区别开

---

[1] N. G. L. Hammond, "The Lycurgean Reform at Sparta", *JHS*, Vol. 70 (1950), p. 42.
[2] H. Michell, *Sparta*, p. 114; A. H. M. Jones, *Sparta*, Oxford: Basil Blackwell, 1967, p. 13.
[3] Paus. III. 14. 2; 12, 8.
[4] H. Michell, *Sparta*, p. 102.

来。同僚制本身存在一个明显的缺点，就是每位同级官员的职权划分不明确，实际的权力大小取决于同僚间的互相制约和各自的实力。由于斯巴达只有两位国王，不像雅典那样有多位同僚，彼此之间可以进行有效的制约，这导致斯巴达的两位统治者长期处于不和状态①，从而形成了"一主一次"的格局。② 大致上，在公元前 5 世纪之前，阿基斯家族处于主导地位，而公元前 5 世纪则是优律彭家族处于上风。

从权力设置看，斯巴达的国王与执政官相似，这一点主要表现为"权力受到限制"。这里的相似性主要表现在：国王从属于长老会议，同时收到埃伏尔的有力监督。与雅典执政官不一样，斯巴达的最高官职不是向公民大会负责。从立法权的角度看，国王拥有提案权，但并没有完全独立的提案权，大多数情况下是作为长老会议的成员参与提案拟订工作，通过投票裁定最终的提案，只有少数情况下国王可以在长老会议不同意的情况下向公民大会提交议案。③ 提案主要是通过埃伏尔向公民大会宣布的。从目前所知的十多次公民大会来看，只有公元前 432 年和克利奥墨涅斯三世改革两次会议，国王在公民大会上直接发言，前一次与埃伏尔的意见不一致，后一次则是要取消埃伏尔。④ 国王拥有较多的军事宗教权力，但这些权力受到埃伏尔的有力监督，这已见前文。当然，他们所受到的监督不及执政官，且拥有较多的特权，又可以终身任职。

2. 与僭主制的比较

从任职制度看，斯巴达的国王实行的是终身制和世袭制。这与雅典的执政官不一样，而与僭主制颇为相似。大约自公元前 8 世纪始，希腊政治生活中产生了僭主和僭主政治。僭主的概念大概来自亚洲，指一人独裁的统治，起初并无贬义。⑤ 在希腊文化中，僭主制具有非法上台、终身制、世袭制、独裁制的特点。非法主要是指他们通过暴力、欺骗等途径获取权力，违背了传统或法律的规定。以此为参照，在家族统治方面两者是一致的。但由于斯巴达的阿卡伽塔伊制度延袭日久，成为传统和习惯，

---

① Hdt. VI. 52.
② Hdt. VI. 52.
③ Arist. *Pol.* 1273a5 – 12.
④ Thuc. I. 79f; Plut. *Cleom.* 10f.
⑤ 《世界上古史纲》编写组：《世界上古史纲》（下），北京，人民出版社，1981 年，第 146 页。

即 nomos，亚里士多德据此认为国王的政治地位是合法的。就权力而言，斯巴达国王不似希腊历史上的那些僭主，僭主们都是一人掌权，这恰恰是斯巴达的国王所没有的，据说色奥彭浦斯的妻子曾抱怨其夫的改革使国王的权力变小。① 僭主制缺少权力制衡，几任之后往往专横跋扈，引起全社会的反对，因此，僭主制往往存在时间较短，两代或三代之后就被推翻，希腊历史最长的僭主制是希昔翁，约一百年。② 但斯巴达的阿卡伽塔伊制度延续数百年，直到公元前3世纪才遭到彻底破坏，直到斯巴达被罗马征服，形式上的阿卡伽塔伊制度都一直存在。

3. 与巴赛勒斯的比较

巴赛勒斯希腊语写作 Basileus，现代英语中译作"king"，即国王，恩格斯曾经指出，巴赛勒斯与后来历史上的国王并不一样。巴赛勒斯是古代希腊使用的最广泛的一个政治术语。亚里士多德在研究政体时曾经对此进行过深入的研究。他将所有的政体分为两大类六种，以君主（basileus）为核心的巴赛利亚（basileia，通常意译作"君主政体"）是其中最好的。君主政体的根本特点是"为民服务"、一人执政（monarchy）。它又分成五种类型：（1）斯巴达君主政体（即阿卡伽塔伊制度）具有终身制、世袭制等家族政治和权力有限的特点。（2）史诗时代的君主政体具有家族政治和有限权力的特点。（3）非希腊民族的君主政体兼具家族政治与专制权力两个特点。（4）希腊民族中的民选总裁具有绝对权力和或有或无的世袭政治的特点，其权力类似僭主，只是其执政宗旨是为民服务。（5）最后一种的主要特点是领导者拥有绝对权力③，亚里士多德没有明说是否属家族政治，但从前文围绕权力与家族政治两个变量看，估计亚里士多德把那些有绝对权力但无家族政治的政体都归入此类，但这样就违背了君主政体的基本特点之一：一人执政。

可见，在古代希腊罗马的政治哲学中，巴赛利亚不是单一的制度体系，而是一系列具有共同特点的制度的结合体。巴赛利亚兼具终身制、世袭制、集权制等义项。与其他各型相比，斯巴达的阿卡伽塔伊制度在终身制、世袭制方面是相同的。但是，阿卡伽塔伊制度与巴赛利亚相比存在两个明显的特点：一是国王不是一人执政，这是亚里士

---

① Arist. *Pol.* 1313a26.
② 安德鲁斯：《希腊僭主》，钟嵩译，北京，商务印书馆，1997年，第58页。
③ Arist. *Pol.* 1284b35－85b30.

多德的君主政体的基本要素之一;二是其军事权力受到长老会议、公民大会、埃伏尔的有力牵制。因此,从政治权力看,斯巴达的国王远远比不上其他类型的巴赛勒斯。相对而言,其职权更类似于第二种类型——史诗中的君主政体。在荷马时代中,巴赛勒斯是一人专权、职位世袭①,他们在理论上是最高统治者,在外他是军队的最高统帅,在内他有权管辖所有国家事务。其权力受到人民大会、长老会议的制约或牵制,但却具有了专制权力的某些特点,如阿伽门农对阿基琉斯冒犯自己的权威极为恼火②,并肆意报复。奥德修斯虽然将没有公民大会的民族称为蛮族③,但他自己却不经公民同意就处死所有的求婚者和与求婚厮混的家奴。这种有限的专制权力与罗马执政官、斯巴达的国王极为相似。

波利比乌斯发挥了亚里士多德的思想,进一步削弱了一人执政对君主政体的意义,将国王与罗马执政官等同起来,认为它们都是王制因素。罗马执政官在和平时期是百官之长,除保民官外,所有官员都必须服从他;战时率军出征,拥有管理军队、指挥作战的全部权力。就此而言,他们类似于君主,事实上,罗马执政官一旦离开罗马,就具有了完整的权力,形同"土皇帝",不受监督。④ 而这是斯巴达的国王所不具备的。也就难怪卡特利奇会问:难道斯巴达的两位巴赛勒斯真的是国王吗?⑤

综上所述,斯巴达的阿卡伽塔伊制度整合了巴赛勒斯、僭主和执政官等官制的某些特点,它集同僚制、分权制、有限权力制、终身制、世袭制于一身。阿卡伽塔伊制度不是巴赛利亚,阿卡伽塔伊制度下的国王不是真正的国王,而是具有执政官性质或民主特征的官职。⑥ 但由于斯巴达历史本身的特点,国王又兼具巴赛勒斯和僭主的某些特点,使人易将其与巴赛勒斯混淆起来。

---

① Arist. *Pol.* 1284b35, 1285a18.
② Ild. 286 – 289.
③ Ody. IX. 108 – 112.
④ Poly. VI. 2. 12
⑤ Paul Cartledge, *Sparta Reflections*, London: Duckworth, 2001, p. 58.
⑥ Paul Cartledge, *Sparta Reflections*, p. 58.

三、王位的继承

世袭制是斯巴达阿卡伽塔伊制度的重要制度组成,也是现代学者将其等同于国王制度的重要原因。那么阿卡伽塔伊制度下的王位继承有哪些原则?

1. 血统原则

血统原则包括三个要点:父死子继,兄终弟及,长者优先。

斯巴达尊重长者是公认的。这一传统也在国王的继承中表现出来。传说伟大的立法者莱库古乃是优律彭家族的第五代国王——优诺莫斯的次子,他的长兄波吕德克特斯继承父位。波吕德克特斯死后无子,但其妻子已经有孕在身,莱库古不知实情,于是继位。但在得知其兄留有后代后,他立即宣布:如果生下的是男孩,他立即让位,自己只作监护人。其嫂秘密建议毁掉胎儿,但他设计让她生出孩子,并在这个孩子一出生就立他为国王,自己担任摄政王。后来莱库古为了回避众人对其任摄政的指控,又自我流放。① 这个故事说明了父死子继和兄终弟及的原则。

克利奥墨涅斯继位的故事同样体现了长者优先和兄终弟及的原则。阿那克桑戴里达斯的元配久婚无子,这引起了王位继承人的空缺。为了保证王室延续,先是埃伏尔出面要阿那克桑戴里达斯休妻重娶,但阿那克桑戴里达斯拒绝了。后来埃伏尔和长老联合施压要他再婚,以便生育出合法的继承人。这样,阿那克桑戴里达斯的第二任妻子生了克利奥墨涅斯,接着第一任妻子又为其生了多里奥斯和利奥尼达斯、克里奥布鲁托斯。据史书记载在四个儿子中多里奥斯最聪明,德行最高尚。多里奥斯也自以为王位非自己莫属,但斯巴达人却按传统习惯立长子克利奥墨涅斯为王,这使多里奥斯非常生气,并负气出走,逃到意大利,推翻了毕达哥拉斯的统治,成为塞里努司的僭主,后被杀。② 克利奥墨涅斯死后无嗣,多里欧司也已亡命海外,利奥尼达斯得以即位。希罗多德述及利奥尼达斯登基时讲了两个理由,一是他比克里奥布鲁托斯年长,一是他娶了克利奥墨涅斯的女儿为妻。

后来,利奥尼达斯在温泉关战役中牺牲。留下年幼的普雷斯特阿库

---

① Plut. *Lyc.* 4.
② Hdt. V. 42, 46.

斯。普雷斯特阿库斯的年龄极小，无法管理国事，指挥战争，但他仍然有资格任国王，而由他的叔叔克里奥布鲁托斯的儿子——波桑尼阿斯任摄政。正是这位摄政王率军取得了普拉提亚战役的胜利，并率海军进入赫勒斯滂，并取得辉煌胜利。可见此时，在王位继承问题上，长子继承作为一个比较刚性的原则被确立起来。

关于第一代孪生兄弟的故事则将长者优先的原则推到极点。据说在阿里斯托戴摩斯之前，斯巴达一直盛行单王制，从赫拉克勒斯经许罗斯、克里奥戴乌斯、阿里斯托马库斯，传至阿里斯托戴摩斯，凡五代，五代之内均为单王继承。但至阿里斯托戴摩斯忽然生了双胞胎，且在孪生兄弟出身不久，阿里斯托戴摩斯即去世。按惯例斯巴达人要立长者为王，但可惜，斯巴达人不知谁是长兄，于是他们只好请求神助，由神来指定王位继承人。神谕要求同时立二人为王，又要求对长者更尊敬。但斯巴达人不知谁为长者，最后是一位美塞尼亚人出了主意，建议观察母亲的喂养方法，总是先被喂奶者而为长。其实那位总是被先喂奶的人是否就一定是先出生者，无从肯定，但这样解决了一个王位继承中的争论不休、难以仲裁的问题——谁为长？①

2. 王统原则

王统原则是长者优先原则的补充。王统原则强调继位者必须是其父任国王时所生的后代，否则就没有继承权。

克利奥墨涅斯与戴玛拉托斯的冲突反映了王统原则的重要意义。克利奥墨涅斯与戴玛拉托斯是同时执政的两个国王，但两人不和，互相拆台，最后克利奥墨涅斯将戴玛拉托斯赶下台。而理由就是戴玛拉托斯不具有王室血统。

原来，戴玛拉托斯之父阿里斯通虽然娶了两妻子，但仍无男嗣，所以他又夺取了他朋友的妻子，成为自己的第三个妻子。这个妻子为他生了一个儿子即戴玛拉托斯，但戴玛拉托斯是未足月生产，所以阿里斯通误认为这个孩子不是自己的孩子，并在公开场合说出了自己的猜疑。克利奥墨涅斯便以此为口实，攻击戴玛拉托斯，并收买了戴玛拉托斯的家丁和德尔菲神庙的祭司，作出了有利于克利奥墨涅斯的回答，于是戴玛拉托斯被放逐。显然血统的纯正是王位继承的前提。据戴玛拉托斯之母

---

① Hdt. Ⅵ. 52.

的解释，戴玛拉托斯确实是阿里斯通之血脉，只因不足月而生。戴玛拉托斯有没有向斯巴达公民说明此中实情，无从考证。但从维护自己的王位来看，戴玛拉托斯不会放弃此种努力，很可能是这种努力亦无效，无法说服公民。可见王统原则的强大。

后来，戴玛拉托斯逃亡到波斯，据说受到上好待遇，他在向波斯国王介绍斯巴达王位继承制度时曾说道："斯巴达的王位继承人必须是前任国王在位期间所生"①，看来这种说法并非毫无根据，很可能就是戴玛拉托斯自己的遭遇，当年戴玛拉托斯就是以此为口实遭到放逐。于是在王位继承问题上又增加了一个新的原则，即生父的身份标准，其根本是王族的正宗。因为在群婚制尚未完全消失的情形下，王后可能与多个男性发生关系，那么为了确保王统的纯正，唯一的办法就是王后必须是与国王结婚之后，且在足月的时间内生子。戴玛拉托斯也用这种方法使薛西斯得以登基。

值得注意的是，中国古代皇帝继承制度中的原配原则并不存在。按照中国古代的制度，皇帝原配被敕封为皇后，她的子女在皇位继承中享有特权，但在斯巴达没有这一原则。这突出体现在克利奥墨涅斯的即位上。克利奥墨涅斯是阿那克桑戴里达斯第二位妻子的儿子，在众王子中，他的智慧不及第一任妻子所生的多里奥斯，但他符合长子继承和王统原则，所以，被推举为国王。

3. 实力原则

政治地位要靠实力作后盾，斯巴达的阿卡伽塔伊制度同样如此。一般来说如果世袭制得到严格的执行，实力原则是无法存在，但斯巴达存在两个国王，彼此可以借助自己的实力干预对方的继承，从而提高自己的实力。

实例之一是普雷斯特阿那克斯坎坷命运。公元前480年，利奥尼达斯在战场上牺牲，即位的是他的儿子、年幼不能视事的普雷斯特阿库斯，而让波桑尼阿斯当摄政。估计这时的普雷斯特阿库斯与卡利拉奥斯一样还是在襁褓中的婴儿。21年后，普雷斯特阿库斯被废，其中的原因不见史书记载，但令人觉得蹊跷的是重新即位的还是一位少年——普雷斯特阿那克斯，不能指挥军事，须由他人代为指挥。再联系另一王室的国王

---

① Hdt. VII. 3.

是年轻力壮的利奥里奇达斯，我们不难发现这其中有一个无形的手在操纵着阿基斯家族的王位继承。那位刚刚能够亲政的青年国王之所以下台，乃是优律彭家族的一手策划，我们甚至不知道他下台的具体原因。

普雷斯特阿那克斯在公元前459年继位，公元前457年，进攻雅典时他还是个幼儿，不能直接指挥战争。① 过了若干年的傀儡生活之后，他终于可以管理国事，公元前446年，亲自率领军队进攻雅典，一直攻到厄琉西斯和特里亚，此后据说他擅自退兵，被指责为接受了雅典的贿赂。② 其实，在权力斗争紧张激烈的形势下，普雷斯特阿那克斯很清楚擅自退军的后果，所以，实际情况很可能是优律彭家族见普雷斯特阿那克斯战争获胜害怕阿基斯家族东山再起，就强行剥夺了他的军权，再诬陷栽赃普雷斯特阿那克斯。但这一指控使得普雷斯特阿那克斯被流放了23年，直至公元前422年才回国。普雷斯特阿那克斯被流放期间，优律彭家族的王位的人选我们不清楚，然而，奇怪的是20年之后，在公元前427年，优律彭家族的国王又是一位年幼不能亲政的小国王——波桑尼阿斯，只能由其叔叔克利奥墨涅斯代其指挥军事。③ 连续三代幼主，这其中另一家族的阿基达玛斯的作用不容忽视，实际上正是他利用自己的巨大政治实力操纵了这一权力更替④。

实例二是阿吉西劳斯的继位。

公元前5世纪末，斯巴达政坛上出现了一位实权人物，即莱山德。莱山德出生年代不详，史书记载他家庭不属王族。他在公元前407年被任命为斯巴达海军统帅，此后他审时都势，积极争取波斯的支持，全力发展海军，使斯巴达海军一跃成为希腊世界最强大的力量。借助这支力量，莱山德多次在海上打败雅典海军，并于公元前404前打败雅典，莱山德俨然成为希腊世界之霸主。在国内政坛上，他同样炙手可热。公元前398年，阿基斯王去世。莱山德一手操纵，立阿基斯之弟阿吉西劳斯为王。

阿基斯和阿吉西劳斯分别是阿基达玛斯与兰庇多和尤波里娅的儿子，

---

① Thuc. I. 107.
② Thuc. II. 21.
③ Thuc. III. 26.
④ 其实，公元前446年到前427年的20年间，优律彭家族的王位是个谜，很可能也是一位幼主，像普雷斯特阿那克斯一样，幼年即位，一旦成年，又被罢免。

前者为长，后者为幼。阿基斯死后，阿基斯之子利奥提奇达斯要求继承父亲职位，但当时有传言称雅典流亡政客阿尔西比阿德斯与阿基斯之妻有染，利奥提奇达斯乃是他们的私生子。阿吉西劳斯利用这个流言试图剥夺利奥提奇达斯的继承权，自己取而代之。利奥提奇达斯党人则利用阿吉西劳斯腿部有疾的生理缺陷，声称阿波罗神谕训示不能选任跛脚的国王。但莱山德称神谕是说不能选立一位血统有缺陷的国王（这里王统原则发挥了影响），只有赫拉克勒斯的后裔才有资格成为斯巴达的国王。① "阿尔西比阿德斯与阿基斯之妻有染"很可能是政治谣言，而利奥提奇达斯之失位和阿吉西劳斯之即位主要是政治利益集团之间角力的结果。

普鲁塔克在《阿基斯传》中提到有关埃伏尔或公民对王位继承的干预。他说：每九年埃伏尔要举行一次天象观察，通常在一个天气晴朗的夜晚观察天空，如果发现流星划过，他们就会认为国王有冒犯神灵的行为，并要临时剥夺国王的权力，直到从德尔菲和奥林匹亚取得神谕，得到神的明确。普鲁塔克没有说得到神谕之后的行为，但不外有两种情况，一是国王实际上没有冒犯神灵，重新恢复其权力，二是确实冒犯了神灵，最终剥夺其王位。但问题是我们在史书上没有看到相关的记载。上文说到公元前5世纪阿基斯家族在优律彭家族的干预下许多国王被中途放逐，出现了许多年幼的国王。在这种非正常继承中，宗教因素可能发挥了一定的作用，但我们见到的被中途罢免的主要是因为政治和军事因素，如普雷斯特阿那克斯和阿基斯曾经因为擅自从前线撤军受到指责，唯一的一次与宗教相关的是普雷斯特阿那克斯的复位曾经假借神意，但也与观察天象无关。在这种情况下即使求助于天象，那也只是对客观的错误加以认定，使其披上神意的外衣。所以，总体上看，宗教因素在王位继承问题上不会成为主要因素。

总体来看，斯巴达的王位继承并没有明确的法律文书，甚至双王制都没有明确的条文规定。在选任新王的过程中，大体遵循三种原则，一是"血统原则：血统原则的要点是父死子继、兄终弟及、长者优先。二是王统原则，即继位者必须是国王在位时所生。三是实力原则，这一原则在公元前5世纪成为主导原则，实力原则往往冲破血统原则，出现了

---

① Xen. *Hell.* III. 3. 1 – 4.

"立弟"等特例。

第三节 古典时期阿卡伽塔伊制度的演变

阿卡伽塔伊制度在当时是比较先进的政治制度。就阿卡伽塔伊制度本身而言，这种先进性体现为两位国王之间的权力均衡与制衡，在早期，这一制度很好地维持了内部的均衡与合作，斯巴达政治也在很长一段时期内保持了稳定。这种稳定为斯巴达的强盛做出了重要贡献。我们见到不少这方面的实例，如阿尔克劳斯和卡利拉奥斯联合发动对北部的战争，征服埃吉斯；色奥彭浦斯与波吕多洛斯联合，对内实行改革，对外完成了第一次美塞尼亚战争，征服了美塞尼亚地区；列翁与阿伽西克勒斯联合统治时期，斯巴达在一系列战役中都取得了胜利，只有提盖亚地区未能征服[1]；阿那克桑戴里达斯与阿里斯通联合执政时期，斯巴达取得了对提盖亚人的战争胜利[2]，接着他们又征服了原属阿尔戈斯人的图里亚平原、沿海的库努里亚和西塞拉岛。斯巴达成为伯罗奔尼撒半岛的盟主，希腊世界实力最强大的城邦。

一、古典时期前期"强弱格局"的形成

公元前6世纪末，两位国王之间的矛盾越演越烈，阿卡伽塔伊制度也逐渐遭到破坏，权力基本上集中在强势家族和出自于该家族的国王的手中。

阿卡伽塔伊制度瓦解的起点是克利奥墨涅斯。公元前6世纪中后期的克利奥墨涅斯是斯巴达历史上一位富有才干的国王。他继承了前任的结盟的外交政策，同时利用同盟国的力量对外实行有限干预，最终组建了伯罗奔尼撒同盟，打击阿尔戈斯等传统政治对手，压制雅典等新兴的政治力量，在国内政治地位逐渐超越另一位国王，从而引起了与同僚国王戴玛拉托斯之间的激烈紧张的矛盾。

戴玛拉托斯来自优律彭家族。希罗多德称他曾经参加奥林匹亚赛会的驷马比赛，并说他是斯巴达国王中唯一的在奥林匹亚运动会上取得驷

---

[1] Hdt. I. 65.
[2] Hdt. I. 67.

马比赛冠军的人。① 这里其实告诉我们两个信息，一是斯巴达国王从不参加奥林匹亚运动会；因为如果凭真实力，历任斯巴达国王完全有可能参加比赛，并获得一些名次，而自公元前776年首次奥林匹亚赛运动会召开，两百多年的时间中，没有斯巴达国王参加，说明斯巴达王室一般是不参加的。其二奥林匹亚运动会冠军在希腊世界具有特殊的社会价值，戴玛拉托斯大概就是利用这个机会，参加奥林匹亚运动会并获得冠军，以此为自己赢得更多的权益。戴玛拉托斯为什么要参加奥林匹亚运动会，其意图也许在与克利奥墨涅斯竞争。

在克利奥墨涅斯最后一次进攻雅典时，戴玛拉托斯伙同科林斯公开与克利奥墨涅斯对抗，破坏斯巴达的军事行动。先是科林斯在前线撤军，接着戴玛拉托斯撤军，这对克利奥墨涅斯是一个沉重打击。希罗多德称，在此之前斯巴达这两位国王之间一直关系较好，总是一起出征。在此困境之下，斯巴达不得不制定法律，禁止两位国王同时出征。各路盟军见状也纷纷撤军，斯巴达的远征无果而终。②

此后，戴玛拉托斯处处阻挠克利奥墨涅斯的行动，公元前494年，克利奥墨涅斯远征阿尔戈斯，取得辉煌胜利，但回国后却遭到公民大会的审判，尽管后来克利奥墨涅斯逃脱了惩罚。谁会提出对一位得胜国王的审判？很可能这位幕后推手就是戴玛拉托斯。公元前491年，波斯兵临希腊，一些希腊城邦纷纷投降，其中包括厄吉纳。厄吉纳是雅典的仇敌，于是雅典拉拢克利奥墨涅斯试图惩罚厄吉纳，但戴玛拉托斯从中作梗。当克利奥墨涅斯派人到厄吉纳试图逮捕那些投降派时，厄吉纳声称，克利奥墨涅斯没有征得斯巴达人民的同意，否则不可能一人到厄吉纳。希罗多德称这是戴玛拉托斯私下派人告诉厄吉纳的托辞。希罗多德的说法应该是有道理的，这与前面所提到的斯巴达此次只允许派一人率军出征，对于以军事和宗教为主要权力的国王来说，剥夺了率军出征的权力无疑就失去了所有的政治地位。另一方面，戴玛拉托斯派人四处诽谤克利奥墨涅斯，声称自己与克利奥墨涅斯没有根本差别，都是出于赫拉克勒斯，只是门第稍差，但这个差别也是微乎其微，因为两者是孪生兄弟，克利奥墨涅斯是长门，自己是弟弟。③ 克利奥墨涅斯的厄吉纳之行又未

---

① Hdt. VI. 70.
② Hdt. V. 75.
③ Hdt. VI. 50–52.

取得成功，不得不把主要精力放到与戴玛拉托斯的斗争中。他拉拢与戴玛拉托斯有夺妻之仇的家丁利奥提奇达斯，勾结德尔菲神庙的祭司，指控戴玛拉托斯不是前国王阿里斯通的亲生子，而是其妻与前夫的儿子，迫使戴玛拉托斯流亡波斯。此后，克利奥墨涅斯与利奥提奇达斯联合行动，迫使厄吉纳称臣。①

在这一场斗争中，我们可以看到以前那种两位国王势均力敌的局面不复存在。但是，克利奥墨涅斯的胜利只是阿基斯家族的暂时的胜利。克利奥墨涅斯晚年因为驱逐戴玛拉托斯的阴谋泄露，被迫逃亡帖萨利亚，最后被斯巴达政府诱捕投入大牢，并死于狱中。②虽然希罗多德说克利奥墨涅斯晚年精神失常，但实际的情况应该是他在与优律彭家族的斗争中失败。

接下来爆发的希波战争加剧了阿基斯家族的衰落。克利奥墨涅斯之后，利奥尼达斯即位。希波战争爆发，利奥尼达斯率领区区300名斯巴达士兵驻守温泉关，而当波斯大军抵达温泉关时，其他的希腊军队闻风而逃。虽然希罗多德说利奥尼达斯主动遣送回了其他的希腊军队，这显然是溢美之词。其实早在希腊各邦组建联军时希腊军队内部就矛盾重重，只有30多个城邦参加了联盟，再看看温泉关战役之后的希腊联军的表现，我们会看到这绝不是一支誓死捍卫希腊的军队。在各路军队逃跑的时候，利奥尼达斯因为国内政治斗争的压力无法撤退，因为，作为败军之将回到斯巴达，其政治命运可想而知。利奥尼达斯只能利用有利的地势坚守，等待事情的变化，等待援军的带来，等待一场预想不到的胜利。利奥尼达斯只能寄希望于这场意料之外的胜利来改变本家族、自己在国内政治上的不利局面。想想在这样一场规模巨大的战争中斯巴达政府只派出了300名战士，面对波斯大军利奥尼达斯无处可退的窘境，就不难想象利奥尼达斯在国内的处境，和遭到的置于死地的政治排挤。利奥尼达斯最后死于国内的政治斗争！

利奥尼达斯牺牲后，普雷斯特阿库斯即位。普雷斯特阿库斯年幼，甚至不能率军打仗。他的大堂兄波桑尼阿斯任摄政王，代其指挥战争。③如果考虑到莱库古曾经为其刚刚出生的侄儿任摄政王，我们可以想见普

---

① Hdt. VI. 73.
② Hdt. VI. 74-75.
③ Thuc. I. 132.

雷斯特阿库斯可能极其年幼。波桑尼阿斯继承了国王追求最高权力的政策，在同盟内部专横跋扈，最后被剥夺了军事权力。但波桑尼阿斯私自来到北希腊，秘密联系波斯、黑劳士，企图成为斯巴达和希腊的君王。最终在公元前470年被处死。第二年，由克利奥墨涅斯扶植上台的、作为阿基斯家族在优律彭家族代言人的利奥提奇达斯因为受贿被放逐。优律彭家族阿基达玛斯即位。阿基达玛斯公元前469即位，前427年去世，称王42年。直到公元前428年，阿基达玛斯还在指挥战争。按照斯巴达服军役年龄截止年龄是60岁计①，那么阿基达玛斯即位时应该是18岁。另外，阿基达玛斯之后是阿基斯，阿基斯在位28年，估计阿基斯即位时已经30多岁。可推知他应该是在公元前459年前后、即阿基达玛斯即位10年左右所生。斯巴达青年一般在20岁之后才结婚，20大几再生育。按照这个原则推测，阿基达玛斯即位时也应该已经成年。也就是说，在阿基达玛斯成年之后，优律彭家族就设法彻底排挤了阿基斯家族的政治势力。阿基达玛斯即位之时比普雷斯特阿库斯要长10多岁②，普雷斯特阿库斯只有10岁左右，可以想见，两位国王的政治影响力必然有巨大的差异。至此，优律彭家族完全掌握了王权。

10年后，即公元前459年，如果我们前面的推测没错，那么这一年普雷斯特阿库斯可能刚刚成年，可以独自执政。但这年阿基斯家族的国王突然被同样年幼的普雷斯特阿那克斯取代。其中原因令人深思。我们不能排除阿基达玛斯的人为因素。普雷斯特阿那克斯即位时年龄很小，不能率军打仗，由尼科米德斯代其指挥。③ 关于两位幼主的描述，修昔底德用的措辞不一样，普雷斯特阿库斯由波桑尼阿斯任摄政王，普雷斯特阿那克斯则是代其指挥。所以，普雷斯特阿那克斯即位时年龄可能比前者大。这样，在13年之后，普雷斯特阿那克斯显然已经成年，并成为一位颇有才干的军事指挥人员，公元前446年，他独立率军攻入阿提卡，并取得巨大胜利。普雷斯特阿那克斯的成年及其军事成就为其带来了灾祸，此后他明显遭到了阿基达玛斯的排挤。阿基达玛斯抓住机会指控其

---

① 阿吉西劳斯曾经多次声明自己服役已满40年，不应该继续率军打仗。
② 此处王参考了福雷斯特的王表，W. G. Forrest, *A History of Sparta*, pp. 21–22.
③ Thuc. I. 107.

接受贿赂，擅自停战①，将其放逐到吕凯昂，长达23年。② 我们对普雷斯特阿那克斯之后阿基斯家族的国王没有具体材料，但是在20年之后，公元前427年，阿基斯家族又出现了一个幼主波桑尼阿斯，他同样不能率军打仗，只能由其叔叔克利奥墨涅斯代其指挥军事。③ 鉴于前面两位国王都是幼年登基，成年被逐，显然，在这20年中，阿基斯家族或者王位空悬一段时间，或者又是一位幼主，而当其成年之时，又被放逐。波桑尼阿斯完全是个摆设，在公元前432年的斯巴达公民大会上，我们只见到阿基达玛斯发表演讲，却未听到波桑尼阿斯的声音。

公元前427年，阿基达玛斯去世，阿基斯继位，另一王室的流亡国王普雷斯特阿那克斯趁机回国。据说他用"举行跳舞和献祭"的仪式回到斯巴达，"这个仪式与建立拉开戴蒙的国王即位典礼一样"。④ "跳舞和献祭"使人很容易联想到庇西特拉图利用一位妇女装成雅典娜女神，然后回到雅典建立僭主制。很可能，普雷斯特阿那克斯曾经想像庇西特拉图那样发动政变。然而，这个计划并没有实现，继承阿基达玛斯的阿基斯同样是一位颇有才干的国王，普雷斯特阿那克斯只能满足于二人共治的格局。在公元前421年签署的尼西阿斯和约中，普雷斯特阿那克斯和阿基斯同时签名，只不过阿基斯排在他的后面。⑤

从公元前5世纪初年，克利奥墨涅斯被逐直到公元前427年，普雷斯特阿那克斯复位，70多年的时间内，斯巴达的王权主要掌控在优律彭家族手中。

二、双王并立格局的恢复

普雷斯特阿那克斯复位之后，斯巴达重新恢复了双王并立的格局，与古风时期不同的是，双王之间的关系并不和谐，而是充满冲突和斗争。普雷斯特阿那克斯复位直到尼西阿斯和约签署，其政治地位似乎盖过了阿基斯，但是，毕竟普雷斯特阿那克斯流亡日久，疏于国家政治，而阿基斯则长期生活在国内，又得到阿基达玛斯的悉心栽培，谙于政事，其

---

① Thuc. II. 21.
② Thuc. V. 16.
③ Thuc. III. 26.
④ Thuc. V. 16.
⑤ Thuc. V. 19.

政治、军事才能不可小视。他继位的第二年（公元前426年）就率军进攻阿提卡①，公元前425年再次出兵阿提卡，后因派罗斯被占，才回师救援。② 不过这段时间，阿基斯居于次位，在尼西阿斯和约的签名中，他处于第二位，次于普雷斯特阿那克斯。

但是两个国王及王室之间的斗争并没有停止。修昔底德说普雷斯特阿那克斯的回来遭到了各种流言蜚语的围攻③，这些流言蜚语很可能就是阿基斯的杰作。尼西阿斯和约签署之后，斯巴达国内就有一股势力反对与雅典结盟，主张与阿尔戈斯结盟，继续反对雅典。他们利用斯巴达希望与阿尔戈斯重修三十年和约的机会④，鼓动波奥提亚与阿尔戈斯先结盟，再一起与斯巴达结盟。因为波奥提亚与雅典的矛盾，反对派期望利用波奥提亚与阿尔戈斯的结盟，驱使阿尔戈斯支持波奥提亚提出反雅典的外交主张，离间雅典与斯巴达的关系，迫使斯巴达放弃与雅典结盟，从而达到破坏尼西阿斯和约的目的。⑤ 公元前418年，在阿尔戈斯的鼓动下，斯巴达的盟友开始叛离，阿基斯及时率军进攻阿尔戈斯。阿基斯在形势大好的情况下，擅自与阿尔戈斯签署和约。阿基斯的政治倾向与前面的反普雷斯特阿那克斯的政治主张如出一辙，可见前面的反普雷斯特阿那克斯与阿基斯和优律彭家族有着必然的联系，很可能就是他们挑起的。

此后，普雷斯特阿那克斯与阿基斯展开了长期的斗争，优律彭家族的政治地位一度受到影响。公元前418年，阿基斯在形势大好的情况下，擅自与阿尔戈斯签署和约。究其原因，可能是担心普雷斯特阿那克斯。毕竟普雷斯特阿那克斯是个不可小视的对手，如果在与阿尔戈斯的战争中竭尽全力，必然两败俱伤，最终导致优律彭家族的政治地位丧失。⑥ 阿基斯不得不匆忙撤军，因此，阿基斯差点受到拆毁房屋和罚款一万德拉克玛的惩罚，最后斯巴达设置十人团。⑦ 同年，阿基斯再次率军与阿尔戈斯展开决战，普雷斯特阿那克斯率军前来援助，这是仅有的比较肯

---

① Thuc. III. 89.
② Thuc. IV. 2.
③ Thuc. V. 16.
④ Thuc. V. 14, 22,
⑤ Thuc. V. 21, 36.
⑥ Thuc. V. 54 – 60.
⑦ Thuc. V. 63.

定的两个国王互相"配合"的实例，也许普雷斯特阿那克斯是前来抢功。但普雷斯特阿那克斯的军队还没有开到战场，战争就结束了，所以他又中途回师，这场战役后阿尔戈斯被迫表示臣服。① 正是在这场战役中，阿基斯将自己的军事才华展露无遗，阿基斯彻底压倒普雷斯特阿那克斯，重新成为斯巴达政坛最有实力的人。

三、优律彭家族的再次兴起

公元前418年，曼提尼亚战役之后，优律彭家族的实力再次兴盛。公元前417年，阿尔戈斯发生政变，民主派取代寡头党人，阿基斯再次率军进攻，取得部分胜利后撤军。② 公元前413年阿基斯率军进入阿提卡，他们改变劫掠式的进攻方法，而是长期驻扎，在狄凯里亚修建据点，构成对雅典的长期威胁。③ 对此，修昔底德称赞阿基斯亲自率军，指挥勤勉有方。④ 同年冬季，阿基斯筹措资金，征集贡款，再次扩充海军。⑤ 此时的阿基斯权力如日中天，有权决定派遣军队到任何地方，有权募集兵员，有权征收钱款。可以说，在这期间，同盟者对他言听计从，超过了对斯巴达政府的服从。他率军所到之处，即令当地人敬而生畏。⑥ 雅典此时也事事听从阿基斯的指令。

公元前409年，阿基斯家族的波桑尼阿斯重新登位。波桑尼阿斯曾在公元前446年代其父普雷斯特阿那克斯执政，第二次登基时已经年届40。但此后数年，我们没有见到他的活动，再次见到波桑尼阿斯是公元前405年他率军参加进攻雅典的战役。在这场战争中可以看到阿基斯显然要比波桑尼阿斯的地位显赫，雅典被困之下遣使求和，求和的使节首先拜会阿基斯，然后拜会莱山德，最后前往斯巴达本土，而波桑尼阿斯却被抛弃在一边。

在阿基斯执政的末期，阿基斯家族出了一位风云人物此即莱山德。莱山德虽然不是国王，但其地位在权重之时似乎超过了国王。据说他是

---

① Thuc. V. 66 – 79.
② Thuc. V. 83.
③ Thuc. VII. 19.
④ Thuc. VII. 27.
⑤ Thuc. VIII. 3.
⑥ Thuc. VIII. 53.

第一位被立碑纪念、被当作神来歌颂的希腊人。① 据牛津古典词典，莱山德在公元前408年被选为将军。莱山德主要率军在赫勒斯滂征战，可见，莱山德担任的应是海军统帅。前文已述，斯巴达的海军本来比较弱小，公元前5世纪晚期，凭借波斯的支持，斯巴达海军开始强大起来，尤其是在莱山德任海军统帅时期，利用波斯沿海地区总督小居鲁斯的支持，斯巴达海军迅速崛起，成为东地中海世界最强大的海军。海军统帅也在斯巴达政坛上变得炙手可热，亚里士多德称它在斯巴达政治生活中仅次于国王。② 不过，海军统帅凌驾于国王之上的局面并没有维持多久，如下文即将提及的，还在莱山德在世时，莱山德就与另一个国王阿吉西劳斯发生矛盾，阿吉西劳斯借机获得海军指挥权。公元前394年，克尼多斯海战中，斯巴达海军被雅典流亡将领科农指挥的波斯海军打得大败，几乎全军覆没，从此海军统帅无法与国王抗衡。

但是，莱山德虽然属于阿基斯家族，但出身贫寒，素有野心，他的目标不是复兴阿基斯家族，而是自己当国王。他利用担任海军统帅征战赫勒斯滂地区的机会扶植亲信，实际上成为该地区的主宰。他在雅典扶植听命于自己的三十寡头。他在国内主张废除王位世袭制，实行选举制，以便自己当上国王。在这种野心支配下，莱山德插手优律彭家族的王位继承，扶植自己的亲信。阿基斯之后，优律彭家族出现王位之争。阿吉西劳斯本是阿基斯的同父异母的弟弟，按世袭制本无继承权，但在莱山德的大力支持下，最终得以登基。这可能引起了本族国王的嫉妒与猜疑，公元前403年，波桑尼阿斯联合埃伏尔彻底否定了莱山德在雅典扶植三十寡头执政的政策，驱散了聚集在庇里乌斯港的斯巴达联军。在公元前395年围攻雅典的战役中，波桑尼阿斯又未能及时赶到前线支持莱山德，致使莱山德兵败身亡。其中的隐情一看就明白。

阿基斯家族内部的矛盾使得一度有所改观的有利地位重新丢失。波桑尼阿斯本来是一位年富力强的国王，但却因此被阿吉西劳斯抓住机会判处死刑，波桑尼阿斯自己见状逃亡提盖亚，最后客死他乡。现在，斯巴达的王权重新控制在阿吉西劳斯的手中，也就是优律彭家族的手中。波桑尼阿斯退出政坛后新即位的是阿基斯波利斯。③ 阿基斯波利斯即位

---

① Plut. Ly. 18.
② Arist. Pol. 1271a35.
③ Xen. Hell. IV. 2. 9.

时（公元前 395 年）还未成年，公元前 390 年，他成年，第一次带兵打仗。这年他大概 20 岁。而此时的阿吉西劳斯已经五十岁左右。据《牛津古典辞典》，阿吉西劳斯出身于公元前 445 年，公元前 390 年时 46 岁。按照他自己在公元前 379 年说他已到了不再带军打仗之年，据斯巴达军制：60 岁退伍，那么公元前 390 年则是 49 岁。更重要的是，此时的阿吉西劳斯在出征小亚细亚过程中取得辉煌的胜利，波斯的边疆总督提撒弗利斯兵败被处死，新总督提色罗斯特斯向阿吉西劳斯求和。斯巴达授予他全权指挥战争、批准协约的权力，同时增加了指挥海军之权。要知道，以前的媾和之权在公民大会之手，而海军统帅亦从未集中于国王。阿吉西劳斯如日中天，阿基斯波利斯完全处于从属地位，这正如色诺芬所记述的：阿基斯波利斯完全听命于阿吉西劳斯。①

从此，阿吉西劳斯实际上成为斯巴达真正的国王。其权势伸向了内政。公元前 383 年斯巴达将领福比达斯擅自率军进攻底比斯，即将受到处罚，但阿吉西劳斯以其行为有利于斯巴达国家利益为由主张免其罪，并最终使其获释。② 公元前 379 年，雅典与底比斯交战，底比斯贿赂斯巴达驻特斯皮埃总督索福德里阿斯，怂恿其进攻雅典，此时斯巴达与雅典正式签署了和平协议，而两位议和代表正在雅典。索福德里阿斯擅自进攻，使斯巴达与雅典的议和工作一度搁浅，三位使节以保证处死索福德里阿斯为条件才得以脱身。但索福德里阿斯通过其子与阿吉西劳斯之子之间的密切关系，打通阿吉西劳斯这一环，阿吉西劳斯终于以斯巴达需要索福德里阿斯这样的勇士为借口取消对他的惩罚。想当年，斯巴达大将波桑尼阿斯以破坏斯巴达之风俗为由被起诉，最终被处死。波桑尼阿斯指挥取得普拉提亚战役的胜利，其功绩不可谓不大，其才华不可谓不杰出，但照样被处死，而索福德里阿斯仅以一驻外总督，却因阿吉西劳斯之一言，不仅免其死罪，且免于惩罚，可见阿吉西劳斯之权势。阿吉西劳斯已经成为唯一掌握实权的国王。

阿卡伽塔伊制度遭到破坏的主要原因，一是阿卡伽塔伊制度本身存在漏洞，两者的权力、职能没有法律上的规定，立法者甚至幻想通过这种模糊性起到互相牵制的作用。加上阿卡伽塔伊制度所具有的终身制、世袭制等王制成分，给了国王增加权力的机会。二是斯巴达自身历史的

---

① Xen. *Hell.* V. 3. 20.

② Xen. *Hell.* V. 2. 32－35.

发展引发了不同的政治见解，一派要求改变传统的外交政策，而另一派则坚持传统政策。尤其是，希波战争、第三次黑劳士大起义、伯罗奔尼撒战争使斯巴达在传统的国内矛盾、城邦间矛盾之外又加上了被征服的危险。原先的斯巴达一直是征服者，现在面临被征服的命运，国内的统治者似乎没有明确的应对策略，一会儿抵抗，一会儿屈服，彼此斗争不已。三是长期不断的战争促使斯巴达的权力集中。第三次黑劳士大起义之后，斯巴达实际上已经陷入持续不断的战争中，只不过是战争的规模时大时小。战争需要国家政治权力的相对集中。

第四节　晚期阿卡伽塔伊制度

公元前4世纪60年代是斯巴达历史的重大转折时期，而公元前371年的留克特拉战役失败则是这一转折标志性事件。留克特拉战役之后，底比斯军队进入伯罗奔尼撒，侵入拉科尼亚，随后向西进入美塞尼亚。在这些行动之后，底比斯扶植组建阿卡亚同盟，在斯巴达北部，强占部分庇里阿西区和部分阿卡亚地区，建立麦伽勒波利斯，作为阿卡亚同盟的政治中心。随后召回流散在希腊各地的美塞尼亚居民，建立了独立的美塞尼亚国家，斯巴达国家一分为二。从此，斯巴达三面环绕着美塞尼亚、麦伽勒波利斯、阿尔戈斯等强大而充满仇恨的对手。斯巴达面临着巨大的国际危机。与此同时，斯巴达的国内危机也空前紧张。斯巴达的土地集中和贫富分化进一步加剧，随之产生的是公民队伍的瓦解，亚里士多德称公元前4世纪斯巴达面临严重的人口短缺。其实际情况是因为贫富分化加剧，大量原先的公民因为贫困不能足量缴纳租税失去公民权。

在这种外忧内困的形势下，"图存"、"自强"成为斯巴达面临的两个最大问题，也成为斯巴达社会的主旋律。恰恰是在这种形势下，斯巴达的阿卡伽塔伊制度在悄悄地发生变化。国王出于维护自身利益的需要不自觉地体现了斯巴达国家当时的历史需要，而为了适应这种历史需要，阿卡伽塔伊制度本身也在发生变化。

一、国王成为国家独立的象征

斯巴达国家在公元前369年之后，就面临着生死存亡的考验。在著名君王阿吉西劳斯二世统治的晚年就开始了"救亡图存"。在长期战争之后，斯巴达国库空虚无以为战，阿吉西劳斯不得不想方设法筹集钱款，据奈波斯记述，阿吉西劳斯为所有背叛波斯的人提供帮助，接受他们的捐献，他把别国送给他的所有礼物全部捐献给国家，他厉行节约，住宅是祖上传下来的破旧房子；为了获得钱财他甚至亲自率领雇佣军前往埃及，参与埃及的王位之争，最后身死他乡。①

阿吉西劳斯死后，他的儿子阿基达玛斯三世即位。他曾经参加佛西斯与底比斯的第三次神圣战争（公元前355—346年）、参加克里特岛内的霸权争夺战（公元前346年，又称"外国之战"，foreign war）、远赴意大利参加塔兰顿与卢卡尼亚人的战争（公元前343—342年），公元前338年死于意大利前线。第三次神圣战争的导火线是佛西斯与底比斯之间的矛盾，底比斯操纵神圣同盟对邻国佛西斯施加巨额罚款，佛西斯则占领德尔菲神庙以宣泄不满，于是战争爆发。斯巴达因为与底比斯的矛盾，以及巨额的战争赔款，参加了佛西斯一方。后来因为马其顿的加入，导致佛西斯、斯巴达一方失败，但斯巴达的行为本身具有一定的抗争意义。两次行动中，阿基达玛斯三世均以雇佣军首领的身份出现的，他这样做的目的无非是向阿吉西劳斯学习，依靠提供雇佣军挣钱纾解国难。

公元前338年，马其顿挟第三次神圣战争获胜之威，继续南下，在卡罗尼亚打败雅典组织的反马其顿同盟，接着马其顿进入伯罗奔尼撒半岛，征服斯巴达。然后会师科林斯，在这里召开泛希腊会议，组建科林斯同盟。同盟接纳美塞尼亚为同盟成员，此时，阿基达玛斯三世刚刚战死，新国王阿基斯三世刚刚即位（公元前338年—前331在位），但在国家利益面前，斯巴达毅然拒绝参加同盟。

阿基斯奉行反对马其顿、收回美塞尼亚的策略。他的这一策略与波斯具有共同语言。当时的波斯面对亚历山大大帝的军队，采取避其锋芒、切断后援的策略。公元前333年，阿基斯三世与波斯的爱琴海总督法拉巴佐斯见面，商定由波斯出钱和武器，共同对抗亚历山大。但是同年，波斯在伊苏斯战役中失败，致使斯巴达与波斯的合作受挫。但阿基斯三世利用马其顿主帅在亚洲的机会积极活动，试图恢复昔日的政治版图。

---

① 奈波斯：《外族名将传》，刘君玲等译，张强校，上海，上海世纪出版集团，2005年，第173、175页。

公元前331年，阿基斯组建了有阿卡迪亚、提盖亚、曼提尼亚、阿卡亚、厄利斯参加的反马其顿同盟，利用马其顿守将在与西徐亚人战争中失败、色雷斯人起义之机，对麦伽勒波利斯发动进攻。战争一度获得胜利，但随后亚历山大从亚洲送来金钱和武器，扭转了战局。阿基斯在前线受伤，他要求军队撤退，自己留下来阻挡马其顿军队，最后中剑而亡。与其祖辈、父辈一样阿基斯三世的主要活动仍是反抗马其顿的统治，试图恢复斯巴达的政治版图和国际地位。

阿基斯三世之死可以说是斯巴达一个时代的结束。正如卡特利奇所说，此后斯巴达沦为希腊世界的三流国家。首先是斯巴达的公民队伍瓦解、国力下降。公元前4世纪前期及其之前，斯巴达的强大依赖于一支数量可观的公民兵。但公元前4世纪初开始，斯巴达土地开始集中，特别是《厄庇泰德土地法》颁布之后，由于战争使得不少家庭斯巴达公民队伍不断瓦解。到留克特拉战役前后斯巴达公民人数只有1500人左右。阿基斯三世时期，公民人数继续减少。大约与阿基斯三世同一时期的亚里士多德说当时斯巴达公民人数不足1000人。① 此时的斯巴达军队主要靠雇佣军，南部的塔那鲁姆成为主要的雇佣军招募中心②，公元前315年，马其顿将领阿里斯托戴摩斯在这里招募了8000名伯罗奔尼撒人做雇佣军。③ 公元前303年，克里奥涅姆斯在这招募了5000名雇佣军。④ 公民的士气也在萎缩。古典时期的希腊公民都具有强烈的集体意识，斯巴达公民更是使得自己成为国家机器的一个组成部分，一心为国家。⑤ 但此时这种集体意识已经消失了，公元前331年，王子阿克罗塔图斯建议对战败的公民兵按照传统法律施加处罚，但遭到强烈反对，被迫在公元

---

① Arist. *Pol.* 1270a32. 亚里士多德生于公元前384年，约在公元前346年，成为亚历山大大帝的老师，公元前336年开设自己的学院，直到公元前322年去世。他的《政治学》大概写于这段时期。亚里士多德在书中说"直到近世"，斯巴达公民人数不到1000人。吴寿彭在翻译时加的注释中称"近世"是指留克特拉战役前后（公元前371—362年）。色诺芬在记述留克特拉战役时，称参加战斗的斯巴达人有1000人。斯巴达人不可能全部外出参加战斗，按照三分之二的出兵原则，估计当时的公民人数应该是1500人左右。那么这个"近世"应该是指亚里士多德生活的年代。

② Diod. XVIII. 21. 1 – 3.

③ Diod. XIX. 60.

④ Diod. XX. 104. 2.

⑤ Plut. *Lyc.* 25.

前314年到意大利颁南部的塔兰顿率军打仗。① 公元前272年，王室成员克里奥涅姆斯竟然因为婚姻问题召请皮鲁斯率军进攻祖国。② 其次是斯巴达从一心向外到注意内政建设。阿基斯三世死后，斯巴达国王开始关注内政。③ 但是在关注内政的同时，斯巴达国王并没有放弃对国家独立的关注。

就在阿基斯三世去世之后，阿基斯家族的阿里乌斯一世在政治上表现得更为显目。对阿里乌斯的具体活动我们已经无从了解。公元前280年，他联合雅典、埃及建立了反马其顿同盟。为此，他曾经写信给犹太人，称斯巴达人和犹太人是兄弟，都是亚伯拉罕的血统④，其目的可能是建立和扩大反马其顿同盟。他曾经率军到克里特参加高尔廷人反对克诺索斯（Knossos）的斗争⑤，这次行动的意图估计与其前辈相似，也是为了赚钱。公元前272年，当皮鲁斯入侵时，阿里乌斯率军及时回国，打退了皮鲁斯的进攻。公元前265年，他在科林斯附近参加与马其顿的决战，牺牲于战场。继位的阿克罗塔图斯也在同年在与麦伽勒波利斯的统治者阿里斯托戴摩斯的战斗中牺牲于麦伽勒波利斯。

此后不久斯巴达进入改革年代，著名国王阿基斯四世、克利奥墨涅斯三世、纳比斯先后举行改革。但他们并没有忘记恢复国土，在这三位改革家当中，除了阿基斯四世因为在位时间较短，其他两位都曾经率军出征，试图收复国土。克利奥墨涅斯三世就是在进攻麦伽勒波利斯的时候，遭到了阿卡亚同盟和马其顿的联合干涉，克利奥墨涅斯失败逃亡埃及。纳比斯也先后出兵麦伽勒波利斯和美塞尼亚，但因为遭到阿卡亚同盟、马其顿、罗马的打压，最终也宣告失败。

但是，不管怎么说，在公元前370年之后，直到纳比斯被害，斯巴达的国王无论是出于爱国之心还是出于维护统治、夺取权力的需要，都在维护国土、收复国土方面做了不懈的努力。无论主观意图如何，在客观上都满足了当时斯巴达国家利益的需要。

---

① Diod. XIX. 70. Smith, William (1867), "Acrotatus (1)", in Smith, William, *Dictionary of Greek and Roman Biography and Mythology*, 1, Boston, MA, pp. 16, http://www.ancientlibrary.com/smith-bio/0025.html

② Plut. *Pyr.* 26.

③ 具体政策容下文细述。

④ *I. Maccabees*, 12. 7；19 – 23.

⑤ M. T. W. Arnheim, *Aristocracy in Greek Society*, London：Thames and Hudson, 1977, p. 235.

二、国王立志改革重振雄风

阿基斯三世之后,斯巴达政治重心开始往国内转移,向经济社会领域转移。从公元前371年留克特拉战役失败之后,斯巴达国力大减,与此同时,国内矛盾也大大激化。正如前文所指出的,这主要表现为土地集中。土地集中又导致贫富分化、公民队伍解体等社会和政治问题。亚里士多德曾经严肃地指出斯巴达的土地集中:有些人家产甚巨,而另些人则颇为寒酸,从而土地渐渐为少数人所兼并,全邦的财产不均,许多公民日益限于贫困。贫富不均使得斯巴达政治腐败,精神堕落,部分人变得放纵、娇气、萎靡不振;贫富分化使得部分公民交不起公餐税,失去了公民权,贫富分化导致社会矛盾加剧,尤其是黑劳士与斯巴达人之间的矛盾,黑劳士时刻准备起义。① 普鲁塔克称:阿基斯改革前夕,斯巴达富人毫无顾忌地攫取土地,驱逐合法的土地继承人,土地很快集中到少数人手中。财富成为通用的标准,人们不再追求高贵的精神,而是不适合自由人的职业。人们嫉妒、仇恨富人。古老的斯巴达家庭只有700户,其中只有100户拥有土地和份地,无数的人没有财产、没有公民权,生活在绝望之中,对保卫国家抵抗外敌毫无兴趣,也没有能力。② 在述及克利奥墨涅斯改革时,他称当时的斯巴达公民过着放荡腐败的生活,有钱人把公益丢在脑后,热衷于私利和享受,穷人只有在家过着无以为生的生活,国王不理政事,沉溺于富足和奢华的生活。③

在这种经济社会矛盾日益加剧的形势下,部分政治家认识到了问题的严重性,将政治关注的重点转向国内。阿基斯三世死后,他的儿子优达米达斯统治时期(公元前331年—前305年在位),没有发动大规模的对外战争,波桑尼阿斯称:斯巴达在他统治时期享有了较多的和平④,普鲁塔克记述当有人向他提议对马其顿发动全面战争时,他表示反对,并说:"我无需证明他们正在撒谎",当有人炫耀打败波斯,并劝他发动对波斯人的进攻时,他说:你的建议就像是在抓获了1000只羊后又去与

---

① Arist. *Pol.* Chapter2,§9.
② Plut. *Agis*,5.
③ Plut. *Cleom.* 2,3.
④ Paus. III. 10. 5.

50只狼作战。①

此后，阿基斯家族的阿里乌斯一世（公元前262—254年）成为强势国王，他虽然率军开赴克里特，但他显然比前辈们更关心内政。据考古发现，阿里乌斯首先发行了银质货币。此前，斯巴达使用的是铁质货币。② 公元前3世纪的希腊历史学家费勒库斯（Philarchus）批评在阿里乌斯统治时期斯巴达社会变得奢侈了，人们沉湎于山珍海味，但阿里乌斯本人比所有的人都节俭，此时，斯巴达的公餐团也停止了，人们不再去公餐团用餐。③ 在众人奢靡的氛围中，阿里乌斯厉行节俭，这显然不是个人行为。阿里乌斯是当时比较有作为的国王，他在发行的货币上称自己是"king"。这样一位有志国君势必会将节俭作为一项政治举措，而公餐团的关闭也可能是阿里乌斯推行节俭改革的措施之一。

阿里乌斯统治十年后，斯巴达进入了改革的高峰期。公元前244年，阿基斯四世（公元前244—241年）即位，当时他只有20岁，但他立志实行改革、拯救斯巴达。阿基斯提出两项改革举措：平分土地和取消债务。阿基斯的改革得到了年轻人和部分上层贵族的支持。年轻人实际上大多是贫困的下层公民，他们缺少土地，因此也很难成为公民。上层贵族中部分因为欠债希望借此免除债务，获取不正当利益，如阿基斯的舅舅阿吉西劳斯；部分人则与阿基斯有着同样的振兴国家的理想，如莱山德、曼德罗克里德斯；还有一部分人则出于亲情支持阿基斯，如他的母亲、外祖母以及妻子。④ 但是改革遭到了出自阿基斯家族的国王利奥尼达斯的反对。⑤ 一些年老的公民和高级官员都聚集在利奥尼达斯的周围诋毁阿基斯，污蔑阿基斯的目的是篡夺专制权力、当僭主。阿基斯支持莱山德当选埃伏尔，莱山德先在长老会议中提出改革主张，遭到反对，后向公民大会在提出同一的主张，并获得通过。改革面临来自利奥尼达

---

① Plut. *Mor.* 220f.
② Plut. *Lyc.* 9.
③ Athen. 142a – b.
④ 阿基斯四世的外祖母是优达米达斯一世的妻子阿基达米娅（Archidamia）、母亲是优达米达斯一世的女儿阿基斯特拉塔（Agesistrata）。阿基达米娅与优达米达斯的父亲四世同名，因此他们即使不是亲兄妹结婚也可能是同一家族内的近亲通婚。据说阿基达米娅非常富有，优达米达斯近一半的家产都来自于她。阿基斯四世的妻子是阿吉娅提斯（Agiatis），是吉利普斯的女儿。吉利普斯可能出生于公元前5世纪后期斯巴达原主西西里岛的著名将领吉利普斯，后来他因为贪污被放逐，其家庭也非常富有。
⑤ 阿基斯四世属于优律彭家族。

斯的巨大阻力，最后改革派利用斯巴达古老的传统，追究利奥尼达斯的妻子是亚洲人（实际也就是波斯人），罢免了利奥尼达斯。一年后，莱山德任期已满，新当选的埃伏尔全部反对改革，阿基斯被迫解散埃伏尔，任命新的埃伏尔，其中包括他的舅舅、阿吉西劳斯。但阿吉西劳斯为自己的私利，只同意免除债务，反对重分土地。他借口减轻改革阻力，建议阿基斯分两步，先免除债务，再重分土地。此时，阿卡亚同盟与埃托利亚同盟发生战争，阿基斯率领一批怀揣重分土地希望的年轻人开赴战场，但在凯旋而归时发现希望落空，他们非常失望。反对派利用机会迎回了利奥尼达斯。利奥尼达斯解散埃伏尔，罢免了支持改革的国王克里奥布鲁托斯，拘捕并处死了阿基斯四世和他的外祖母、母亲。① 第一次改革失败。

但是保守派无法带领斯巴达走出困境，公元前236，来自另一家族的克利奥墨涅斯三世即位（公元前236—前222年）再次进行改革。具有讽刺性的是，克利奥墨涅斯就是保守国王利奥尼达斯的儿子。克利奥墨涅斯即位初期，国家权力全部掌握在保守的埃伏尔手中，就连最亲近的朋友也反对改革。克利奥墨涅斯利用阿卡亚人大军压境的机会力主抗战，获取军权。然后，发动政变，杀死四名埃伏尔，取消埃伏尔制度，清除了保守的埃伏尔的势力；流放了80名保守的贵族公民。此后，克利奥墨涅斯宣布改革法律，主要包括：没收土地为国有，重新分配给平民；免除债务；允许外邦人经过测试成为斯巴达公民；"恢复""古老"的教育方式，强化军事训练；重建公餐团，恢复公餐制；恢复斯巴达传统的简朴的生活；厉行节约；释放黑劳士。克利奥墨涅斯的改革大获成功，在希腊世界受到广大平民的欢迎。斯巴达国力迅速提升，军队战斗力大增，克利奥墨涅斯征服了弗赖、迪麦、朗贡、佩利涅、阿尔戈斯，菲利乌斯、潘特勒乌姆、曼提尼亚、特洛伊曾、厄庇道鲁斯、赫尔米奥涅等地则投靠了斯巴达，伯罗奔尼撒各国甚至计划拥戴克利奥墨涅斯为阿卡亚同盟的盟主，由他来推行改革。克利奥墨涅斯的成功引起希腊世界保守派的恐惧，他们请求马其顿支持。由于斯巴达驻守阿尔戈斯的将领没有及时免除债务，引起了阿尔戈斯人的不满，阿卡亚同盟在马其顿的支持下趁机收复失地。公元前222年，在塞拉西亚战役中，克利奥墨涅斯

---

① Plut. *Agis*. 16, 18–20.

战败，逃亡埃及。改革再次失败。

公元前207年，纳比斯成为斯巴达的最高统治者，再次实行改革。关于纳比斯改革的具体措施已经难以认清，只能从现存史料中了解其大概。据李维记载：纳比斯曾经解放奴隶以增加人口，给穷人分配地。① 波桑尼阿斯称他"劫夺他人财物、盗取神庙财产，在短时间内就聚起大量的财富"。② 波利比乌斯称他：消灭所有幸存的王室成员，驱逐财富和祖先声望都很杰出的公民，将他们的财富和妻子交给自己的拥护者，雇佣军的头领和士兵，这些人绝大部分是杀人犯、强盗、拦路打劫者、窃贼③；他放逐公民，释放奴隶，将它们主人的妻子、女儿许配给他们。④ 狄奥多罗斯（Diodorus）称他：有选择地消灭了那些最优秀的拉开戴蒙人，从四面八方招募了最卑鄙龌龊的人来保护他的统治。结果，神庙抢劫者、窃贼、海盗、死刑犯汇聚斯巴达。⑤ 尽管古典文献对纳比斯贬斥有加，但依然可以看出这场改革非常激烈，非常彻底，下层民众获益良多。但是，纳比斯的改革最后却在阿卡亚同盟和罗马的联合打击下归于失败。公元前192年，斯巴达被罗马吞并，从此失去了政治独立。

综上所述，自阿里乌斯之后，斯巴达的国王们曾经为了振兴国家，励精图治，锐意改革。这种改革不管是客观还是主观，都在一定程度上满足了普通公民的需要，化解了当时的社会矛盾，体现了当时斯巴达的历史需要。

三、阿卡伽塔伊制度的废止

希腊化时期，斯巴达的阿卡伽塔伊制度发生了很大的变化。这个变化发生于公元前3世纪中后期，实质是双国王制度被废止。

前文提到在古典时期双国王之间存在着激烈的斗争，但阿卡伽塔伊制度的核心——双国王还得以维持，只不过一强一弱。但从公元前4世纪开始，处于弱势的国王在政治上几乎毫无作为，形同摆设。这种格局大致上始于克利奥墨涅斯二世。如前所诉，阿吉西劳斯二世在世时权威

① Livy, XXXIV. 31. 14; 32. 9. .
② Paus. XXIX. 10.
③ Poly. XIII. 6.
④ Poly. XVI. 13.
⑤ Diod. XXVII. 1.

显赫，几近国王。但阿基斯家族的年轻国王、阿基斯波利斯依然能率兵打仗。他即位之年因为年幼由他人代其带兵打仗。公元前390年成年后，他亲自率军进攻阿尔戈斯，公元前385年，他率军征服曼提尼亚，将曼提尼亚肢解为四块。公元前381年，他率军深入北希腊，获得巨大胜利。但因病中途去世。此后克里奥布鲁托斯即位，他曾经率军进驻底比斯附近，并在留克特拉战役中兵败身亡。可见，直到公元前371年，斯巴达的双王制度基本还在一定程度保持着。

但此后，情况发生了变化。克里奥布鲁托斯牺牲后阿基斯家族的阿基斯波利斯二世即位，他在位仅仅两年就病死。此后是克利奥墨涅斯二世即位。克利奥墨涅斯二世在位长达61年，但在历史上却几乎见不到他的活动。在这60年中，优律彭家族先后经历了阿吉西劳斯、阿基达玛斯三世、阿基斯三世，他们都曾经积极率军出征，有的甚至死于疆场。显然，克利奥墨涅斯已经成为一个纯粹的摆设。权力集中到优律彭家族的历代国王手中。

此后，优律彭家族在优达米达斯统治时期大权旁落。史书称优达米达斯为政温和，但在他统治晚期即位的阿基斯家族的阿里乌斯则颇为强势，史书记载，他铸造货币，并在货币上以亚历山大大帝的造型为原型铸造自己的头像，还在货币的背面将自己成为"king"。这是斯巴达国王第一次明确称自己为"king"。①

至此，阿卡伽塔伊制度的双王变成单王都是在实际行动中的举措，而没有法律上的规定。但此后发生的改革运动却在法律上取消了对国王的任何羁绊，从而使得国王变成僭主，阿卡伽塔伊制度也变成僭主制。

这一变化始于阿基斯四世。阿基斯四世虽然在位时间不长，却对斯巴达的阿卡伽塔伊制度带来巨大的影响。为了推行改革，他罢免了另一位国王利奥尼达斯，将其送到提盖亚，扶植克里奥布鲁托斯做了傀儡国王。② 克里奥布鲁托斯尽管来自阿基斯家族，但是已经成为傀儡，对阿基斯不能构成政治制衡。

不久，利奥尼达斯卷土重来，罢免克里奥布鲁托斯，处死阿基斯。利奥尼达斯是否扶植另一个国王，不得而知。但普鲁塔克在述及克利奥

---

① Paul Cartledge, A. Spawforth, *Hellenistic and Roman Sparta*, London & New York: Routledge, 2002, p. 35.
② Plut. *Agis*, 11.

墨涅斯三世改革时，没有提到他驱逐国王，因此，利奥尼达斯可能实际上由一人统治。

克利奥墨涅斯上台后曾经邀请阿基斯的兄弟阿基达玛斯回国，担任同僚国王，但不久克利奥墨涅斯暗杀了阿基达玛斯①，转而扶植他的兄弟优克里达斯当了国王。② 优克里达斯的特殊之处是来自同一个家族，这进一步加强了克利奥墨涅斯的权力，也加强了斯巴达王权的集中。克利奥墨涅斯之所以这么做很可能是为了使自己的改革具有莱库古旧制的某些特点。但这种自欺欺人的做法不能掩盖其一人统治的实质。实际上在普鲁塔克叙说的克利奥墨涅斯改革中，优克里达斯没有发挥任何作用，就是在出征阿卡亚同盟，逃亡埃及的时候也不见该人踪影。所以，这只是一个影子国王，难怪波利比乌斯、李维的作品中多次将克利奥墨涅斯称为"僭主"，李维甚至认为克利奥墨涅斯是斯巴达第一个僭主③，普鲁塔克也认为他拥有不负责任的权力。④

克利奥墨涅斯改革失败之后，三年内斯巴达没有国王。直到克利奥墨涅斯死于海外的消息传来之后，斯巴达才在埃伏尔的主持下，选出新国王阿基斯波利斯四世，但这位国王不是老国王的后裔，而是老国王的近亲，而且年幼不能视事。优律彭家族的非国王直系后裔的莱库古则通过贿赂埃伏尔的办法获得王位。⑤ 不久，莱库古驱逐了阿基斯波利斯四世。⑥ 从此之后，斯巴达形式上的双王制都也不复存在了。莱库古也被李维称为"僭主"。⑦

公元前210年，年仅一岁的佩洛普斯即位，马卡尼达斯和纳比斯先后担任他的摄政王。实权显然掌握在摄政王手中。马卡尼达斯据说是来自塔兰顿的雇佣军头领，他依靠剑和军队统治，无视埃伏尔和法律。所以，波利比乌斯、李维称马卡尼达斯为僭主。⑧ 公元前207年，马卡尼达斯在与阿卡亚人的战斗中受伤身亡。纳比斯继续担任摄政王，第二年

---

① Plut. *Cleom*. 5；Poly. V. 37. 克利奥墨涅斯暗杀阿基达马斯见于波利比乌斯的作品，普鲁塔克借用费拉库斯的材料否认这一观点。

② Plut. *Cleom*. 11.

③ Poly. IX. 23. 3；Livy, XXXIV. 24. 14.

④ Plut, *Aratus*, 38.

⑤ Poly. IV. 35.

⑥ Livy, XXXIV. 26. 14.

⑦ Livy, XXXIV. 26. 14.

⑧ Poly. XI. 17. 7, 18. 1；Livy, XXVII. 29. 9；XXVII. 5. 5.

杀死了年仅4岁的佩洛普斯，自己担任国王。① 波利比乌斯抨击纳比斯说他屠杀王室成员，致使王室中断。波利比乌斯、狄奥多罗斯、李维、狄奥·卡西奥斯都称纳比斯是僭主，波利比乌斯在述及纳比斯时，后面几乎都要加上"the tyrant"做补充说明，李维在著作中更是几乎直接以"僭主"称之。②

综上所述，以双王制为核心的阿卡伽塔伊制度在留克特拉战役和阿基斯波利斯二世去世之后，就实际上停止了。处于强势地位的国王掌握了国家的全部权力，另一个弱势国王和他所在的王室虽然还有存在，但只是个名分而已，他们不再像阿基斯波利斯二世那样，虽然弱势，但法律还是一个国王，还可以履行一定的国王职权。这种形式上的双王制在公元前3世纪初期、阿里乌斯统治时期中最早受到挑战，在阿基斯四世改革时期，双王制的形式也不复存在了，只不过阿基斯四世统治时间较短，而把第一个"僭主"的"桂冠"让给了克利奥墨涅斯三世。克利奥墨涅斯三世尽管扶植了一个"国王"，实际是"一人统治"。这种公开的"一人统治"通过莱库古、马卡尼达斯、纳比斯前后持续了27年。

---

① Diod. XXVII, 1, 2.
② Diod. XXVII, 1; Dio Cassius, *Roman History*, XVIII. 16;; Livy, XXIX. 12. 14; XXXII. 38. 2. Poly. XIII. 6; XVI. 13; XVIII. 17. 李维在述及公元前197年，纳比斯与菲利普联盟，菲利普决定将阿尔戈斯让给纳比斯时，多次直接用"the tyrant"指称纳比斯。（见 XXXII. 38 – 40; XXXIV. 27 – 28）

第四章 长老会议研究

长老会议（gerousia）是斯巴达国家政治生活中一个重要的权力机构。但人们对长老会议的认识并不全面，诸如长老会议的由来、长老的资格、长老会议的职权、长老会议行使权力的过程以及长老会议与其他权力机构之间的关系等等，从国内能收集到的各家研究成果来看，大多语焉不详。① 大多数作家只是根据亚里士多德、普鲁塔克的记述进行简单的罗列，重复古典作家的记述内容，如琼斯、密西尔、格罗兹等。② 相对而言，克鲁瓦和卡特利奇的研究丰富一些，他们从政治决策的角度研究长老会议的政治功能，但对其他内容却涉及较少。③ 众所周知，斯巴达虽然是古代希腊世界与雅典并列的另一个重要国度，但由于资料缺乏，人们往往无法对斯巴达的历史进行深入的研究。笔者不揣冒昧，试图以古典作家的材料为依据，参照近代人的研究成果，较为全面地勾勒出斯巴达长老会议的特征。

第一节 《荷马史诗》中的长老会议

斯巴达长老会议可以追溯到荷马时代即已存在的长老会议，即氏族长、胞族长和部落首领组成的会议。特索帕纳克斯（A. G. Tsopanakis）

---

① 关于国外斯巴达元老院研究的情况，奥利瓦的《斯巴达及其社会问题》（Pavel Oliva, *Sparta and Her Social Problems*，第88—90页）有较详细的介绍。但奥利瓦没有将元老院单独为一节，这也说明了国外学者对这一问题的研究不如人意。

② A. H. M. Jones, *Sparta*, pp. 17 – 19; H. Michell, M. A., *Sparta*, pp. 135 – 140; G. Glotz, *The Greek City and Its Institution*, London & New York: Routledge, 1996, pp. 83 – 84.

③ De Ste. Croix, *The Origins of the Peloponnesian War*, pp. 131 – 138; Paul Cartledge, *Agesilaos and the Crisis of Sparta*, pp. 114 – 128.

曾经指出：长老会议在大瑞特拉制定之前就已产生，但其重要性并不突出。① 这时的长老会议还不是一个国家组织，它与公民大会一样并不是一个常设机构，其召开的时间、讨论的内容、最终决策权基本上掌握在（以阿伽门农为代表的）国王手中，也就是说，长老会议只是国王手下的一个权力机构。在《荷马史诗》第二卷，阿基琉斯退出战争之后，阿伽门农试图独自发起进攻，于是他假托神梦，召集会议，在涅斯托尔的船边，召开了由长老们（gerontas）参加的议事会（boulen）。② 在史诗第九卷阿伽门农在冒险进攻遭到失败之后，又召开了长老会议，"阿特柔斯的儿子把阿开奥斯人的长老们一起带进自己的帐篷"。③ 会上，涅斯托尔发表重要讲话，建议阿伽门农主动与阿基琉斯和好，阿伽门农欣然接受了建议。④

长老会议的参加者都是氏族首领、军事领袖合一的特殊人物。在《荷马史诗》中，phyle 和 phratry 既是血缘组织⑤，又是军事编制单位。史诗第二卷中说，阿伽门农召集所有的希腊将士开会，那些希腊军队"有如密集的蜜蜂一群一群从洞里飞出，总是有新的行列，聚集在春花之间，一群在这里飞翔，一群在那里飞翔，阿开奥斯人的许多种族就是这样从低海岸前的船上和营帐里集队赴会场。"⑥ 涅斯托尔也曾建议阿伽门农："把你的将士按他们的部落和族盟分开，让氏族帮助氏族，部落帮助部落。"⑦ 很明显，血缘组织与军事组织合二为一，这些氏族首领同时又是军事首领，他们成为长老会议的当然成员。史诗第二卷中说，阿伽门农首先"邀请长老们、全体阿开奥斯人中的首领"来到涅斯托尔的船边开会⑧，会议做出决策之后，又举行全体将士大会。这里我们清楚看到：长老、首领与议员三位一体的特殊格局。第九卷的长老会议同样具有这

---

① Pavel Oliva, *Sparta and Her Social Problems*, p. 89.
② *Ild.* II. 53 – 55.
③ *Ild.* IX. 88 – 90.
④ 这两次会议是《荷马史诗》中最著名的两次，为节省篇幅，下文分别简称为第一次会议、第二次会议。
⑤ 学界一般把 Phyle 译作部落，但正如下文即将提到的，这种译法过分强调了该组织的血缘性质，并不是一个理想的译法，但本文除了在少数需要特别强调的地方用音译或保留原词之外，多译作部落。
⑥ *Ild.* II. 87 – 91. 译文参见《伊利亚特》，罗念生、王焕生译，着重号是笔者所加。
⑦ *Ild.* II. 362.
⑧ *Ild.* II. 404。

种特点，史诗虽然称阿伽门农召唤"每一个人"赴会，但这个"人"不是普通的士兵，而是身份特殊的长老，从后文对会议内容的描述看，参加会议的主要是这些上层人物，如涅斯托尔、狄奥墨德斯、埃阿斯、奥德修斯等人，阿伽门农在会议一开始，称所有参加会议的人为"朋友、首领和参议"①，后文又称他们是"长老"。②

荷马时代的长老会议与国王处于非常微妙的关系中。首先，长老会议的召开取决于国王。如第一次会议是在阿伽门农突然得到神启之后决定召开的，第二次会议则是在希腊军队遭到惨败后由阿伽门农决定召开的。在会上，阿伽门农处于显著位置，在第一次会议上阿伽门农首先发言，定下了会议讨论的基调。第二次会议又分为两次，第一次召集的人可能较少，但涅斯托尔在这次会议上，称阿伽门农为"最有君主的无上仪容"，称他最适合召开长老会议。接下来，阿伽门农又召开长老会议，还为他们提供了可口的美食。国王不仅对普通民众确立起权威，同时对长老也有一定的权威。奥德修斯曾在希腊士兵面前宣称："我们阿开奥斯人不能人人做国王，多头制不是好制度，应当让一个人称君主，当国王，是狡诈的天神克罗诺斯的儿子授予他王杖和特权，使他们统治人民。"③另一位首领狄奥墨德斯也对阿伽门农说："克罗诺斯的狡诈的儿子把两样东西的一样交了你，他赠你权杖，使你受尊重……"④针对狄奥墨德斯的批评，涅斯托尔给予了严厉回击，称阿伽门农"最有君主仪容"、"最适合召集长老会议"、"宙斯把权杖和习惯法赐给他"、"有权为受其统治的民众决策"。⑤ 在第一卷，阿伽门农批评阿基琉斯："很想高居于众人之上，很想统治全军，在人丛中称王，对我们发号施令"。⑥ 可见阿伽门农的地位高于他人，不容挑战。此外，阿伽门农在经济上也享有特权，阿基琉斯对此颇有怨言，他认为将士们在前方浴血奋战，"从那些地方夺获许多好的财物，全都带回来交给阿伽门农，阿特柔斯之子；他待在后方，住在他的快船旁边，接受战利品，分一点给别人，自己留许多"。⑦

---

① *Ild.* IX. 17.
② *Ild.* IX. 88.
③ *Ild.* II. 203 – 206.
④ *Ild.* XI. 37 – 39.
⑤ *Ild.* XI. 69, 70, 99 – 100.
⑥ *Ild.* I. 287 – 289.
⑦ *Ild.* IX. 330 – 333.

可见，国王相对于长老无论是在政治还是在经济方面都拥有一定的优势和特权。这种特权地位决定了国王在长老会议中的特殊地位。

长老会议的职能包括军国大事、宗教事务等。在荷马史诗中比较明确的两次长老会议上，第一次会议解决的是战争问题，第二次解决的是社会内部的重大矛盾。第一次会议前，阿基琉斯愤而退出战争，对希腊军队是一个沉重的打击，军队内部是"战"还是"和"的矛盾日渐明显，厌战情绪日渐浓厚。阿伽门农首先召开长老会议，统一了军队上层的思想，决定继续战争。但是，阿基琉斯的退出严重削弱了希腊军队的战斗力，在特洛伊人的攻势面前，希腊军队节节败退。为了扭转不利形势，阿伽门农再次召开长老会议，决定对阿基琉斯做出让步，以极高的代价请求与之和解。这两次会议表明长老会议对战争和重大的社会事务拥有较高的权力。除此之外，长老会议对宗教事务也拥有相当多的权力。在《伊利亚特》中有许多次的祭祀活动，参加人员主要是长老，比较典型的是第二卷，在全体一致同意继续战争之后，阿伽门农率众人举行祭祀活动，参加祭祀的有涅斯托尔、伊多墨纽斯、大小埃阿斯、奥德修斯、墨涅拉奥斯等六人，虽然不是所有的长老一起参加，但参加者都是长老。其他的场合我们也可以看到同样的情形，如第七卷埃阿斯出征回来，人们在阿伽门农的营帐中举行祭祀，这个祭祀显然只能有少部分人参加，参加者只能是长老。这说明长老对宗教活动拥有相当多的权力。

长老会议与民众会议之间存在一定程度的权力划分。我们先来分析第一次长老会议，阿伽门农召集诸位长老开会，同时赢得了长老们支持，决定继续战争。然而，这个战争决定还必须赢得民众会议的支持，于是阿伽门农又召开民众会议。阿伽门农佯称要撤军，使得希腊军队中主张放弃战争的一派充分暴露，然后以奥德修斯为代表的主战派对以特尔西特斯为代表的厌战派进行了镇压，迫使民众会议同意继续战争。这说明在军国大事方面，长老会议在一定程度上要受到民众会议的牵制，但总体上看长老会议的权威要高于民众会议。在第二次长老会议上，长老会议的决议则没有征求民众会议的同意，而是立即着手实施。这说明在内部事务的处理方面，长老会议的权威更高于民众会议。

不少学者认为，早期斯巴达长老会议的成员是 27 人。① 他们的依据主要有两点：一是多利亚人在南下时分为三个部落：许罗斯部落、迪马斯部落、帕姆费洛斯部落，并认为这种三部落制后来在定居各地的多利亚人中保存下来，斯巴达人也不例外。他们援引提尔泰乌斯的残诗作证，因为在一首残诗中，提尔泰乌斯提到许罗斯和帕姆费洛斯两个部落，还有一个缺漏，学者们认为应是迪马斯部落。② 第二个证据是雅典尼乌斯转录的卡奈亚节的情形。卡奈亚节带有军事性质，节日的活动实际就是军事训练。节日期间要设置九个天幕，每个天幕中有九个人，代表三个胞族，有一个传令官依次宣布一切事情，卡尔奈亚节共计举行九天。③ 可见，斯巴达有 27 个胞族。如前所述，长老会议的成员由氏族首领组成，因此，长老会议的成员只能是 27 个胞族的首领。

但是这个观点不一定正确，正如奥利瓦所说：长老肯定根据部落原则产生，但我们不能肯定是否代表了特定的胞族或氏族。④ 史料确实记述多利亚人南下时有三个部分，分别是赫拉克勒斯的三个四代孙。但是，这只是个传说，而且传说称赫拉克勒斯后裔征服伯罗奔尼撒之后，三分天下，一个兄弟分得一份，也就是说，如果当初确实有三个部落，那么在斯巴达也只有一个部落。提尔泰乌斯的残诗确实提到三个部落，但提尔泰乌斯生活在公元前 8 世纪后期，活跃期在第二次美塞尼亚战争期间。他的作品能不能反映多利亚南下时的历史？很难说。雅典尼乌斯的材料来自德米特里乌斯，德米特里乌斯生活在公元前 3 世纪，希腊化时期，他的作品更难用来说明公元前 10 世纪的历史了。事实上，正如下文要论证的，三部落制是斯巴达族群在历史发展过程中融合了其他族群之后，在莱库古改革中经过人为创制形成的，我们很难据此确定早期长老会议的人数。

---

① 《世界上古史纲》编写组：《世界上古史纲》（下），第 123 页。K. M. T. Chrimes, *Ancient Sparta*, pp. 393, 421. M. T. W. Arnheim, *Aristocracy in Greek Society*, London: Thames and Hudson, 1977, pp. 94 – 95.

② *Elegy and Iambus* (I), ed. & trans. by J. M. Edmonds, The Loeb Classical Library, Harvard University Press, 1979, p. 61。

③ Athen. IV. 141. f.

④ Pavel Oliva, *Sparta and Her Social Problems*, p. 89.

第二节 斯巴达长老会议

一、斯巴达长老会议的构成

莱库古改革之后,斯巴达长老会议制度发生了很大变化。普鲁塔克称:莱库古改革中最重要的事件就是创建了长老会议①,而且在此后的历史中,斯巴达制度长期保持不变,因此可以说我们以后习见的斯巴达长老会议创建于莱库古改革之时。有关这方面的材料流传下来的不多,但从这仅有的材料中我们仍然可以感知到长老会议的变化。大瑞特拉(Rhetra the great)指示莱库古建立"包括'阿卡格塔伊'(Archagetai)在内的30人的长老会议(Gerousia)"②从这则资料可以看到,长老会议的结构发生了明显的变化:长老会议的人数确定为30人。

这种三十人制的长老会此后存在很长一段时间,并在斯巴达政坛上发挥着作用。提尔泰乌斯的作品中将它与国王一起置于优先于公民大会的地位。但到了公元前5世纪,长老会议活动较少,甚至不及公民大会多。在修昔底德的作品中,经常看到斯巴达的重大决策均以"拉开戴蒙人"的名义作出,不知道这个被归于"拉开戴蒙人"的决议是公民大会独立做出,还是公民大会与长老会议共同作出。目前见到最后一次长老会参与的重大政治活动是公元前243年斯巴达长老会议否决阿基斯四世提出的改革计划。在这之前的一次重要会议则是公元前399年,长老会议与埃伏尔一起审判国王波桑尼阿斯。也许在留克特拉战役之后,长老会议就名存实亡了。

古希腊的作家对三十人制的起源曾经进行过研究,据普鲁塔克研究,30人系由2名国王加28名长老组成。至于28名长老之由来,亚里士多德认为莱库古改革时,起初有30位追随者,后来有两位因为缺乏勇气退出,这次变故决定了斯巴达长老会议长老的人数。斯法儒斯则认为当初支持莱库古的就是28人。第三种观点是从神秘主义数学的角度给以解释,认为28是第一个数字本身等于自身因数之和的数,即

---

① Plut. *Lyc.* 5.
② Plut. *Lyc.* 6.

28＝1＋2＋4＋7＋14。① 现代学者大多同意普鲁塔克的意见，如霍克（J. T. Hooker）、卡特利奇（P. Cartledge）、格罗特（G. Grote）。② 我们认为，普鲁塔克的观点总体上看是正确，但28名长老不是为了30人制而人为强行规定的。

现代有些学者对28名长老做出了自己的解释。据米歇尔（H. Michell）介绍，有人认为斯巴达有四个部落，其根据是波桑尼阿斯记述斯巴达城有四个部落，四个部落每个部落产生7名代表，组成28人的长老团体。又有人认为，斯巴达有五个部落，每个部落产生5名代表，加上5名埃伏尔，共计30人。③ 哈蒙德即持这种观点。④ 著名历史学家汤因比（Toynbee）则提出一种新的解释：斯巴达的三个部落各分成10各胞族，其中一个是王族，另外9个是普通胞族，每个胞族又分成10个氏族（Gene）。30个胞族首领组成了长老会议。⑤ 这三种观点都有逻辑上的缺憾。前两种观点将奥巴与部落等同起来，波桑尼阿斯记述斯巴达城有四个村落，他们分别是利姆奈、居诺苏拉、美索亚、皮塔纳。⑥ 希腊化时代和罗马时代的一些铭文曾经提到阿米克莱、利姆奈、居诺苏拉、涅奥波利泰亚、皮塔纳。⑦ 可见，波桑尼阿斯所述四个村庄是奥巴，而不是部落。⑧ 第二种观点实际上还否认了长老会议包括国王这一历史事实。汤因比的观点一方面与前文所提到的卡尔奈亚节相矛盾，同时又无法解释双王制问题。首先，按汤因比的观点，斯巴达的王属于不同的部落，但据希罗多德的记述，斯巴达的两个国王属于同一个部落——许罗斯部落，我们至今并没有足够的证据推翻这则史料。另外，如果国王产生于三个王族，那么还有一个国王哪里去了？什么时候消失的？

---

① Plut, *Lyc.* 5.

② J. T. Hooker, *Ancient Sparta*, London: Dent., 1980, p. 121; Paul Cartledge, *The Spartans*, Woodstock, NY: Overlook Press, 2003, p. 65; George Grote, *A History of Greece*, Vol II, London: Routledge, 2000, p. 278.

③ H. Michell, M. A., *Sparta*, pp. 137 – 139.

④ N. G. L. Hammond, *A History of Greece to 322 B. C.*, p. 104.

⑤ Toynbee A., "The Growth of Sparta", *JHS*, Vol. 33（1913）, p. 255. H. Michell, M. A., *Sparta*, p. 139.

⑥ Paus. III. 16. 9.

⑦ 参见黄洋：《古代希腊土地制度研究》，上海，复旦大学出版社，1995年，第82页。

⑧ Paul Cartledge, *Spata and Laconia*, pp. 107 – 108; H. Michell, M. A., *Sparta*, pp. 98 – 99. 黄洋：《古代希腊土地制度研究》，第83页。

其实，奥利瓦提出的长老根据部落原则产生的观点是正确的。但学者们错误地认为斯巴达的三个部落产生于多利亚人南下之时，甚至更早。其实不然。多利亚人在拉科尼亚定居之时只有一个部落，当然，与他们一起南下的还有其他族群，后来他们逐步吸收了其他族群的人，包括当初与他们一起南下的族群、部分当地居民，还有后来迁入的族群。在吸收他们之后，斯巴达按照传统的血缘原则组建了三个部落。三十人制的长老会议实际上是按照三个部落的原则产生的。根据卡奈亚节的仪式，每个部落有 10 个胞族，这一点无法怀疑，因此，长老人选的产生与胞族没有必然的联系。斯巴达当时很可能采取了类似雅典克里斯提尼改革中五百人会议的代表产生办法①，将 10 个代表分配到部落，部落内部再按照村落人口多寡分配代表人数。国王的代表资格属于许罗斯部落，他的特权在于不受年龄限制，这一特权不至于影响到整个长老会议代表的产生。

　　长老会议的建立和代表人选的产生体现了权力下移、分散的特点。这一特征恰恰是莱库古改革前后包括斯巴达在内的整个希腊世界面临的共同的社会现象。② 下移的第一步就是贵族的权力增加。在斯巴达，这个过程大概出现于斯巴达第二次扩张高潮前夕。下移的高潮大约出现于拉伯塔斯到阿尔克劳斯统治之间，这期间，斯巴达在北方占领了大片处于斯巴达与阿尔戈斯之间的土地，从而确定了斯巴达对伯罗奔尼撒中东部的领导地位。经过这次扩张，斯巴达获得了大量的土地、人口和财富。不断增加的土地、财富首先增强了贵族的经济实力。

　　地位上升了的贵族开始与王权作斗争，在这个过程中，代表贵族利益的长老会议权力的增加是必然的一步。古典作家的记述提示我们重视这一变化。柏拉图在《法律篇》中对斯巴达的政制发展进行了总结，称斯巴达在神的启示下，为防止滥用权力，首先设立两位国王，限制国王权力。但国王仍时常违法越轨，滥用权力，于是斯巴达又设置了 28 位长老，并赋予他们与国王平等的权力。但是，这样仍不能有效防止国王滥用权力，于是斯巴达又设置埃伏尔。③ 亚里士多德将长老和国王明确区

---

　　① 实际上，克里斯提尼可能模仿了斯巴达的制度。
　　② Elizabeth Rawson, *The Sparta Tradition in European Thought*, Oxford: Clarendon Press, 1991, p. 12.
　　③ Plato, *Laws*, 691e.

分开来，认为国王代表了君主政体，代表的是王族利益，而长老会议则是贵族寡头的象征，代表了贵族的利益，埃伏尔代表了平民的利益。① 普鲁塔克接受了柏拉图的观点，接着做了这样的引申，认为：这样给国家大事的协商带来了稳妥和应有的节制。在此之前，内政摇摆不定，如今长老会议的权力就成为国家这条船上的压舱物，需要民主政体时，28 名长老总是站在国王一边；相反，反对僭主政治的欺凌时，他们又总是支援人民的行动。② 笔者同意柏拉图、普鲁塔克提出的长老会议的变革代表了贵族的利益这一思想，但不同意双王与 28 名长老产生于不同的时期。

笔者认为，两位国王、28 名长老，以及三十人制的长老会议都是在以大瑞特拉为主要内容的改革中创立起来的。如普鲁塔克指出三十人制是莱库古首次、也是最重要的改革措施。③ 哈蒙德也指出：大瑞特拉不是创建了长老会议，而是创建了三十人制的长老会议。④ 新的长老会议反映了贵族权力的增加和长老会议组织制度和政治职能的正规化。

二、长老的资格和产生方法

虽然由 28 人组成的长老集团受到血缘关系的影响，但长老代表名额的分配是否还延续传统原则，即一个胞族产生一个代表，我们不得而知。在荷马时代，虽然没有明确的法律规定，但由于长老会议由胞族长或氏族长组成，事实上奉行着"一个胞族一个代表"的原则。在莱库古改革之后，我们见不到继续奉行此原则的记录。我们知道，长老是在公民大会上，通过呼声选举的方法，从年满 60 岁的男性公民中选举产生，一旦当选，终身任职。这里并没有部落血缘关系的制约。⑤ 奥利瓦所说：长老肯定根据部落原则产生，但我们不能肯定是否代表了特定的胞族或氏族。⑥ 我们不知道他的这个判断的根据何在。可以说，28 人制的长老队伍基本上使长老会议摆脱了血缘因素的控制，尽管两个新国王是世袭的。

---

① Arist. *Pol.* 1265b39，1270b4，1270b35–71a12，1294b31.
② Plut. *Lyc.* 5.
③ Plut. *Lyc.* 5.
④ Pavel Oliva, *Sparta and Her Social Problems*, p. 88.
⑤ Plut. *Lyc.* 26.
⑥ Pavel Oliva, *Sparta and Her Social Problems*, p. 89.

根据现有资料，长老由选举产生是毋庸置疑的。长老很可能是通过竞选产生的。色诺芬称：长老制度在老年人中间人为制造了一场比赛，大家为了能够成为长老在美德方面展开了竞争。① 亚里士多德还提到，长老在选举前还要进行游说。虽然色诺芬、亚里士多德没有直接提到竞选，但从字里行间我们可以看到，长老的产生采取的是竞选制度。

在竞选中，候选人首先要进行游说或演讲以争取选票。亚里士多德说：选举长老的方式是幼稚的。② 这种方式如何幼稚，人们有不同的评价。亚里士多德接着说：每一个愿为长老的人，必须向候选人作一番游说。这种游说实际上与雅典的竞选演讲性质相同。在雅典的民主政治中，极富魅力的演讲成为政治家争取民众、实现自己意志的必备的环节，也是民主政治的组成部分。同时，在古典晚期的雅典政治生活中，演讲也是少数野心家操纵民意、实现个人欲望的手段，它增加了雅典的政治混乱。亚里士多德受柏拉图的影响，认为人是理性的人，感性相对于理性是低等的、幼稚的，而演讲则借助于语言的力量从感性层面操纵公民，因此，所谓的"幼稚"大概就是指这种"游说"。

吴寿彭在翻译亚里士多德的《政治学》时，特别加了一个注，用柏拉图对抽签制的批评来补充说明亚里士多德的"幼稚"③，虽然他没有在这两种方法之间画等号，但这样做却会诱使人们将两者等同起来。但是，把"幼稚"认作是抽签制的观点是不正确的。诚然，柏拉图很不欣赏抽签制，他总结了七种统治原则，抽签制度排列最末位④，因为，抽签没有体现他特别推崇的理性原则。但柏拉图没有直接说斯巴达采用抽签制度，我们也就不能据此简单地认为斯巴达长老选举采用了抽签制度。其实，在柏拉图、亚里士多德生活的年代，雅典的民主政治已经暴露出非常明显的缺点，人们对雅典的民主政治已经心生厌倦，他们贬低雅典民主政治的某些要素是很正常的。所以，亚里士多德称斯巴达政治中的演讲是幼稚的，这也是顺理成章的。伊索克拉底对斯巴达的政治制度多有叙述，但也没有提到抽签制。他在《泛雅典娜节演讲词》中将斯巴达的政治制度与早期雅典的制度进行类比，强调斯巴达政制中的贵族因素。

---

① Xen. *Lac. Pol.* X. 1–4,
② Arist. *Pol.* 1271a10.
③ 亚里士多德：《政治学》，吴寿彭译，北京，商务印书馆，1997年，第89页。
④ Plato, *Laws*, 690c, 692a.

在早期的雅典政制中，特别是梭伦改革确实采用了抽签和选举相结合的办法，但伊索克拉底也没有明确说斯巴达是否采用了抽签制。普鲁塔克提到斯巴达长老选举中采用了抽签制度，但这种制度只是用于决定候选人的出场秩序（详见下文），而当选与否，关键是公民的支持程度。总之，斯巴达长老的产生有些方面类似于雅典的民主政治，但可能不存在雅典式的抽签制，更准确地说，在斯巴达的长老选举过程中，抽签没有成为决定性的选举办法。

长老是在公民大会上通过直接选举产生的。在游说或演讲之后，长老候选人就必须在公民大会上接受公民的评判，公民主要通过呼声表达自己的意愿①，选举心仪的长老。按照抽签排定的次序，候选人依次经过会场，获得呼声次数多、声音高的人将当选。斯巴达的长老选举中似乎没有采用一人一票的投票制。这时的投票制主要用于决定公餐团成员，在其他的政治活动中并没有看到使用。②

由上文内容，可以推知，斯巴达长老的选举经过两个步骤，第一步是产生候选人，第二步是从候选人中确定最后的人选。斯巴达的长老选举并不是一次性从公民中选举产生，而是经过了初步的筛选过程，产生合适的候选人选，再进入下一个程序。第二步的选举方法我们在前面已作了详细介绍，但对第一步的候选人的确定方法我们没有足够的资料。吴寿彭先生在翻译亚里士多德的《政治学》时称选举中采用了复选方法。③ 即候选人的产生也通过选举的方法，这种推测可能并不准确。罗易卜本的英译本没有提到复选，只是讲候选人要进行游说。④柏拉图虽然反对抽签制，但没有述及斯巴达的这一制度，间接地也说明斯巴达没有抽签产生候选人的制度。亚里士多德也没有说斯巴达采用了两级选举。只是对斯巴达选举中的演讲非常不满，并借机指出游说使得选举违背了制度设置本身的用意，一些贪婪好利、追逐名声者乘机窃取了国家权力。⑤ 普鲁塔克只是讲参加竞选的人依次出场，也没有说在公民大会的呼声表决之前是否进行过初选。伊索克拉底出于贬低

---

① 详见《公民大会选举权》部分。
② 详见《公民大会选举权》部分。
③ 亚里士多德：《政治学》，吴寿彭译，北京，商务印书馆，1997年，第89页。
④ Aristotle, *The Politics*, translated by H. Rackham, The Loeb Classical Library, Cambridge, Mass.: Harvard University Press, 1932, p. 145.
⑤ Arist. *Pol.* 1271a12.

斯巴达的用意，称斯巴达的选举模仿了雅典早期的选举制度。雅典早期的选举采用的是这种两级选举的方法，据说梭伦改革时规定，每个部落先预选10人，然后用抽签的办法选出最后的当选者。而且这种制度后来还长期存在，只不过是把第一步的选举也改成了抽签，如500人会议。①不过伊索克拉底并没有明确说斯巴达采用了两级选举，所以对复选制我们只能存疑，不能妄下结论，很可能候选人是自愿报名，没有明确的制度安排。

总之，斯巴达长老选举方法包括了游说（演讲）、抽签、公民投票（呼声）等要素，其关键是公民投票，具有直接民主的特点。

什么样的人可以当选？现有材料只是说"年满60岁的最合适的男子"组成。②"年满60"的内涵比较清楚，但"最合适"的含义却模糊，需要我们进一步认识。一般认为，斯巴达有9000个家庭，也就是说从理论上讲有9000个成年男性公民，排除战死、病死等情况，活到60岁的人数应该有4000人左右，从这么多人中产生28名长老，竞争不可谓不激烈，所以一旦当选都要举行庆贺。③那么，这些候选人还需要符合哪些标准？众所周知，在斯巴达所有成年男性都要当兵从军，60岁后才退伍。在数十年军旅生涯之后，这些退伍老兵都成为军事经验极为丰富的人。与此同时，在险恶的战斗中能够生存到60岁退伍的，不少人肯定都已走上了各级管理岗位，因此他们同时也是行政经验丰富的人。总之，"年满60岁"不仅仅是年龄上的限制，同时也包含了对候选人从政经验的要求。

根据色诺芬、亚里士多德、普鲁塔克的记述，斯巴达同时对长老的

---

① Arist. *Ath. Pol.* XIII.
② 这则史料的直接来源是普鲁塔克，亚里士多德在《政治学》中并未提到，我们都知道斯巴达尊重长者，但亚里士多德并没说清"多大的长者"可以担任元老。柏拉图在《法律篇》中曾经构思了一个理想的法治国家，这个国家与斯巴达极其相似，也尊重长者。这个国家也有一个议事会，它由最高祭司、现任执法官、现任及前任的教育长官、年轻人组成(951d-952a)，年轻人只能旁听不能发表意见(961a)。执法官年龄在50—70岁之间(755a-b)，教育长官在50岁以上(765d-766a)。护法长官与教育长官组成保护国家委员会(951d-e, 952a, 961a)。监管对外贸易的官员队伍包括10名执法官和5名年龄更长的长老组成(847c)，另外，文化长官（监管合唱、音乐、饮酒）的年龄在60岁以上(671d-e, 812b-c)，监察官的年龄在50—75岁间(946a, c.)。综合起来看，柏拉图似乎认为50岁以上是一个尊老社会主要官员的合适年龄。普鲁塔克所说的60岁，其依据何在我们不得而知。目前学术界普遍接受普鲁塔克的观点。Cf. H. Michell, *Sparta*, p. 135.
③ Plut. *Lyc.* 26.

德行也有特殊的要求。色诺芬称斯巴达的长老选举制同时也是对长老品德的选择，他认为选举制的根本在道德品性，因此，竞选长老能将道德的修炼延续到老年，甚至在生命的尽头都要面临竞选长老的严峻考验，这样它就有效防止了老年人忽视那些高尚的道德。① 色诺芬强调竞选有助于培育社会美德，这同时也告诉我们德性的高低对能否当选具有重要的影响。亚里士多德则说：长老会议也有其缺点，如果长老都是品行端正且经受过考验的人，这对城邦来说当然有益。但即使一时有这么多的人来执政，我们也不赞成长老终身制，因为才德犹如身体，总会随着年岁的增长而减弱。立法者之所以制定竞选的制度只是为了鼓励人们以为集体服务为荣，积极实现自我，如果没有鼓励，有才德的人可能就不会投身于公共事业。② 这里亚里士多德明确提到了才德是立法者为长老候选人制定的标准之一。普鲁塔克进一步说：长老竞选不是从迅捷者中选出最迅捷的人，也不是从强者中选出最强者，而是在优秀、智慧的人里选出最优秀、最有智慧的人。③ 这里，普鲁塔克将色诺芬、亚里士多德未加明说的德性点明了，即优秀、智慧。这里，智慧恰恰与前文所述丰富的人生阅历相一致。总括起来，这些当选长老必须具备一心为公、智慧等德性。

"年满60岁"的资格规定似乎表明候选人的社会身份与当选与否没有关系，其实不然，长老还有一个基本的资格限制，即贵族。尽管色诺芬、伊索克拉底、波利比乌斯和普鲁塔克都没有指明长老的阶级身份，但亚里士多德在政治学中一再指出长老会议代表了贵族的利益。由于前述的原因，一些学者试图否定亚里士多德所提供的有关长老阶级身份的材料的价值，他们认为亚里士多德的政治学者所提出的"长老代表了贵族"不能说明问题，因为在古希腊"贵族"与"好人"是同一个词，所以所谓的"长老是贵族"是在道德意义上使用的。④ 但同样由于"贵族"与"好人"之间的词义的纠缠，我们不能轻易否定亚里士多德对长老阶级身份的认定。更主要的是，亚里士多德本身代表了中等奴隶主阶级的

---

① Xen. *Lac. Pol.* X. 1–4.
② Arist. *Pol.* 1270b35–71a15；1270b25. 译文参见吴寿彭译本，北京，商务印书馆，1997年，第89—90页。
③ Plut. *Lyc.* 26.
④ A. H. M. Jones, *Sparta*, p. 170.

利益，在他眼中的好人不可能是平民，他所认定的好人除了品德方面的标准外，还有门第、财富等方面的要求。他特别强调选举制实际由贵族或社会上层所把持，是贵族所推崇的政治游戏规则，它维护了贵族的利益。① 因此尽管亚里士多德有将贵族等同好人的道德取向，我们也不能由此而否定亚里士多德实际上告诉了我们：长老来自贵族。亚里士多德在《政治学》中多次指出：长老会议是寡头政治的象征。② 实际这已经告诉我们，长老代表了贵族的利益，作为贵族利益的代表，长老当然要由贵族担任。这一思想在《政治学》第五卷第六章表现得更清楚，他说：在厄利斯有一个时期政权操纵于人数有限的长老会议手中，长老会议成员只有90人且为终身制，而且这些长老只限于某些家族才能应选，此时，亚里士多德说这种选举方法有如斯巴达。③ 可见，只有少数人能担任长老。波利比乌斯也说：长老产生于最好的公民群体，以确保他们代表正义。④ 因此，琼斯、弗雷斯特、克瑞姆斯、克鲁瓦等人都认为长老必须是贵族。⑤

总之，斯巴达长老会议起源于荷马时代的长老会议。最初的长老会议由27名长老组成，按部落原则分配长老名额。莱库古改革之后，长老会议增加为30人，由28名长老和两名国王组成，初步摆脱了血缘关系的束缚。长老是具有丰富行政经验和较高道德水准的年满60岁的男性公民、通过选举的方法产生的。

第三节 长老会议的政治地位

全面认识长老会议的政治地位的关键是正确认识其职权内容和相对政治地位。下文拟从这两个方面展开研究。

---

① Arist. *Pol.* 1294b10.
② Arist. *Pol.* 1265b37；1271a24；1291b34.
③ Arist. *Pol.* 1306a15.
④ Poly. VI. 9.
⑤ A. H. M. Jones, *Sparta*, p. 17；W. G. Forrest, *A History of Sparta*, p. 46, 63；K. M. T. Chrimes, *Ancient Sparta*, p. 425；De Ste. Croix, *The Origins of the Peloponnesian War*, p. 353.

一、长老会议的职权

有关长老会议职权的最原始的史料主要有大瑞特拉、提尔泰乌斯的残诗，以及色诺芬等人的记述。大瑞特拉指示斯巴达在建立三十人制的长老会议（Gerousia）之后，就在巴比卡和卡纳西翁之间进行"阿佩拉曾"，并在那儿提出或废除议案，但人民必须有决定权。① 大瑞特拉的补充条款规定：如果人民通过一个被扭曲的法案，国王（Archagetai）和长老（Presbugeneas）有权休会。②

提尔泰乌斯（Tyrtaeus）是公元前7世纪的斯巴达诗人，他也留下了有关长老会议的作品，但他的作品主要依靠普鲁塔克和狄奥多罗斯的转述，可惜他们的转述不完全一致。普鲁塔克的记述如下：

> 他们从庇提安那里得到阿波罗的神谕，
> 神谕反映了神意，同时也得到全面实施。
> 享有神光的国王们（Basileis）使斯巴达城散发出迷人的魅力，
> 他们控制着长老会议（Boule）。
> 在他们之后是长老（Geroutas），再后面是男性公民，
> 通过投票坚决适时地通过未经扭曲的法令。③

狄奥多罗斯的记述内容稍微全面一些，转引如下：

> 银弓之神、远驰之神、金发之神阿波罗，
> 从他那贡品丰富的祭坛上发出神谕：
> 让那些沐浴着神灵的恩泽、胸怀美丽的斯巴达城的
> 国王们（basileis）位居长老会议（Boule）的首席；
> 让那些承载着古老价值的长老们（geroutas），
> 然后是来自民众的男子汉们（andras），
> 依次宣誓绝不违背正确的瑞特拉，言行公正。
> 也不允许他们偏好那些违背国家利益的被扭曲的法律；

---

① Plut. *Lyc.* 6.
② Plut. *Lyc.* 6.
③ Plut. *Lyc.* 6. 中译文系据罗伊卜本英文直接译出。

让人民（demos）奉行法令，同时拥有权力。

这就是阿波罗对这个城市发出的指示。①

色诺芬在《斯巴达政制》有一个简短的说明涉及长老会议的职权，他说：莱库古让长老负责审理重大的司法案件。② 这里直接指明长老会议的职权是司法。伊索克拉底称：莱库古改革是模仿雅典的贵族政制，长老会议的职权有如雅典贵族政制中的战神山会议（Areopagus）。③ 亚里士多德记载：战神山会议的职权是保护法律，但事实上，它管理最大多数的和最重要的国事，对于违背公共秩序的人，不用控告，就可以直接施以刑罚或课以罚金。④ 战神山会议是法律的保护人，它监督各长官，使之按照法律执行职务，一个人如果受到不公正的待遇，可向它提出申诉。⑤ 可见战神山会议是集监督、司法权力于一身的权力机构，尤以司法权力为主。普鲁塔克说：长老竞选者一旦当选，在其余生中将拥有最高的国家权力，成为生死荣辱以及生活中一切重大问题的真正主宰。⑥

从这些史料我们可以大致判断长老会议的职权内容。一、长老会议与国王一起享有提案权，他们向公民大会提出通过新法律或废除旧法律的议案。二、在特定的情况下，长老会议（还有国王）对公民大会的决议拥有否决权。根据大瑞特拉，有权干预公民大会的修正，公民大会可以对议案进行讨论、修正。⑦ 但是，如果公民大会的决议违背

---

① Diod. VII, 6. 中译文系据罗伊卜本英文直接译出。两个译本在处理如何制定法律时对原文译法不一样，普鲁塔克译本的作者将原文译作"按投票进行表决"，而狄奥多罗斯的译者则译作"依次宣誓不违背……"，笔者认为，后者的译法更为可取。在这两则史料中，Gerousia 与 Boule 指的实是一回事。大瑞特拉是用多利亚方言写成的古老的史料，而提尔泰乌斯可能是雅典人，公元前 7 世纪初住在雅典，所以他的诗歌大概是用伊奥尼亚方言写成。在伊奥尼亚方言中，Boule 指议事会，后来多用于指四百人议事会、五百人议事会，这是与公民大会（Ekklesia）相对的一个人数更少、地位更为特殊的一级权力组织。在斯巴达的政治话语中，它与 Gerousia 应是一回事。所以，亚里士多德称克里特也有类似于斯巴达的长老，后者称 Boule，前者称 Geroutes。（Arist. Pol. 1272a5.）狄奥多罗斯所记的提尔泰乌斯的残诗与普鲁塔克所记应为同一首，只是狄奥多罗斯记述的内容更多一些。

② Xen. Lac. Pol. X, 2.
③ Iso. Pan. 154–155.
④ Arist. Ath. Pol. III. 6.
⑤ Arist. Ath. Pol. VI. 4.
⑥ Plut. Lys. 26.
⑦ Arist. Pol. 1273a2–11.

了国王和长老会议的意志，他们可以行使否决权，具体的方式是强制休会以阻止新决议的通过。三、长老会议享有司法审判权。它被称作最高法庭，①但它并不管辖所有法律事务，长老会议审理的案件主要是与国家宪制、被征服国家的惩罚、王位的继承等问题有关的重大事件。②

长老会议在斯巴达拥有较高的社会地位。按照伊索克拉底的说法，莱库古仿照雅典战神山会议创制了长老会议，而战神山会议在雅典贵族专政时期拥有极高的政治地位，那么在他看来长老会议的地位也不会低。按照提尔泰乌斯的残诗的内容，长老会议的地位处于国王和公民大会之间。按照亚里士多德的记载，长老会议同意与否是国王意志能否获得合法性的关键。就长老会议自身而言，这里聚集了一批身经百战、门第高贵、家产殷实、品行高尚、经验丰富的长者，而斯巴达是一个尊老的社会，老人在斯巴达享有较高的地位。在这种传统之中，长老会议受到人们的特殊尊敬是自然而然的。德·圣·克鲁瓦称，古希腊政治生活的一种本质特点就是政治如同法庭，政治管理就是审理各种社会纠纷。③ 而长老会议是斯巴达社会的最高法庭，负责审理一些重大的案件，因此，长老会议可以通过自己的特殊法律身份对斯巴达政治生活产生重大的影响。

但这种地位不可估计太高。一来如前所述，在长老会议中国王与长老合署决策，而国王处于主导地位。二来公民大会可以对长老会议提出的某些议案进行讨论，甚至加以否决。三来在史书上长老会议独立审理案件的情况似乎并不多，从下文所引材料看，在审判国王等问题上都有国王或埃伏尔参与。

二、长老会议与其他主要权力机构之间的关系

进一步认识长老会议的政治地位应该厘清长老会议与国王、公民大会、埃伏尔等主要权力机构之间的关系。在长老会议的提案权和否决权

---

① Anton Powell & Stephon Hodkinson, *The Shadow of Sparta*, London: Routledge for The Classical Press of Wales, 1994, p. 275.

② 德·圣·克鲁瓦称，斯巴达元老院在外交事务上没有发言权。参见克鲁瓦：《伯罗奔尼撒战争的起源》（De Ste. Croix, *The Origins of the Peloponnesian War*），康奈尔大学出版社，1972年，第5章第4节。

③ De Ste. Croix, *The Origins of the Peloponnesian War*, p. 131.

方面，我们要特别注意长老会议与国王和公民大会的关系。首先，国王是长老会议的主席，提尔泰乌斯的残诗明确指出：国王居于长老会议的首席地位。但首席地位不等于统治地位，我们在其他史料中几乎没有见到国王控制长老会议的材料，倒是常常见到长老会议与埃伏尔一起审判国王。其次，国王与长老会议共同拥有提案权。亚里士多德曾经对迦太基、克里特、厄利斯的长老会议进行过比较研究，指出：在迦太基政治中遭到批评的各种弊端在其他国家（主要是斯巴达、厄利斯）也都普遍存在。这种偏差就是其政体原则是贵族政体或混合政体，但它总是时而偏向平民政体，时而偏向寡头政体。偏向平民政体时，双王和长老们在一致同意的条件下可以决定任何案件是否提交公民大会；如果他们没有形成一致同意，那么公民大会则可以对提交的案件进行讨论，实际就是对议案内容有一定的决定权。对于国王与长老一致同意提出的议案公民大会则不专限于听取议案、然后表示同意，同时也可以否定。但斯巴达的公民大会不拥有这项权力。① 这里，亚里士多德从政治学的角度研究了长老会议中长老和国王的关系，他分为两种：一是国王和长老意见一致，一是两者意见不一致，在迦太基、厄里斯（可能包括克里特），无论意见一致还是不一致，公民大会都有权进行讨论、修改，而在斯巴达只有在意见不一致时，公民大会可以进行讨论、修改，如果两者一致，所提出的议案实际上等于获得了合法权力。

由于国王居于长老会议的首席地位，因此，在提出议案方面，国王也处于主导地位。可能的情形是国王先向长老会议提出议案，长老会议内部有不同意见或与国王意见相左，则提交公民大会议决。这种情形清晰地反映在阿基斯四世改革过程中，先是莱山德代表国王向长老会议提出议案，长老会议内部分成两派，无法统一，然后莱山德召开公民大会。② 在公民大会上，依然是由国王提出议案，如，公元前432年，斯巴达公民大会讨论是否对雅典开战，会上国王阿基达玛斯首先发言反对战争，然后埃伏尔斯森涅莱达斯发言主张战争，并将宣战与否付诸公民大会表决，最终公民大会否定了国王的提案。③ 这里我们没有见到长老

---

① Arist. *Pol.* 1273a2 – 11.
② Plut. *Agis*, 8 – 9.
③ Thuc, I. 66ff..

会议代表的发言。可以推想，长老会议并不能在公民大会上独立提出议案。① 但长老会议与公民之间不是完全隔绝的，长老虽然不能在公民大会上提出议案，但他们的意见仍可通过某种途径向社会公布，所以在这次会议上，公民才否定了国王的提案。

其次，我们要注意长老会议与公民大会的关系。上文所引材料告诉我们，当国王与长老会议两者意见一致时，公民大会只有同意所提议案。如果国王与长老会议的意见不一致，这时公民大会则可以对议案进行讨论。普鲁塔克记述，斯巴达到了波吕多洛斯和色奥彭浦斯统治时期，公民大会有权对国王或长老提出的议案进行修改。修改不是推翻已经提出的议案，重新提出议案，而是在原有基础上通过增减字句的办法来修改，这种经过修正的议案可能完全违背原先的议案精神。于是，波吕多洛斯和色奥彭浦斯二王重新规定：如果出现这种情况，国王和长老会议可以通过休会的办法阻止新议案的通过。这就是大瑞特拉的补充条款。② 也就是说，公民大会对议案的审议不能违背国王或长老的意志。从整体上来看，长老会议的政治地位在理论上要高于公民大会，但受到公民大会的牵制，实际地位相差无几。

由于国王与长老会议意见一致所具有的特殊政治价值，在公元前 5 世纪后期，产生了兼具御前会议和长老会议功能的三十人委员会（trikonta）。关于前一功能我们留待后文叙述。三十人委员会是公元前 5 世纪末产生的新现象。它在希罗多德、修昔底德的作品中都没有见到，但在色诺芬的《希腊史》中却频繁出现。按照色诺芬的记载，三十人委员会应该是由莱山德首倡建立。公元前 404 年，莱山德征服雅典，在雅典建立三十寡头统治，三十人委员会初现端倪。③ 莱山德是具有雄才大略的军事家，他大败波斯，征服雅典，一时间在希腊世界炙手可热，被斯巴达赋予全权处理斯巴达海外事务的权力。同时他还是一位有野心的政治家，不断谋求最高政治权力。④ 这种思想在后来他向阿吉西劳斯要求建立三十人委员会时充分暴露出来。据色诺芬记载，公元前 397 年，

---

① 通过前述两个例子，可见国王和监察官都有权向公民大会提出议案，监察官或代表自己或代表国王。

② Plut. *Lyc.* 6.

③ Elizabeth Rawson, *The Spartan Tradition in European Thought*, p. 30, note 1.

④ 莱山德曾设想更改王位继承制度，建立选贤原则，从而使自己登上王位。Plut. *Lys.* 24.

莱山德认为希腊在海上已经拥有霸主地位，而协助小居鲁斯征战的军队也已经安全返回，他向国王阿吉西劳斯建议远征亚洲，其真实目的是借助阿吉西劳斯的国王身份在海外属国恢复他曾经建立起来的"10人制政府"。莱山德建议配置一个30人委员会、2000名被释黑劳士、外加6000名盟军。① 阿吉西劳斯是由莱山德在公元前399年扶上台的，此时他要挟阿吉西劳斯出征，目的是追求斯巴达政治生活的最高权力，因此，他要求配置一个由30个斯巴达人组成的特殊组织（trikonta），这"30个人"显然不是一般的组织，而是有着特殊的政治价值。它实际上是"影子"长老会议。莱山德的目的是利用前述的政治原则使自己的意志自动获得法律效力。后来，这个"影子"长老会议又成为阿吉西劳斯提高自己政治地位的工具，就在莱山德挟国王出征赫勒斯滂时，这个"影子"长老会议就向国王指出莱山德目无王室。② 公元前395年，莱山德及其"影子"长老会议回国，赫里庇达斯则带着另一个30人委员会接替莱山德。③ 同年，阿吉西劳斯率海军出征，也带有30人委员会。④

再次，我们来研究长老会议与埃伏尔的关系。这种关系集中于司法审判领域。如前所述，长老会议的职权主要是司法审判，但斯巴达的这一权力并非由长老会议一个机构独家把持。国王、埃伏尔都拥有司法审判权，国王主要负责远征国外时对军队有关的案件的处理。埃伏尔负责国内的案件，这与长老会议的司法权力存在一定程度的重合。所以司法权的界定主要看与埃伏尔之间的关系。按色诺芬的说法，长老会议主要负责重大案件（capital charges）。普鲁塔克说：长老是"生死荣辱以及生活中一切重大问题"的真正主宰⑤，后者并不足以说明前者。还是让我们来看看亚里士多德对希腊政治生活的认识。亚里士多德认为国家权力主要分为三个部分：审议权，亦即提案权；执行权，亦即行政权；保护法律权，亦即司法审判权。审议权包括：（1）战争与和平、（2）立法、（3）委任重要官职以及任期终了时对其进行审查、（4）司法方面有关死刑、放逐和没收财产的案件。⑥ 他又把法庭分为八类：（I）审查执政人

---

① Xen. *Hell.* III, 4, 2.
② Xen. *Hell.* III. 4. 7ff. .
③ Xen. *Hell.* III. 4. 20.
④ Xen. *Hell.* IV. 1. 5, 30.
⑤ Plut. *Lys.* 26.
⑥ Arist. *Pol.* 1297b37ff. .

员的措施和账目的法庭、（Ⅱ）听断违背城邦公共利益的普通案件、（Ⅲ）专司违反宪法（政体）的案件、（Ⅳ）处理关于民事和刑事的案件，包括有行政人员和私人控诉的讼案、（Ⅴ）关于私人间契约纠纷的案件、（Ⅵ）杀人案件、（Ⅶ）外侨案件、（Ⅷ）私人间细小的契约纠纷。① 在另一处，亚里士多德明确说道：长老会议负责审理杀人案。② 安德鲁斯说：长老会议是斯巴达最高法庭，负责死刑审判、放逐和剥夺公民权。③ 除此之外，根据亚里士多德和普鲁塔克的研究，长老会议的司法权还应该包括没收财产以及除第八类法庭之外的其他七类法庭中的重大案件。

我们从长老会议参与的重要事件看，主要是王位的废与立。现有文献材料中第一件涉及长老会议参与此类事件的实例是，在公元前6世纪末，斯巴达国王阿那克桑戴里达斯妻子没有生育，埃伏尔以国家的名义要求他另外娶妻生子，但阿那克桑德雷达斯拒绝了埃伏尔的要求，于是，埃伏尔联合长老一起再到国王府上，允许国王在保留原配的情况下另外娶妻生子。④ 公元前395年，斯巴达国王波桑尼阿斯与斯巴达著名将军莱山德联合进攻底比斯，波桑尼阿斯擅自改变进军计划导致斯巴达军队失败，莱山德战死。事后，斯巴达组成法庭，判处波桑尼阿斯死刑。⑤ 据罗马旅行家波桑尼阿斯记录，组成审判法庭的人员有长老、埃伏尔、另一位国王。最后，十四位长老与国王同意处死波桑尼阿斯。⑥ 根据这个结果我们可以推知当时的法庭审判情况，如果埃伏尔全部参加，并参加有效投票，那么总票数应为1+28+5，即1个国王、28个长老、5个埃伏尔，最终波桑尼阿斯以15票而被判刑。显然，埃伏尔的票数没有计算在内，这样在总数29票中，波桑尼阿斯以15票而获刑。⑦ 显然，长老会议在审判国王活动中处于主动地位。这种情形在阿基斯审判案中再次表现出来。阿基斯四世的改革触犯了以国王利奥尼达斯为首的贵族保守派的利益，他们联合埃伏尔发动政变，逮捕了阿基斯。他们邀请了那些

---

① Arist. *Pol.* 1300b13ff. .
② Arist. *Pol.* 1275a11.
③ De Ste. Croix, *The Origins of the Peloponnesian War*, p. 133.
④ Hdt. V, 39.
⑤ Xen. *Hell.* III. 5. 25; Diod. XIV. 89, 1; Plut. *Lys.* 30.
⑥ Paus. III. 5. 2.
⑦ 这个案例告诉我们，元老院内部的表决可能采用了多数票制。

支持他们的长老开设法庭，最后，阿基斯被判处死刑。① 这里值得注意的是，处死阿基斯的法庭与审判波桑尼阿斯的法庭组成一样，但最初发动政变的是国王和埃伏尔，而审判时他们绕不开长老会议，还得要求一些长老参加，组成审判法庭。这说明长老会议在处理这类重大国事时是不可或缺的。

除此之外，长老会议负责某些其他重大事务。史书上有一些重大的案件虽然称为由"斯巴达人"处理，但实际上可能是由长老会议实行的。② 我们知道，审判国王主要由长老会议主持，但修昔底德所记审判国王阿基斯案和普鲁塔克所记审判波桑尼阿斯案中，负责审判的都是"斯巴达人"。另外，普鲁塔克在《莱山德传》中述及审判波桑尼阿斯时使用的也是"斯巴达人"。所以，一些由"斯巴达人"审理的案子应归于长老会议。如此，我们可以发现长老会议参与的其他一些重大案件。如，公元前383年，斯巴达将领福比达斯未经斯巴达政府批准攻占底比斯，据色诺芬记述，此事引起埃伏尔和斯巴达人的愤怒③，公元前379年斯巴达驻波奥提亚总督索福德里阿斯未经政府批准贸然进攻雅典的庇里乌斯港，破坏了斯巴达与雅典之间的和约，最后也受到审判。④ 还有，修昔底德记载了公元前427年，普拉提亚被迫向斯巴达投降，斯巴达派了5个法官去裁决对普拉提亚人的处罚。⑤ 这5个法官从数字看恰巧与埃伏尔数目相等，但修昔底德在该书中提到埃伏尔时都会直接用ephor。而且埃伏尔主要负责国内事务，不可能五个埃伏尔一起出国。所以，这五个人不可能是埃伏尔，而应该是长老会议的代表。

总体来看，斯巴达长老会议可能正如伊索克拉底所比拟的那样，是类似于雅典贵族专政时期的战神山会议的最高法庭。它不负责所有的司法事务，只负责王室事务、王位继承、国王海外总督等高级官员的渎职罪以及类似阿基斯改革那样的重大决策的合法性裁决等"重大案件"或"生死荣辱以及生活中的重大问题"。

由是观之，斯巴达中央政府的四个权力机构的各自的职权各有侧重，

---

① Plut. *Agis*, 19.
② De Ste. Croix, *The Origins of the Peloponnesian War*, p. 133.
③ Xen. *Hell.* V. 2. 25 – 32.
④ Xen. *Hell.* V. 4. 20 – 37.
⑤ Thuc. III. 52, 68.

埃伏尔侧重于监督，国王侧重于军事与宗教，公民大会侧重于立法，长老会议侧重于司法。这种各有侧重起到互相牵制的效果，如斯巴达的立法，埃伏尔、国王、长老会议都有提案权，公民大会有审议、修正和表决权，埃伏尔、国王、长老会议、公民大会共同完成整个立法过程。如果两位国王意见一致，或国王与埃伏尔意见一致，公民大会的表决只是走过场，但是实际上这种意见一致很难持之以恒，因此公民大会对立法具有相当大的权力；而当公民大会过分修正法律草案，国王和长老会议又有权干预。斯巴达四大权力机构之间又存在职权重叠的现象，如四大权力机构都有部分司法审判权，埃伏尔、国王、长老会议都有一定的军事权，国王、埃伏尔都有一定的宗教权。这种格局又决定了四大权力机构之间的政治地位彼此相当，没有明显的高低之分。如埃伏尔理论上是国家的代表，但国王则是国家主要权力的掌握者，彼此地位难分伯仲。相对而言，从实际的历史过程看，长老会议的活动相对较少，可能在更多的时间内处于弱势地位，但这种弱势也不是宪制上的规定，而是源自实际的政治运行。

第五章 外交政策研究

斯巴达人的外交政策到目前为止几乎没有引起人们的重视，还没有人直接以此为课题进行全面研究。克鲁瓦对伯罗奔尼撒战争的起源进行过研究，较多地涉及斯巴达的外交，但仅仅局限于一段时期。哈密尔顿在研究公元前4世纪初的斯巴达霸权衰落问题时，也曾经涉及此问题，但总体看这些研究不够系统。但是斯巴达的外交在整个斯巴达的政治生活中占有非常重要的地位。我们知道，斯巴达国内实行了较彻底的平均主义，社会矛盾相对较小，这样外交就显得更为突出。

第一节 单边扩张的外交

从广泛意义上来说，一个政治共同体或一个族群与外部环境之间的关系都可以作为外交的组成部分。按照一般的观点，斯巴达是由北方南下的多利亚人中的一支建立的，那么在这个过程中多利亚人与当地土著居民之间的关系都可以看做是外交关系。这段历史在前文已经说过，总体上看，在这期间多利亚人诉诸暴力寻找生存空间，因此，其"外交"主要表现为对拉科尼亚地区的征服。在建国之后，斯巴达继续奉行扩张征服的外交政策，向四周，其中主要是向西部的美塞尼亚地区不断扩张。

一、斯巴达的早期殖民活动

学界一般认为古代斯巴达是农业国家，而农业国家一般对海外殖民了无兴趣，因此斯巴达很少建立殖民地。但事实上古代文献还是留下了不少早期斯巴达海外殖民的记载。可以说，殖民是斯巴达早期的重要外交活动。

据希罗多德讲，斯巴达建国之后不久，首任双胞胎国王的舅舅提拉斯因为在双胞胎年幼时曾经代掌国政，在国王亲政之后不堪无权的现实，带人离开拉科尼亚，到提拉岛上殖民，建立了提拉。① 公元前6世纪末期，斯巴达著名国王克利奥墨涅斯的同父异母的弟弟多里奥斯因不满自己失去王位一怒之下去海外进行殖民活动。② 他先来到埃及与利比亚接壤的地方，在沿奇诺普斯河的一个地方殖民，但后来被玛卡伊人、利比亚人和迦太基人所驱逐；他可能此后到了昔兰尼，因为希罗多德提到一位来自克罗同的奥运会冠军菲利普曾经到这里加入多里奥斯的殖民团体；多里奥斯在这里的殖民活动也不顺利，最后他回到了斯巴达。后来，他又计划到西西里岛的赫拉克里亚殖民，因为据说赫拉克勒斯也征服过这里；途中他先到了意大利的克罗同，参加了克罗同与叙巴里斯的战争，多里奥斯死于战争。他的随行人员则来到西西里，在一次战斗中被腓尼基人和埃盖司塔人打得大败，多人被杀死。幸存者在尤里涅翁的带领之下占领了赛里努司的殖民地米诺阿，并且帮助赛里努斯的人民摆脱掉了国王毕达哥拉斯的统治。但他自己在赛里努斯建立僭主统治，引起当地人民的不满，不久就在一次暴动中被杀。③

修昔底德则提到斯巴达的殖民地——米洛斯（Melos）。修昔底德对此非常肯定，他明确指出"米洛斯人是拉开戴蒙人的移民"，他详细记述了公元前425年米洛斯与雅典使节之间的一场对话，在对话中，米洛斯再次宣称自己是斯巴达的移民，有着共同的血缘关系，声称本邦已经建立700年，如此推算，米洛斯应该建立于公元前1200年左右。④

斯巴达至少在克里特岛上建立了三个殖民地——高尔廷⑤、波利尔亨尼亚和吕克托斯（Lyctus）。斯特拉波称波利尔亨尼亚人原先居住在

---

① Hdt. IV. 147, 148.
② 据希罗多德，多里乌斯是老国王阿那克桑德里戴斯的原配夫人所生，克利奥墨涅斯为第二夫人所生；前者比后者更聪慧，但前者后出，克利奥墨涅斯以长子身份得以继承。
③ Hdt. V. 42–47.
④ Thuc. V. 84, 106, 108, 112.
⑤ Konon *FGrHist*. 26F1, XXXVI.

乡村，后来斯巴达人和阿卡亚人联合在这里殖民，修建城墙。① 亚里士多德在述及斯巴达制度起源时提到克里特和斯巴达关系非常密切，这时，他列举吕克托斯就是斯巴达的殖民地。② 从上下文看，吕克托斯只是亚里士多德列举的一个例子，似乎还有其他的殖民地，而且这个殖民地建立于莱库古时代，换句话说，它证明斯巴达的殖民活动开始得很早。按照亚里士多德的考证，吕克托斯从克里特学到了边区民③制度，而这个制度后来传给了斯巴达，并演变成黑劳士制度。但伊弗鲁斯则持相反的观点，认为作为斯巴达的殖民地，吕克托斯带来了某些斯巴达的制度，这是斯巴达与克里特制度相似的原因所在。④ 事实上，伊弗鲁斯认为正是莱库古指挥了斯巴达殖民克里特的行动。⑤

斯巴达还在亚洲建立了殖民地。据希罗多德记载，斯巴达曾经在小亚细亚的卡利亚地区殖民，这里的克尼多斯人就是来自斯巴达的移民。克尼多斯只有一块狭长的陆地与大陆相连，克尼多斯曾经想挖掘一道壕沟将两者分开。克尼多斯后来被吕底亚所征服。⑥ 据赫胥黎考证，亚洲的马格尼西亚也是斯巴达殖民地。⑦

二、征服美塞尼亚地区

殖民只是斯巴达对外扩张的一小部分，更主要的扩张是征服美塞尼亚地区。公元前8世纪后期，它向西部的美塞尼亚地区发动了长期的战争。美塞尼亚位于拉科尼亚西部，面积与拉科尼亚地区相当，但耕地面积更广阔。这引起了斯巴达的垂涎。传统观点将斯巴达对美塞尼亚地区的征服分为前后相隔近100年的两次战争，第一次战争中斯巴达征服了美塞尼亚地区，第二次战争则是美塞尼亚人民反抗斯巴达剥削与统治的起义，但最终起义失败。其实，斯巴达对美塞尼亚地区的征服是一个由南向北再向西的长期持续的过程。整个过程可能持续了一百多年，共有两次战争高潮，这就是通常所说的第一、第二次美

---

① Strabo, X. 4. 13.
② Arist. *Pol.* 1271b28.
③ 与斯巴达的庇里阿西人相似，"庇里阿西"的字面意义即"边区"、"边缘"。
④ Strabo, X. 4. 17.
⑤ Strabo, X. 4. 18.
⑥ Hdt. I. 174.
⑦ G. L. Huxley, *Early Sparta*, p. 28.

塞尼亚战争。

战争之前的美塞尼亚地区并没有一个掩盖全境的美塞尼亚国家①，波桑尼阿斯认为，在底比斯建立美塞尼亚国家之前，并没有一个以美塞尼亚命名的城市。② 实际上，在古风时期早期，并没有形成占有整个美塞尼亚地区的独立的国家，而是分成数个政治势力范围。公元前4世纪的希腊作家伊弗鲁斯说：克里斯托芬分得美塞尼亚地区之后，将这里分为五个地方：斯腾克拉罗斯、皮罗斯、瑞翁、美索拉、亚美阿，最初，多利亚人和当地人拥有同等的权力。③ 这个叙述可能反映了早期美塞尼亚地区政治四分五裂的状况。

斯巴达在特勒克劳斯统治时期开始侵入美塞尼亚地区。据赫胥黎研究，特勒克劳斯占领了美塞尼亚南部临海地区。④ 在他统治时期，斯巴达在美塞尼亚东南部的波厄撒、厄凯埃和特拉基姆地区建立了殖民地。⑤ 卡特利奇更指出，特勒克劳斯的进军路线是从南部越过泰盖托斯山，入海向北，经奥提罗斯和卡达米勒到法瑞。⑥ 很可能，他已经征服了南部的马卡利亚平原。⑦ 后来，特勒克劳斯又继续向北，在马卡利亚平原的东北部的利姆奈（Limnai）地区与当地居民发生战争，在一次战争中被打死。史书记述，特勒克劳斯在这里的阿尔特米斯神庙举行祭祀，美塞尼亚人与斯巴达人共同参加这次活动，但活动期间双方发生冲突，特勒克勒斯被杀。关于这次战争的时间，伊索克拉底在《致阿基达玛斯》中借阿基达玛斯之口说，斯巴达在他那个时代已经统治美塞尼亚400年。⑧ 阿基达玛斯的演说大概发生于公元前366年。如此，则斯巴达在公元前766年就已征服美塞尼亚地区。这个时间恰恰是特勒克劳斯即位初年。伊索克拉底所说的时间并不一定准确，但他证实了特勒克劳斯时期斯巴达已经征服了美塞尼亚部分地区。从后来的行政区划看，特勒

---

① Strabo, VIII. 4. 1.
② Paus. IV. 1. 1.
③ *FGrHist.* 70F116.
④ G. L. Huxley, *Early Sparta*, p. 32 – 33.
⑤ Strabo, VIII. 4. 4.
⑥ Paul Cartledge, *Sparta and Lakonia*, p. 113.
⑦ Huxley, *Early Sparta*, p. 33.
⑧ Isocrates. Archidamos, 27. Cf. Isocrates, *Speeches* (3 Vols), Vol. 1, edited and translated by T. E. Page etc., The Loeb Classical Library, Cambridge, Massachusetts: Harvard University Press, 1954.

克劳斯征服的地区是庇里阿西区最集中的地区之一，如图里阿、埃萨亚、法瑞等。一般而言，斯巴达国内由当地人建立的庇里阿西区当初都没有发生剧烈的抵抗。因此，特勒克劳斯的扩张可能没有发生大规模的战争。特勒克劳斯可能已经占领了帕米索斯河下游的马卡利亚平原。

特勒克劳斯死后，阿尔克墨涅斯借口特勒克勒斯被杀，对美塞尼亚地区发动大规模的侵略战争。他率军向西，从马卡利亚平原向北进攻帕米索斯河上游的斯特尼科拉奥斯平原。战争首先在马卡利亚平原东北部的安菲亚打响。① 由此展开了一场旷日持久的战争，此即通常所说的"第一次美塞尼亚战争"。"第一次美塞尼亚战争"的开始时间已经很难考证，赫胥黎依据早期奥运冠军中最后一位美塞尼亚冠军出现于公元前736年，推断战争爆发于这一年。② 杰弗里认为是公元前735年。③ 哈蒙德认为在公元前740—720年之间。④ 由于年代久远和资料匮乏，我们很难给出具体的年份，但大致上可以断定，这场战争发生于公元前8世纪后期。

据说出征之前，斯巴达将士立下誓言：不征服美塞尼亚绝不撤兵。⑤ 但在占领安菲亚之后，斯巴达无法继续取得任何进展，不得不撤军。四年之后，斯巴达军队在新一代国王波吕多洛斯和色奥彭浦斯率领下再次出征。双方伤亡惨重，但斯巴达军队获得胜利。⑥ 美塞尼亚军队不得不撤到伊托麦山继续抵抗。⑦ 斯巴达的胜利引起了伯罗奔尼撒各国的担忧。战争的第十五年，克里特从斯巴达撤回了援军，阿卡迪亚公开支持美塞尼亚，阿尔戈斯则暗中支持美塞尼亚，但斯巴达依然获得战场的胜利，美塞尼亚国王优法斯战死。至此，斯巴达征服美塞尼亚的战争成为一场国际战争。斯巴达转而处于弱势。但斯巴达争取到

---

① Paus. IV. 5. 8.

② Huxley, *Early Sparta*, p. 34.

③ L. H. Jeffery, *Archaic Greece: the city-states, c.* 700 – 500 *B. C.* London: Ernest Benn, 1976, p. 115.

④ John Boardman & N. G. L. Hammond, *The Cambridge Ancient History*, 2nd edition, Volume III, Part3, Cambridge University Press, 2002, p. 324.

⑤ Strabo, VI. 3. 3; Paus. IV. 5. 8; IV. 7. 7.

⑥ Paus. III. 3. 1 – 2.

⑦ 这里的美塞尼亚军队特指当地的与斯巴达作战的军队，而不是狭义的或广义的美塞尼亚地区的军队。下文同。

科林斯的支持，战局出现转机。最后，斯巴达获胜，占领伊托麦山，美塞尼亚军队纷纷逃亡国外。至此，斯巴达占领了帕米索斯河流域的大部分地区。

与此同时，斯巴达可能还占领了美塞尼亚湾西侧地区。据史书记载，原来居住在阿尔戈斯的阿欣人据说因为此前支持斯巴达遭到阿尔戈斯的报复，被驱逐离开家园。这批人被斯巴达安置在美塞尼亚湾西侧，该地因此得名阿欣。① 据考古学资料，阿尔戈斯境内的阿欣最晚毁于公元前720年。② 也就是说，斯巴达安置阿欣流亡者大约发生在公元前720年左右，同时这也说明，斯巴达控制了这一地区。

就在斯巴达西向侵略美塞尼亚的时候，斐冬在阿尔戈斯建立僭主统治，实行改革，国力上升。这引起了斯巴达的担忧，斯巴达又与阿尔戈斯人展开争夺。在公元前668年，斯巴达在赫西亚遭到失败。③ 接着，阿尔戈斯向西，从厄利斯控制下夺走了奥林匹亚运动会的控制权。阿尔戈斯成为伯罗奔尼撒半岛中最强大的国家。在这段时间中，斯巴达放慢甚至停止了征服美塞尼亚地区的步伐。

斯巴达在短暂失利之后逐步恢复实力，重拾攻势。公元前659年，斯巴达从帕米索斯河上游继续西进，进攻菲伽利亚。一旦斯巴达占领该地，它南部的皮罗斯地区就成为斯巴达的囊中之物，斯巴达实力必将大为增强。斯巴达的行动引起阿尔戈斯等国家的担忧，于是他们组织反斯巴达联盟，参加的国家有阿卡迪亚、厄利斯、皮萨、希昔翁等。它们积极支持斯特尼科拉奥斯平原地区和皮罗斯地区的反斯巴达力量发动战争，这便是所谓的"第二次美塞尼亚战争"。反斯巴达联盟组织联军直接参与北部斯特尼科拉奥斯平原地区的战争，奥克美诺斯，或特拉佩佐斯的国王阿里斯托克拉托斯和皮萨僭主潘塔利翁是联军统帅。美塞尼亚地方统帅可能就是安德罗克勒斯和菲塔斯。这两个是当地传统贵族埃皮托斯家族（Aepytid，也是传说的美塞尼亚的王族）成员。④ 他们可能是阿里斯托墨涅斯的原型。斯巴达则争取到了科林斯、可能还有雅典的支持。

---

① Paus. IV. 14. 3.

② John Boardman & N. G. L. Hammond, *The Cambridge Ancient History*, 2nd edition, Volume III, Part 3, p. 324.

③ Paus. II. 24. 7.

④ Paus. IV. 5. 6 – 7; 14. 3; 15. 7; 16. 1.

可见，这场战争是"斯巴达及其盟友与美塞尼亚及其支持者之间的一场战争"。①

战争主要集中在北部战场，前后延续约20年。一开始，美塞尼亚获得胜利，斯巴达不得不四处求援，著名战争诗人提尔泰乌斯可能就在此间从雅典来到斯巴达。斯巴达一边积蓄力量，一边开展外交活动，破坏反斯巴达联盟。它用贿赂手段成功地策反了阿里斯托克拉托斯，致使反斯巴达联军在著名的壕沟大战中败北，美塞尼亚军队被迫退守阿卡迪亚边境的厄拉山。据守厄拉山的美塞尼亚军队并没有得到阿卡迪亚等国的全力支持②，在坚持了十多年之后，被彻底打败，美塞尼亚军队退往阿卡迪亚。

北部的战争平息之后，南部的皮罗斯地区的战争还在继续。前文所引厄帕密南达的墓碑可能反映了斯巴达征服皮罗斯的时间，即公元前600年。③ 征服之后，斯巴达分配了皮罗斯地区的土地，除了阿欣和麦松两地。斯巴达先前在阿欣安置了阿欣人，在麦松安置了来自阿尔戈斯的瑙普利亚人。④ 瑙普利亚人原来居住在阿尔戈斯，他们是在戴摩克拉提达斯（Damocratidas）统治时期因为同情斯巴达而被驱逐的。⑤ "戴摩克拉提达斯"的字面意思是"人民统治"，他应该是在斐冬家族的僭主统治之后。斐冬家族的统治经三代，美尔塔斯统治不久，民众发动暴动驱逐美尔塔斯。斐冬的统治时间争论较多，但大多认为他生活在公元前7世纪前半期，那么美尔塔斯被逐、戴摩克拉提达斯取得政权可能发生在该世纪末。这个时间与厄帕密南达墓碑所示时间基本一致。总之，约在公元前600年，斯巴达征服厄拉山不久，斯巴达占领了皮罗斯地区。

第二次美塞尼亚战争结束之后，公元前560—550年，斯巴达再次向北，试图征服提盖亚地区。⑥ 这大概就是第二次提盖亚战争。据波桑尼阿斯记述，斯巴达在列翁统治时期，对北方的提盖亚重新展开了长期而

---

① Paus. IV. 6. 1.
② 即使在美塞尼亚军队撤到阿卡迪亚境内，准备反攻斯巴达时，阿里斯托克拉托斯还想给斯巴达通风报信，暗中破坏。可见此前他们也不会全力支持。
③ Huxley, *Early Sparta*, p. 59.
④ Paus. IV. 24. 4.
⑤ Paus. IV. 35. 2.
⑥ J. B. Burry, *A History of Greece, to the Death of Alexander the Great*, p. 133.

激烈的争夺战,并在列翁统治时期获得胜利。① 但希罗多德认为是在列翁之子阿那克桑德里达斯统治时期获胜的。② 这次传奇战争最后因为斯巴达设计获得奥瑞斯特斯的遗骸而取得胜利。最后,斯巴达与提盖亚缔结和约,提盖亚成为斯巴达的特殊盟友,他们绝对服从于斯巴达人,同时享有种种特权。③ 公元前550年,斯巴达乘胜侵入阿尔戈斯,试图占领阿尔戈斯的杜利亚地区。④ 据希罗多德介绍,此前,斯巴达已经占领了从玛利亚到杜利亚之间原属阿尔戈斯的大片领土,还占领了原属阿尔戈斯的西塞拉岛和其他岛屿。为了不再丢失杜利亚地区,阿尔戈斯出兵拼死保卫。为此,双方进行了惨烈而独特的"锦标之战",双方约定各选派300名战士进行决战,最后,斯巴达仅剩一人,阿尔戈斯剩两人。⑤ 但阿尔戈斯人先撤离战场,斯巴达因此而获胜。最终斯巴达占领了杜利亚地区。至此,斯巴达成为希腊世界最强大的国家。此时的小亚强国吕底亚也派人通好。⑥

三、美塞尼亚人的结局

对被征服地区的处理政策是考察这一时期斯巴达外交政策的重要部分。根据现有史料,我们已经很难全面恢复斯巴达的美塞尼亚政策。但是,有几点却非常令人瞩目。

首先,并不是所有的美塞尼亚居民都沦为黑劳士,也不是所有的美塞尼亚地区都沦为黑劳士区。正如前文指出的,战后斯巴达在美塞尼亚地区安置了不少外邦人,这些地区在政治上都属于庇里阿西区。部分美塞尼亚人成为庇里阿西人,如图里阿和埃萨亚地区的居民就成为庇里阿西人,另外我们在色诺芬的《希腊史》中还看到在美塞尼亚西部沿海地区有一个庇里阿西区——奥隆⑦,这个地区并不是通过安置外邦人而产生的,可能也是当地的美塞尼亚人组成的。

其次,被征服的美塞尼亚人的政治地位。一般认为,那些被征服的

---

① Paus. III. 3. 5–6.
② Hdt. I. 67.
③ Hdt. IX. 26.
④ J. B. Burry, *A History of Greece, to the Death of Alexander the Great*, p. 133.
⑤ Hdt. I. 82.
⑥ Hdt. I. 69.
⑦ Xen. *Hell.* III. 3. 8.

美塞尼亚人沦为奴隶，主要是国有奴隶。① 这一观点得到罗马作家波桑尼阿斯、斯特拉波的支持。波桑尼阿斯指出：赫罗斯城的居民是斯巴达第一批国家奴隶，后来获得的奴隶，尽管是美塞尼亚的多利亚人，也被称作黑劳士。② 斯特拉波指出：人们认为阿基斯和他的同伴创造了一直延续到罗马时期的黑劳士奴隶制度，拉开戴蒙人将黑劳士作为国家奴隶，将他们固定在特定的份地上，要其履行特定的义务。③ 这段话是接在对公元前4世纪希腊历史学家伊弗鲁斯材料的转引之后，但显然不是伊弗鲁斯的观点，因为这里面出现了"罗马"一词。但是，希腊作家却认为黑劳士不是奴隶，修昔底德明确指出："依托麦的暴动者经过10年的抗战，再也坚持不下去了，于是就向拉栖代梦人投降。条件是在保障生命安全的前提下，他们撤离伯罗奔尼撒，并且永不踏上这块土地。如果以后有人再来，任何人发现并捉住他，都可以把他作为奴隶。"④ 波桑尼阿斯转引的优法斯的材料说：当他们（指斯巴达人）面对美塞尼亚人时，他们彼此挥舞着武器，带着恐怖的表情，严厉谴责美塞尼亚人，称美塞尼亚人是他们的奴隶，甚至不如黑劳士那么自由。⑤ 伊弗鲁斯称斯巴达人将原先的居民降为黑劳士，后来赫罗斯城的居民不满斯巴达的政策，举行起义，起义失败之后才成为奴隶。⑥ 这里其实也指出黑劳士与奴隶

---

① 国内学术界在上个世纪50年代曾经对黑劳士的身份进行过热烈的讨论，进而涉及黑劳士制度的性质。杨向奎、童书业、何高济等人认为，"黑劳士是农奴"。郭沫若、日知、束世徵等人则认为他们是奴隶。后来，"黑劳士是奴隶"的观点逐渐占据了史学界的主导地位。刘家和先生认为："黑劳士是国有奴隶。"胡庆钧、周怡天也持类似看法。相关的主要成果有：王毓铨：《周代不是奴隶社会》，《新建设》1951年8月第4卷第5期；郭沫若：《关于奴隶与农奴的纠葛》，《新建设》1951年第4卷第5期；束世：《关于西周封建制形成的若干问题》，《华东师范大学学报》1955年第1期；杨向奎：《古代史研究中的几个问题》，《文史哲》1956年第6期；童书业："《古代史研究中的几个问题》的补充"，《文史哲》1956年第6期；日知：《古典作家所记的黑劳士制度》，《东北师范大学科学集刊》1957年第12期；何高济：《黑劳士问题的再探讨》，《文史哲》1958年第1期；刘家和：《论黑劳士制度》，见刘家和：《古代中国与世界》，武汉，武汉出版社，1995年；胡庆钧：《奴隶与农奴纠葛的由来与发展》，《世界历史》1995年第5期；周怡天：《关于黑劳士的阶级属性与农奴制的历史始源问题》，《史学理论研究》1999年第2期。

② Paus. III. 20. 6.

③ Strabo，VIII. 5. 4.

④ Thuc. I. 103.

⑤ Paus. 4. 8. 2. 这段材料见于波桑尼阿斯的《希腊纪事》，但波桑尼阿斯称这是 Euphaes 的话。

⑥ 公元前4世纪希腊历史学家。

不一样。①

可见，黑劳士的实际地位在史学界存在极大争论。不过问题的实质是理清黑劳士的真实地位。从经济地位来说，黑劳士依附于土地。这些黑劳士每年要向名义上的主人交纳一定的土地出产，提尔泰乌斯曾经说：黑劳士必须向主人交纳一半的收成②，其余的归自己所有。波桑尼阿斯也说道：黑劳士虽未被征收固定的贡赋，但要经常把他们田地出产的一半交给斯巴达。③ 这已有分层地租的性质。由于斯巴达的份地相对稳定，黑劳士又与特定的份地紧密结合，其赋税额度也相对稳定，所以，分层地租也具有定额地租的特征。在这种剥削形式下，黑劳士经济上并非一无所有，在皮罗斯战役中，斯巴达曾经招募人为被围困的斯巴达军队运送给养，黑劳士就驾船利用夜色掩护，运送粮食和饮水。这里的船大多是黑劳士的私有财物。另外，在克利奥墨涅斯三世改革时（约公元前223—222 年），克利奥墨涅斯曾用向黑劳士出卖自由的方式聚集钱财，标价是每人 5 明那，最后聚集了 500 塔兰特。按当时的币制，1 塔兰特等于 60 明那，那么当时有 6000 名黑劳士获得了自由。④ 这说明，黑劳士有一定的自有财产。在政治上，黑劳士与没有任何法律地位的动产奴隶也有明显的不同。黑劳士有自己的家庭，提尔泰乌斯提到黑劳士与他的妻子一起在主人的份地（Kleroi）上劳动。⑤ 第三次美塞尼亚战争结束之后，黑劳士也曾经带着妻子儿女逃亡海外。动产奴隶没有宗教权力，他们没有自己的宗教节日。但位于泰纳戎的庇里阿西人社区的波塞冬祭坛曾经为黑劳士提供庇护。⑥ 动产奴隶专属私人，不受国家法律保护。但斯巴达人个人则对所占土地上附属的黑劳士既无权杀死，也无权出卖。⑦ 黑劳士还可以从军打仗，普拉提亚战役时，每个斯巴达战士带着 7 位手持武器的黑劳士，伯罗奔尼撒战争期间黑劳士也是先从军打仗后获得政治豁免。种种迹象表明，黑劳士并不像角斗士那样悲惨。普鲁塔克曾经提到：黑劳士的悲惨局面是在公元前 464 年黑劳士起义，即所谓的第三

---

① 其他参见：Plato, *Alcibiades*, 122d; Plut. *Lyc. & Numa* 2.4; Athen. 263e – 264a。
② Tyr. *fr.* 6.
③ Paus. IV. 25. 4.
④ Plut. *Cleom.* 23.
⑤ Tyr. *fr.* 6.
⑥ Paul Cartledge, *Sparta and Lakonia*, p. 164.
⑦ Strabo, VIII. 5. 4; Paus. III. 21. 6.

次美塞尼亚战争之后才出现的。①

黑劳士处于处于斯巴达人的绝对控制之下。黑劳士在政治上没有任何权利，既不能参与国家政治，也没有内部自治权。其次，黑劳士的经济地位并不稳定，经济实力比较弱小，仅有的一点"私有"财产在理论上也属于其主人，可以被任意剥夺。再次，黑劳士的社会地位也比较低下，需要在斯巴达人家庭、叙希提阿团内服役，当奴仆。前述黑劳士所享有的权益缺少法律上的保护，到了公元前5世纪，黑劳士的地位终于变得与奴隶相似，他们时常遭受屠杀、鞭打，被迫喝醉酒，被迫戴狗皮帽等羞辱性服装。甚至如果黑劳士露出超出奴隶的神情，就要被处死。②所以，黑劳士的总体地位还是比较悲惨的。

总体来看，斯巴达建国之后一段时间奉行的是单边扩张的外交政策，这种政策主要体现在它对西部邻居美塞尼亚地区的侵略扩张之中。斯巴达征服美塞尼亚之后，再次对拉科尼亚东部和东北部地区发动征服战争，就在这个征服过程中，斯巴达的外交政策开始发生变化。

第二节　结盟外交

从公元前550年开始，直到公元前480年左右，斯巴达的外交主要表现为结盟外交。古希腊的结盟外交源远流长，但适应国内和国际斗争的需要，各个城邦结盟的力度并不一样，古代斯巴达在古风时期的后期逐步走向结盟外交，这一政策后来虽然在整个国家的外交策略中不那么重要，但作为外交策略的一种，一直持续下去，成为此后一段时间内斯巴达外交的主要内容。

一、走向结盟外交

古风时期的大部分时间中，斯巴达积极扩张，占领了大片的土地和大量的人口，斯巴达成为希腊世界领土最大、人口最多、实力最强的国家。但是，急剧增长的领土和人口也为斯巴达的国家管理带来了诸多问题，这些问题进而又影响到斯巴达的内政外交。

---

① Plut. *Lyc.* 28.
② Athen. XIV. 657c–d.

征服美塞尼亚对斯巴达的影响无疑被大多数的历史学家夸大了。在他们看来，镇压和控制黑劳士成为斯巴达政治的中心，斯巴达的所有政策都围绕着这个中心。① 但在笔者看来，在斯巴达早期，黑劳士问题并没有成为斯巴达政治的首要问题。正如我们在本章前面说过的，黑劳士其实是这个斯巴达政治共同体中的一个组成部分，他们的地位虽然低于斯巴达人、庇里阿西人，但他们不同于奴隶，他们仍然享有一定的地位。他们与斯巴达人之间的关系虽然不同于庇里阿西人与斯巴达人的关系那样密切，但也绝不是修昔底德、亚里士多德所想象的那样紧张、对立。实际上从第二次美塞尼亚战争之后直到公元前5世纪，黑劳士与斯巴达人之间的关系基本上处于相安无事的状态。而第二次美塞尼亚战争本身主要是由于周边的国际势力挑起的，除了这次战争之外，如"处女之子"事件、与提盖亚战争的拖延不绝、与阿尔戈斯战争的两败俱伤，这些都是黑劳士起义的绝好时机，但我们都没有见到黑劳士的起义。当然，我们不能高估这种关系，实际上黑劳士与斯巴达人之间的关系比较松散，易被人利用，所谓的第二次美塞尼亚战争的背后有着复杂的国际背景。如果我们承认修昔底德对斯巴达人与黑劳士的紧张关系的陈述，那也只能在这个程度上去理解。

实际上，征服美塞尼亚给斯巴达带来的最为严重的问题是如何维护国家的统一。第二次美塞尼亚战争已经告诉斯巴达人：斯巴达面临的国际形势是何等的严峻！第二次美塞尼亚战争结束之后，斯巴达的领土进一步增加，尤其是在公元前6世纪中期，斯巴达占领了原属阿尔戈斯的拉科尼亚东部沿海直到西塞拉岛的大片地区，与阿尔戈斯矛盾更加紧张。第二次美塞尼亚战争之后，斯巴达的国土增加到8000多平方公里，但按照传统的政治原则，斯巴达人只能组织10000人的军队，国土与人数之比远远大于其他国家，因此维护国家统一任务艰巨。加之，黑劳士与斯巴达之间的关系并不是非常的和谐，虽不至于要借助于国际力量来控制、防范黑劳士，但维护国家统一绝不能寄希望于黑劳士。斯巴达必须寻找新的资源来维护国家的统一，寻求新的途径来遏制国内的分裂倾向，削弱国际的敌对势力。正是在这种形势之下，斯巴达改变了传统的单边扩张的武力外交政策，采取了结盟和有限干预的外交政策。

---

① 参见黑劳士部分。

希腊世界的外交结盟由来已久，早在特洛伊战争期间，希腊各国就组成联军远征亚洲小邦特洛伊。结盟之所以在希腊世界出现的如此之早，根本原因在于希腊世界的早期国家形态以城邦为主，城邦式国家具有小国寡民的特点，国家的规模小、实力弱、数量多，国家之间经常发生战争，迫使矛盾双方寻找盟友增强自身实力，小国林立则为结盟外交提供了客观基础。希腊最早的外交联盟要数特洛伊战争，以希腊迈锡尼为首的希腊各邦组建联军跨海远征特洛伊，特洛伊也争取到了亚非各国的支持，所以这场战争实际是两个军事政治联盟之间的战争。但此时的斯巴达在联军中并不占有重要地位，只是普通一员。

以斯巴达为中心的结盟始于第一次美塞尼亚战争。在第一次美塞尼亚战争中，许多伯罗奔尼撒大国，如阿卡迪亚和阿尔戈斯、希昔翁公开站在美塞尼亚一边，抵制斯巴达的扩张。① 斯巴达也得到了一些外来支持，但主要是一些流亡者，如被阿尔戈斯驱赶流亡到阿欣地区的德利波斯人，或雇佣军，如来自克里特的弓箭手。这并不是政治联盟，后来，斯巴达又得到科林斯支持，这是政治联盟的萌芽。② 但这个"联盟"似乎没有相互的义务与责任，存在的时间也很短，战争结束后就解散了，所以严格说并不是真正的政治联盟。

斯巴达的政治结盟在第二次美塞尼亚战争中得到了发展。战争中，阿尔戈斯、厄利斯、皮罗斯等国家和地区支持美塞尼亚，斯巴达则与科林斯、萨摩斯、雅典结成同盟③，科林斯直接派军参战，雅典似乎派遣后勤人员协助战争④，克里特的雇佣军也参加了这次战争。但这个准联盟在战后也不见史传，可能战争一结束也就解散了。

第一个与斯巴达结盟的是厄利斯。⑤ 这个政治结盟是出于反对共同的敌人阿尔戈斯的需要。自斐冬在阿尔戈斯建立僭主政制之后，阿尔戈斯的实力迅速上升，成为伯罗奔尼撒最强大的国家，他制定了通行于伯罗奔尼撒的度量衡制度，取消了厄利斯对当地著名的宗教赛会——奥林匹亚运动会的控制权。⑥ 厄利斯位于美塞尼亚地区的西部，于是斯巴达

---

① Paus. IV. 10. 1
② Paus. IV. VII1. 1
③ Paus. IV. 15. 7.
④ 雅典诗人提尔泰乌斯就是在此间来到斯巴达，写下了许多鼓舞人心的诗篇。
⑤ John Boardman & N. G. L. Hammond, *The Cambridge Ancient History*, Vol. 3, part 3, p. 353.
⑥ Hdt. VI. 127.

支持厄利斯。据斯特拉波转引的伊弗鲁斯的记述，斯巴达曾经与厄利斯联合驱逐了阿尔戈斯对奥林匹亚运动会的控制。狄奥多罗斯也记述了此事。斐冬的生存年代有公元前8世纪和7世纪两种说法。色奥彭浦斯称：斐冬是阿尔戈斯第一代国王特墨诺斯后的第七代国王，如此，则斐冬应该生活在公元前9世纪末、8世纪初。希庇亚斯和亚里士多德称：莱库古与厄利斯的伊菲托斯共同签署了奥林匹亚协定①，从此奥林匹亚运动会成为常规举行的运动会，第一次奥林匹亚运动会举行于公元前776年，如此斐冬则生活在公元前8世纪前半叶。波桑尼阿斯说斐冬在公元前748年从厄利斯夺取了节日赛会的控制权。②伊弗鲁斯称斐冬是阿尔戈斯第一代国王特墨诺斯后的第十代国王，大约生活在公元前8世纪中期。但希罗多德说，斐冬的一个儿子曾经向希昔翁僭主克里斯提尼的女儿求过婚，克里斯提尼生活在公元前6世纪初，如此斐冬应该生活在公元前7世纪末。笔者认为希罗多德距离斐冬的时代更近，其记述也更准确。③也就是说，大约在公元前7世纪末，斯巴达与厄利斯之间建立起比较稳定的政治同盟。厄利斯在政治制度上与斯巴达相似，权力操纵于长老会议之手，长老会议有90名成员，全部是终身任职。④公元前590—580年间，厄利斯向南扩张，斯巴达出于盟国的义务，帮助厄利斯征服了皮萨，将皮萨人一部分降为黑劳士，一部分降为庇里阿西人。此后，斯巴达又与厄利斯一起两面夹攻特里菲利亚。

公元前590年，多利亚人参加德尔斐神圣同盟（Delphic Amphictiony）。⑤斯巴达可能也参加了这个同盟。神圣同盟原来是若干国家为了举行祭祀而成立的协作组织，Amphictiony的原意是"围坐在一起的人"，这表明成员之间地位彼此平等，神圣同盟原来主要讨论有关祭仪方面的问题，确保祭仪得以正确执行，一旦有问题大家协商解决。⑥德尔斐神

---

① Plut. *Lyc.* 1; Paus. V. 4. 5.

② Paus. VI. 22. 2.

③ G. L. Huxley, *Early Sparta*, pp. 28 – 29; Thomas Kelly, "The traditional Enimty between Sparta and Argos: The Birth and Development of a Myth", *The American Historial Review*, Vol. 75, No. 4, 1970.

④ Arist. *Pol.* 1306a17.

⑤ John Boardman & N. G. L. Hammond, *The Cambridge Ancient History*, Vol. 3, part 3, Cambridge University Press, 1982, p. 352.

⑥ Simon Hornblower & Antony Spawforth, *The Oxford Classical Dictionary*, Oxford University Press 1996, 3th, p. 75.

圣同盟誓约规定：无论是在战争还是在和平状态下，任何人不得毁灭同盟城市或断绝水源①，也就是说同盟内部必须保持和平。

斯巴达积极主动实施结盟外交政策应该始于公元前6世纪中期，标志性的事件是与阿卡亚人国家提盖亚结盟。提盖亚同盟一方面标志着斯巴达外交政策的彻底转变，同时提盖亚也是斯巴达早期最为密切的盟友。提盖亚位于斯巴达北部高山地区的山谷地带，有河流与阿尔戈斯相连，这里是阿卡迪亚和阿尔戈斯威胁斯巴达的军事要道，很早斯巴达就展开了对这一地区的争夺，但一直未获成功。大概在列翁（公元前590—前560年）和海盖希克利斯（公元前575—前550年）联合统治时期战事又起。希罗多德说：在他们统治时期，斯巴达在其他的战争中都取得了胜利，但在提盖亚却一直不能获得胜利。后来斯巴达改变了政策，最终打败了提盖亚。②

这种转变的重要标志就是阿那克桑戴里达斯和阿里斯通统治时期，斯巴达设法取回奥瑞斯特斯的遗骨。③ 奥瑞斯特斯是阿伽门农的儿子，阿伽门农是迈锡尼时代的著名国王，是伯罗奔尼撒地区的政治盟主，拉科尼亚地区历史上的著名国王墨涅拉奥斯的哥哥，他自然成了阿卡亚人的精神领袖，奥瑞斯特斯也就具有了这种象征意义。奥瑞斯特斯埋葬在提盖亚，取回奥瑞斯特斯的遗骨本身具有重要的政治意义，一是使斯巴达成为迈锡尼文明和阿伽门农霸业的继承人，二是调和与阿卡亚人的关系，争取阿卡亚人的支持。最后终于在一个偶然的机会，斯巴达取回了遗骨，在本国加以安葬。据卡特利奇研究，大约在公元前550年，阿伽门农在阿卡米莱地区被作为英雄受到崇拜。④ 其时间与奥瑞斯特斯崇拜一致。按照赫拉克勒斯后裔回归的传说，赫拉克勒斯族回到伯罗奔尼撒之后，占领了阿尔戈斯、拉科尼亚和美塞尼亚，也就是说在其他地区占主导地位的是原住民阿卡亚人，阿卡迪亚的居民自然也以阿卡亚人为主。一个自诩为多利亚人的国家埋葬阿卡亚人的精神领袖，从这里我们看到迁葬奥瑞斯特斯的遗骨的政治象征意义，这是斯巴达向阿卡亚人表示友

---

① Aeschines, *On the Embassy*. 115. John Boardman & N. G. L. Hammond, *The Cambridge Ancient History*, Vol. 3, part 3, p. 352.

② Hdt. I. 65；I. 67.

③ Hdt. I. 67 - 68. 阿那克桑戴德摩斯和阿里斯通是克利奥墨涅斯的前任，克利奥墨涅斯则是阿那克桑戴德摩斯之子。

④ Paul Cartledge, *Sparta and Lakonia*, p. 139.

好的一个信号。希罗多德没有说此后斯巴达是否征服了提盖亚,只是说从此斯巴达每次都取得巨大的胜利。实际上两者达成谅解,结成了同盟,据称他们的合约被刻在阿尔斐斯河岸的石柱上。① 协约的部分内容也被保存下来,提盖亚向斯巴达保证:从他们的国家驱逐美塞尼亚人,不接纳他们成为公民。② 提盖亚也成为斯巴达最密切的盟国,在普拉提亚战役中,提盖亚人声称:伯罗奔尼撒人一直不断地给予他们种种特权,在战争中他们永远有权占有一翼阵地。③ 斯巴达与提盖亚的联盟开启了斯巴达人与阿卡亚人之间的政治联盟关系。

公元前509年,阿那克桑戴里达斯的儿子克利奥墨涅斯一世(公元前520—前490年)曾率军攻入雅典,试图驱逐克里斯提尼,扶持流亡政治人物伊萨戈拉斯建立僭主政治。克利奥墨涅斯的行径遭到雅典人反对,雅典人团结起来,将他们包围在卫城里,迫使克利奥墨涅斯求和撤军。这时希罗多德记载了一件轶事:克利奥墨涅斯在进攻雅典前曾经到神庙占卜,神庙女祭司对克利奥墨涅斯说:"拉开戴蒙的客人,回去,不要进到圣堂里面来,因为多利亚人按规定是不能进到这里面来的。"克利奥墨涅斯回答说:"妇人,我不是多利亚人,我是阿卡亚人。"④ 可见,自与提盖亚结盟之后,斯巴达的外交政策有了极大的变化,在国际舞台上,斯巴达再也不标榜为多利亚人,而是以阿卡亚人,以阿伽门农的继承人的身份出现。

到公元前6世纪末,斯巴达的结盟外交取得了积极成果,已经与皮萨提斯、厄利斯、希昔翁、科林斯、麦伽拉结成同盟。公元前525年,斯巴达与其政治盟友科林斯一起干预萨摩斯内政,征讨萨摩斯僭主波利克拉特斯。⑤ 尽管希罗多德称这次行动是斯巴达主动发起的,但实际情况可能并非如此。萨摩斯是靠近亚洲的岛屿国家,斯巴达的外交目的则是在希腊半岛建立霸主地位,斯巴达之所以出征萨摩斯,其原因在于科林斯的要求,因为科林斯作为海上贸易发达的国家与萨摩斯之间产生了

---

① John Boardman & N. G. L. Hammond, *The Cambridge Ancient History*, Vol. 3, part 3, p. 355.
② Aristotle, *Fragments*, 592, Plut. *Mor.* 292b, 277bc.
③ Hdt. IX. 26.
④ Hdt. V. 72. 此乃斯巴达历史上的克利奥墨涅斯一世。
⑤ Paul Cartledge, *Sparta and Lakonia*, p. 139.

矛盾，而斯巴达的主要目的则是巩固与科林斯的关系。① 斯巴达出于盟国的需要改变自己的传统外交策略，这说明斯巴达的外交已经转向了结盟外交的道路。

外交政策的改变使斯巴达在国际政治舞台获得了巨大的成功，希罗多德称此后不久斯巴达就把伯罗奔尼撒绝大部分地区都征服了。② 这种征服肯定与此前的征服不一样，不是将他们全部沦为庇里阿西人或黑劳士，而是使其成为自己的"政治盟友"，不少城邦实际是它的政治扈从。从此，斯巴达成为希腊世界最强大的国家，其名声远播海外。这时，波斯正在西亚兴起，小亚强国吕底亚试图抵挡波斯西进，主动派人与斯巴达联系，称斯巴达是"执希腊之牛耳者"。③

二、伯罗奔尼撒同盟

斯巴达结盟外交的高潮是伯罗奔尼撒同盟的建立。在公元前 6 世纪后期，伯罗奔尼撒同盟基本建立。伯罗奔尼撒同盟实际是后来的人对斯巴达政治同盟（the Spartans and their allies）的称呼。伯罗奔尼撒同盟往往使人误认为结盟国家局限在伯罗奔尼撒半岛内，其实结盟国家并不局限于此，当然，主要成员在伯罗奔尼撒半岛内。但伯罗奔尼撒半岛内的阿尔戈斯及其盟友，还有部分阿卡亚人并没有参加伯罗奔尼撒同盟。迈锡尼、梯林斯地区可能在公元前 494 年才成为同盟国，但后来，它们又被阿尔戈斯征服，脱离了伯罗奔尼撒同盟。在伯罗奔尼撒之外，斯巴达的盟友时分时合，并不确定。麦伽拉和厄吉纳在公元前 6 世纪末已经成为斯巴达盟友，公元前 5 世纪前半期也一直保持这种关系。但麦伽拉在公元前 460 年曾经离开斯巴达与雅典结盟，公元前 446 年，又回到斯巴达阵营。厄吉纳在公元前 457 年为雅典所征服，公元前 405 年（一说前 404 年）重新成为斯巴达的盟友。底比斯在公元前 457 年与斯巴达缔结同盟关系，并在斯巴达支持下重建波奥提亚同盟。佛西斯、洛克里斯、阿姆普拉西亚、琉卡斯、阿纳科托利姆约在公元前 431 年成为盟友。此外，在意大利、西西里还有部分政治盟友，以及以前的雅典盟友如列斯

---

① G. B. Grundy, "The Population and Policy of Sparta in the Fifth Century", *JHS*, Vol. 28. (1908), p. 90.
② Hdt. I. 68.
③ Hdt. I. 69.

波斯部分地区、麦塞姆那、阿堪杜斯、开俄斯、厄瑞特拉等也一度成为斯巴达盟友。① 总体来看，伯罗奔尼撒之外的盟友关系不太稳定。

伯罗奔尼撒同盟尽管出现于公元前6世纪后期，但这一时期的史料非常少，不过这一同盟一直延续到公元前4世纪初，我们可以借用公元前5世纪的材料来分析它内部的运行机制。

在斯巴达政治同盟中，各个盟友的政治地位并不一样。在伯罗奔尼撒国家中，提盖亚、科林斯、阿卡亚与斯巴达的关系比较密切，他们之间可能缔结过某些协定。科林斯据说很早就参加过斯巴达的美塞尼亚战争，但这时两者的政治联系还不密切②，公元前525年斯巴达曾经和科林斯联合征讨萨摩斯，这次军事行动标志着双边关系上升到新的高度。③ 在提盖亚战争中，斯巴达可能与麦伽拉、厄吉纳结成过某种形式的政治联盟，但这一联盟似乎不稳定，时而存在时而破裂。④ 与提盖亚的政治盟约大概比较正式，部分协约内容被保存下来。

斯巴达与同盟国之间大多是单独缔结盟约。⑤ 这方面我们没有直接的材料证明，但是斯巴达要想在联盟内部确立自己的特殊地位，就不可能将其他国家视作一方，也不可能允许在联盟内部存在联盟。斯巴达的国力还没有强大到可以凭一己之力控制所有其他盟国，否则它也就无须建立联盟了，完全可以直接在政治上控制它们。另外我们在后来的尼西阿斯和约中看到，斯巴达要一个一个地打压与它结盟的国家接受尼西阿斯和约⑥，可见其他盟国并没有成为一个整体与斯巴达建立结盟关系。

此时，斯巴达还没有确立霸主地位，与盟国的关系较为平等。首先，斯巴达没有在经济上控制盟国，正如修昔底德说：斯巴达不像后来的雅典之于提洛同盟那样以主人自居，一个明显的区别就是斯巴达没有向盟国征收贡金。⑦ 其次，在军事上斯巴达也没有调动盟国军队的权力。如

---

① De Ste. Croix, *The Origins of the Peloponnesian War*, pp. 123 – 124, 333 – 338.
② 卡特利奇认为科林斯并没有参加过第二次美塞尼亚战争，斯巴达也没有推翻过科林斯的僭主。参见 Paul Cartledge, *Sparta and Lakonia*, p. 139。
③ Hdt. III. 47, 48.
④ De Ste. Croix, *The Origins of the Peloponnesian War*, p. 123.
⑤ Jakob A. O. Larsen, "Sparta and the Ionian Revolt", *CP*, Vol. 27, No. 2 (Apr. 1932), p. 141.
⑥ Thuc. V. 22, 35.
⑦ Thuc. I. 19. 1,

斯巴达与阿尔戈斯之间的战争，就不见盟国的军队。① 后来斯巴达准备支援吕底亚国王克洛伊索斯，也是只有它自己单独出兵，尽管这次行动中途停止了。② 斯巴达讨伐萨摩斯时科林斯曾经派兵协助，但是科林斯的派兵不是出于强迫或结盟义务，而是出于自愿。③ 克利奥墨涅斯第一次干预雅典也是独自率领斯巴达军队。④ 最典型的例子莫过于克利奥墨涅斯第二次干预雅典，这次克利奥墨涅斯总算纠集了一支联军，但显然这不是一次联合派兵，参加行动的盟国连出兵的目的都不知道，半路上科林斯率先发难，撤军收兵，其他国家见状也相继收兵。⑤ 事后，斯巴达对这种擅自撤军的行为无可奈何，只是将参与撤军的本国的另一位国王戴玛拉托斯赶下台，却未见对科林斯加以惩罚，哪怕是象征性的处罚。拉尔森分析小亚希腊城邦准备起义反抗波斯时，斯巴达为何不肯答应支持，他认为，原因在于斯巴达还不能支配盟国，因为斯巴达的陆军强，但要支持就必须有海军运送军队，而海军船只主要由科林斯和厄吉纳控制，斯巴达无力征用。⑥

再次，斯巴达对盟国没有政治上的强制权。斯巴达与盟国之间的协约往往是一种口头的誓约（oath），双方各凭神意宣誓，在公元前427年，雅典与斯巴达之间签署的两份协约中，第一份协约第九条规定双方各按他们习惯上最有约束力的方式宣誓，后一份协约的第九条特别要在神庙附近建立有关协约的纪念柱⑦，这两份协约都没有提到如果一方违背了协约内容，该如何处理。在斯巴达与阿尔戈斯的协约中规定同盟成员国之间的矛盾将提交给第三方加以仲裁。⑧ 这是斯巴达与非伯罗奔尼撒同盟之间的协约，但它反映了伯罗奔尼撒同盟内部的结约方式。作为伯罗奔尼撒同盟的领袖，斯巴达应是理所当然的仲裁者，但实际上并不如此，如公元前421年，厄利斯与列普利昂发生领土之争，斯巴达加以

---

① Hdt. I. 82.
② Hdt. I. 83.
③ Hdt. III. 48, 54.
④ Hdt. V. 72.
⑤ Hdt. V. 75.
⑥ Jakob A. O. Larsen, "Sparta and the Ionian Revolt", *CP*, Vol. 27, No. 2 (Apr. 1932), p. 141.
⑦ Thuc. V. 18, 23.
⑧ Thuc. IV. 118. 7; V. 79. 4.

调解，但遭到厄利斯的拒绝，转而与阿尔戈斯结盟。①

各盟国还可以凭借神或半神（英雄）的名义拒绝斯巴达的指令。公元前 414 年，科林斯要退出斯巴达与阿尔戈斯的同盟，斯巴达不答应，认为此前斯巴达与科林斯的盟约规定：除非神或英雄用某种方式阻止它，多数同盟者的决定对于全体同盟者应当具有约束力。② 这种神或英雄的旨意包括神谕、灾变、不良的神示、宗教节日、与他国的协约等等。在古希腊，宗教气氛比较浓郁，神意、宗教禁忌高于任何人为的约定。恰恰是这种禁忌、这种凌驾于人为约定之上的前提成为盟国拒绝斯巴达旨意的借口，如斐鲁斯人和曼提尼亚人都曾经以宗教节日为借口拒绝对尼莫卡作战。③ 盟国在内部管理上基本上享有"自治权"，如斯巴达曾经在公元前 416 年与阿尔戈斯缔结和约，合约最后一条规定：双方应将本条约向他们的同盟者代表通报，如果他们赞成，就应缔结条约，如果同盟者代表有异议，他们可以把本条约交回本邦加以讨论。④ 此后的补偿条款这样规定：不论伯罗奔尼撒的其他城邦，作为独立主权国家，对其领土拥有完全主权，可以参加本条约和本同盟。⑤ 伯里克利曾经指出伯罗奔尼撒同盟的一个特点：他们没有一个议事会可以做出迅速果断的行动，因为他们的议事会包括不同的民族，每个城邦都有平等的一票表决权，都只关心本邦的利益，这种情况的结果通常是一事无成。⑥

但是，由于斯巴达本身拥有强大的军事力量，因此，斯巴达在这个独特的政治同盟中总是处于主动地位。这种主导地位一方面表现为斯巴达是整个联盟的领导者，虽不能对各盟国颐指气使，却在一定程度上可以惩罚盟国。比如，在普拉提亚战役中，曼提尼亚出兵迟缓，当他们到来时战斗已经基本结束，曼提尼亚想继续追击，但斯巴达人却不让他们追击，而是把他们遣送回国。⑦ 在伯罗奔尼撒战争期间，当斯巴达和雅典缔结《尼西阿斯和约》后，许多伯罗奔尼撒同盟的国家都非常害怕，认为它将联合雅典来奴役它们。曼提尼亚就在这一心理的驱使下首先离

---

① Thuc. V. 31.
② Thuc. V. 30.
③ Xen. *Hell*. IV. 2. 6；V. 2. 2.
④ Thuc. V. 78，79.
⑤ Thuc. I. 144
⑥ Thuc. I. 141.
⑦ Hdt. IX. 77.

开斯巴达，与阿尔戈斯结盟。① 斯巴达诚然允许各结盟国保持政治上的独立与自治，但依然通过自己的这种优势地位干涉结盟国的内政。② 另一方面，斯巴达在整个联盟决策中有着特殊地位。如克利奥墨涅斯干预雅典的政治，科林斯本来反对在雅典恢复僭主政治，但在后来的征讨大军中我们依然看到了科林斯的身影，尽管后来科林斯中途撤军致使斯巴达失败，但科林斯被迫参加的情形还是有所体现。斯巴达有时甚至可以在不征求盟国意见的情况下独自作出决策。还是前述的克利奥墨涅斯干预雅典事件，斯巴达未征求盟国意见，更没有得到盟国的同意，就在伯罗奔尼撒纠结了一支军队远征雅典，赶跑了克利斯提尼。③ 公元前479年，雅典率麦伽拉和普拉提亚的使节到斯巴达寻求军事支援，斯巴达没有征求盟国意见就独自率军出征，甚至庇里阿西人也不知情。④

同盟内部的决策过程可以参考伯罗奔尼撒战争爆发前同盟决策的情形。首先，各个盟国到斯巴达公民大会上发表演讲、提出主张，由斯巴达公民大会做出初步的决策，然后提交由各个盟国代表参加的同盟大会，讨论如何执行斯巴达公民大会的决策，最后斯巴达理所当然地成为同盟共同行动的领袖，并发出指示，要求盟国遵照执行。⑤ 在色诺芬的《希腊史》一书中，各国不断派使节到斯巴达的公民大会上发表演讲，提出自己的要求，从反面揭示了斯巴达在同盟行动中的决定性作用。议案一旦被通过，对盟国就具有一定的制约力。

在同盟内部，各结盟国家必须遵循"同敌共友"原则，承认"与斯巴达有着共同的敌友，跟随斯巴达，任其调遣"。这种原则在一些协约中有明确的记载，公元前421年斯巴达与雅典签署的尼西阿斯和约的附文规定：如果彼此遭受敌人的进攻，双方必须全力支持对方，将进攻者视为共同的敌人，联合征讨，任何一方未经另一方同意不得单独与敌人签署和约。⑥ 这一规定虽见于与雅典的条约，但在伯罗奔尼撒同盟内部也同样适用，只不过在早期表现得比较隐晦。按同盟内部的所谓多数原则，

---

① Thuc. V. 29.
② 详见后文。
③ Hdt. V. 74.
④ Hdt. IX. 10.
⑤ Thuc. I. 67，87，119，125；II. 10.
⑥ Thuc. V. 23.

只要多数同盟国表示同意①，这一决定就对各家盟国具有制约作用，而同盟决议在较大程度上代表了斯巴达的意志，所以多数原则更多地代表了斯巴达的意志。尼西阿斯和约签署后科林斯、厄利斯等老盟友不同意②，但他们不得不搬出"除非神意或半神不同意"这一补充条款为自己辩护，不像科林斯否定克利奥墨涅斯出兵雅典的决议案那样，不需要任何借口。"同敌共友"在色诺芬的作品中有更多的记载，公元前405年，斯巴达向雅典提出要它以自己的敌友为敌友，无论在陆地还是在海上都服从斯巴达的指挥。③ 在斐鲁斯和奥林托斯与斯巴达的誓约中也出现了同样的内容。④

应该指出，直到希波战争爆发，"同敌共友"原则并没有被各个盟国接纳。公元前491年，希波战争爆发给了斯巴达谋求霸主地位的大好时机。战争将斯巴达推向了希腊联军的领袖地位，也将斯巴达推上了希腊世界的领导地位。在组建希腊联军时，雅典、科林斯、提盖亚等邦都自觉维护斯巴达的盟主地位，尤其是雅典，它全力支持斯巴达，先是反对西西里的盖隆担任联军统帅⑤，后放弃了联军海军的统帅权。⑥ 斯巴达也开始对不服从调遣的各邦实施惩罚，如前所述的曼提尼亚被罚事件。正是在共同反抗波斯的事业中，希腊的结盟国家开始确立"凭神宣誓"的结盟方式和"同敌共友"的结盟原则。凭神宣誓最初的记载见于尼西阿斯和约缔结后科林斯对斯巴达的挑战，据卡克维尔研究，这种形式可能出现于此前三至四十年，即公元前460年左右。⑦ "同敌共友"原则的文字表述最初也出现于尼西阿斯和约⑧，但其具体实施应该出现得更早些，笔者认为出现于希腊反波斯同盟更可能，因为面对强敌，希腊各邦需要一条具有约束力的规则来协调结盟各邦的行动。因此笔者同意卡克维尔的观点，在公元前480—470年间，斯巴达与盟国之间的关系发生了很大的变化，斯巴达的盟主地位更为明显，对盟国的控制更加严格，但

---

① Thuc. V. 30.
② Thuc. V. 17.
③ Xen. *Hell.* II. 2. 20.
④ Xen. *Hell.* V. 2. 8；V. 3. 26；IV. 6. 2；VI. 3. 7；VII. 1. 2.
⑤ Hdt. VII. 161.
⑥ Hdt. VIII. 3；Plut. *Aristides*. 7.
⑦ G. L. Cawkwell, "Sparta and Her Allies in the Sixth Century", *CQ*, Vol. 43 No. 2 (1993). p. 376.
⑧ Thuc. V. 23.

值得注意的是并没有达到雅典控制提洛同盟各国的程度。

斯巴达结盟的一个重要目的是要创造良好的国际环境维护国内的政治稳定。具体讲，就是腾出手来解决美塞尼亚问题。这在与提盖亚人的政治盟约中体现出来。美塞尼亚问题交织着阶级矛盾和民族矛盾，在一定程度上民族矛盾超过了阶级矛盾，一直是斯巴达社会的重要问题。① 美塞尼亚问题已经成为斯巴达国家安全的一大软肋。一些政治对手往往利用这一矛盾来牵制斯巴达，例如第二次美塞尼亚战争就有阿卡迪亚等国的背后挑唆，阿尔戈斯也多次唆使黑劳士逃亡。斯巴达结盟的目的就是尽可能减少国际敌人，腾出精力维护国内的稳定。正如科林斯的代表批评的：斯巴达在外交上自私自利，对其他国家的建议总是持怀疑态度。② 但是，斯巴达结盟最重要的目的则是要确立自己在希腊世界的盟主地位、大国地位，有学者，如卡克维尔，据此认为早期的斯巴达结盟是防御性结盟。笔者不能赞同这一观点，斯巴达不可能把结盟纯粹作为自卫防御的工具。尽管早期斯巴达的力量还不可能在希腊世界一家独大，但那种追求希腊世界霸主地位的目的还是非常明显的。这种意图明显体现在斯巴达不断的对外干预上。

第三节 区域霸权外交

伯罗奔尼撒同盟的成立使得斯巴达获得在伯罗奔尼撒半岛的霸权，这种霸权可以说是区域霸权。从此以后直到伯罗奔尼撒战争初期（公元前427年），斯巴达的外交政策主要是维持自己在伯罗奔尼撒地区的霸主地位，和希腊半岛的大国地位。

一、区域霸权外交政策的社会背景

为什么斯巴达在这一较长的时段内实施这一政策？狄金斯和克鲁瓦主要是从斯巴达国内政治斗争的角度加以分析。狄金斯认为这主要是埃伏尔与国王权力斗争的结果。斯巴达的埃伏尔在莱库古改革时作为贵族

---

① 黑劳士的社会地位存在学术界存在严重的争议。详情容另文细述。可参见米歇尔：《斯巴达》一书有关黑劳士部分。

② Thuc. I. 68.

政治的一种官职得以建立，经过色奥彭浦斯改革、阿斯特罗普斯改革，到基隆时期成为与国王平起平坐的官职。公元前6世纪后期，由于扩张可以为斯巴达贵族获得新的土地，赢得贵族的支持，提升自己的政治地位和权力，因此，斯巴达国王主张继续对外进行扩张，这一主张也得到贵族的支持。埃伏尔担心国王权力过大，因此反对继续对外扩张，满足于在伯罗奔尼撒半岛内的霸主地位。①

克鲁瓦通过对斯巴达决策过程分析认为斯巴达国王实际上操纵着外交决策②，斯巴达政治生活中存在好战的"鹰派"和主和的"鸽派"，但克鲁瓦认为，斯巴达国王属于鸽派，而埃伏尔、元老院和公民大会属于鹰派；老年人属于鸽派，而年轻人属于鹰派。但克鲁瓦笔下的派别与现代政治生活的政党和政治派别差异很大，并没有明显的代表人物，也没有解释为什么会分为不同的派别？

笔者认为，斯巴达区域霸权外交政策的出发点与前述结盟外交的出发点没有发生本质的变化，仍然是国家安全，是争夺霸权、版图广阔与国力有限的矛盾和社会内部矛盾综合作用的结果。无论是国王与埃伏尔的矛盾还是不同王室之间的斗争，他们都难以摆脱这两个矛盾的作用。无论他们在获得优势地位之前持哪一种主张，一旦控制斯巴达主要权力，他们势必会从斯巴达国家利益出发，回归区域霸权外交。

受区域霸权外交的影响，斯巴达在具体外交活动中表现为对希腊本土竞争势力的打压、对波斯的自私保守、对雅典的宽容与忍让、对外部攻势的退让与闭关。

二、维持本土的霸权

古典时期的斯巴达延续古风时期后期的外交政策，其目的就是维持自己在伯罗奔尼撒半岛的霸主地位和希腊本土的大国地位，为此它对可能出现的竞争力量主动打压、全力干预。斯巴达干预的主要对象一是雅典，二是底比斯。

公元前546年，庇西特拉图发动第三次政变，在雅典建立了比较稳固的僭主政治。庇西特拉图继承梭伦的政策，雅典经济快速发展，国力迅速增强。这引起实力急剧膨胀的斯巴达的恐惧。从此之后，斯巴达就

---

① Guy Dickins, "The Growth of Spartan Policy", *JHS*, Vol. 32. (1912), pp. 1–42.
② De. Ste. Croix, *The Origins of the Peloponnesian War*, p. 138, 145, 147.

不断寻机干预雅典。公元前519年，中希腊小邦普拉提亚受底比斯的压迫，普拉提亚试图投靠斯巴达。但斯巴达借口自己远离中希腊，不能提供及时的帮助，建议他们投靠与之毗邻的雅典。希罗多德指出：这与其是出于对普拉提亚人的好意，毋宁说是使雅典与底比斯人交恶。此后，雅典与底比斯之间果然为了普拉提亚发生战争。① 此后，斯巴达继续干预雅典内政，约在公元前510年，斯巴达国王克利奥墨涅斯先派安启莫里欧斯率军进攻雅典，雅典则联合帖萨利亚进行还击，击毙了安启莫里欧斯，斯巴达被迫撤军。随后，克利奥墨涅斯亲自率军，打败帖萨利亚骑兵，围攻雅典卫城，但克利奥墨涅斯莫名其妙地撤军，雅典人民抓住机会驱逐了希比亚斯。

雅典僭主政治被推翻后，建立起民主政治，国力继续上升。斯巴达再次出兵干预。公元前507年，在斯巴达军队的支持下，雅典贵族伊萨戈拉斯建立起贵族寡头统治。但在斯巴达军队撤回之后，雅典人民再次驱逐了伊萨戈拉斯。斯巴达试图联合科林斯、波奥提亚、卡尔启斯，再次干涉雅典内政，斯巴达军队进驻雅典重镇——厄琉西斯。但由于科林斯阵前倒戈，这次干预未获成功。② 斯巴达干预雅典的政策并没有取得成果，雅典的国力没有衰落反而进一步增强。

阿尔戈斯是斯巴达的宿敌，又同在伯罗奔尼撒半岛，而且互相毗邻。公元前494年，斯巴达国王率军渡海进入梯林斯，在塞佩亚，斯巴达军队趁阿尔戈斯军队吃饭的时候，打败阿尔戈斯军队，阿尔戈斯军队被迫撤到森林，斯巴达放火焚烧，阿尔戈斯损失巨大，据说阿尔戈斯男子损失到无法控制政权，阿尔戈斯奴隶乘机控制了政权。直到新生的阿尔戈斯人成年，重新夺回政权，曾经掌权的奴隶们则占领了梯林斯独立。他们与阿尔戈斯人之间开始了长期的战争。③ 阿尔戈斯从此衰落下去，斯巴达成为伯罗奔尼撒半岛上最强大的国家。

此后，斯巴达处处打压阿尔戈斯，公元前482年，在成立反波斯的希腊联盟大会上，斯巴达断然拒绝阿尔戈斯分享联盟指挥权的要求，致使阿尔戈斯拒绝参加希腊联盟。直到公元前457年，斯巴达为了与雅典抗衡，才与阿尔戈斯签署了三十年和约。

---

① Hdt. VI. 108, Thuc. III. 68.
② Hdt. V. 75.
③ Hdt. VI. 76-83.

斯巴达对两个最具实力的竞争对手的打压维持了自己的区域霸主地位。

三、对波斯自私保守

公元前 5 世纪，波斯成为希腊世界格局中的新的因素，但斯巴达认为波斯威胁远在亚洲，难以威胁到自己的区域霸主地位，因而它对波斯的政策充满自私保守的特性。公元前 6 世纪中期，波斯从伊朗高原一路西征，征服了两河流域，与小亚地区的吕底亚发生冲突。吕底亚与希腊联系密切，为了与波斯抗衡，吕底亚不得不寻求希腊的援助。尽管斯巴达同意缔结同盟关系，但直到吕底亚被征服没有见到斯巴达出手援助。吕底亚被征服之后，波斯很快占有了小亚地中海沿岸的希腊各邦。

随着波斯问题的日趋严重，斯巴达自私保守的外交政策日渐凸显。这首先表现在萨摩斯事件上。公元前 510 年左右，萨摩斯僭主麦安多琉斯被波斯推翻，麦安多琉斯携带珠宝逃到斯巴达。他将斯巴达国王克利奥墨涅斯引诱到自己的住处，向他展示财物。麦安多琉斯的目的可能是在此避难或请斯巴达帮助其复位。但克利奥墨涅斯将这件事告诉了埃伏尔，并要求驱逐麦安多琉斯，据希罗多德的说法，其原因是他本人或其他的希腊人会被他说服去干坏事。① "防止干坏事"其实只是表面的借口，真实的目的是避免卷入与波斯的矛盾。

自私保守的外交政策在米利都事件中得以延续。公元前 500 年，被波斯征服的小亚城邦米利都试图发动起义，派人到希腊本土寻求援助。对此，雅典和斯巴达的表现截然不同。当时雅典和斯巴达正在争夺希腊的盟主地位，斯巴达已经先声夺人成为了希腊世界的盟主，雅典要想超越斯巴达，夺去盟主地位，必须取得希腊世界的认同，赢得希腊世界的支持，也必须将自己装扮成希腊世界的代表。而米利都事件恰恰给了雅典一个机会，米利都是希腊世界的成员，而波斯却是外来的蛮族，支持米利都正可以使雅典成为希腊抵抗蛮族的领袖，也可以使自己成为希腊世界利益的保护人。正是在这种情况下，雅典象征性地派出了十七条战舰支持米利都。但对这个可以提升自身国际地位的事件斯巴达却毫无兴趣，还是以"距离太过遥远"为由加以拒绝。②

---

① Hdt. III. 148.
② Hdt. V. 49–50.

波斯控制小亚地区之后开始干涉希腊半岛本土，但是斯巴达却因为波斯军队远离本土不肯全力抵抗。公元前492年，波斯派使节到希腊进行外交讹诈，索取"水"和"土"，尽管斯巴达拒绝了，但这种拒绝更多的是一种"政治秀"。当时，雅典经过米利都事件在希腊赢得了较多的国际声誉，现在，雅典又在对波斯的态度上表现得相当坚决，把波斯使节投到地坑中，显示出坚决抵抗、决不妥协的态度。在这种情况下，斯巴达如果退让必将在外交上进一步输给雅典，斯巴达只有模仿雅典才能维持自己的既有国际地位。

但是，斯巴达的"孤立主义"外交政策并没有改变，这种政策在马拉松战役中继续表现出来。在马拉松战役中，斯巴达继续执行这一外交政策。当雅典的使节来带斯巴达请求援助时，斯巴达一方面答应，但又声称当时是一个月的第九天，月亮还没圆，按惯例不能出兵。在迷信盛行的古代，不吉利的日子确实是一大禁忌，但也不是没有变通的方法。伯罗奔尼撒战争中，阿尔戈斯为了进攻厄庇道鲁斯，在整个战期间把每一天都称为卡尔纽斯月前一个月的第27天。因为按照当地惯例卡尔纽斯月必须休战。① 所以，所谓的"月圆出战"也不是铁律。我们很难想象，斯巴达从建国到现在，打了那么多仗，每一次都只在月圆的日子才发动。所以，这里最根本的原因还是斯巴达的外交政策使然。

公元前482年，当薛西斯率领波斯大军攻入希腊本土时，斯巴达认为波斯的目的只是教训雅典②，但它又担心当年杀死波斯使节会遭受报复，因此，想当然地企图通过派两位高贵的青年去波斯赴死，抵偿两位波斯使节的性命，以此消弭波斯的愤怒，避免战争。为此，斯巴达"常常召开公民大会，并在全城发布公告，征询哪位拉开戴蒙人愿意挺身而出，为斯巴达献出自己的性命。"③ 但是，斯巴达的举动并没有换来波斯的原谅。

同年，全体愿意保卫希腊的城邦聚集在一开会，斯巴达出任希腊联军的统帅。但是，斯巴达担任此职是外交斗争的结果，却不是出于自愿。对斯巴达来说，希腊联军统帅是希腊盟主最直接的体现，斯巴达不肯交

---

① Thuc. V. 54.
② Hdt. VIII. 142.
③ Hdt. VII. 134.

给别人，正因为如此，斯巴达坚决拒绝阿尔戈斯在联盟中与自己平起平坐。① 当叙拉古要求担任联军统帅时，斯巴达的代表当即拒绝，明白表示：我们不会在全军统帅这个问题上做出让步；如果你愿意出兵援助希腊，你就得准备服从拉开戴蒙将军的指挥，如果你不愿居于他人之下，那你就不必出兵了。② 雅典显然对斯巴达的这一野心清清楚楚，当叙拉古退而要求海军统帅时，雅典公开表示反对，雅典一方面要保护自己的国际地位，另一方面要争取斯巴达参加反对波斯的战争。对雅典来说，反击波斯对自己更为重要，因为毕竟自己处于战争的最前沿，如果斯巴达不能全身心参战，那么对雅典来说将是更大的灾难。就这样，斯巴达在雅典的支持下成为希腊联军的海陆军的最高统帅。

斯巴达出任联军统帅并不意味着自私保守的外交政策的改变。事实上，斯巴达在抵抗波斯的事业中充满逃跑主义和自私自利的倾向。战争初期，斯巴达忙于在科林斯地峡修建壁垒，以阻止波斯军队的进攻。③ 虽然后来斯巴达率军驻扎温泉关和阿尔特米西昂，实施抵抗，但这很可能是在雅典的威逼之下采取的行动。当初，希腊军队驻扎在帖萨利亚北部就是因为帖萨利亚宣称如果希腊军队不驻防在它的北部他们就投降波斯。尽管如此，后希腊军队还是逃跑了。现在，温泉关和阿尔特米西昂正位于阿提卡的北部，是波斯海陆军队进入阿提卡的要道。希腊军队重新在这里布防很可能出于雅典的强烈要求。非常奇怪的是，驻扎在温泉关的斯巴达军队只有1000余人，其中斯巴达人只有300名，在普拉提亚战役中，斯巴达投入的总兵力达到45000人，其中斯巴达人5000名，显然斯巴达并没有竭尽全力投入战争。在阿尔特米西昂驻防的来自斯巴达的海军联军统帅也是充满逃跑倾向，战争还没有开始时，他就想率领海军逃跑。温泉关战败之后，这种逃跑倾向更为强烈，最后因为优卑亚人的贿赂才没有立刻逃跑。④ 不过，后来希腊海军还是离开了阿尔特米西昂，其意图是撤回伯罗奔尼撒，据守地峡⑤，后在雅典的坚决要求下，才驻守萨拉米斯。但这支海军依然充满逃跑倾向⑥，虽然获得了萨拉米

① Hdt. V. 149.
② Hdt. VII. 159.
③ Hdt. VII. 139.
④ Hdt. VIII. 4.
⑤ Hdt. VIII. 40.
⑥ Hdt. VIII. 56，62.

海战的胜利，最终还是撤回到伯罗奔尼撒半岛。

普拉提亚战役之后，波斯在希腊半岛的威胁暂时解除，希腊同盟内部的权力斗争再次爆发。雅典拉拢萨摩斯、列斯波斯等过试图夺回希腊同盟的指挥权。① 面对雅典的攻势，斯巴达没有做出针锋相对的斗争，而是顺势交出了希腊联盟的领导权。这其中的原因固然有雅典的明争暗夺，同时也与斯巴达的对波斯政策有关。公元前479年，斯巴达名帅波桑尼阿斯率领希腊联军取得普拉提亚战争的胜利，之后他又率军进入北希腊继续与波斯作战。但波桑尼阿斯战后粗暴地对待希腊盟国，同时勾结波斯寻求成为希腊僭主，最后波桑尼阿斯被召回。后来，经过审判，这些罪状并不成立。② 但是，斯巴达从此不再派人担任希腊联军的统帅。修昔底德认为，斯巴达此举是因为担心斯巴达人因此而沾染东方国家的习气而堕落，但更主要的是斯巴达相信雅典比自己更胜任担任统帅，自己不愿意继续担任联军统帅。笔者认为，斯巴达此举的真正原因在于：斯巴达认为波斯军队退往北部希腊、赫勒斯滂海峡之后，不再构成对斯巴达的威胁，而赫勒斯滂海峡对斯巴达来说没有直接的经济利益，斯巴达不愿为雅典火中取栗。总而言之，真正的原因是对波斯政策中的自私保守。

斯巴达在波斯问题上的自私保守根本目的是维护自己在伯罗奔尼撒半岛的霸主地位。它对亚洲事务的冷漠，对波斯的退让，其目的则是保存自身实力，以免危及自身地位。

四、对雅典宽容、忍让

希波战争之后，希腊世界国际格局最大的变化是雅典的崛起。基于确保伯罗奔尼撒霸主、希腊大国地位的外交目的，斯巴达对雅典的崛起在一段时间内采取了宽容与忍让的政策。

希波战争之后，雅典外交的重点在发展海上势力，它组建提洛同盟，进攻那些爱琴海上的希腊城邦以及北希腊、赫勒斯滂占领地区的波斯势力范围。通过收取盟邦的贡赋、掠夺战利品，雅典的势力迅速上升。但是，由于雅典的势力发展主要集中在海上，斯巴达对雅典的势力发展采取了宽容与忍让的政策。还在普拉提亚战役之后不久，雅典开始修建卫

---

① Plut. *Arist*. 23.
② Thuc. I. 95 – 96; Hdt. V. 32.

城城墙①，尽管斯巴达对此提出抗议，但此事最终不了了之，雅典终于顺利地建成城墙。不仅如此，此后不久，底米斯托克利主持修建保护庇利乌斯港的城墙②，当时雅典的港口在法勒伦，庇里乌斯还不是港口，底米斯托克利计划将它建成希腊世界最大港口，并凭借此港进而争夺海上霸权。③ 公元前475年，斯巴达国内曾经围绕是否夺回海军指挥权发生过讨论，贵族赫托伊马里达斯认为，海上指挥权与斯巴达无益，主张彻底放弃海上指挥权，并为此提出了许多相关证据。最后，公民大会接受了这一建议。④ 斯巴达之所以如此，其根本原因在于它想当然地认为，雅典在海上的发展不会危及自己在希腊半岛本土的地位。

据普鲁塔克，希波战争之后，斯巴达的雅典政策中有一点就是支持客蒙、反对底米斯托克利。⑤ 底米斯托克利是颇有野心和心计的雅典政治家，一心建立雅典帝国。在组建希腊联盟时，虽然底米斯托克利表面上拥护斯巴达，但实际上却怀着使"全体希腊人心甘情愿服从他们"的野心。⑥ 他甚至计划烧毁希腊联军的海军基地，以树立雅典海军的优势地位。⑦ 客蒙是与底米斯托克利同时的雅典著名政治家，底米斯托克利被驱逐之后更成为雅典的实权人物，他延续了底米斯托克海上扩张的政策，公元前467年攸里密敦河战役则是这一政策的体现。他是斯巴达的利益代表，在外交上主张"两极格局"，即雅典与斯巴达共同主宰希腊，这一观点在公元前461年，斯巴达请求雅典支援他们扑灭黑劳士起义中有充分的表现。当时以厄斐厄尔特为代表的政治力量主张拒绝支持，但客蒙要求雅典人"不要让希腊遭受跛足之苦，不要让雅典失去伙伴"。⑧ 客蒙的外交主张适应了希波战争之后希腊世界"双雄并立"的"两极格局"⑨，契合了斯巴达的外交主张，因而得到斯巴达的支持。

公元前5世纪70年代末，雅典的外交重心回到希腊本土。它利用麦

---

① Thuc. I. 89–92; Plut. *Them*. 19; Diod. XI. 39. 2.
② Thuc. I. 93; Plut. *Them*. 19.
③ Diod. XI. 41.
④ Diod. XI. 50.
⑤ Plut, *Them*. 20.
⑥ Plut, *Them*. 7.
⑦ Plut. *Them*. 20; *Arist*. 20. 狄奥多罗斯对此有不同的说法，参见 Diod. XI. 42.
⑧ Plut. *Cimon*, 16.
⑨ Thuc. I. 18.

伽拉与科林斯的矛盾控制麦伽拉①；支持中部希腊的佛西斯独立，帮助失败的黑劳士在瑙帕克都斯建立定居点。瑙帕克都斯位于科林斯湾进入亚得里亚海西端最狭窄处的北岸。雅典的行动严重危及到科林斯的商业利益。公元前461年，以科林斯为首的伯罗奔尼撒国家与雅典发生战争，此即"第一次伯罗奔尼撒战争"。但是，由于雅典的行动局限于科林斯湾，与斯巴达没有直接的利益冲突，斯巴达在战争初期仍然置身度外。公元前460年，雅典支持埃及暴动，波斯派人联络希腊各邦进攻雅典，波斯花了不少钱却没有取得预想的成果，最后无功而返，这其中当然包括斯巴达。② 战争初期，雅典与科林斯、厄庇道鲁斯在哈利埃激战，雅典征服厄吉纳，这些进攻性的行动都没有引起斯巴达的反制行动。

公元前457年，雅典的势力进一步发展，他们建成了连接雅典卫城和庇里乌斯港的城墙，支持佛西斯进攻斯巴达的原始家乡多利斯，这时，斯巴达才派兵中希腊，扶植底比斯重建波奥提亚同盟，帮助多利斯驱逐佛西斯。然后在塔那格拉战败雅典，不久就回到斯巴达。公元前455年，雅典攻占厄吉纳，条件是拆毁城墙、交出船舰、缴纳贡金。接着，雅典派海军环伯罗奔尼撒航行，焚毁斯巴达港口吉提乌姆，攻占科林斯城市卡尔基斯，攻入科林斯西部邻国希昔翁。公元前454年，埃及的反波斯起义失败，支持埃及的雅典军队全军覆没；但在希腊本土，雅典则继续沿着科林斯湾向西进攻，围攻阿卡那尼亚的奥尼阿代。面对雅典的外交攻势，公元前451年，斯巴达与雅典签署了五年休战和约。

斯巴达对雅典的忍让其主要原因在于其固有的外交政策，但与斯巴达本身的力不从心不无关系。公元前465年，斯巴达发生大地震。大地震使得斯巴达的国力受到严重削弱，尤其是公民人数削减了约一半，斯巴达被迫放弃了对塔索斯的支持。接着黑劳士暴动越演越烈，斯巴达自顾不暇，无力主动对外发动战争。

五、进攻性的"锁国外交"

区域霸权外交政策和自身国力的削弱致使斯巴达外交在四十年代之后呈现出奇怪的特征，一方面好战派掌控国家权力，在外交冲突中具有进攻性；另一方面在外交行动上却又具有保守性，进攻性行为往往瞬间

---

① Thuc. 103.
② Thuc. I. 109.

即逝，仅有的成果也很快化为乌有，更多的时间内呈现出"锁国外交"的特征。

50年代初期，雅典与波斯签署卡利阿斯和约，军事重点再次回归希腊本土，斯巴达的外交也有所调整。公元前449年，第二次圣神战争爆发，雅典盟国佛西斯占领德尔菲，斯巴达出兵干预，夺回德尔菲。但斯巴达随即撤军，雅典则马上出兵，帮助佛西斯重新夺回德尔菲。① 公元前446年，雅典的盟国优卑亚暴动，雅典急忙出兵镇压，麦伽拉利用机会发动暴动脱离雅典控制。斯巴达趁机采取主动行动，刚刚成年的国王普雷斯特阿那克斯亲自率军，直抵厄琉西斯和特里乌斯。但是就在军事行动顺利进行的时候，斯巴达主动撤军。② 公元前445年，斯巴达政府放逐了擅自撤军的国王普雷斯特阿那克斯，主战派控制国家权力，这标志着斯巴达好战派执掌国家政权。接着，斯巴达与雅典签署五十年和约，雅典被迫放弃了原先在伯罗奔尼撒地区占领的所有领土：尼塞亚、佩盖、特洛伊曾和阿卡亚。③ 好战派政权之后，斯巴达也在一些国际冲突中采取过进攻性的行为，如：公元前440年，萨摩斯发生暴动，克鲁瓦认为斯巴达曾经决定支持萨摩斯④，因为科林斯代表在雅典宣称：当时伯罗奔尼萨诸邦对是否援助萨摩斯意见不一，而自己则反对出兵支持萨摩斯。⑤ 克鲁瓦认为这些伯罗奔尼撒城邦中应当包括斯巴达在内。公元前432年，波提迪亚计划叛离雅典，斯巴达承诺如果雅典进攻波提迪亚，斯巴达就进攻阿提卡。⑥

与此同时，斯巴达国内的意识形态、宣传教育也在发生变化。传统观点认为斯巴达在第二次美塞尼亚战争之后就建立起军国主义国家，作为军国主义国家在文化教育领域的表现就是文化的沙漠化。但是最新的研究成果表明，古风时期斯巴达并没有文化沙漠化的倾向，相反，斯巴达的文化生活非常丰富。但在，这一时期斯巴达的意识形态宣传教育出现了军事化的倾向。由于史料匮乏，我们很难清晰勾勒出斯巴达社会制度、意识形态演变的过程。但是，通过对史料的仔细分析，我们依然可

---

① Thuc. I. 112.
② Thuc. I. 114, 115.
③ Thuc. I. 114, 115.
④ De. Ste. Croix, *The Origins of the Peloponnesian War*, pp. 200 – 204.
⑤ Thuc. I. 40.
⑥ Thuc. I. 58.

以发现在这一时期，斯巴达的教育体制、意识形态等方面发生了明显的变化。首先，我们可以从希罗多德的作品中看出斯巴达意识形态的军事化。仔细阅读希罗多德的作品就会发现，斯巴达在希波战争期间的形象远不是我们看到的那么伟大。如马拉松战役中寻找借口拒绝出兵，波斯大军逼近时竟派两名代表送死以换取波斯罢兵，温泉关战役中自私保守，只派遣了包括300名斯巴达人、总人数1000余名的军队，温泉关战役之后斯巴达海军统帅时刻想逃跑。但是，我们在希罗多德的作品中又看到利奥尼达斯为成就荣誉拒绝撤军、斯巴达将士四次反击夺回利奥尼达斯尸体、狄耶凯涅斯自豪宣称将在飞箭的阴影下作战、优律图斯因为眼疾回国但又中途返回战场、潘提特斯因为出使他国未及时参加温泉关战役但战后却自缢于战场、唯一幸存的阿里斯托戴摩斯回国后受尽嘲讽最后在普拉提亚战役中竭力洗雪前耻力战而死等故事。这显然是后来斯巴达的演绎，其目的和效果就是在斯巴达提倡和塑造"勇敢顽强、为国捐躯"的美德。希罗多德公元前443年前往意大利南部的雅典殖民地——图里，晚年主要在这里潜心著述，直至公元前425年去世。因此，希罗多德应该在移居南意大利之前就已经基本掌握上述传说和资料，这反过来说明当时斯巴达的意识形态已经开始军事化。其次，斯巴达教育也开始军事化。最早提及斯巴达教育军事化转向的应该是修昔底德，他在伯里克利发表的葬礼演讲词中写道："我们所依赖的主要不是制度和政策，而是我们公民的民族精神。在我们的教育制度上，我们的对手从孩提时代就通过残酷的训练，以培养其勇敢的气概；在雅典，我们的生活完全是自由自在的，但是我们也随时准备对付和他们一样的各种危险。"[①] 这种通过"制度和政策"加以保证、在"孩提时代"就开始实施的"残酷"教育不可能在公元前432、431年实施，应该更早。但这个起点也不会如后来作家所说的那样起源于莱库古，最可能的时间可以追溯到公元前446年、或公元前460年，因为这一时斯巴达的战争危险越来越严峻，不得不为即将到来的战争做准备。

但总体来看，尽管斯巴达国内好战派掌权，军事化加强，但斯巴达在外交上却显得更加"保守"。在公元前440年的萨摩斯暴动和公元前432年的波提迪亚叛乱两次事件中，斯巴达虽然答应提供支持，但实际

---

① Thuc. II. 39.

上没有付诸①，尤其是，公元前435年，厄庇丹鲁斯发生内部革命，科林斯与子邦科西拉产生冲突，雅典与科西拉结盟，斯巴达对此无动于衷。这些行动使得斯巴达的主要盟友科林斯的利益受到严重危害，科林斯对此感到非常气愤，它严厉批评斯巴达外交"孤陋寡闻"、"善于维持现状、缺乏革新意识"、"宁愿被动挨打，也不愿主动出击"②、没有尽到"盟主的责任"、只关心自己的利益而不关心盟国的共同利益。③ 科林斯总结了斯巴达外交的原则："如果你们不伤害别人，你们也就不必冒着命运的危险来防止别人的伤害。"④ 修昔底德也认为：在这期间的大部分时间里，拉开戴蒙人都保持着冷静的态度，除非形势所迫，他们总是迟迟参战。对斯巴达的这种外交状况，修昔底德认为很大一部分原因在于"国内的战争，使他们难于出兵作战。"直到雅典开始侵略拉开戴蒙同盟国了，他们才觉得不能再"视而不见"，不能"再容忍下去"。⑤

自私保守的外交政策的发展到极致就是"锁国外交"。锁国外交与自私保守有些微的不同，锁国外交更多的是指限制甚至中止与国外的经济文化联系。修昔底德第一次明确告诉我们，斯巴达实行了锁国政策。在伯里克利的葬礼演讲辞中说道："我们的城市对全世界是开放的，我们从未通过排外条例，以防止外人有机会探访或观察，尽管敌人的耳目时常从我们的自由开放中捞取好处。"⑥ 众所周知，伯里克利的葬礼演讲词总是将斯巴达与雅典作对比，暗讽斯巴达。这里的《排外法案》显然指斯巴达。在伯罗奔尼撒战争前夕的外交交锋中，伯里克利在给斯巴达使节的回复中说："我们将允许麦伽拉使用我们的市场和港口，只要拉开戴蒙人停止使用那些禁止我们和我们的同盟的人入境的侨民法"。⑦ 修昔底德在述及曼提尼亚战役时还说道：拉开戴蒙军队属于国家秘密，任何人无从知晓。⑧ 伯里克利的叙述与葬礼演讲词稍有不同，后者似乎告诉我们斯巴达的锁国排外并不是针对所有的国家，而是特别针对雅典的同盟

---

① 克鲁瓦认为斯巴达一度准备接受萨摩斯的请求，但因为科林斯的反对而放弃。笔者认为，这其实是科林斯人的自夸。De. Ste. Croix, *The Origins of the Peloponnesian War*, pp. 200 – 204.
② Thuc. I. 68, 69, 70.
③ Thuc. I. 120.
④ Thuc. I. 71.
⑤ Thuc. I. 118.
⑥ Thuc. II. 39.
⑦ Thuc. I. 144.
⑧ Thuc. V. 68.

国，不过伯里克利的回复是一种比较严格的外交辞令，所以更多的是从本国或提洛同盟的角度，这样也就不能排除斯巴达针对所有国家的锁国排外政策。

阿里斯托芬在《鸟》一剧中说：在斯巴达，这里的人也排外，闹事打人的事时有发生。① 这里的"闹事打人"应该不是指斯巴达人内部的人际冲突，更可能是针对外侨的打人闹事，那么这就是明显的排外行为了。这大概是最明确的关于斯巴达排外外交的记述。

色诺芬和普鲁塔克介绍的锁国排外政策具有更大的普遍性。色诺芬曾经说："我知道，以前拉开戴蒙人更喜欢在家中过着适度的生活，不愿被接受附属国统治者的献媚所玷污。我还知道，以前他们害怕拥有黄金，但现在他们却到处夸耀自己的财富。以前的涉外法规定在国外生活是非法的，我毫不怀疑这些规定能防止公民在与外国人交往中堕落。"② 这里所说的政策更多的是一种锁国政策，禁止本国人民与外国的交往。

普鲁塔克曾经说：莱库古禁止人们为了快乐生活在国外，禁止人们到不熟悉的地方游玩，以免他们接受外国人的习俗或模仿外国人的生活方式，这些外国人或者没有接受严格的训练，或者生活在不同的政治体制之下。另外，莱库古确实从国内驱逐了大量的外国人，这些人完全是为了毫无用处的目的涌入的。他这样做不是因为害怕他们将模仿斯巴达的政治体制或习得斯巴达的美好品德，而是担心斯巴达人长期与陌生人相处，会被陌生的习俗所污染，进而导致许多破坏现存和谐的政治秩序的情感和决策。所以，莱库古认为必须采取措施防止坏习惯、坏风俗的侵入，必须保证斯巴达不受邪恶疾患的污染。③ 这里所述的政策同时具有了锁国与排外的特征，既禁止本国公民与国外的交往，也禁止外国公民与本国的交往。

修昔底德在提及希波战争之后波桑尼阿斯被罢免时也指出，这次罢免的原因之一是波桑尼阿斯模仿波斯生活方式：穿波斯人服装、摆波斯宴席、用波斯仪仗队。④ 在波桑尼阿斯被罢黜之后，斯巴达没有再派最高指挥官，其主要原因则在于防止新的指挥官在外部生活日久沾染外部

---

① Aristphone, *Bird*, 1012–1013.
② Xen. *Lac. Pol.* XIV. 2–4.
③ Plut. *Lyc.* 27.
④ Thuc. I. 130, 132.

生活方式。① 笔者认为，希波战争之后斯巴达让出希腊联盟最高指挥权原因极为复杂，既有斯巴达出于国家利益和实力的考虑，也有雅典的暗地争夺，斯巴达不可能如修昔底德、普鲁塔克所说的那样，因为担心指挥官的腐败而自动交出指挥权②，修昔底德之所以做出这种解释更主要的是基于他生活时代的斯巴达现状的考虑。

锁国政策还表现在文化生活领域。与雅典不一样，斯巴达拒绝那些能言善辩的"智者"来本国授课，也没有"智者"风格的文化活动。如厄利斯的智者希庇亚曾经在西西里、伊尼库斯挣得大量的学费，但在斯巴达却收获几无。据希庇亚分析，其原因在于：斯巴达的祖传习俗禁止他们修改法律，或者用不符合传统的方法教育他们的儿子。在斯巴达进行外国教育是违法的，斯巴达教育的主要内容是英雄和人物谱系、古代城邦建立的故事，即那些古代传说。苏格拉底把这种教育比喻为"老奶奶给儿童讲故事"。③ 此间斯巴达的文化生活极其单调，据普鲁塔克讲，斯巴达的音乐总是那种慷慨激昂、充满震撼力的音乐，其格调简单，主题严肃。大多数的音乐都是在褒奖那些为国捐躯的英雄，鞭笞那些怯懦贪婪之徒。在节日上，老年、中年、青年总是唱着同样的歌曲。④ 伯里克利则赞扬雅典有许多娱乐活动，有各种竞技会和祭祀活动，可以使人们从劳作中得到精神的恢复，雅典人温文尔雅、多才多艺。⑤ 伯里克利的赞扬也隐晦地告诉我们斯巴达文化生活非常的单调枯燥。斯巴达的教育受到古典作家的多次诟病，称他们的教育专注于通过残酷的训练培养勇敢品德，忽视了其他文化知识的教育。⑥

斯巴达外交中的这种矛盾现象可能是特定形势下为迎接即将到来的战争进行准备的结果。一方面，面对雅典咄咄逼人的攻势，斯巴达开始动员国内力量，做好准备；另一方面战事临近，排挤外侨，本身可能是外交斗争的产物，因此，"锁国"更多地表现为对雅典及其盟国的封锁，对自己的盟国的封锁并不严格；再一方面，正如伯里克利演讲词所表现出来的，"锁国"更多是出于备战的需要，防止国家机密外泄。因此，

---

① Thuc. I. 95.
② Plut. *Arist.* 23.
③ 柏拉图：《大希庇亚篇》，284b，284c，285d，286a。
④ Plut. *Lyc.* 21.
⑤ Thuc. II. 38，40，41.
⑥ Thuc. II. 39，Arist. *Pol.* 1271b2，1338b12，Plato，*Laws*，625e，630.

斯巴达的"锁国"是一种进攻性的外交策略,而不是纯粹保守的外交政策。

第四节 "泛希腊霸权"外交

从长时段来看,斯巴达外交的底色是"霸权主义"。霸权主义特有的侵略性决定了斯巴达不可能永远局限于有限的区域范围内,区域霸权只是斯巴达在特定形势下的外交选项,是在实力相对不济的形势下带有防守性的霸权政策,一旦形势有变,斯巴达势必会寻求更大范围的霸权。公元前5世纪中期,雅典利用斯巴达国内发生地震和奴隶起义等重大变故的机会,不断扩张自己的势力,与斯巴达发生冲突。斯巴达因应形势的变化,逐步调整外交,实行更为积极主动的扩张外交和强权外交,寻求在伯罗奔尼撒半岛之外的更广阔的空间建立霸权。笔者将这一政策称为泛希腊霸权。

斯巴达的"泛希腊霸权"政策最早可以追溯到公元前5世纪前期的著名将领波桑尼阿斯。公元前479年,波桑尼阿斯成为希腊联军总司令,他率领希腊海军向南远征塞浦路斯,征服了岛屿的大部分土地,向北进攻拜占庭,迫使拜占庭投降。波桑尼阿斯本人横蛮粗暴,引起希腊人尤其是伊奥尼亚人和新近获得解放的希腊人的反感。他在海外模仿专制君主,设立私人武装。他私通波斯,试图借助波斯的帮助"统治全希腊"。[①]

但是,这种"泛希腊霸权"行为还只是波桑尼阿斯的个人行为,没有成为斯巴达的国家政策。在伯罗奔尼撒战争初期,斯巴达终于放弃了传统的区域霸权政策,寻求"泛希腊霸权"。

一、立足于希腊本土的"泛希腊霸权"外交

区域霸权外交加上斯巴达国力的削弱使得斯巴达在很长一段时间内面对着雅典的外交攻势和迅速成长的国家实力在外交上处于防守地位。但是到30年代末期,斯巴达的区域霸权外交面临破产的威胁。

---

① Thuc. I. 94, 95, 96, 128, 130.

公元前435年，科林斯在传统势力范围亚得里亚海地区的统治面临危机。这里的城邦厄庇丹鲁斯内部发生革命，平民驱逐了贵族。厄庇丹鲁斯是科西拉的殖民地，而科西拉则是科林斯的殖民地，但科西拉对科林斯不敬。科林斯趁机支持平民派，试图加强对亚得里亚海地区的控制，而科西拉则支持流亡的贵族派夺回政权。双方于是大打出手。科西拉实力不济，向雅典求助。雅典为了进一步向中部地中海扩张，不顾科林斯的反对，欣然接受，与科西拉结成同盟。现在，雅典控制厄吉纳、麦伽拉、瑙帕克都斯、科西拉，原先科林斯控制的从萨尼克湾经科林斯地峡、科林斯湾，直达亚得里亚海的商路几乎完全丧失。

接着，雅典在北部希腊扩张。它们煽动马其顿王室内部的权力之争，试图推翻国王帕第卡斯的统治，控制马其顿。帕第卡斯则拉拢当地的卡尔基斯、波提迪亚发动叛乱，同时寻求斯巴达、科林斯的支持。波提迪亚是科林斯的殖民地。斯巴达尽管答应如果雅典入侵波提迪亚斯巴达就出兵阿提卡，但似乎没有付诸行动，而科林斯因为利益攸关，组建军队前往支持。波提迪亚等地举行暴动，但在雅典强大的军队面前，却陷入困境，难以取胜。

至此，斯巴达面临着外交困境。尽管雅典没有与斯巴达直接发生矛盾，但是科林斯是斯巴达北部重要的盟友，也是国家安全的北部屏障，一旦科林斯投靠雅典，斯巴达将与雅典直接对抗，国家安全将面临严重的危机。而当时的科林斯已经失去了对科林斯湾的商业利益，此时北部希腊的市场面临再次丢失的危险，如果斯巴达不出面支持，科林斯很可能投靠雅典。斯巴达的区域霸权必将丢失无疑。

终于，在公元前432年的公民大会上，斯巴达调整了自己的外交政策。长期以来，斯巴达的外交政策正如科林斯所批评的，纯粹从自身利益出发。但是，在这次会议上，埃伏尔斯森涅达斯提出，不能"对别人侵害我们的同盟者的行为坐视不管"，主张以同盟者利益保护人的身份重新考虑自己的外交政策。① 最后，斯巴达公民大会表决认定：雅典犯了侵害罪。② 其实，三十年和约是斯巴达与雅典之间签署的，这个和约并没有涉及斯巴达的盟邦，否则，斯森涅达斯也没有必要向公民做长篇大论式的解释，吁请斯巴达公民考虑盟友的利益。次年，伯罗奔尼撒战争

---

① Thuc. I. 86.
② Thuc. I. 87.

爆发。公元前432年的公民大会在斯巴达外交史上最大的意义在于重新确立了斯巴达的外交原则：从区域霸权外交转变为泛希腊霸权外交。

但是，在伯罗奔尼撒战争的初期，传统的政策还得到一定程度的延续。斯巴达以"希腊解放者"做旗号，赢得了受雅典欺负的众多城邦的支持。"希腊各邦和个人都在以言辞、行动来支持他们。大家普遍认为，谁不希望参与其中，这个事业就会在他那里陷于停顿。人民普遍对雅典义愤填膺，不论是那些希望脱离帝国的人们，还是那些担心被雅典帝国吞并的人们，其心情都是如此。"① 伯拉西达斯在色雷斯的演讲较好地概括了战争初期斯巴达的外交策略，他说："拉开戴蒙人派我和我的军队出来的目的，就是履行我们在战争之处所发表的宣言，即我们将和雅典人作战，以解放希腊。""我来到这里的目的，不是危害希腊人，而是来解放希腊人的，我可以指出我国政府所宣布的最神圣的誓言，保证我所拉到我们一边的所有盟国独立；而且我到这里来的目的，不是想利用武力或阴谋手段以求与你们建立同盟，而是想与你们联合起来，反对你们的主人——雅典人。"② 在这一理念的指导下，斯巴达早期的战争基本属于骚扰性的，不以占领土地、控制人口为目的，在战斗结束之后，斯巴达往往因为各种原因撤军，如阿基达玛斯先后在公元前432、431、428年三次进攻阿卡奈，但仅仅满足于骚扰，在骚扰、掠夺之后就撤军回国。③

但是，随着双方矛盾的发展，斯巴达逐步放弃了这种骚扰性的战争方式，开始在海外建立直接统治的殖民地。这也标志着斯巴达彻底放弃了传统的外交政策。公元前427年，斯巴达在特拉启斯设立殖民地——赫拉克利亚。赫拉克里亚是联系中希腊和北希腊的交通要道，通向色雷斯的中转站。斯巴达派遣由斯巴达人和庇里阿西人组织的殖民团，同时还招募了来自其他城邦的自愿者，委任列翁、阿尔西达斯、达玛贡为首领。④ 公元前423年，斯巴达的征服政策进一步显现出来。是年，伯拉西达斯在北希腊不断获胜，斯巴达派来三位使者，据说他们一行的目的是来察看地形，但修昔底德说出了此行的真正目的：他们从斯巴达带来一些年轻人来做这些城市的统治者，而不是把这些城市交付给当地人管

---

① Thuc. II. 8
② Thuc. IV. 86.
③ Thuc. II. 10, 47; III. 1.
④ Thuc. III. 92.

理。克里阿里达斯被任命为安菲波利斯的总督、帕希特里达斯为托伦涅的总督。① 这里，三人团的目的显然是代表斯巴达政府来推行新的外交政策。

现在，斯巴达的外交政策不再是解放希腊城邦了，而是做属邦的统治者。属邦不再能维持政治独立，而是要听从于斯巴达了。正因为如此，当公元前421年，斯巴达被迫与雅典签署五十年和约时，得不到科林斯等盟国的承认，他们认为斯巴达是想奴役传统的盟国，转而要求阿尔戈斯出面，要求任何独立自主并以公平和平等的法律解决争端的希腊城邦与之订立防守同盟。② 确实，诚如科林斯担心的，斯巴达加强了对昔日盟国的控制，首先是不断向雅典承诺要与雅典一起强制那些拒绝接受和约的传统盟国接受，并不断指定日期，宣称逾期将宣布其为斯巴达和雅典的共同敌人。③ 其次，强占盟国的领土和军事要塞。如厄利斯是斯巴达的传统盟国，在伯罗奔尼撒战争初期征服了一些领土，他们将这部分土地交给列普里昂人使用，同时必须交纳贡金。④ 但后来列普里昂人拒绝交纳，并向斯巴达求助，斯巴达借机将从色雷斯归来的伯拉西达斯老兵安置在列普里昂，实际上是控制了这一地区。⑤ 公元前415年（一说公元前414年），斯巴达接受雅典逃亡将领阿尔西比阿德斯的建议，占领雅典的军事要地——狄开利亚⑥，斯巴达要求各盟国供给铁和其他工具，修建军事工事。⑦ 斯巴达军队长年驻扎在这里，四处攻略，攫取财物，给雅典造成巨大危害。⑧ 再次，强行征收贡款、实物，甚至要缴纳战舰等大型实物，如果公元前413年，斯巴达国王阿基斯就迫使盟邦交纳款项建造战舰，斯巴达一次建造了25艘。⑨ 第四，强征军队和人质，公元前414年，斯巴达就在各盟国强行征调军队，援助西西里。⑩ 他们还通过掠夺人质迫使人质所在城邦加入斯巴达同盟，如阿基斯就曾经向阿卡

---

① Thuc. IV. 132.
② Thuc. V. 27.
③ Thuc. V. 35.
④ Thuc. V. 31.
⑤ Thuc. V. 34.
⑥ Thuc. VI. 91.
⑦ Thuc. VII. 18.
⑧ Thuc. VII. 27，28.
⑨ Thuc. VIII. 3.
⑩ Thuc. VII. 18.

亚人和帖萨利亚人强征人质。① 斯巴达的海军大将阿斯泰奥库斯也曾经迫使开俄斯人交纳人质。②

为了强化对盟国和其他希腊城邦的控制与剥削，斯巴达大力发展海军，并将其军队派驻到海外。历史上斯巴达一直以其陆军强大著称，海军一直比较落后。在萨拉米海战时，斯巴达仅提供了战舰10艘③，伯罗奔尼撒战争开始时，斯巴达连同其盟军的战舰只有100艘。④ 伯罗奔尼撒战争初期，雅典则以其强大的海军不断打击斯巴达的盟友和领土。公元前425年的皮罗斯战役中，斯巴达深切体会到缺少海军的痛楚，于是斯巴达开始发展海军。同年，斯巴达拥有战舰60艘⑤，修昔底德称斯法克特利亚战役中善于陆战的斯巴达在进行一场海战，而善于海战的雅典则在进行一场陆战⑥，可见斯巴达的海军已经发展起来，在局部战场已经可与雅典媲美。此后，斯巴达开始有意识地组建海军，如公元前413年，斯巴达国王阿基斯利用盟邦交纳的款项一次建造了25艘战舰。⑦ 公元前406年，斯巴达的战舰达到200艘左右。⑧ 海军逐步成为斯巴达军队中重要组成部分，成为决定伯罗奔尼撒战争胜败的关键。海军开始在广阔的地中海中纵横驰骋。

随着斯巴达对域外城邦控制的加强，斯巴达的域外管理体制也发生了巨大变化。原先斯巴达不在域外派出军队和管理者，但现在斯巴达在各个城邦派驻军队，任命总督。这些总督有的直接从属于斯巴达政府，如前述公元前423年委任的三位统治者。⑨ 斯巴达新建立的殖民地也不同于一般意义上的希腊殖民地，传统的殖民地与母邦之间是平等的关系，但是殖民地赫拉克利亚的领导者完全由斯巴达委派，代表斯巴达实行管理，公元前419年，赫拉克利亚的一位指挥官森纳里斯竟是斯巴达的埃伏尔。⑩ 赫拉克利亚的领导者更多地代表了斯巴达的利益，无视当地人

---

① Thuc. VIII. 3.
② Thuc. VIII. 24, 41.
③ Hdt. VIII. 1.
④ Thuc. II. 66.
⑤ Thuc. IV. 2, 8.
⑥ Thuc. IV. 14.
⑦ Thuc. VIII. 3.
⑧ Xen. *Hell.* I. 6. 3; II. 2. 5, 9.
⑨ Thuc. IV. 132.
⑩ Thuc. V. 51.

民的要求,引发了殖民地与斯巴达之间的矛盾,公元前418年,赫拉克利亚居民驱逐了斯巴达统治者阿吉西皮达斯。① 修昔底德称斯巴达统治者要对赫拉克利亚的衰落和人口的减少负主要责任。②

由此可见,伯罗奔尼撒战争爆发后,斯巴达的外交政策发生了很大的变化,转而追求超越伯罗奔尼撒半岛的霸权,这种霸权政策可以称为泛希腊霸权。但在伯罗奔尼撒战争前半期,斯巴达的霸权还集中在希腊半岛本土。

二、跨爱琴海的"泛希腊霸权"外交

公元前413年,雅典远征西西里失败。这一事件成为改变东地中海世界国际格局的标志性事件,也使得斯巴达的外交出现重大转向。以前的斯巴达仅仅满足于希腊半岛本土,而现在斯巴达跨出了爱琴海,涉足小亚细亚地区。斯巴达首次踏出希腊半岛本土是在雅典远征西西里岛时期,斯巴达派遣将军吉利普斯前往西西里领导当地联军抗击雅典,但是,斯巴达并没有趁机将当地纳入自己的直接控制之下。斯巴达帮助西西里岛各国打败雅典之后,西西里成为斯巴达的盟友,公元前412年,由叙拉古的著名将领赫摩克拉特斯率领的西西里海军作为斯巴达的盟军出现爱琴海上。③

雅典在西西里惨败之后,曾经从属于雅典的城邦趁机暴动,试图借机摆脱雅典的控制。公元前413年冬季,列斯波斯暴动,请求斯巴达援助,斯巴达派出了阿尔克墨涅斯担任当地总督。同年,开俄斯的寡头派秘密暴动,脱离雅典,斯巴达决定派海军支持。开俄斯是雅典最大的盟邦④,开俄斯的叛变引起雅典的极大恐慌。此后,开俄斯成为斯巴达在爱琴海和小亚地区的重要据点。接着,斯巴达又策划了米利都的叛变,米利都原先从属于雅典,它的叛变使得斯巴达的势力第一次延伸到小亚大陆。⑤

但是,斯巴达真正成为爱琴海地区的重要力量还是有赖于波斯的支

---

① Thuc. V. 52.
② Thuc. III. 92 – 93.
③ Thuc. VIII. 26.
④ Thuc. VIII. 15.
⑤ Thuc. VIII. 17.

持。当雅典海军强大时，波斯与雅典之间存在巨大矛盾，因为雅典使得波斯无法从希腊人的城市征收贡赋。雅典远征西西里的失败给了波斯打击雅典势力的绝好机会。约在公元前413年，波斯地中海地区的原卡利亚总督皮苏特涅斯之子阿摩基斯发动叛乱，危及波斯的边疆安全。于是，波斯国王派提撒弗利斯担任沿海总督，驱逐雅典势力，平定叛乱。① 也许是出于争功邀宠，赫勒斯滂地区总督法拉巴佐斯也希望借助斯巴达的力量驱逐辖区内的雅典势力。② 于是，他们分别派使者寻求斯巴达的合作与支持。③ 公元前412年，提撒弗利斯则抢先与斯巴达海军统帅卡尔基丢斯签署合约，在这个合约中，斯巴达承认大流士国王的祖先曾经拥有的土地都归波斯国王所有，斯巴达与波斯合作阻止雅典继续从这些土地上获得财物。斯巴达与波斯共同进攻雅典，任何一方不得擅自与雅典签署和约。④ 波斯同意高价收购战利品，包括战俘，同时为斯巴达海军提供军费，每个水手每天1阿提卡德拉克玛。⑤

公元前412年，阿摩基斯的叛乱被镇压，斯巴达与波斯的关系出现了第一个蜜月期。斯巴达巩固了在小亚和沿海地区的势力存在，提撒弗利斯兑现了此前的承诺，同时对今后的合作作出了新的安排，同意继续支付斯巴达海军薪水，每人每天3个奥波尔。此后，波斯又与斯巴达海军统帅特尔麦涅斯签署合约，斯巴达进一步明确出让小亚地区，公开承诺不向"现在从属于大流士国王或过去属于他的父亲或他的先祖的领土或属帮"征收贡赋，波斯承诺不以战争或其他方式损害斯巴达及其盟友；波斯为任何进入波斯境内为波斯而战的军队提供费用；双方承诺共同对付雅典，绝不单方面与雅典和解，同时互相支持反击针对对方的任何军事侵略。⑥ 这个条约对波斯来讲，意味着波斯有可能利用条约要求对中希腊的控制权，但对斯巴达来说，意味着斯巴达在帮助波斯时可以获得波斯的经济支持，而当波斯支持自己时将自己负责军费。

与此同时，斯巴达与法拉巴佐斯之间也建立了某种合作关系，公元前412年，斯巴达为法拉巴佐斯配置一支由27艘战舰组成的海军，并委

---

① Thuc. VIII. 5.
② Thuc. VIII. 99.
③ Thuc. VIII. 6, 7.
④ Thuc. VIII. 18.
⑤ Thuc. VIII. 28, 29.
⑥ Thuc. VIII. 37.

任安提斯提尼率军前往法拉巴佐斯辖区，支持法拉巴佐斯。①

但是，上述这些和约主要是斯巴达的前线将领与波斯之间签署的，一来没有得到斯巴达政府的批准，二来斯巴达作出的让步有可能导致"所有的岛屿、帖萨利亚、洛克里斯和远到波奥提亚的所有领土"重新沦为波斯的属地，这给希腊人带来的不是解放而是波斯人的奴役，这样的结局将与斯巴达在战争初期提出的"解放希腊人"的口号相违背，将使斯巴达正在进行的战争失去合法性，也失去盟友的支持。因此，斯巴达国内激烈反对，于是，斯巴达政府组成了一个11人组成的代表团到亚洲与提撒弗利斯商讨修订和约。此时的提撒弗利斯在取得平叛胜利之后，也降低了对斯巴达的依赖。② 与此同时，波斯接受了雅典逃亡将军阿尔西比阿德斯的建议，对希腊采取了"利用矛盾、挑起内战、彼此削弱、从中取利"的政策，削减了对斯巴达的经济支持。③ 斯巴达提出的修改条约的要求遭到提撒弗利斯的拒绝。斯巴达、波斯的第一个"蜜月期"结束。

斯巴达与波斯关系的破裂为雅典提供了喘息的机会，雅典的实力稍微恢复，这引起了波斯和斯巴达的警觉。公元前411年，波斯与斯巴达政府再次签署和约，重新确认此前两份和约的主要精神：波斯国王在亚洲的领土归国王所有，国王可以随心所欲地处理；斯巴达不得入侵国王的领土，国王也不侵入斯巴达的势力范围；波斯将为斯巴达海军提供贷款；波斯与斯巴达组建联合海军，共同对付雅典。④ 这个条约与前述《特尔麦涅斯和约》的不同之处是对双方势力范围作了新的划分，明确希腊本土和爱琴海岛屿属于斯巴达，小亚地区属于波斯，同时，在经济方面上斯巴达被迫作了让步，波斯只为现在服役的海军提供无偿资助，当波斯海军建立之后，波斯只为斯巴达海军提供贷款，战后必须偿还。

此后，斯巴达与波斯围绕小亚地区明争暗斗。提撒弗利斯自己组建海军的计划迟迟得到不到实现，需要更多的斯巴达海军，但却不愿支付更多的军费，最后甚至不再提供军饷。斯巴达军队大为不满，他们转而与赫勒斯滂地区的波斯总督法拉巴佐斯联合，因为法拉巴佐斯愿意提供

---

① Thuc. VIII. 39.
② Thuc. VIII. 43.
③ Thuc. VIII. 46.
④ Thuc. VIII. 58.

军饷。① 凭借与法拉巴佐斯的联盟，斯巴达的势力拓展到赫勒斯滂地区，拜占庭就是在这时转归斯巴达。由于提撒弗利斯与斯巴达联盟的破裂，雅典在提撒弗利斯辖区内的势力重新恢复。波斯政府因此委任王子小居鲁斯取代提撒弗利斯为沿海地区总督。②

斯巴达与波斯进入了第二个蜜月期。这一时期，斯巴达的"泛希腊霸权"发展到顶峰，而这一鼎盛时期的到来与两位历史人物莱山德和小居鲁斯密不可分。公元前407年，小居鲁斯代替提撒弗利斯就任波斯沿海总督，而斯巴达则由莱山德担任海军统帅。小居鲁斯出于驱逐雅典势力和争夺王位的需要，刻意拉拢莱山德，给了斯巴达以巨大的支持，小居鲁斯一次性借给莱山德500塔林顿，同意为斯巴达海军水手每天提供4个奥波尔的薪水，莱山德利用小居鲁斯的资助立即组建了一支90艘战舰的海军。③ 此后，这支海军不断壮大，到公元前404年达到200余艘战舰的规模。利用这支海军，莱山德成为爱琴海的无冕之王，亚里士多德称斯巴达的海军统帅是"第三个国王"，大概就反映了莱山德的地位。

公元前405年，小居鲁斯回巴比伦争夺王位，把结余的所有金钱都给了莱山德，同时还将所辖区域的收税权委托给了莱山德。④ 这样，莱山德凭借小居鲁斯的支持，控制了小亚沿岸的希腊城邦，然后向北占领了博斯普鲁斯海峡沿岸的不少地区。他召集赫勒斯滂地区各城邦的政治人物在以弗所聚会，承诺如果他们支持他打败阿尔西比阿德斯，他将支持他们获得政权。⑤ 这样，莱山德在各个城邦组织起亲斯巴达的"十人制政府"（decarchy）。这一模式后来推广到其他地区，如雅典的庇利乌斯港⑥、萨摩斯等地。⑦ 凭借这一模式，莱山德成为小亚地区希腊各帮的实际统治者，据说，后来斯巴达国王阿吉西劳斯携莱山德来到小亚地区，

---

① Thuc. VIII. 80, 99.

② 关于小居鲁斯取代提撒弗利斯的原因不得而知，从当时的政治形势看，提撒弗利斯在小亚地区遭受挫折，受到波斯皇帝的怀疑。从波斯王宫内部的权力之争看，小居鲁斯是现任王后的小儿子，得到母亲的厚爱，当时波斯皇帝年事已高，可能是其母亲希望扶植小居鲁斯为王，于是派他到地方锻炼，小居鲁斯担任总督时才十七岁。但小居鲁斯任职期间与原总督提撒弗利斯产生矛盾。

③ Xen. *Hell*. I. 5. 1 – 9.

④ Xen. *Hell*. II. 1. 13 – 14.

⑤ Plut. *Lys*. 4.

⑥ Plut. *Lys*. 15.

⑦ Xen. *Hell*. II. 3. 6，III. 4. 2；III. 4. 7；Plut. *Lys*. 5. 又见奈波斯：《外族名将传》，第69页。

这里的各邦不知有国王,但知有莱山德,纷纷到莱山德营中问候。①

据色诺芬记述,这一体制曾经被斯巴达的埃伏尔所取消。② 其深层次原因可能是斯巴达国内的政治斗争。正如亚里士多德所记述,斯巴达的海军统帅其权力堪比国王,两强相争在所难免。据色诺芬记述,莱山德与阿基斯家族的国王波桑尼阿斯关系紧张。优律彭家族在阿基斯去世之后发生权力之争,这给了阿基斯家族恢复地位的机会。可能就在这一时期,斯巴达在波桑尼阿斯的驱使下取消了莱山德的制度。当然,莱山德强制推行十人制政府不符合斯巴达一贯奉行的解放希腊人的外交政策,所以,取消十人制政府对斯巴达来说也有现实的外交利益。在这种形势下,莱山德扶植优律彭家族的阿吉西劳斯登上王位。

公元前396年,在莱山德的怂恿下,阿吉西劳斯携率领希腊联军和雇佣军远征亚洲,继续斯巴达海外扩张的霸权主义外交政策。公元前5世纪末,斯巴达其实是在波斯的援助下强大起来,打败雅典,成就其霸业的,为何十多年后双方就反目成仇?总结其原因,从波斯方面来说,一是波斯一直对希腊奉行羁縻、均衡政策,即利用希腊世界内部的矛盾,让他们互相征战,互相消耗;波斯不希望看到希腊世界出现强国,一统希腊。二是波斯国内出现政治变故,原先支持斯巴达的波斯王子小居鲁斯在争夺王位的斗争中失败,而斯巴达此前曾经站在小居鲁斯一边,那支跟随小居鲁斯夺权的雇佣军的指挥官就是斯巴达人,现在小居鲁斯的对手、阿塔薛西斯二世即位,当然不会善待斯巴达。三是波斯已经将整个小亚地区作为自己的统治范围,昔日斯巴达利用波斯的内部矛盾一度控制了小亚沿海地带,现在波斯则试图重新收回这一地区。

从斯巴达方面看,首先,解放希腊城邦、恢复其政治独立一直是它的政治口号,在伯罗奔尼撒战争期间,它宣称要解放受雅典控制的城邦,希腊各邦正是在这一口号下团结在斯巴达的周围,斯巴达的霸主地位才得以巩固。现在雅典及其霸权被推翻,斯巴达需要新的战争维持其霸主的合法性,而解放那些尚处于波斯控制之下的希腊城邦则成为最佳的借口。其次,爱琴海海域是联系亚洲和希腊本土、黑海与地中海的海上纽带,存在巨大的经济利益,对斯巴达有着巨大的吸引力。亚洲的经济繁荣,物产丰富,对希腊世界、对斯巴达也有着巨大的诱惑力,若干年后

---

① Xen. *Hell*. III. 4. 7.
② Xen. *Hell*. III. 4. 2; Plut, *Lys*. 14.

伊索克拉底曾经致信马其顿国王菲利普，要他统一希腊，率领希腊联军对波斯宣战，"将战争带到亚洲，将财富带回希腊"，这种心理很可能也是促使斯巴达对波斯开战的原因。再次，斯巴达这时已经成为海上强国，自觉有实力与波斯对抗。

阿吉西劳斯在亚洲争取法拉巴佐斯，打击提撒弗利斯。第二年，阿吉西劳斯大败提撒弗利斯。波斯政府处死了提撒弗利斯，并委派提色罗斯特斯全权处理善后事宜。最后双方签署约定：小亚地区的希腊各邦只向波斯承担纳税义务，同时享有政治独立，斯巴达军队返回希腊。在约定生效之前，波斯支付 30 塔兰特赔款，斯巴达暂时前往法拉巴佐斯辖区。① 然而，阿吉西劳斯在取得赔款之后，并没有计划离开亚洲，反而要求小亚各邦修建战舰，总数达到 120 艘，斯巴达海军更为强大。斯巴达的霸业达到鼎盛。

三、泛希腊霸权外交的失败

公元前 396 年，斯巴达国王阿吉西劳斯率军远征小亚细亚，使得斯巴达霸业达到鼎盛，同时这也是斯巴达走向衰败的起点。斯巴达跨爱琴海霸权的基础是海军，而斯巴达的海军从一开始就是在波斯的支持下建立起来的。与波斯宣战带来的直接后果是失去了强大的经济援助，不仅如此，波斯开始出钱资助希腊各邦在希腊本土对斯巴达发动战争②，公元前 395 年，波斯派人携带 50 塔兰特的金钱来到希腊，底比斯、阿尔戈斯、科林斯等邦都接受了波斯的金钱，雅典虽然没有接受金钱，但认为斯巴达剥夺了自己的势力范围，他们均同意对斯巴达开战。③ 与此同时，斯巴达为了维持自己的霸权地位，加强了对附属各邦和同盟城邦的剥削与控制，引起了各邦的不满。最后，希腊各邦以底比斯为中心建立了反斯巴达同盟，与斯巴达展开了长达十年的科林斯战争。

战争初期，斯巴达就遭受重创。在哈利阿图斯战役中，斯巴达名将莱山德战死，国王波桑尼阿斯因贻误战机被缺席判处死刑。斯巴达紧急召回远在亚洲的阿吉西劳斯。战争极大地削弱了斯巴达国力，斯巴达军队也捉襟见肘，多次征调 20—60 岁的所有公民参军。公元前 394 年，波

---

① Xen. *Hell.* III. 4. 25 – 26.
② Xen. *Hell.* III. 4. 2; Plut. *Lys.* 14. cf. Xen. *Hell.* IV. 2. 1; IV. 4.
③ Xen. *Hell.* III. 5. 1.

斯征集腓尼基、西里西亚、塞浦路斯海军，聘请雅典著名的流亡海军将领科农，在克尼多斯海域展开激战，斯巴达留守亚洲的海军全军覆没，指挥官皮山大身亡。公元前393年，法拉巴佐斯与科农率领的波斯、雅典海军联合出现在希腊本土，这支军队掳掠拉科尼亚沿海地区，占领西塞拉岛。法拉巴佐斯还资助雅典重修连接卫城与庇里乌斯港的城墙。公元前392年，斯巴达不得不向波斯求助，但没有得到波斯的首肯。斯巴达只能在无奈中苦苦支撑。雅典乘势恢复在爱琴海的势力，在特拉斯布鲁斯的率领下雅典海军重新收复赫勒斯滂和爱琴海主要岛屿。斯巴达不得不再次向波斯求助。

公元前386年，斯巴达终于与波斯签署和约。和约显示波斯已经完全处于主动地位。和约以信件的方式出现，内容是："国王阿塔薛西斯认为，亚洲（希腊）各个城市包括克拉佐美奈和塞浦路斯等岛屿在内，理应属于国王；其他希腊各邦不分大小都应该保持独立，只有利姆诺斯、音布罗斯、希息罗斯等邦可以按旧制属于雅典。无论哪一方如果违背本约定，我将联合其他支持本约定的各邦对其发动攻击，无论是海上还是陆地"。① 和约本身表明斯巴达放弃了对小亚地区的权力要求。和约签订之后，斯巴达进而借此要求底比斯解除波奥提亚同盟。众所周知，就各国的国土面积、人口数量而言，斯巴达是希腊世界最大的，一旦底比斯解除同盟，斯巴达将成为希腊本土最强大的城邦。由此可见，斯巴达的目的是借助于波斯的力量维持自己在希腊的霸主地位。斯巴达重新回到以希腊半岛本土为基础的"泛希腊霸权"的轨道上来。

借助于波斯的支持，斯巴达迫使底比斯解散了波奥提亚同盟，公元前382年，斯巴达利用底比斯内部的党派斗争，占领底比斯，建立贵族政治。② 斯巴达还强迫曼提尼亚拆毁城墙，但遭到曼提尼亚的拒绝，斯巴达大军压境，公元前385年，斯巴达占领曼提尼亚，将其分解为五个村落，斯巴达给每个村落派遣了一位官员，同时支持当地贵族执政。③ 在公元前380年，福比达斯征服北部希腊的奥林托斯④，国王阿吉西劳

---

① Xen. *Hell.* VI. 1. 31.
② Xen. *Hell.* V. 2. 29.
③ Xen. *Hell.* V. 2. 7.
④ Xen. *Hell.* V. 3. 20.

斯征服了阿格利德地区的斐鲁斯，对阿尔戈斯形成了巨大的军事压力。①至此，斯巴达再次成为希腊本土最有实力、也是最强大的国家。②

此后，外强中干的斯巴达甚至连希腊半岛本土的霸权也难以维持了。公元前371年，斯巴达军队在底比斯边境城市留克特拉遭遇意外失败，随后底比斯军队南下攻入斯巴达本土。第二年，在底比斯的支持下，美塞尼亚独立，斯巴达一分为二。不久，底比斯一手策划组建阿卡亚同盟，割占斯巴达拉科尼亚北部部分领土，连同周围的部分阿卡亚地区，组建了麦伽勒波利斯。斯巴达从此失去了任何势力范围，只能维持自身的存在。斯巴达霸业彻底消失。

纵观斯巴达的整个历史，早期的斯巴达外交以开疆拓土建立国家为目的，奉行单边的扩张政策，占领美塞尼亚地区之后奉行以维护自身安全为目的的结盟外交，公元前6世纪末，开始实行以维持伯罗奔尼撒半岛霸主地位为目的的区域霸权外交，从公元前5世纪后期开始实行泛希腊的霸权主义外交。泛希腊的霸权外交给斯巴达的国家管理带来了新的挑战。从公元前6世纪后期开始，与雅典和波斯的关系成为斯巴达外交中最主要的考虑因素。

---

① Xen. *Hell.* V. 3. 25.
② Xen. *Hell.* V. 3. 27.

第六章 地方管理体制研究

由于资料的限制,人们对斯巴达政治制度的研究主要集中在中央政权,对地方管理体制一直空缺。但是,斯巴达是古代希腊版图中最大的国家,其国家体制既具有古希腊城邦体制的某些特点,又有自己的个性。正如顾准先生说:斯巴达不是严格意义的城邦,它在古希腊史中是一个变例,是领土国家类型的城邦。① 尽管学界大多认为斯巴达属于城邦,但顾准先生还是指出了斯巴达国家的不同于一般希腊城邦的特殊性。这一特殊性主要体现在作为城邦中心的斯巴达城之外,也就是斯巴达的地方管理方面。因此,斯巴达地方管理体制具有特殊的学术价值。

第一节 斯巴达地方管理体制的形成

一、斯巴达地方管理体制的分类

斯巴达的地方管理基本架构由斯巴达城区、庇里阿西区、黑劳士区三个行政区划组成。

斯巴达城区实即斯巴达人集中居住区。一般认为斯巴达人居住在斯巴达城内,那么斯巴达城区也就局限在斯巴达城内。其实不然。目前所知,斯巴达人的村落(奥巴)有5个,其中利姆奈、美索亚、皮塔纳、居诺苏拉等四个奥巴在斯巴达城内,而阿米克莱则在斯巴达城外,距斯巴达城约半天路程。另外,斯巴达公民人数是9000—10000人,加上家人总数将达到4万人,而整个斯巴达城只有半平方公里,如此测算,每

---

① 顾准:《希腊城邦制度》,见《顾准文集》,贵阳,贵州人民出版社,1994年,第81页。

个人只有10平方米多，这样的居住状况对于希腊人来说太拥挤了。① 另外，所谓的斯巴达城也不是像雅典卫城那样，规划整齐，建设紧凑，也没有宏伟的神庙和公共纪念物，而"只是若干希腊老式村落的组合"。② 因此斯巴达城区并不是一个有围墙保护起来的城市，而是人口相对密集的居住区。据卢比研究，在斯巴达北部、距斯巴达城约4英里有一个地方——托尔拉克斯，在一些文献中提到，它有一个与阿米克莱地区的阿波罗完全一样的阿波罗神像。③ 在欧罗塔斯河东部还有一个墨涅拉奥斯神庙，这一地区也被叫做麦涅拉翁，这里曾经修建了各种建筑物。另外，在公元前370年，厄帕密南达曾经沿着欧罗塔斯河东岸行军，他碰到许多藏有食物的房子，在阿米克莱的对岸这个地方，他掉头向北进攻斯巴达，但他的阿卡迪亚盟军则抢劫了其他的民居。④ 因此，卢比认为：斯巴达人分布在从阿米克莱到托尔拉克斯之间的广阔领土上。⑤ 因此，所谓的斯巴达城区应该是以四村落为中心、包括周围部分地区，这一地区位于欧罗塔斯河上游。

庇里阿西区分布比较复杂，主要分布在斯巴达国家的周边地区、山区和内部比较贫瘠的平原地区，如东西部沿海地区、泰盖托斯山区、拉科尼亚北部山区。卡特利奇认为庇里阿西区形成了对黑劳士区的包围格局，以阻止黑劳士与外界的联系，防止黑劳士暴动。卡特利奇关于庇里阿西区的功能的判断未必正确，但是他所揭示的庇里阿西区分布在黑劳士区的周围却是实情。正是因为这种分布，所以，庇里阿西区的军事意义特别重要，如西塞拉岛、西里提斯分别扼守着欧罗塔斯河流域南北大门，直接关涉这一地区的安全。但是，庇里阿西区的分布并非像卡特利奇所说的那么简单，实际上在斯巴达中心地区——欧罗塔斯河中游、帕米索斯河下游地区也有分布，如佩拉那、克里萨福斯、吉戎特拉和法里斯就位于拉科尼亚中部地区，邻近斯巴达城区，图里阿、埃萨亚就位于帕米索斯河下游地区。

黑劳士区的主要居民是黑劳士。黑劳士区主要分布在土壤比较肥沃

---

① W. G. Forrest, *A History of Sparta*, p. 43.
② Thuc. 1. 10. 2.
③ Paus. 3. 10. 8.
④ Xen. *Hell*. 6. 5. 27 – 30.
⑤ Marcello Lupi, "Amompharetos, the Lochos of the Sparta system of Villages", in S. Hodkinson & A. Powell eds, *Sparta and War*, p. 203.

的平原地区。从历史文献记载来看，主要有两个集中分布区，一是欧罗塔斯河下游，一是帕米索斯河上游、斯腾尼克拉罗斯平原。由于自然条件优越，这些地区对斯巴达经济具有特殊的意义。史书未见庇里阿西区纳税的记述，斯巴达的国家税收主要来自黑劳士，因此黑劳士区的经济意义自不待言。

斯巴达三个行政区对应于三个不同的社会等级，反过来不同等级的社会地位和相互关系又决定着三个行政区的政治地位。斯巴达城区的主要居民是斯巴达人，庇里阿西区和黑劳士区的主要居民分别是庇里阿西人和黑劳士。斯巴达人是斯巴达社会最高等级，他们对国家大事有着最终决定权，斯巴达人的公民大会、长老会议、国王、埃伏尔就是斯巴达国家的最高权力机构，由斯巴达人组成的军队是斯巴达军队的主体。正因为如此，斯巴达城区在斯巴达政治生活中也具有最为重要的作用。庇里阿西人是斯巴达人最坚定的政治盟友，他们常常与斯巴达人合称为拉开戴蒙人。庇里阿西区也因此拥有特殊的地位，顾准先生曾经说：斯巴达与其他希腊城邦一样在其政治体制中，也有自治、自给、直接民主、主权在民等特点。① 这里的自治应该包括庇里阿西区的相对自治。黑劳士区因为黑劳士的社会地位低下，这一地区的政治地位也相对低下。这些地区的黑劳士连同土地一起被分配给斯巴达人家庭，由各个斯巴达人家庭管理，因此，黑劳士区没有独立的行政管理部门，在政治上从属于斯巴达城区。

二、斯巴达地方管理体制的形成

斯巴达的这一行政模式在国家建立初期确定下来，此后基本没有发生本质的变化。斯巴达国家是在多利亚人南下征服拉科尼亚的过程中建立起来，斯巴达地方管理体制也在这一过程中形成。

早期斯巴达直到建国之间的历史一直笼罩在神话迷雾中。我们只大略知道早期斯巴达人属于多利亚人的一支。按照希罗多德的记述，多利亚人原先居住在帖萨利亚和马其顿接壤的边界处，欧萨山和奥林匹斯山下，后来被卡德摩斯人驱逐，来到德里奥庇斯，从这里他们进入伯罗奔尼撒半岛，改称多利亚人。② 按照希腊神话，赫拉克勒斯的后裔后来寄

---

① 顾准：《希腊城邦制度》，第82页。
② Hdt. I. 56.

居在德里奥庇斯，并与他们一起南下。斯巴达诗人提尔泰乌斯称赫拉克勒斯的后裔从"多风的厄林纽斯，来到广袤的伯罗奔尼撒。"① 厄林纽斯位于多利斯。狄奥多罗斯则说斯巴达人南下之前定居在多利斯地区的厄林纽斯、基提尼乌姆和波乌姆。② 总之，斯巴达人定居拉科尼亚之前居住在希腊中部的多利斯地区，从这里，斯巴达的祖先开始南下，最终建立了斯巴达国家。

多利亚人南下在史学界一直存在争论，至今尚无定论，但大多数学者认为这次民族大迁徙大致上始于公元前12世纪。考古学的材料证明，大约在公元前12世纪，不少曾经有人居住的居民点突然毁灭了，公元前11世纪中期，出现了新的原始几何陶，这种陶器发源于雅典，既有"迈锡尼文化"成分，也有雅典陶工的创新成分，它还受到塞浦路斯陶器风格的影响③，现代不少学者认为这是多利亚人南下的标志④，卡特利奇认为它们是在公元前950年后由多利亚人从西部引入的。⑤

多利亚南下之初可能采取了较为和平的迁徙方式。按照赫胥黎的观点，多利亚人南下有两条路线，一条是海路，这支人又分成两股，一支来到腓尼基，另一支来到克里特岛。另一条路线是陆路，这支人越过科林斯地峡，一部分穿过阿卡迪亚人居住区，沿欧罗塔斯河南下，进入拉科尼亚境内；另一部分从海上进入阿尔戈斯地区，其中的一部分经过图里亚继续向西，来到拉科尼亚地区。他们中的部分进一步向西，进入荷马时期的著名古国皮罗斯，征服了美塞尼亚地区。伴随着多利亚人的到来，原先的土著居民——阿卡亚人中的一部分被迫迁徙他乡，普拉克山德罗斯和科菲乌斯在塞浦路斯建立了拉帕托斯和科尼亚，另有一部分则被迫北走，定居在伯罗奔尼撒北部，在这股迁徙浪潮中诞生了帕特莱。⑥ 当然也有相当部分阿卡亚人继续居住在拉科尼亚地区。

斯巴达人首先居住在传说中荷马时代的墨涅拉奥斯的故国——斯巴达地区。从定居斯巴达城到征服拉科尼亚建立国家的历史我们并没有可

---

① M. L. West, *Iambi et Elegi Graeci*, Oxford, 1971; James T. Hooker, *Mycenaean Greece*, London: Routledge and Kegan Paul, 1976, p. 213.
② Diod. XI. 79. 4.
③ V. R. d'A. Desborough, *The Greek Dark Age*, London: Benn, 1972, pp. 145 – 147, 340 – 341.
④ John V. A. Fine, *The Ancient Greeks*, 1983, p. 138.
⑤ Paul Cartledge, *Sparta and Lakonia*, pp. 81 – 94.
⑥ G. L. Huxley, *Early Sparta*, p. 15, 16.

靠的历史材料,只能是依据古典作家记录的传说材料加以复原。根据波桑尼阿斯的记载,斯巴达人定居初期,北部的库努里亚、埃吉斯还称为庇里阿西①区,即"周边地区"。南部的法里斯、格让特瑞(Geranthrae)、阿米克莱(Amyclae)还未被征服。② 这里的"庇里阿西"一词主要是个地理概念,而不是政治概念。斯巴达此后开始四处征服。

传说中密利安人可能反映了斯巴达向西部山区的扩张。据说密利安人是阿尔戈号船上的英雄们的后裔,被佩拉斯吉人赶跑,来到伯罗奔尼撒,在泰盖托斯山山区定居下来,并向斯巴达人要求允许他们定居在这里。斯巴达人认为阿尔戈斯号船上有拉科尼亚地区的始祖卡斯托尔和波律戴乌凯斯,所以,两个民族之间多多少少有着血缘上的联系,于是斯巴达接纳了密利安人,分给他们土地,并与他们通婚。③

大约与此同时,斯巴达向欧罗塔斯河下游扩张,据斯特拉波转述的伊弗鲁斯的记述称:多利亚人在征服拉科尼亚后,将所征服的土地分成六份,修建城池;然后,他们挑选其中一份,即阿米克莱,交给那些早先把拉科尼亚叛卖给他们的人,这些人曾经建议当地的统治者接受他们的建议,和阿卡亚人一起移居爱奥尼亚;他们将斯巴达作为王族所在地;对其他地区他们派出统治者。但因为人口稀少,中央政府同意他们吸收任何希望获得权利的外邦人为同邦人;他们把拉斯作为海军基地,因为这里有很好的港口;把埃吉斯作为抵抗敌人的根据地,(因为这一地区紧挨着庇里阿西人居住区),法里斯作为统治中心,因为这里可以较好地抵抗外来者的袭击;"……尽管毗邻的居民全部从属于斯巴达人,但他们仍然拥有平等的权利,即享有公民权,又可以担任国家公职,这些人被称为黑劳士。"④ 这可能是最早的斯巴达城区和非斯巴达人行政区区分的由来。比较奇特的是,伊弗鲁斯称这些"毗邻的居民"是"黑劳士",而不是庇里阿西人。后来,国王阿基斯剥夺了他们的平等权利,要求他们交纳租税,大多数人都表示接受,只有赫罗斯地方的居民反抗。阿基斯派兵镇压,伊弗鲁斯说:暴动失败了,他们受到惩罚,被判为奴隶,但有一个明确的保留条件,他们的主人既不能释放他们,也不能把他们卖

---

① "庇里阿西"一词的字面意思就是"周围的"、"边缘的"。
② Paus. III. 2. 3 – 5.
③ Hdt. VI. 145 – 146.
④ Strabo, VIII. 5. 4.

到界外；这次战争被称为反黑劳士战争。几乎可以这样说，正是阿基斯和他的战友们创造了黑劳士奴隶制。① 如果斯特拉波的转述准确，那么，伊弗鲁斯显然认为，那些原先处于与斯巴达人平等地位而现在投降顺服的"黑劳士"则是通常所说的庇里阿西人，而被征服的则是后来所说的黑劳士，斯特拉波称为"黑劳士奴隶"。尽管伊弗鲁斯生活在公元前4世纪，但他所叙述的赫罗斯起义这段战事却被公元1世纪的罗马作家波桑尼阿斯归于斯巴达第七任国王特勒克劳斯时期。

据波桑尼阿斯，斯巴达在第二任国王厄切斯特拉托斯时期在东北部与阿尔戈斯展开了争夺库努里亚的战争，当时来自库努里亚的强盗时常抢劫阿尔戈斯地区。也许是出于支持阿尔戈斯的目的，也许是企图借机占领，斯巴达与阿尔戈斯联手征服了该地区。斯巴达可能借机占领整个库努里亚地区，因为战后厄切斯特拉托斯将库努里亚人的军龄男子全部征调走。拉伯塔斯统治时期，拉开戴蒙人对阿尔戈斯人直接开战，拉伯塔斯指控阿尔戈斯人正在兼并拉哥尼亚的东北部的库努里亚，引诱他们的边民庇里阿西人起义。斯巴达在初期的战争中处于劣势，阿基斯家族随后的两代"王"多罗苏斯、阿吉西劳斯一世都被杀死了。② 此后，阿尔克劳斯即位，与他同时担任国王的是卡利拉奥斯。他们可能调整了扩张的策略，暂时放弃了与阿尔戈斯的争锋，转而进攻北部的阿卡迪亚，据说他们联手征服了原属阿卡迪亚的埃吉斯，"将其居民卖为奴隶"。③ 可能与此同时，斯巴达又合并了西里提斯地区，西里提斯位于拉科尼亚北部，斯巴达可能并没有彻底征服该地区，而是成为斯巴达一个庇里阿西区，因为后来在伯罗奔尼撒战争期间，西里提斯人仍然独立组建军队，参加斯巴达军队。

根据普鲁塔克的记述，就在阿尔克劳斯时期，斯巴达发生了著名的莱库古改革，建立起国家政权机构。尽管伊弗鲁斯与波桑尼阿斯的记述相差甚远，但作为国家统治制度，庇里阿西区和黑劳士区的萌芽可

---

① Strabo, VIII. 5. 4. 按照伊弗鲁斯的说法，原先的黑劳士地位实际上相当于庇里阿西人，甚至比庇里阿西人的地位还要高。后来，黑劳士的权益被部分剥夺，一批不满的黑劳士起义，最后被征服，他们成为黑劳士奴隶。那些甘心接受统治的黑劳士可能就是现在学界所说的庇里阿西人，而黑劳士奴隶则是人们通常所说的黑劳士。

② 刘家和：《论黑劳士制度》，见《古代的世界与中国》，1995年，第87—88页。Paus. III, 2、3 - 4。

③ 刘家和：《论黑劳士制度》，见《古代的世界与中国》，1995年，第86页，Paus. III. 2. 5。

能可以一直追溯到国家产生之前。而在国家建立之后,这一制度进一步成型。

根据波桑尼阿斯的记述,在特勒克劳斯统治时期发生了赫罗斯城起义。如前所述,这与伊弗鲁斯的记述不一致。也许,斯巴达早期对南部地区的控制并不稳定,当斯巴达集中精力经营北部时,南部地区乘机发动叛乱。特勒克劳斯率军出征,平息暴动,基本征服了整个欧罗塔斯河南部地区。但赫罗斯城得到克里特、阿尔戈斯的支持,仍在继续抵抗。特勒克劳斯之子阿尔克墨涅斯即位后,派查米达斯干预克里特的事务,平息了克里特内部的纷争,劝说内部地区的居民迁居到沿海地带,利用有利的地理位置发展贸易,从而解除了克里特对赫罗斯人的支持。① 最后,阿尔克墨涅斯彻底镇压了赫罗斯城的暴动②,赫罗斯城的居民被降为"国家奴隶"。③

此后斯巴达继续对外扩张,庇里阿西区和黑劳士区继续扩展。斯巴达的一个扩张方向是向东与阿尔戈斯争夺东部沿海地区。关于这段征服我们将在下文细述,大致上,在列翁及其儿子阿那克桑戴里达斯统治时期,斯巴达与阿尔戈斯争夺提盖亚地区,最后提盖亚地区归顺了斯巴达。④ 可能就在此前后,斯巴达也就控制了西塞拉岛,至少在公元前550年基隆担任埃伏尔时这里已经属于斯巴达了。⑤ 此后从提盖亚到西塞拉岛之间的东部沿海地区实际上从属于斯巴达,这里可能成为庇里阿西区较为集中的地区,西塞拉岛就是其中的一个。⑥

更主要的扩张是对西部美塞尼亚地区的扩张。斯巴达对美塞尼亚地区的扩张持续了百年之久。⑦ 最初是从南方向北,可能此时的征战不是十分激烈,在帕米索斯河的下游就有一些庇里阿西区,如图里阿、埃萨亚等。但是,后来斯巴达的扩张遭到当地人民的抵抗,斯巴达付出沉重代价才征服美塞尼亚。那些坚决抵抗但失败的美塞尼亚人被降为黑劳士,

---

① Paus. III. 2. 7.
② 有关赫罗斯城暴动斯特拉波与波桑尼亚斯的叙说有所不同。
③ Paus. III. 20. 6.
④ Hdt. I. 67.
⑤ 第奥根尼:《名哲言行录》(上),马永祥等译,长春,吉林人民出版社,2003年,第44页。
⑥ Thuc. IV. 53.
⑦ 有关斯巴达征服美塞尼亚地区的战争参见后文。

他们所在的地区也成为黑劳士区。

但是，美塞尼亚地区在被斯巴达彻底征服之后并没有全部成为黑劳士区。从后来的历史记述看，黑劳士区主要分布在帕米索斯河上游，这里在斯巴达征服美塞尼亚的战争中是主要的战场，同时这里也是比较开阔、平坦、肥沃的地区。而周边地区特别是西部沿海地区还散布着许多庇里阿西区，如奥隆。史料记载，斯巴达多次在美塞尼亚地区安置外邦人，这些地区都成为庇里阿西区。如公元前720年左右①，原来居住在阿尔戈斯的阿欣人据说因为此前支持斯巴达遭到阿尔戈斯的报复，被驱逐离开家园。这批人被斯巴达安置在美塞尼亚湾西侧，该地因此得名阿欣。② 第二次美塞尼亚战争结束之后，斯巴达又把麦松给了被阿尔戈斯驱逐的瑙普利亚人。③ 大约在公元前431年斯巴达又将流亡的厄吉纳人安置在提里阿。④

总体上看，斯巴达三个行政板块是在历史发展进程中与三个社会等级同步形成的。但是，三大等级在行政区域形成之后还在发展，特别是在美塞尼亚地区，部分原先属于庇里阿西等级的美塞尼亚人可能逐步贫困化，与黑劳士奴隶合并，所以，修昔底德才说"所有的黑劳士都渐渐地被统称为美塞尼亚人"，也才有了美塞尼亚地区的两个庇里阿西区图里阿和埃萨亚与黑劳士一起举行起义。

第二节　斯巴达城区的管理

斯巴达人内部的社会组织纷纭复杂，我们现在所见到的社会组织大概有四类：地缘组织、血缘组织、军事组织、教育组织。地缘组织是国家组织的基础，也是政治生活的基础。一般说来，血缘组织与政治生活是互相矛盾的，政治组织越发达，往往血缘关系越淡薄。但古代希腊的城邦大多是小国寡民，血缘关系与政治管理存在较为明显的重叠，这种情况在斯巴达同样存在。军事组织与政治组织同样存在明显的差异，但

---

① John Boardman ed., *The Cambridge Ancient History*, 2nd edition, Volume III, Part3, p. 324.
② Paus. IV. 14. 3.
③ Paus. IV. 24. 4.
④ Thuc. II. 27; IV. 56.

由于城邦体制实行公民兵制度,军事组织也因此与政治组织必然地联系在一起。军事组织的社会化和社会的泛军事化是古代希腊城邦社会生活的特点。斯巴达也是这样。斯巴达青年很早就进入国家学校接受教育,直到20岁,因此,学校组织构成了对青年的管理机构。

一、血缘组织

正如廖学盛先生指出的,"早期奴隶占有制国家的主要特点是,与地缘关系相比,公民中源于原始社会氏族部落的血缘关系的紧密关系占有更重要的地位。"① 在古代希腊、古代斯巴达同样如此,血缘关系在国家政治生活中占有重要地位。但斯巴达的血缘关系又有自己的独特性。

城邦时期的希腊血缘组织已经不再是原始社会的自然生成的那种血缘组织了。亚里士多德把古希腊城邦的居民分为 phyle、phratry 和 genos。近代学者认为,在这三个组织中,phyle 是最大的血缘组织,类似于近现代民族学的部落(trbie);phratry 其次,是部落的次级组织和细分,称为胞族;genos 最小,是胞族的细分,称为氏族、家族。但是,亚里士多德也指出,作为社会管理的组织体系,这种组织已经经过人为的改造,他在介绍雅典的血缘组织时就说:"他们依一年四季之例结合为四个部落,每个部落又分为三个区,共得十二区,有似一年的月数,这些区被称为三一区和胞族,每一胞族有三十个氏族,有似每月的日数。每个氏族三十个人。"② 显然,这种血缘组织并不是自然生成的,芬利甚至认为:phyle、phratry 不是血缘组织。③ 其实,尽管经过了人为改造,但也不可能完全打破血缘关系,重新组建社会组织,更可能在维持原来血缘组织的基础上进行调整。phyle、phratry 等血缘组织中尽管包含了非血缘的社会关系,但其基本特征应该还是血缘组织,非血缘的关系被融进了血缘关系之中,因此,这种血缘关系已经成为虚拟的关系,直接、纯粹的血缘关系已经不存在。

在莱库古改革中,莱库古根据大瑞特拉的指示,将斯巴达人分为 Phyle 和 oba。④ 显然,血缘组织在斯巴达,尤其是在斯巴达城区的社会

---

① 廖学盛:《廖学盛文集》,上海,上海辞书出版社,2005年,第175页。
② Arist. *Ath. Pol.* Frg. 5.
③ M. I. Finley, *Ancient History, Evidence and Models*, London: Chatto & Windus, 1985, pp. 90–93.
④ Plut. Lyc. 6.

管理中同样具有重要的作用，而且同样经过了人为改造。三部落制是多利亚国家的通例，一般命名为：许罗斯、迪马内斯、帕姆费洛斯，少数国家略有差异，如铭文显示西西里的一些国家用第一、第二、第三表示三个部落，某些国家在特定时期还会增加一至两个部落，如厄庇道鲁斯有四个部落，分别是许罗斯部落、迪马斯部落、许斯密那泰、阿赞提奥。① 斯巴达早期的军旅诗人提尔太乌斯在一首残诗中提到："让我们在自己的凹形盾牌掩护下急进，像野鹤和蝗虫一样飞行，帕姆费洛伊部落、许罗斯部落、（迪马内斯部落），每个部落都挥舞起杀敌的灰色矛枪。"②可见，斯巴达存在部落组织，而且是三个部落。

一般而言，部落之下是胞族。根据卡奈亚节的仪式，每个 Phyle 有 9 个胞族，斯巴达共有 27 个胞族。底米特里乌斯在介绍斯巴达的卡奈亚节（Carneia）时说：斯巴达的卡奈尔节模仿了他们的军事训练的演习，节庆期间共设 9 个看似帐篷的"天幕"，每个天幕中有 9 个人寝食其中，有一个传令官依次宣布指令。每个天幕中的 9 个人分别来自三个胞族。整个活动持续 9 天，以便让每个"天幕"依次主持。③ 显然，每个天幕中的三个胞族分别来自三个部落。也就是说，每个部落分为九个胞族，共有 27 个胞族。

氏族作为血缘组织的基层组织，也存在于斯巴达社会。然而研究斯巴达社会的氏族组织存在许多困难，首先是"氏族"这一概念本身比较复杂，其次是史料缺乏。genos 的字面意思是"产生"，引申意即指由产生于同一祖先的后裔组成的族群，但它又区别于家族（Oikios），家族是由在世的共同祖先繁衍出来的后裔组成的。而 genos 则是由不在世的共同祖先的后裔组成的。这导致"genos"一词含义的多元化，既可以指人数有限的氏族、家族，也可以指人数众多的种族、民族。亚里士多德在《政治学》中，有时在家族（oikia）层面上使用，有时在民族、（ethnos）层面上使用该词。如，他说，在克里特哥斯谟的侯选人限于某几个氏族，并不是

---

① Nicholas F. Jones, "the Order of the Dorian Phylai", *CP*, Vol. 75, No. 3. 1980, pp. 197 – 215.

② Tyr. *fr.* 1. 译文参考了刘家和的《论黑劳士制度》一文的译文，见《古代中国与世界》，第 81 页。其中的迪马斯部落原文缺漏，但空缺的空间只能写一个单词，所以今人推测，这个部落只能是多利亚国家常见的迪马斯部落。

③ Athen. IV. 141. 1.

大家都可以当选的①。迦太基诸王的继承不像斯巴达那样，限于某一氏族而不问才德②，菲洛劳斯出身于科林斯城的巴基亚德族（genos）。③ 但在研究城邦问题时，他说城邦疆域的大小以及城邦内应该有一个民族或可兼容几个民族（ethnos）。随后，亚里士多德提出要从全部人民居住在整块地区的情况来考察一下有关种族（genos，氏族）的问题。④ 显然在这里 genos 与 ethnos 的意义是一样的。但作为部落——胞族——氏族组织体系中的氏族应该是由一位比较明确的共同祖先繁衍下来的后裔组成的。

可惜，由于史料问题，关于斯巴达氏族的记述并不多。目前比较明确的斯巴达的两个王族，其家族世系比较完备，尤其是阿基斯王族。除此之外，比较典型的实例是被希罗多德称作是斯巴达"强大的部落"埃勾斯家族。尽管希罗多德本人称之为 phyle，但笔者认为这是希罗多德的笔误，应该是 genos，斯巴达不可能有第四个 phyle。希罗多德列数了这一家族的六代祖先：塞尔桑达斯－提萨门努斯－阿乌特西昂－提拉斯－奥耶奥里库斯－埃勾斯。⑤ 其他比较典型的还有世袭负责出使国外的塔尔塞比乌斯家族⑥，尽管希罗多德称之为"家族"，但其始祖塔尔塞比乌斯据说是阿伽门农的传令官，符合前述氏族的定义。还有一个实例就是国王阿那克桑戴里达斯的第二个妻子所属氏族，她是普利涅塔达斯的女儿，而普利涅塔达斯又是德玛门努斯的儿子⑦，这个族群可以上推三代，可能也属于当时比较著名的氏族，只不过希罗多德没有继续列举。

但是，现有的文献资料几乎没有反映胞族和氏族在斯巴达的社会生活和行政管理中的作用。卡奈亚节反映了胞族与斯巴达军队编制中的"中队"相对应，但古典时期的斯巴达的中队称作 pentekonta，字面意思是"五十"或"第五十"，这个含义与胞族似乎不搭界。联队称作 enomotia，字面意思是"誓言"，意为通过"誓言"组织在一起的人，与氏族也没有联系。但因为得到大瑞特拉的证实，可以肯定，phyle 确实存在于斯巴达的政治生活中。同样，因为 phyle 的存在，胞族和氏族也必定在一

---

① Arist. Pol. 1272a34.
② Arist. Pol. 1272b39.
③ Arist. Pol. 1274a31.
④ Arist. Pol. 1276a30 – 40.
⑤ Hdt. IV. 149.
⑥ Hdt. VII. 134.
⑦ Hdt. V. 41.

定程度上发挥作用，只不过我们对这种作用已经无法认识了。

但是，phyle 作为行政组织，其功能和地位也有发展和变化。首先，三部落制是次生的组织形式。斯巴达的早期历史充满了迷雾，且与阿尔戈斯、美塞尼亚地区的早期历史混淆在一起，但关于"赫拉克勒斯后裔回归"的故事大致上反映出早期多利亚人的发展壮大的过程。① 在阿波罗多洛斯和波桑尼阿斯提供的有关赫拉克勒斯后裔"回归"的故事说：赫拉克勒斯的第四代后裔南下，一起南下征服的是弟兄三人：特墨诺斯、阿里斯托戴摩斯和克里斯丰忒斯。征服成功之后，他们把伯罗奔尼撒分为三个部分，弟兄三人一人一份，阿里斯托戴摩斯因为在出阵前死于雷击，他的那份由两个孪生兄弟继承。② 这里的弟兄三人大概是三部落制的最早起源。但最后三人各得一份，这表明早期斯巴达的多利亚人还比较少，大家聚集成一个共同体，后来族人逐渐增多，于是重新分裂为三个部落。狄奥多罗斯则对三部落制的起源提供了另一个说法，他说：多利亚人是希腊各族的共同祖先赫伦之子多罗斯的后裔，原来住在多利斯。其国王是埃吉米乌斯，因与色萨利部落拉庇泰人有边界之争，埃吉米乌斯被逐出国门。埃吉米乌斯求助于赫拉克勒斯，并许诺以部分国土作酬谢。赫拉克勒斯打败拉庇泰人，协助埃吉米乌斯复国，但拒绝接受馈赠。后来赫氏子孙前来投靠，埃吉米乌斯践行前约，将三分之一国土赠予许罗斯，多利亚人的一个部落遂以许罗斯的名字命名（许罗斯部落）。另外两个部落帕姆费洛斯部落和迪马斯部落则得名于埃吉米乌斯的两个儿子帕姆费洛斯和迪马斯。帕姆费洛斯和迪马斯参加了特墨诺斯兄弟的"回归"事业，但他们都在"回归"中战死。③ 波桑尼阿斯、阿波罗多洛斯、狄奥多罗斯都是罗马作家，其记述可信度都不高，但前两者的记述大致上符合族群早期历史都有由小到大的发展过程这一惯例，可信度略高，而后者可能采用了后来人的编撰。卡特利奇认为，多利亚人集团的主体可能是伊利里亚人，Hylleis 与 Illyria 具有相同的词根，多利亚人南下可能是受到了来自北方的压力，同时融合了北方的民族④；奥利瓦更指出，Pamphyloi 与小亚的

---

① 参见王以欣：《多利亚人入侵的历史谜团》，载《西学研究》（第二辑），北京，商务印书馆，2006 年。
② Apol. II. 8. 2–4; Paus. III. 1. 5.
③ Diod. 4. 37. 3; 4. 58. 6.
④ P. Carledge, *Sparta and Laconia*, p. 93.

Pamphylia 有相同的词根，这一族人可能来自小亚地区①，韦德-格里则认为 Pamphyloi 可能是腓力斯丁人（Philiatine）的移民。② 凡此种种表明，斯巴达人早期的族群经过了发展和壮大。

这种发展壮大对斯巴达的社会管理提出了新的挑战，于是，在莱库古改革中，斯巴达针对部落组织进行改革，可能是按照删繁就简的原则，组建了三个新部落，而把其他的小部落合并到这些组织中。莱库古改革发生在斯巴达定居拉科尼亚一百余年之后，这期间多利亚人走向定居生活，人口逐步繁衍增加。此时，需要实行新的行政管理体制改革，而部落组织是传统的社会组织形式，实施一项既有新意又体现传统的改革措施符合一般的逻辑。因此，笔者认为，斯巴达的三部落制是在莱库古改革中建立起来的。在这个改革过程中，原生态的纯血缘关系的组织变成了次生态的、夹杂着大量地缘关系或其他关系的组织。至于狄奥多罗斯所说的三部落名称的由来可能也有一定的真实性，或者三部落是原先南下群体内部就已经存在的一种划分，或者是斯巴达人对当初社会生活的一种记忆。正因为如此，phyle 中的囊括整个部落成员的直接的血缘关系已经不可能存在，它更多的是虚拟的，象征性的。试想斯巴达的公民人数多达 9000—10000 人，加上妇女儿童人数将多达 40000 人左右，这么多的人组成三个部落，每个部落的人数将多达 10000 多人。显然，这样的群体不是三四代、五六代成员所能繁衍出来的。再者，斯巴达古风时期长期维持稳定，人口的自然死亡也导致原先直接的血缘关系变成一种记忆中的、符号化的文化关系，就像雅典克里斯提尼改革之后的部落那样，所谓的共同氏族已经成为人为设定的符号。

现存史料几乎没有意向直接提到 phyle 的作用，我们只能借助于间接材料加以推测。在雅典，氏族组织先是贵族会议的社会基础，梭伦改革中又是 400 人议事会的基础，克里斯提尼改革之后又是 500 人议事会的基础（尽管这时的部落组织已经发生了很大变化）。依此推测，斯巴达的 phyle 也应该是长老会议的基础。史学界一直对斯巴达的长老会议的构成存在疑惑，即 30 名长老的名额分配原则是如何安排的。如果我们承认三个部落对斯巴达的政治具有一定的影响，那么每个部落有 10 名代表，由于两位国王都来自许罗斯部落，所以，双国王并不能构成对部落政治

---

① Oliva, *Sparta and her Social Problem*, p. 19.
② Oliva, *Sparta and her Social Problem*, p. 19, note 4.

作用的挑战。因此，哈蒙德强调的三十人制的长老会议恰恰是在部落组织改革基础上建立起来的。

其次，在宗教生活方面。中国古语说：国之大事在祀与戎。斯巴达也同样如此，宗教是国家政治的重要组成部分。如色诺芬所说：斯巴达军队在出征之时要不停地举行祭祀活动，在离开都城时要祭祀，在走出国境时要祭祀，在战场上要祭祀①，在投入战争前还要祭祀。② 这种宗教活动通常都是以部落为单位举行的。阿尔克曼（Alcman）有一首为宗教节日创作的诗歌残片，提到两个少女歌队，其中一支来自皮塔纳，另一支来迪麦，人们一般认为，迪麦就是来自迪马斯部落的人。

再次，部落组织及其附属的胞族和氏族组织还承担了血缘组织共同承担的一般功能。亚里士多德还提到部落的两个功能：依部落为别，选拔行政人员和发放救助。③ 他还称：城邦是由若干生活良好的家庭（Oikia）和部族（phratry）为追求良好生活结合而成的，在婚姻关系、氏族祭坛、宗教仪式和社会文化生活是城邦中常见的现象。④ 斯巴达的部落组织也会在这些方面发挥作用。

在斯巴达，三个部落之间的政治地位可能是不同的，作为传说中赫拉克勒斯的直系后裔的许罗斯部落可能拥有更多的特权。在"回归"故事中，作为南下征服的主力是许罗斯部落，而其他两个部落只不过追随者；斯巴达的王权也一直控制在许罗斯部落部族手中。

最后，斯巴达的部落的政治地位和政治功能存在发展与演变。事实上，正如 N. F. 琼斯（N. F. Jones）证明的那样，多利亚人各国内部的部落制度处于发展变化之中。⑤ 卡特林（Morgan Catherine）认为：血缘原则可以适应于不同的角色，可以通过发明、选择和抑制使得血缘组织克服与社会需要不适应的地方。⑥ 不过，因为资料问题，我们无法复原这一发展过程，但我们大致上可以指出某些变化。如，在提尔泰乌斯的作品中，斯巴达的军队就是按照部落的建制组建的，卡奈亚节也反映出早

---

① Xen, *Lac. Pol.* XIII. 2. Hdt. 6. 56.
② Hdt. 9. 61, 62.
③ Arist. Pol. 1300a24, 1320b2.
④ Arist. Pol. 1281a35ff.
⑤ Nicholas F. Jones, "the Order of the Dorian Phylai", *CP*, Vol. 75, No. 3. 1980, pp. 197 – 215.
⑥ Morgan, Catherine, *Early Greek States beyond the Polis*, New York: Routledge, 2003, p. 15.

期斯巴达军队建制中的血缘因素。但是，后来，斯巴达的军队则是按照奥巴的建制组建的①，在希罗多德的作品中就有来自皮塔涅奥巴的皮塔涅军团②，而亚里士多德的作品中则有来自美索亚奥巴的美索亚军团。③提尔泰乌斯是第二次美塞尼亚战争期间的诗人，他的这首诗也可能反映了当时的战争状况，因此，从部落制军团到奥巴制军团的转变很可能发生在第二次美塞尼亚战争期间或战后不久。公元前5世纪后期，斯巴达军队重新回归部落建制，修昔底德猛烈抨击希罗多德的错误，认为斯巴达根本没有皮塔涅军团。④ 其中的错误可能就在修昔底德自己，他没有认识到斯巴达军制的变化。修昔底德关于曼提尼亚战役的记述还表明，斯巴达当时的军团主体编制是六个，色诺芬也称斯巴达有六个军团。很可能，这时的军团是在部落制的基础上组建的，且每个部落组建两个军团。军团是斯巴达重要的社会组织，由于斯巴达实行公民兵制度，所有公民都被编入军队，因此，军事组织兼有行政管理、社会管理的功能。部落组织与军事组织的分与合反映了部落组织的发展和变化，而部落组织作用的变化反映了这个血缘组织的地位和功能的发展和变化。

二、奥巴制

奥巴制是斯巴达国家管理体制中长期存在的管理制度。大瑞特拉最早提到这一制度，后来，希罗多德、亚里士多德先后提到以奥巴命名的军团，希腊化和罗马时期的文学和铭文中多次提到。所以，奥巴制的存在是毋庸置疑的，关键是奥巴制的内容。

研究奥巴制的第一个问题是奥巴的数量。目前有4个、5个、6个、9个、更多。四个说的代表是克里姆斯，他主要依据波桑尼阿斯的《希腊纪事》和罗马时期的铭文，波桑尼阿斯在该书第三卷述及斯巴达的阿尔特米斯崇拜仪式时提到4个地方：利姆奈（Limnai），居诺苏拉，美索亚，皮塔纳（Pitane）⑤；罗马时期的铭文中也提到4个奥巴：利姆奈，科努拉（Konooura），皮塔纳，涅奥波利泰亚（Neopoleitai）。⑥ 他认为，

---

① 关于奥巴的详细讨论见下文。
② Hdt. IX. 53.
③ Arist. *Fr.* 541.
④ Thuc. I. 20.
⑤ Paus. III. 16. 9.
⑥ I. G. 5. 1. 674－678. 尼奥波利泰（Neopolitai）字面意思是"新城邦"。

尼奥波利泰是由美索亚发展而来。克利姆斯的观点有两点值得注意，一是他没有注意到罗马铭文中还提到另一个奥巴：阿米克莱；另外，他主要是指罗马时期，对希腊时期的奥巴数量未置可否。5个说的代表人物是艾伦博格（Ehrenberg）、瓦德-盖里（Wade-Gery）、卡特利奇、哈蒙德等①，其主要依据有：第一，罗马时期的另一块铭文上提到阿米克莱奥巴②；第二，据亚里士多德说，斯巴达有五个军团，其中一个就叫美索亚③；第三，希罗多德提到皮塔纳军团，据此他们认为斯巴达的军队以奥巴为基础，军团数与奥巴数相等，第四，斯巴达的某些官职，其中主要是埃伏尔，有五个，他们认为斯巴达的埃伏尔也以奥巴为单位产生，据此他们推断斯巴达的奥巴也是五个。第三种观点的主要依据是：第一，某些斯巴达官职有6个人，如 Patronomoi, Gymnaikonomoi, Agoranomoi 等都有6个④；第二，据色诺芬，斯巴达的军团有6个；第三，据斯特拉波，多利亚人南下征服拉科尼亚之后，将被征服的地区分为6个地区。第四种观点的代表人物是赫胥黎、弗雷斯特。⑤ 主要依据是：第一，德米特里乌斯在对卡奈尔节的描述中提到有9个帐篷，每个帐篷有9个人，代表3个胞族。⑥ 第二，在古代铭文中有更多的奥巴的记述，如在阿尔克曼的残诗中就有一个新的奥巴——迪麦⑦，在一个已经散佚的铭文中有一个阿卡罗伊（Arkaloi）奥巴。⑧ 这里的潜在逻辑仍是军团数等于奥巴数，但增加了"军团以胞族为基础"这个条件。第五种观点是卢比。卢比认为斯巴达的奥巴分布在斯巴达城周围一片比较宽阔的地域中，其数量处于不断的发展变化之中，没有固定的限制。⑨

现在的学者多用亚里士多德、波桑尼阿斯的记述和罗马时期的铭文

---

① Pavel Oliva, *Sparta and her social problems*, pp. 78–87; Paul Cartledge, *Sparta and Lakonia*, p107; Hammond, *A Htistory of Greece*, p104.

② I. G. 5. 1. 26.

③ Arist. *Fr*. 541.

④ 此处三个官职主要见于罗马时期，故本书没有专门研究。详细内容参见克里姆斯（K. M. T. Chrimes）:《古代斯巴达》（Ancient Sparta）相关部分。

⑤ G. L. Huxley, *Early Sparta*, pp. 47–49; W. G. Forrest, *A History of Sparta*, pp. 42–47.

⑥ Athen. 141f.

⑦ Poxy. 2390.

⑧ I. G. 5. 1. 772. 转引自黄洋:《古代希腊土地制度研究》，第82页。

⑨ Marcello Lupi, "Amompharetos, the Lochos of Pitanae and the Spartan System of Villages", in Stephen Hodkinson & Anton Powell eds, *Sparta and War*, Swansea: Classical Press of Wales, 2006.

作证据，试图说明奥巴的数量只有 5 个或 6 个。实际上这些晚期的文献并不能反映早期斯巴达的历史。首先，尽管种种迹象表明，斯巴达的军团（Lochos）与奥巴之间有对应关系，但没有充分的材料证明斯巴达军团只有五个。目前只有亚里士多德的一篇残篇提到斯巴达有五个军团，但这只有一个片段，不能证明只有五个。阿里斯托芬曾经提到四个斯巴达军团洛库斯①，亚里士多德提到五个洛库斯，而修昔底德则提到七个洛库斯。② 也许，无论是四个、五个还是七个，都不是全部，而是更多的军团中的部分。6 个军团（Lochos）最初出现于修昔底德的作品中，修昔底德同时提到，斯巴达国王之下有一个重要的军事官职——波利马科斯，由他向洛库斯的首领——洛卡斯传达命令。③ 波利马科斯在雅典的历史上早已有之，这是在雅典贵族推翻王政统治时设置的第一个官职，当时雅典的军队依然建立在氏族制度的基础之上。色诺芬再次提到 6 个军团，但它已经不是建立在奥巴的基础之上。色诺芬讲得很清楚，是摩拉伊（morai），不是 Lochos。所以，六军团的社会基础是部落而不是奥巴。另外，从官职上来说，虽然埃伏尔的数量是 5 个，但如前所述，斯巴达也有不少官职的人数是六个，我们不能依此得出结论。其次，我们从现有的材料中已经发现的数目已经超过了 6 个，确有其名的有：利姆奈、美索亚、皮塔涅、居诺苏拉、尼奥波利泰、阿米克莱、迪麦、阿卡罗伊（或 Argaloi）。当然，学术界对迪麦和阿卡罗伊存在争论④，卡斯泰德（Kahrstedt）、斯沃波达（Swoboda）认为，阿尔克曼的迪麦指迪麦村，但赫西凯乌斯（Hesychius）认为迪麦指迪马斯部落，艾伦伯格（Ehrenberg）又认为赫西凯乌斯的结论是望文生义的结果，不值得重视。阿卡罗伊源于一个已经散佚的碑铭，但铭文内容被记录下来，可惜记录者的学术名声不佳。⑤ 但无论如何，学术界现在对奥巴的数量仍无定论。再次，我们现在所公认的 5 个奥巴除了皮塔纳见之于古典时期的文献外，其余在古典文献中均无记载。波桑尼阿斯的记述也不能证明利姆奈、美索亚、皮塔纳、居诺苏拉就是斯巴达的全部奥巴。波桑尼阿斯只是在记

---

① Aristophon, Lysistrata, 453.
② H. Michell, *Sparta*, p. 247.
③ Thuc. V. 66.
④ K. M. T. Chrimes, *Ancient Sparta*, p. 164. 奥巴是斯巴达的村落组织。详见下文。
⑤ W. G. Forrest, *A History of Sparta*, p42； . Marcello Lupi, "Amompharetos, the Lochos of the Sparta system of Villages", in S. Hodkinson & A. Powell eds, *Sparta and War*, p. 201.

述斯巴达国内在祭祀阿尔特米斯发生争吵时提到这四个村落。① 这段文字充其量只能说在斯巴达城内有四个奥巴。如前文所述，如果斯巴达只有四个村落，那么数万人挤在有限的空间中，而把周围广阔的空间荒废不加利用，未免太不符合常理了。

奥巴的数量更可能是9个左右。其依据首先是底米特里乌斯记载的卡奈尔节的编制。卡奈尔节中有九个"帐篷"，每个帐篷中有9个人，分别来自3个胞族。这里我们似乎看到部落——"帐篷"——胞族的组织结构，我们还可以再做次推测，每个帐篷中的三个胞族可能对应于三个部落。每个帐篷具有重要的军事意义，也应该对应于斯巴达政治生活中一级重要的政治组织，那只能是军团。其次，正如大多数学者指出的，色诺芬之前的斯巴达军团与奥巴之间有着对应关系。如此看来，弗雷斯特的观点更正确。

但笔者也不完全赞同弗雷斯特的观点，弗雷斯特似乎把9个奥巴作为永恒不变的制度，而笔者认为9个奥巴只是斯巴达在典型时期的组织规定，具体一点可能是在第一次美塞尼亚战争之后，斯巴达社会制度比较成型、比较稳定时的制度，而在不同的时期，奥巴数量可能会有变化。这方面至少有三个证据，一是伊弗鲁斯说：斯巴达征服拉科尼亚之后，把征服地区分为六个部分，把斯巴达作为王室的定居地，而其他地方则派遣代表管理。② 这种"划分"的标准似乎是区域，也就是说这六个部分应该属于奥巴。二是阿米克莱，阿米克莱位于斯巴达南部8英里，在斯巴达人南下定居于拉科尼亚之后一段时间内，这里属于当地土著居民，公元前8世纪中叶，斯巴达对南部发动战争，征服了"仍然为阿卡亚人占有的庇里阿西人的城市，阿米克莱、法里斯和格让特瑞"③，斯巴达合并阿米克莱，使之成为第五个奥巴。④ 第三个证据是涅奥波利泰亚。至少从这个词就可以看出，这是一个新形成的奥巴，克利姆斯说涅奥波利泰亚的前身是美索亚，美索亚原先不符合奥巴的资质，经过发展之后才

---

① Paus. III. 16. 9.
② Strabo, VIII. 5. 4.
③ Paus. III. 2. 6.
④ G. L. Huxley, *Early Sparta*, pp. 24 - 25; W. G. Forrest, *A History of Sparta*, pp. 32, 42; Arnold Toynbee, *Some Problems of Greek History*, London: Oxford University Press, 1969, pp. 176 - 178.

成为奥巴。① 他的这种说法似乎太过主观。波桑尼阿斯在述及美索亚时完全把它与皮塔纳等奥巴等量齐观,所以,涅奥波利泰亚完全是新兴的。但随之而来一个新问题:美索亚奥巴哪去了?罗马时期的铭文中没有发现美索亚,这也许是因为我们还没有发现相关的文献,但也不排除美索亚因为各种原因衰落直至消失。奥巴数量的变化是奥巴制度本身的优势的体现,如前所述,奥巴制与德谟制一样引入了新的公民制度,虽然人们可以通过收养的方式克服血缘关系对公民身份的限制,但奥巴制下的登记法比收养更方便。而且它可以集体授予一个地区的所有或绝大多数人以公民权,即将该地区改为"奥巴",阿米克莱成为奥巴正体现了这一优势。

至此,我们可以对斯巴达奥巴制的形成进行简单的复原。公元前12世纪,多利亚人南下,首先征服了斯巴达城,后来逐步扩张,以斯巴达城为中心征服了更为遥远的地区,为了管理这片地区,斯巴达进行了传说中的莱库古改革。莱库古在维持传统的血缘组织的前提下,主要依据胞族组织把每个部落分为9个胞族,然后从每个部落中选出一个,组成一个单位,此即奥巴。这种"三一"原则与克里斯提尼采取的部落制改革存在一定的相似性。因此,奥巴并不是集中于一地的单一的村落,而是分散在各地的村落集合体。这种奥巴内部基本上保留了完整的胞族组织。正因为这样,斯巴达公民在行军打仗时每个人对自己周围的人都非常熟悉。②

第二个问题是奥巴的政治地位。认识奥巴政治地位的一个较好的方法就是从奥巴与部落的相对地位入手。最早提到奥巴的史料无疑是大瑞特拉。大瑞特拉将奥巴与部落并列,但这一史料却给我们理解奥巴带来了麻烦。现代学者在这方面有四种观点,第一种观点认为奥巴是部落的次级组织,其代表人物是弗雷斯特。他认为:部落是斯巴达古老的社会制度,莱库古改革重新创立了奥巴制度,作为部落的次级组织。斯巴达全部9000名公民分为9个奥巴,每个奥巴1000人,胞族则是对奥巴的划分,每个奥巴三个胞族。③ 第二种观点是奥巴等同于部落,代表人物

---

① K. M. T. Chrimes, *Ancient Sparta*, p. 161.
② Xen, *Lac. Pol.* XI. 4.
③ W. G. Forrest, *A History of Sparta*, pp. 45 – 46.

是克利姆斯，他的主要依据是罗马铭文中同时将利姆奈称作奥巴和部落。① 第三种观点认为部落与奥巴是并存的，代表人物如赫胥黎②，他认为这在大瑞特拉中已经表述得非常清楚。通过部落和奥巴，任何一位斯巴达人都可以确定自己属于那个胞族。

奥巴与部落在宪法上应该是平等的。伊弗鲁斯称，斯巴达向其他地方派出的代表是 baselius（国王），显然这种官职不是一般的官员，按照希腊传统，巴赛勒斯多是部落首领。

但实际上，奥巴与部落之间的相对地位随着历史时期的不同也有所波动。如前所述，莱库古改革之后直到第二次美塞尼亚战争，这段时间内，部落制与军团制合一，因此，奥巴的实际地位弱于部落。但此后，斯巴达实行了军制改革，奥巴与军团合一，奥巴的实际地位又强于部落。公元前5世纪后期，斯巴达军团再次变为以部落为基础，奥巴的地位也随之降低。

第三个问题是奥巴的政治功能。由于史料匮乏，我们实际上无法对奥巴的功能做出较为全面、可靠的认识，只能做一些尝试性的研究。修昔底德在《伯罗奔尼撒战争史》中说："斯巴达是若干希腊老式村落的组合"。③ 这里，修昔底德用了一个阿提卡语——kome。一些语言学文献称 oba 与 kome 是一回事。④ 在阿提卡语中，kome 又与 demo 同义。修昔底德精心选择 kome 这一词体现了他对斯巴达政治的独特认识，这表明在修昔底德看来，oba 制与 demo 制度相似，为了方便雅典居民认识、了解斯巴达政治，他选择了这一既类似 demo 又区别于 oba 的词。因此，我们可以从与雅典的 demo 的比较中认识奥巴的政治价值。

德谟是雅典向新生儿授予公民权的机构⑤，奥巴似乎也具有类似功能。斯巴达的婴儿出生之后要由父亲带到叫勒斯克（Lesche）的地方接受部族长老的体检，体检合格者就获得公民资格。⑥ 可见，这里的体检

---

① K. M. T. Chrimes, *Ancient Sparta*, pp. 163 – 168.
② G. L. Huxley, *Early Sparta*, pp. 47 – 49.
③ Thuc. 1. 10. 2.
④ Marcello Lupi, "Amompharetos, the Lochos of the Sparta system of Villages", in S. Hodkindson & A. Powell eds, *Sparta and War*, pp. 201, 211, note 68.
⑤ Arist. *Ath. Pol.* 21, 4.
⑥ Plut. *Lyc.* 16.

带有公民身份认证、公民登记的功能，这是新生儿获得公民权的第一步。勒斯克是斯巴达城内的公共空间，这里建有健身房。① 在这里举行新生儿身份认证与古朗治所说的情形大不一样。古朗治说：在希腊，新生儿产生的第十天，"父亲把全家聚集在一起，还有证人在场，他先向圣火献祭，然后将孩子呈现在家神面前，一位女眷将男婴抱在怀里，绕火炉跑几圈"。这样就把"孩子引入家内祭祀之中，从这一刻起，因而便被这称作家庭的神圣社会或是小教会所承认了"②。这个身份认证显然是基于血缘—家族制度。据此，可以推测，勒斯克是处于血缘关系之外的公共空间，属于奥巴，进一步，可以推测，奥巴与雅典的德谟一样，具有公民身份登记的功能。这可能也是修昔底德将奥巴约等于雅典的德谟的重要原因。

奥巴的第二个功能则是在一定时期内与军团制相结合，成为军团制的基础。这已见于前文，不再赘述。

在奥巴和部落之下似乎没有次一级的行政组织划分。一方面历史文献也没有任何这方面的记述，另一方面斯巴达城区本身面积有限，似无必要进行次一级的行政区划。尽管如前文所提及的，胞族组织可能在行政过程中发挥过一定的作用，但是否作为一级具有行政职能的组织存在大可存疑。

尽管没有更小的行政区划，但因为斯巴达人族群内部特殊的社会体制，少数社会组织实际上也承担了行政管理的功能。这方面比较有代表性的是吉姆纳西尤姆（gymnasium，健身馆）和叙希提阿（sussitia，公餐团）。③

三、吉姆纳西尤姆

吉姆纳西尤姆是斯巴达的学校所在地，它通常位于奥巴的中心勒斯克。斯巴达特殊的教育体制使得这里具有了行政管理的功能。斯巴达儿

---

① Plut, *Lyc.* 25.
② 古朗治：《古代城市》，吴晓群译，上海，上海人民出版社，2006年版，第80页。
③ 学术界通常译为公餐团，这里采用音译法。如下文即将说到的，斯巴达的这一制度在不同的时期有不同的名称，这里采用国内常用的也是古希腊文献记载较早的希罗多德的说法。笔者认为，斯巴达的叙希提阿不仅仅是集体用餐，而是承载着许多其他社会功能，因此这里采用音译法。笔者将这一习俗或制度称为叙希提阿制，而把一起用餐的人简称为叙希提阿团。

童在 7 岁就开始进入国家设立的学校，接受公共教育。14 岁成为少年，直到 20 岁进入叙希提阿组织。① 在这期间，未来的斯巴达公民需要接受较多的体育锻炼和军事训练，接受具有公共性质的管理。所以，学校实际上承担了对 7—20 岁之间的少年实施管理的功能。

普鲁塔克对斯巴达的教育制度有较详细的记述。据载，"斯巴达儿童 7 岁时全部由国家收养，编入连队。在连队里他们遵守整齐划一的纪录，接受划一的训练……判断能力卓越与格斗极其勇敢的孩子被推举为他所在连队的队长。……上年岁的人经常观看他们游戏，还常常激励他们进行模拟的战斗与争执。"② 这是斯巴达教育体制的第一阶段，应该说，这一阶段的行政功能还比较弱。

十四岁之后，学校管理进入新阶段。这时候，斯巴达男孩都会有一个年长的同性恋伙伴，这位伙伴的主要责任是对该少年实行一对一的帮助和教育。他要分享该少年的荣誉，承担该少年犯错所带来的惩罚。据说曾经有人因为自己所宠爱的少年在格斗时说粗话而被罚款。这时斯巴达社会的长老或年长者继续关注他们，经常到他们操练的场地去，关注他们的体力和智力竞赛……在任何时刻、任何地点，做了错事的孩子都会受到规劝或惩罚。

除了同性恋伙伴和长老之外，斯巴达国家在学校里设立较为完备的管理体系。斯巴达国家从城邦最高贵、最优秀的人中任命一人为最高管理者，叫做派多诺墨（paedonome，意思是"少年督察员"）。在他的领导下，各连队设立一位管理者，叫做埃壬（eiren）。埃壬是从少年班毕业已经两年、年满 20 岁的青年，他们精明能干、尚武好斗。埃壬负责日常的管理，如训练、做饭等，如果有人回答问题不正确，就会受到"咬手指"的惩罚，埃壬还常常当着长者和官吏的面惩罚少年。

无论是派多诺墨还是埃壬与低龄组的连队队长的产生方式都不一样，前者是国家任命的，带有更多的国家权力色彩，后者是推选的，具有很强的自治成分。前者必须接受国家权力的控制，"倘若埃壬给的惩罚比该给的过于严苛或过于宽大，长者或官吏就会提出责问并给以指正。"正是

---

① 斯巴达教育体制中的年龄划分在古典文献中有不同的说法。普鲁塔克认为 12 岁进入第二阶段，但希腊时期亚历山大利亚图书馆馆长阿里斯托芬尼认为是 14 岁。科奈尔认为其实是虚龄和实龄的差别，这里从后说。详见 N. M. Kennell, *Gymnasium of Virtue*, pp. 34–40。

② Plut. Lyc. 6. 中译文参见黄宏煦主编：《希腊罗马名人传》，第 107 页。

从这个角度看，在这一阶段，斯巴达的学校具有了管理功能。

四、叙希提阿

叙希提阿（sussitia）是希罗多德对斯巴达公餐团的称谓，这里将它用来统称斯巴达历史上的公餐团。公餐团在斯巴达历史上长期存在，但这个组织的功能并不局限于集体用餐，还承载着许多其他的社会管理功能。

斯巴达的公餐团本身经历了发展过程。希罗多德在《历史》中称之为叙希提阿（sussitia）①，该词的原意是"公谷"，即"公仓"，色诺芬则用 syskemiae，意为"聚集在同一个用餐帐篷内的"。公元前4世纪，亚里士多德曾经对此作过研究，据他的研究成果，斯巴达叙希提阿团早已有之，在古代称作"andreia"，这一名称与克里特的叙希提阿团的名称一致，亚里士多德据此认为斯巴达的叙希提阿制是模仿克里特。亚里士多德还告诉我们，在他生活的公元前4世纪，斯巴达叙希提阿团被称作 Phiditia②。如此看来，安德里亚（andreia）是斯巴达的公餐团发展的第一个阶段，叙希提阿是第二阶段，色诺芬和亚里士多德几乎属于同一个时期，他们尽管选择的词汇不同，但其所指对象可能是一回事，这是公餐团发展的第三阶段。

据古朗治研究，公餐起源于古代的宗教祭祀，古代祭祀大多是按血缘家族组织的，所以这种叙希提阿团也应该带有明显的血缘性质。Andreia 一词的本意是"男人"，显然，早期的叙希提阿团并不是所有氏族成员参加的组织，但这并不能否定早期叙希提阿团的血缘性质。但是，后来的叙希提阿团的性质发生了变化，在色诺芬的《拉开戴蒙政制》中，"希叙提阿"主要是指"聚集在同一个用餐帐篷内的人"，这里希叙提阿团成员已经突破了血缘的限制。斯巴达人自己称 philitia，据密西尔研究，这可能表示"友爱"或"休闲"。③ 这也表明希叙提阿主要是一种社会性组织。

叙希提阿团这一性质的转变大致上在公元前6世纪，在第二次美塞尼亚战争之后，斯巴达停止了大规模的土地分配，斯巴达家庭为了维持

---

① Hdt. 1. 65.
② Arist. *Pol.* 1272a
③ H. Michell, *Sparta*, p. 282.

自身土地的稳定，采用了独特的婚姻、生育制度，这一制度使得各个斯巴达家庭保持了稳定，换句话说，斯巴达的同一祖先产生众多分支家庭的现象逐步消失，每一个家庭基本上维持着世代单传的特征。于是，叙希提阿团逐步失去了在世的同一祖先及其后裔共同祭祀祖先的功能，成为一种行政组织。

关于叙希提阿团的人数存在两种说法：15人和330人。希罗多德将叙希提阿团作为次于特里卡达斯（Trikadas）的军事组织。① Trikadas的字面意思是"三十"、"第三十"、"三十分之一"。人们通常据此认为特里卡达斯的人数是30人，进而推论叙希提阿团的人数为15人。这个推论进而得到普鲁塔克提供的材料的证明。普鲁塔克在《莱库古传》中则说每个叙希提阿团15个人。但弗雷斯特称叙希提阿团是高于特里卡达斯的军事单位，人数是330人，而特里卡达斯的人数是110人。② 其依据是普鲁塔克说在阿基斯改革时恢复了莱库古时期的旧制，每个叙希提阿团有人数300人。③ 但普鲁塔克这里的叙述很值得怀疑，他说阿基斯将全国的土地分为4500份，15个叙希提阿团，每个叙希提阿团400人或200人，我们不知道普鲁塔克的资料来源，但我们至少不能从中推断阿基斯四世统治之前每个叙希提阿团也是300余人。

尽管希罗多德把叙希提阿与两个军事组织并列，位列其他两个军事组织伊诺摩提亚（Enomotiae）、特里卡达斯之后，显然叙希提阿具有一定的军事价值。柏拉图也称它是为了战争而设置的。④ 阿基斯在征服雅典之后，派人去叙希提阿团取回自己的一份饮食，被波利马科斯拒绝了⑤，波利马科斯通常是一种军事职务，这又为修昔底德、色诺芬等人证实，修昔底德说波利马科斯在战场上为国王传递指令，色诺芬则说战争当中波利马科斯通常与国王一起用餐以便商讨战争事宜。⑥ 波利爱努

---

① 特里卡达斯仅见于希罗多德的作品，具体情况不详，可能是次于伊诺摩提亚的军事单位，似可译为"分队"，史书未见其作为独立的军事单位投入战斗，可能是其人数太少，不足以单独行动。
② W. G. Forrest, *A History of Sparta*, p. 46.
③ Plut. *Agis*, 10.
④ Plato. *Nomoi*. 625d, 633a.
⑤ Plut. *Lyc*. 12.
⑥ Xen. *Lac. Pol.* XIII. 1.

斯曾经说到，在一次与底比斯的战争中，斯巴达军队组成了洛库斯、摩拉伊，伊诺摩提亚，叙希提阿（团）。① 普鲁塔克说到莱库古为了使军队迅速地集合和出发行军而把传统的最小军事单位再分后设置的更小的军事单位。② 也许伊诺摩提亚就是普鲁塔克所指的"传统的最小军事单位"，而叙希提阿团则是后来重新设立的军事组织。

但是，修昔底德述及的曼提尼亚战役和色诺芬所记斯巴达一般军制中都没有提到叙希提阿团。因此，在一般情况下，叙希提阿不直接投入战斗。至于波利爱努斯所说情形可能是特例。波利爱努斯是罗马时期的兵家，他所引战例都具有一定的特殊性、代表性，所以，他的例子不足以改变修昔底德、色诺芬等人的史料的价值。可见，叙希提阿团并不是常见的军事战术单位，但有时也可以作为军事战术单位使用。尽管在实际战斗中叙希提阿的意义不大，然而，其政治意义却超过了其他军事组织。

首先，叙希提阿团成员身份是获得公民权的关键环节。亚里士多德在比较了斯巴达与克里特的叙希提阿团之后指出，斯巴达的叙希提阿制度将公民身份、叙希提阿团成员资格与税收联系在一起，如果不能缴纳规定的公餐税就不能获得公民身份。③ 尽管前文所述，在奥巴中心地勒克斯接受体检、等级是获得公民权的第一步，但成为叙希提阿团成员则是关键的一环。每一个人必须顺利完成斯巴达规定的教育内容，包括文化训练、体格、军事技能、品德意志等等，然后还要接受严格的考核，才能成为团员。考核的方法是每个叙希提阿团内部进行投票，投票时由一个仆人头顶一只碗走过每个成员面前，每个人手里拿着一个面团作为选票，一言不发地将面团投到碗里。如果有一只面团被捏扁申请人就不能加入该叙希提阿团。④

其次，叙希提阿团继续履行教育、管理准公民的功能。叙希提阿团的部分成员被选拔为埃壬，担任少年连队的队长，负责18岁以下儿童的教育。叙希提阿团还向少年有限开放，提供教育。这些未成年的少年在埃壬的帮助下经常出入食堂，就像他们到学校去一样，在那里倾听政治

---

① Strabo. 2.3.11. H. Michell, *Sparta*, p.237.
② Plut. *Mor.* 226e.
③ Arit. *Pol.* 1271a27ff.
④ Plut. *Lyc.* 12.

辩论，接受能够开拓心胸的有益的教育。① 叙希提阿团还为 20—30 岁之间的准公民提供继续教育，他们在晚餐之后必须摸黑回家，不允许打灯，以便培养勇敢品格和对道路路况的熟悉。② 这些准公民经常亲临战场，感受战场气氛，必要的情况下也直接参与战斗。在和平时期，他们经常参加狩猎，培养实战技能。③ 正是因为这样，所有成员没有特殊情况必须参加叙希提阿团的活动，任何人只有当他因为祭祀或狩猎耽误了，才允许在家就餐，其他情况下必须到公共食堂就餐，国王、埃伏尔、平民概莫能外。如阿基斯在征服雅典之后希望在家中用餐就被拒绝了。④ 当克利奥墨涅斯发动政变处死埃伏尔时埃伏尔们正在自己的公共食堂用餐。⑤

再次，叙希提阿团具有特殊的经济功能。一方面它是国家的税收部门。古代斯巴达的税收分为份地税、公餐税两种形式。份地税有耕种份地的黑劳士向份地的主人缴纳，而公餐税则是由斯巴达公民向叙希提阿团缴纳。⑥ 而作为国家税收机关的职能特出体现在公餐税的税额方面。

据普鲁塔克记述，公餐税的税额为：同一叙希提阿团的人，每人每月交 1 墨狄姆诺斯（Medimnus）的大麦，8 科奥斯（Choes）的酒，5 明那（Minna）的干乳酪，2 明那的无花果，为了购买鱼肉这样的美味，再交很少一点钱。除此以外，任何人在用第一批收获的果品献祭时，或者带着猎取的野味回家时，都要送上一份给他就餐的食堂。⑦ 狄卡伊阿库斯记述：每个叙希提阿团成员必须向叙希提阿团交（阿提卡标准的）1.5 墨狄姆诺斯的大麦，11 或 12 科奥斯的酒，除此之外还有一定量的奶酪和无花果，为了购买肉食，还要交 10 厄吉纳奥波尔的货币。⑧ 据腓古伊拉研究，狄卡伊阿库斯用的是阿提卡制，而普鲁塔克用的是斯巴达标准。两种度量标准的比值比较明确，即 1∶1.5，也就是说这两位古典作

---

① Plut. *Lyc.* 12.
② Plut. *Lyc.* 12.
③ Xen. *Lac. Pol.* 3.
④ Plut. *Lyc.* 12.
⑤ Plut. *Cleom.* 8.
⑥ 参见拙文：《斯巴达的税收制度》，《西南大学学报》（社科版），2008 年第 3 期。
⑦ Plut. *Lyc.* 12. 1 墨狄姆诺斯等于 52.53 公升，1 科奥斯等于 3.28 升，1 塔兰顿等于 60 明那，1 明那等于 100 德拉克玛，1 德拉克玛等于 6 奥波尔。
⑧ Athen. 141c.

家所提供的税额虽然税项稍有差异，但主要税项的额度是一致的。① 古代斯巴达没有独立的税收部门，叙希提阿团就成为税收组织，由团员向所占有的黑劳士直接征收，再把其中的一部分缴纳给叙希提阿团，实际也就是缴纳给国家。

另一方面，叙希提阿团也成为社会财富再分配的组织。古代斯巴达国家没有自己的独立财政制度，国王阿基达玛斯公开宣称：斯巴达没有公款，也没有私人向国家提供捐助②，亚里士多德说：斯巴达公共财政不好，税额不能足额征收，握有土地的公民不肯自觉缴税，国库空虚。③ 由于国家财政缺位，斯巴达国家的税收主要集中在叙希提阿团中，并在叙希提阿团内二次分配。

据测算，斯巴达公餐税的税额大大超过了个人的消费能力。按照密西尔的计算，斯巴达公民缴纳的公餐税中，谷物每人每年将会结余134科尼克斯（Choinices），酒每人每年结余1363科提拉（Kotyles）。④ 据修昔底德，战时，斯巴达士兵每人每天消费2科尼克斯的食物，2科提拉酒，还有少量肉食。跟随主人上战场的仆人减半。⑤ 仆人的日均消费量可能就是斯巴达人平时的日均消费量。据希罗多德，斯巴达国王不参加公餐时可获得2科尼克斯的面粉和1科提拉的酒。因为国王有一定的特权，因此，平时的日均消费量大约为1科尼克斯的面粉和1科提拉的酒。如此测算，每个叙希提阿团年结余2010（134×15）科尼克斯的面粉和20445（1363×15）科提拉的酒，此外还有150奥波尔的货币，还有乳酪、无花果。腓古伊拉按热当量把所有的公餐税折算成小麦，相当于每年交1280斤小麦，而当地人维持生存的年需要量为250斤小麦，换句话说，公餐税是个人消费最低值的5—6倍，公餐税有70%—80%的结余。⑥

如此多的公餐税哪去了？要解决这个问题可以先看这些剩余能干

---

① Thomas J. Figueria, "Mess Contribution and Subsistence at Sparta", *Transaction of American Philological Association* 114 (1984), p. 89.

② Thuc. I, 82, 142.

③ Arist. *Pol.* 1271b10 – 17.

④ H. Michell, *Sparta*, pp. 288, 289. 1科尼克斯约等于1升，约一个人一天的口粮。1科提拉约0.27升。

⑤ Thuc. IV. 16.

⑥ Thomas J. Figueria, "Mess Contribution and Subsistence at Sparta", *Transaction of American Philological Association* 114 (1984), p. 92.

什么？一个最容易理解的支出是额外供应其他人员生活。大约可为6人（2010÷365）提供食物，除此之外还有18335科提拉的酒及其他物质剩余。如果按照腓古伊拉的测算，则可以另外供养60人。这又涉及对叙希提阿团附属成员的思考。如前所述，每个叙希提阿团内都有一些20—30岁之间的准公民，他们还没有成为正式公民，也就无需交税，他们的生活资料只能由叙希提阿团承担。我们对这些准公民人数可以做一个大概的推算。斯巴达公民的正式服役年限是30—60岁[①]，通常斯巴达正式公民在9000人左右，那么每个年龄段的斯巴达公民大约是300人，由于斯巴达实行较严格的人口控制，这个数字可能大致是可信的。那么20—30岁的斯巴达青年大约有3000人。如果每个叙希提阿团15人，那么斯巴达有600个叙希提阿团，3000人平分到每个叙希提阿团，那么每个叙希提阿团将有5人，这五个人必须由正式成员的公餐税供养。

叙希提阿团既是公共食堂，也是军事组织，其中可能还有一些仆人，帮助他们烧饭、做杂活。史料表明，斯巴达的公民都有一定数量的黑劳士做仆从。[②] 这些仆人的日常开销似乎也应该由叙希提阿团承担。

再一方面，叙希提阿团可能还附属有工匠等其他人员。叙希提阿团作为军事单位，可能平常的武器制作维护也需独自完成。斯巴达的商品经济不发达，军事物质不能从市场获取。公元前4世纪初，阿吉西劳斯率军在亚洲打仗，停战期间阿吉西劳斯将斯巴达军队组成一个波利斯，波利斯中有市场（agora），有各种手工业者，如铜匠、木匠、铁匠、皮革工、油漆工，他们的主要任务是生产武器。[③] 在阿吉西劳斯时期，斯巴达社会的货币流通已经有了极大的发展，但阿吉西劳斯仍然以发奖品（athlon）的形式为士兵发报酬，那么这些在军营中工作的工匠的报酬可想而知仍然是以实物为主。而且，这些工匠是斯巴达军队经常性的需要，他们存在的目的不是为了改善斯巴达士兵的生活质量，而是为了修缮军备，提供生活必需品。可以想象，重装步兵的常

---

① 斯巴达青年7岁起就必须接受正规的军事训练，20岁加入公餐团继续接受相关教育，直到30岁才正式成为国家公民。

② 如皮罗斯战役中，被困在司伐克特里亚岛上的斯巴达战士也有仆人。Thuc. IV. 16. 温泉关之战中也有黑劳士仆从，因眼疾离开战场的埃乌律托斯就命令他的黑劳士把他带回战场。Hdt. VII. 229.

③ Xen, *Hell.* 3. 4. 17 – 18；*Agesilaos*, I. 25 – 26.

备军备必须经常性地加以维修，它绝不是暂时的、一次性的需要。在商品经济比较落后的斯巴达，我们无法想象斯巴达会以货币给这些工匠支付报酬，这些工匠只能得到食物报酬，更可能的情况是这些工匠长期跟随某一叙希提阿团，而该叙希提阿团则为其提供必需的生活资料。

但是，每个叙希提阿团可能不一定有多达60人的附属人员。那么，剩余下来的公餐税可能被用于采购制作武器的材料及其他享受性消费。而其中，购置原材料可能是最主要的开销，因为斯巴达的日常生活本身比较艰苦，不可能允许把国家税收用于个人的享受。

在这些用途中，对仆人、工匠和准公民的开支可谓公共财富的二次分配，而采购原材料等则应该属于国家的财政开支。

又次，叙希提阿团还对斯巴达城区内的其他人员起到一定的社会管理作用。上述分析表明，叙希提阿团不仅是斯巴达公民的群体，同时拥有数量不少的附属人员。叙希提阿团同时也要对这部分人实施管理。

尽管材料有限，但这些材料还是表明：斯巴达城区和斯巴达人内部的管理呈现出血缘关系与地缘关系交织、正式组织与非正式组织混杂的特点。用现代的标准衡量，这一体制显得非常落后，功能和职责划分很不明晰。

第三节 庇里阿西区

有关庇里阿西区的政治地位近几年来在西方学术界引起激烈争论。传统的观点一直是用同盟国作为参照，如30年代拉尔森认为它处于黑劳士和独立同盟国之间。① 60年代，奥利瓦认为它处于斯巴达公民与同盟国之间。② 70年代，卡特利奇认为它是完全服从于斯巴达的同盟者。③ 90年代，以汉森为代表的丹麦哥本哈根城邦研究中心认为庇里阿西区属于古代城邦，同属该中心的辛普莱进一步指出庇里阿西区属于依附性城

---

① Paul Cartledge, *Sparta and Lakonia*, p. 178。
② Pavel Oliva, *Sparta and Her Social Problems*, p. 67.
③ Paul Cartledge, *Sparta and Lakonia*, p. 178.

邦，该中心另一位研究人员豪认为庇里阿西区的居民拥有两个公民身份，一是拉开戴蒙人，二是当地公民。① 这种观点引起部分学者的激烈反对，默顿认为：庇里阿西区只是斯巴达的一级地方行政组织，埃尔明甚至认为庇里阿西区只是地方性的村落组织。② 我们称前一种观点为城邦论，后一种观点为行政区论。要正确认识庇里阿西区的政治属性首先必须全面、正确认识庇里阿西区的特征，在此基础上才能形成正确的认识。下文我们将从政治制度、政治地理、人口结构、与城邦的关系几个方面来考察庇里阿西区的特征，进而认识庇里阿西区的政治地位。

一、庇里阿西区的空间结构

据辛普莱统计，属于古风和古典时期、具有城邦身份的庇里阿西区共计有 28 个。③ 这些庇里阿西区大多分布在斯巴达周围地区和沿海地区，尤其以拉科尼亚地区居多，主要分布在拉科尼亚的北部边疆地区和东部沿海地带及山区。在美塞尼亚地区则主要分布在半岛的西南部，西部沿海也有少量分布。拉科尼亚北部的庇里阿西区主要是政治和军事活动之后形成的，地形因素也起了一定的作用。东部沿海的则可能主要出于地形因素和古希腊独特的政治联合（synoecism）。总体看，地形因素起了相当的作用。

各个庇里阿西区的自然状况相差很大。有些居于拉科尼亚中心地区，如佩拉那、克里萨福斯、吉戎特拉和法里斯，有些位于美塞尼亚地区帕

---

① Morgen H. Hansen, "The Perioikic Poleis of Lakedaimon", in Thomas Heine Nielsen (ed), *Once Again: Studies of Ancient Greek Polis*, Stuttgart: Steiner, 2004; Graham Shipley, "The Other Lakedaimonians: The Dependent Perioikic Poleis of Laconia and Messenia", in M. H. Hansen (ed), *The Polis as an Urban Centre and as a Political Community*, Copenhagen: Det Kongelige Danske Videnskabernes Selskab, 1997; Graham Shipley, "Perioikos: The Discovery of Classical Lakonia", in Jan Motyka Sanders (ed), *Philolakon: Lakonian Studies in Honour of Hector Catling*, Copenhagen: Det Kongelige Danske Videnskabernes Selskab, 1992; Jonathan M. Hall, Sparta, "Lakedaimon and the Nature of Perioikic Dependency", in P. Flensted-Jensen (ed), *Further Studies in the Ancient Greek Polis*, Stuttgart: Steiner, 2000.

② Norbert Mertens, "The Perioikoi in the Classical Lakedaimonian Polis", in Anton Powell and Stephen Hodkinson (eds), *Sparta beyond the Mirage*; Angrey Eremin, "Settlements of Spartan Perioikoi: Poleis or Kommai?" in Anton Powell and Stephen Hodkinson (eds), *Sparta beyond the Mirage*, London: Classical Press of Wales and Duckworth.

③ Graham Shipley, "The Other Lakedaimonians", in *The Polis as an Urban Centre and as a Political Community*, p. 190.

米索斯河下游,如图里阿、埃萨亚,这里以平原为主,土质比较肥沃,自然条件较好,面积也比较大,如克里萨福斯面积达 10 平方公里。北部的庇里阿西区邻近阿尔戈斯、阿卡迪亚等北部强国,这些地区主要位于山区,面积较小,如伊阿索斯(Iasos)面积仅 1 平方公里,只有提里阿面积稍大。这里土质贫瘠,但军事意义重要。沿海地区的庇里阿西区稍大于北部地区,如普拉斯埃面积达 5 平方公里,但面积差异较大,面积大的如凯帕里斯亚面积约 60 平方公里,波埃地区的面积约 25 平方公里。这些地区大多自然条件恶劣,或土地狭小或土质贫瘠,灌溉条件也较差,河流多为山间小河,水源靠山顶积雪,季节变化较大易发生洪涝灾害。这些地区或有山脉阻隔或距斯巴达政治中心较远,与斯巴达政治中心的联系依赖山间小道。典型的如东南沿海的扎拉克斯,这里海岸线蜿蜒弯曲,三边环海,悬崖高耸,山梁贫瘠,只适合羊生存。这里虽有良好的港口,但与内地隔离开来,所以意义不大。

庇里阿西区理论上包括自己的领土和一个或若干居住中心,在居住中心有自己的城墙等防御系统。如西塞拉,公元前 424 年,雅典从海上攻占港口城市斯堪戴亚,然后又从大陆一面发动登陆战争,攻占下城,迫使守军退守卫城。① 公元前 393 年法拉巴佐斯再次攻占西塞拉,发现这里的乡间出产不足应付战争需要,于是弃城而走,随后,西塞拉公民因为担忧风暴与法拉巴佐斯签署合约,弃城撤回拉科尼亚,法拉巴佐斯则修复了城墙,留下一队守军而后离开。② 又如厄庇道鲁斯·利姆拉、普拉斯亚,公元前 424 年和前 414 年,雅典军队先后多次侵入这两个地区,蹂躏她们的领土,显然这种领土属于面积较为辽阔的乡间领土。③ 雅典军队还曾经攻陷了普拉斯亚的城市,大肆抢劫。④ 另外,位于美塞尼亚湾西部的庇里阿西人社区吉提乌姆是斯巴达的主要军事港口,这里也有自己的坚固的城墙。⑤ 又如公元前 369 年,阿卡迪亚人进攻奥伊翁地区,斯巴达人从屋顶上向入侵者发动进攻⑥,显示这里拥有城市建筑,

---

① Thuc. 4. 54.
② Xen. *Hell*. IV. 8. 7 – 8.
③ Thuc. II. 56; IV. 56; VI. 105; VII. 18, 26.
④ Thuc. II. 56; VI. 105; VII. 18, 26.
⑤ Xen. *Hell*. VI. 5. 32.
⑥ Xen. *Hell*. VI. 5. 25.

后来的考古材料也显示，这里有大型建筑物，显然奥伊翁有一个城市。①这些城市可能是这些地区的政治中心，这一点在西塞拉的斯堪迪亚城看得更清楚。

但值得注意的是，庇里阿西区似乎没有大型的公共建筑物，如广场、市政厅、公民大会会址、神庙等。只是在斯巴达衰落的时候，我们看到城市的数量明显地增加了。② 庇里阿西区可能在大多数历史时间内都没有上述公共建筑。这些公共建筑是作为一个独立的城邦通常具有的，这些建筑的聚集地被作为该邦的政治文化中心。但是，正如修昔底德所说，拉开戴蒙人的城市设计不紧凑，没有宏伟的建筑和神庙，只是若干希腊老式村落的组合，它的外表有些名不副实。③ 这里，修昔底德也讲了庇里阿西区的现实情况，因为拉开戴蒙人包含了庇里阿西人。它们在名义上被称为波利斯，但实际上不像一般的波利斯那样，有自己的公共建筑，所以，他们的国家看起来像村落的结合体。其中的原因一是斯巴达对庇里阿西人和庇里阿西区的剥削，虽然我们没有看到斯巴达对庇里阿西人征收固定的租税，但斯巴达人迫使那些富裕的庇里阿西人自负装备充当重装步兵，不少庇里阿西人必须承担武器生产、耕种王室田庄等劳役。公元前4世纪初，阿吉西劳斯在亚洲前线设立的军营市场中有各种手工工匠，这些劳动不少是由庇里阿西人承担。这些剥削使得庇里阿西区无法积累足够的财产建筑公共建筑。④ 另一个更根本的原因是斯巴达人不允许它们修建城堡之类的公共建筑。城堡有着独特的军事价值，斯巴达军队本身不擅长攻城⑤，他们对城邦之类的军事建筑比较忌讳，这在雅典修建连接卫城和庇里乌斯港的长城时充分表现出来，修昔底德说：他们不愿意看到雅典和任何其他城邦建筑城墙。⑥ 笔者认为，同样的担心也会在处理与庇里阿西人关系时暴露出来。所以，庇里阿西区缺少公共

---

① Graham Shipley, "The Other Lakedaimonians", in *The Polis as an Urban Centre and as a Political Community*, p. 211.

② Graham Shipley, "Perioikos: The Discovery of Classical Lakonia", in *Philolakon: Lakonian Studies in honour of Hector Catling*, p. 223.

③ Thuc. I. 10.

④ Graham Shipley, "Perioikos: The Discovery of Classical akonia", in *Philolakon: Lakonian Studies in honour of Hector Catling*, P. 224.

⑤ 当美塞尼亚人退守城堡时，斯巴达军队总是不能获胜，在第三次美塞尼亚战争中，斯巴达甚至不得不邀请雅典军队的支援。

⑥ Thuc. I. 90.

建筑反映了斯巴达对庇里阿西区的剥削之重，控制之严。

二、庇里阿西区的人口结构

通常认为，庇里阿西人都居住在庇里阿西区，所以人们也常常从庇里阿西人的地位来评价庇里阿西区的地位。其实，庇里阿西人与庇里阿西区并不完全一致。当基那敦密谋起义时，他曾经给一位同谋者说，在斯巴达的市场上有黑劳士、新公民、下等公民，还有许多庇里阿西人。① 可见，庇里阿西人并不完全居住在庇里阿西区，在庇里阿西区之外也有庇里阿西人。同样，庇里阿西区的居民也不是清一色的庇里阿西人，除此之外，还有斯巴达人、黑劳士和外邦人等。这些阶层的政治地位和社会地位各不相同，对他们的认识有助于我们认识庇里阿西区的政治地位。

庇里阿西区的主要居民当然是庇里阿西人。在斯巴达，庇里阿西人是集社会标准与地理含义于一体的特殊社会集团，从社会意义看，他们是享有不完全公民权的特殊阶层的专有名称，从地理含义看，他们与庇里阿西区密切相关，居住在庇里阿西区，享有不完全公民权。庇里阿西人是主要来自庇里阿西区的原住民。前引伊弗鲁斯关于早期斯巴达历史的文献依据说到这一点：赫拉克勒斯的后裔征服了拉科尼亚，周边的居民屈从于斯巴达人，同时拥有平等的权利，与斯巴达人一起拥有公民权，可以担任国家官职。后来斯巴达国王阿基斯剥夺了边区居民的平等权益，其他的边区民都同意了，只有赫罗斯城的居民反抗，最后斯巴达镇压了，他们被称作黑劳士。② 从此，庇里阿西人与黑劳士区分开来，庇里阿西人的社会地位也发生了明显的变化，他们被迫交纳赋税，同时也失去了平等的政治权利。但与斯巴达人中盛行平均主义不一样，庇里阿西人不是铁板一块，而是有贫富之分，按照卡特利奇的研究，有五块属于公元前5世纪后期4世纪初期的铭文，其内容是释放黑劳士，这些黑劳士显然属于庇里阿西人。③ 庇里阿西人中有些可以充当重装步兵，而有些只能充当水手或随军工匠。富裕的庇里阿西人与斯巴达人一起，构成庇里阿西区社会的上层，掌控着庇里阿西区的政治权力。他们与斯巴达政府有着更为密切的关系，他们的特权地位有赖于斯巴达的支持才得以维护。

---

① Xen. *Hell.* III. 3. 5 – 6.
② Strabo, VIII. 5. 4. 这里，伊弗鲁斯可能混淆了黑劳士和庇里阿西人的区别。
③ Paul Cartledge, *Sparta and Lakonia*, p. 179.

这种依赖性使得庇里阿西区虽然保有传统的一些权力机构，但却不能保持内政上的相对独立性。

在庇里阿西人之外人数不确定但地位特殊的是斯巴达人。这部分人或是斯巴达殖民者。据波桑尼阿斯记述，斯巴达人南下扩张，征服了阿米克莱、吉戎特拉和法里斯。吉戎特拉和法里斯的居民或逃亡或被驱逐，然后，他们在这里移居了部分斯巴达人。这两个地区成为著名的庇里阿西区。另一个著名的庇里阿西区西塞拉可能也是通过这个途径。修昔底德说："西塞拉岛上的居民都是庇里阿西人阶层的拉开戴蒙人"①，"这里的居民是拉开戴蒙人的移民"②，或斯巴达的驻军。在拉科尼亚中心如佩拉那、吉戎特拉的庇里阿西区，出于保卫斯巴达城的需要，斯巴达人较多。③ 庇里阿西区不少都位于斯巴达边疆地区，同时也是军事要地，斯巴达很可能在这里驻扎军队。如在美塞尼亚湾西北部的吉提乌姆是斯巴达的重要的军事港口，斯巴达势必在这里驻扎一定数量的军队。另外，周围的一些军事意义重要的庇里阿西区也会有不少斯巴达人驻扎，如斯巴达常年派遣重装步兵驻扎在西塞拉，这些重装步兵势必是斯巴达人。或是斯巴达的管理者，如奥隆地区，基那敦曾经被骗前往那里逮捕罪犯，其中包括一些漂亮的奥隆妇女，因为她们腐败了来到这里的拉开戴蒙人，不分老少。④ 这些拉开戴蒙人是外来的，不可能是当地的庇里阿西人。而且，这些人更可能是中央政府的代表，由于大权在握，受到少数女性的"青睐"。

外邦人是庇里阿西区的第三类居民。这些外邦人或是被斯巴达安置在庇里阿西区与原先的居民混居。提里阿原属阿尔戈斯，后被斯巴达征服，后来，斯巴达把厄吉纳的流亡者安置在这里，成为庇里阿西区。⑤ 或是纯粹由于安置外邦人而建立，最典型的有阿欣和麦松。阿欣定居者原来生活在阿尔戈斯与斯巴达边界的阿欣，这里后来为阿尔戈斯征服，大量的阿欣居民被迫流亡。斯巴达把这些流亡者安置在美塞尼亚南部，

---

① Thuc. IV. 53.
② Thuc. VII. 57.
③ Graham Shipley, "Perioikos: The Discovery of Classical akonia", in *Philolakon: Lakonian Studies in honour of Hector Catling*, p. 217.
④ Xen. *Hell.* III. 3. 8.
⑤ Thuc. II. 27; 4. 56.

新的定居点也因此而得名。① 麦松也位于美塞尼亚南部，在这里安置的是被阿尔戈斯驱逐的瑙普利亚居民。② 这些地区肯定会有斯巴达人管理者，斯巴达不太可能让他们自我管理。其他的可能还有逃亡而来的外邦人，或在斯巴达接受教育、定居在斯巴达的外邦人。

庇里阿西区还有不少黑劳士。在伯罗奔尼撒战争期间，雅典曾经在西塞拉设置据点，引诱黑劳士逃亡。③ 西塞拉的对岸是庇里阿西区，雅典先在那里的厄庇道鲁斯·利姆拉等地进行劫掠，同时鼓动黑劳士逃亡，然后他们占领西塞拉岛，将其作为鼓励黑劳士逃亡的据点。显然，这些逃亡的黑劳士主要来自这些庇里阿西人社区。④ 公元前 399 年，基那敦被埃伏尔诱骗执行的那次任务，其中有一项就是拘捕那里的黑劳士。⑤ 奥隆是斯巴达在美塞尼亚地区西部仅有的几个庇里阿西区之一。公元前 240 年埃托利亚同盟对拉科尼亚发动攻击共俘获 5000 名奴隶，这种攻击包括了庇里阿西人地区，也就是说这些奴隶俘虏也有部分属于庇里阿西人地区。⑥ 修昔底德介绍，曾经有黑劳士逃到泰纳戎的波塞冬神庙寻求庇护。⑦ 这种黑劳士不太可能来自临近的黑劳士区，因为泰纳戎本身位于美塞尼亚湾西南端，离黑劳士区较远，而且它的北面还有三个与斯巴达人关系密切的庇里阿西区，吉提乌姆、奥提罗斯、提色戎，即使是从斯巴达人控制的黑劳士区逃跑也难以逃到这里，所以这些黑劳士只能是当地的黑劳士。一份属于公元前 5 世纪的吉提乌姆的铭文规定：禁止自由民和黑劳士采石。另一份材料更直接证明了庇里阿西人可能拥有黑劳士。这是公元前 5 世纪后期 4 世纪初期的五块有关释放人口的铭文，铭文的内容是释放黑劳士。

鉴于庇里阿西区人口结构的复杂性，我们不能简单地依据庇里阿西人的政治地位来界定庇里阿西区的政治地位。庇里阿西区的政治权力实际上直接掌握在斯巴达人和富裕的庇里阿西人手中。

---

① Paus. IV. 24. 4.
② Paus. IV. 24. 4.
③ Thuc. IV. 41；VII. 26.
④ Thuc，VII. 26.
⑤ Xen，*Hell*. III. 3. 8.
⑥ Poly. IV. 34. 9.
⑦ Thuc. I. 128.

三、庇里阿西区的政治权力

认识庇里阿西区的政治地位的核心是辨清它所拥有的政治权力。大多数学者都认为庇里阿西区没有自己的外交权。外交权是城邦论与行政区论争论的一大焦点。城邦论试图论证没有外交权的政治体也可以是城邦。他们的证据是波奥提亚同盟,按色诺芬的记述,当斯巴达依据《国王和约》要求希腊各邦单独与斯巴达签署和约时,底比斯的使者要求以所有波奥提亚人的名义宣誓。但阿吉西劳斯拒绝接受他们的要求,除非他们执行国王和约的条款,即所有城邦不分大小都应该独立。底比斯使者说他们没有得到这样做的指示。这里,阿吉西劳斯所说的"独立"显然是内政外交方面的独立。显然,在签署和约之前,波奥提亚同盟的盟国没有外交独立。汉森认为,这个例子证明波利斯可以是依附性的。① 在普鲁塔克所写的《阿吉西劳斯传》中,厄帕密南达将庇里阿西区与其盟国视为同类,并质问阿吉西劳斯是否愿意让庇里阿西区也恢复独立。② 人们从一些铭文材料发现,某些庇里阿西人被他国任命为他们的"海外利益代表"(Proxeny),如在公元前5世纪初,奥伊鲁斯人格诺斯塔斯曾经被任命为阿尔戈斯的利益代表,公元前4世纪初,佩拉那、凯法恩塔、和厄庇道鲁斯·利姆拉的公民被卡塔伊阿(Karthaia)人任命为"海外利益代表"。③ 笔者认为,在他国任命自己的利益代表,这应该属于外交权。但被他国任命为利益代表,似乎不足以说明外交权的存在,这至多只能说明庇里阿西区拥有较多的权力。④ 显而易见,庇里阿西区没有外交权。

大多数的史学家都认为庇里阿西人有自己的统治机构,但因为材料稀缺,我们无法做出绝对的肯定。⑤ 据克里姆斯的介绍,一份属于公元

---

① Morgen H. Hansen, "The Perioikic Poleis of Lakedaimon", in *Once Again: Studies of Ancient Greek Polis*, p. 161.

② Plut. *Ages.* 28.

③ Morgen H. Hansen, "The Perioikic Poleis of Lakedaimon", in *Once Again: Studies of Ancient Greek Polis*, p. 160.

④ 汉森认为,"海外利益代表"属于外交权力,无论是在别国任命自己的利益代表,还是当地居民被他国任命为它们的利益代表,这些都是外交权力的表现。笔者不同意这一观点。(Morgen H. Hansen, "The Perioikic Poleis of Lakedaimon", in *Once Again: Studies of Ancient Greek Polis*, pp. 158 – 159.)

⑤ K. M. T. Chrimes, *Ancient Sparta*, p. 283.

前70年吉提乌姆地区的铭文材料显示，这里有一个政权组织，叫 megalai apellai。Apellai 是多利亚语，"公民大会"的意思。克里姆斯认为，这个机构应该是斯巴达统治时期遗留下来的政权机关。① 默顿也认为：我们没有足够的材料证明庇里阿西区没有公民大会、预审机构、公民大会会场②，但是，我们也难以想象，在斯巴达所有地方事务都要集中到斯巴达城去解决。庇里阿西区大多离斯巴达城较远，他们有着大量的独具地方特色的内部事务需要处理，如社会矛盾、宗教活动、公共建筑、城堡修建、供水供粮、土地分配、过境船只等等。③ 因此，古风和古典时期的庇里阿西区的管理不可能事无巨细都由斯巴达中央政府来解决。一些史料反映庇里阿西区可能拥有自己的管理机构，如公元前479年，斯巴达的庇里阿西人在斯巴达军队出发一天后才前往普拉提亚战场，之所以如此，原因可能在于庇里阿西人分散各地，必须经过选拔征调才能结合起来。公元前387年，阿吉西劳斯在进军到提盖亚之后，曾经派骑兵到庇里阿西区敦促他们尽快派兵，也曾经派征兵官到各个盟国征集军队④，显然斯巴达有特别的官员负责征兵事宜。但参加普拉提亚战役的5000名庇里阿西人军队能在第二天就集合出发，这说明当时斯巴达的征兵效率极高，那么这个征调工作显然不可能由斯巴达中央派人全面负责，地方必须有相应的机构负责或辅助征集。据修昔底德介绍，公元前419年的一支拉开戴蒙人军队出征，行动诡秘，提供军队的那些城邦都不知道行军的目的。那么，这里的城邦应当是庇里阿西人军队的派出地区，它们作为地方负责军队征集的机构不知道军事行动的目的。因此，这段话可以作为庇里阿西人地区存在管理机构的证据。底比斯入侵时，卡尔亚地区的代表与底比斯主动接洽⑤，这些与底比斯接洽的代表可能也是卡尔亚的地方官员。总之，我们不能否认庇里阿西区内的这些管理机构。

但这种管理体制恐怕不会超过地方行政区的设置水平。⑥ 因为还有

---

① K. M. T. Chrimes, *Ancient Sparta*, p. 284.
② Norbert Mertens, "The Perioikoi in the Classical Lakedaimonian Polis", in *Sparta beyond the Mirage*, p. 292.
③ Graham Shipley, "The Other Lakedaimonians", in *The Polis as an Urban Centre and as a Political Community*, p. 210.
④ Xen, *Hell.* V. 1. 33.
⑤ Xen, *Hell.* VI. 5. 25.
⑥ Norbert Mertens, "The Perioikoi in the Classical Lakedaimonian Polis", in *Sparta beyond the Mirage*, p. 292.

许多证据表明,斯巴达对庇里阿西人地区实行着各种形式的控制。如,斯巴达国王去世之后,要向全国通报消息,不光是斯巴达人,还包括来自拉开戴蒙境内一定数目的其他居民,如庇里阿西人,不管他们愿意与否,都被强制前来参加葬礼。庇里阿西人、黑劳士和斯巴达公民集中到一起,男男女女,总数达数千人,他们使劲拍打自己的前额,尽情地哭号,以示哀悼。① 又如西塞拉(Kythera)岛,斯巴达每年会派一个西塞拉法官(Kytherodike),带着重装步兵驻扎在这里。② 从这个官员的名称看,他负责地方司法事务的处理,他显然超越地方官员之上。因此,很可能斯巴达中央政府在庇里阿西区派驻官员进行管理,但我们不知道这个官员的权力大小、官僚队伍的人数和权力运作情况。色诺芬在记述基那敦密谋时述及一个细节,斯巴达政府为了诱捕基那敦,派基那敦到奥隆去抓捕一些罪犯。基那敦对此并未警觉,因为以前他已经多次执行同样的任务。③ 对色诺芬记述的基那敦事件学术界多有怀疑,但这个细节应该是比较可信的。从这一事件本身看,由埃伏尔委派特使,这位特使不一定是斯巴达人,带小股军队到庇里阿西区抓捕罪犯或处理司法事务,这应该是斯巴达中央政府直接干预庇里阿西区管理的常见形式。这里还有一个细节,基那敦受命抓捕的罪犯中除了黑劳士和当地人外还有一位漂亮的女性,据说这位女性色诱了到那里的拉开戴蒙人,且无论老幼。这些拉开戴蒙人应该是斯巴达中央政府派到地方的官员。奥隆是斯巴达最西部的庇里阿西区,这个细节显示了斯巴达中央政府对庇里阿西区的控制还是比较严密的。庇里阿西人的地方法庭可能也不拥有处死当地居民的权力。伊索克拉底曾经说,斯巴达埃伏尔可以不经审判随意地处理庇里阿西人。④ 伊索克拉底的这个结论可能有些夸张,但雅典的三十人政体可以提供佐证。据研究,三十人政体可能是在斯巴达的扶植之下,模仿斯巴达政治制度建立起来的,三十人政权的实际掌握者克里提亚斯就是一位狂热的斯巴达崇拜者。三十人政府模仿斯巴达的统治模式,对雅典公民进行重新登记,登记在册的公民只有三千人。这里,三十人政府、3000 公民可能都是对斯巴达长老会议和斯巴达公民队伍的模仿。反

---

① Hdt. VI. 58.
② Thuc. IV. 53.
③ Xen. *Hell*. III. 3. 8 – 9.
④ Iso. *Pan*. 181.

过来，我们也可以从雅典的情形推测斯巴达的某些情况，如雅典三十人委员会可以自行处死公民册之外的公民。这种情形可能反映了斯巴达的情形，也印证了伊索克拉底的说法，即斯巴达中央政权对不完全拥有公民权的公民，即庇里阿西人握有生杀大权。

庇里阿西区没有能够以波利斯的身份出现在斯巴达的政治生活中。庇里阿西区不能作为一个单位参加斯巴达的公民大会，我们曾经看到科西拉、科林斯、雅典等城邦的代表在斯巴达公民大会上发言，但却没看到庇里阿西区的代表作为一个政治组织，哪怕是个人在斯巴达公民大会上发言。① 庇里阿西人的军队也没有作为独立军队存在，尽管莱赞比认为：色诺芬的《希腊史》中多次暗示庇里阿西人是单独组建军团的②，实际上这只是在公元前5世纪末期，斯巴达公民人数减少，无法完全消化庇里阿西人的结果，而此前的庇里阿西人是无法单独组建军队的。正因为这样，在普拉提亚战役中，我们看到虽然斯巴达人和庇里阿西人的出发不同步，但到了战争开始时却只是区分了拉开戴蒙人和黑劳士，战争胜利之后，我们没有见到庇里阿西人的墓地，显然他们与斯巴达人埋在一起。③ 直到伯罗奔尼撒战争期间，庇里阿西区作为独特的地方政府对斯巴达的军事行动毫无知情权。这说明了庇里阿西区在斯巴达政治生活中没有自己独立性，所谓的波利斯只是一种形式。

但是也应该认识到，古代希腊政治权力的运作不同于秦汉之后的中国。古代中国的地方政府几乎毫无权力，古代希腊城邦的形成有一个地方联合的过程，在这个过程中地方的权力得到一定程度的保存。虽然斯巴达这类城邦的形成伴以大规模的征服运动，但在征服之后的政治整合过程中仍然保留了传统的权力运作方式。这种城邦色彩包括权力的运作形式、生活方式的地方性等等，如前文所述的地方性的公民大会。更明显的例子是在庇里阿西区还保留了地方性的宗教生活。如波伊厄地区崇拜阿尔特米斯·利姆耐提斯（Artemis Limnaitis），提色戎地区崇拜阿尔特米斯·伊索利亚（Artemis Issoria），拉斯地区崇拜阿尔特米斯·迪克提

---

① Graham Shipley, "Perioikos: The Discovery of Classical Lakonia", in *Philolakon: Lakonian Studies in honour of Hector Catling*, p. 225。

② J. F. Lazenby, *The Spartan army*, Warminster: Aris & Phillips, 1985, p. 17.

③ Hdt. IX. 11, 29, 70, 85. 希罗多德在介绍斯巴达阵亡将士时称：拉开戴蒙人牺牲91人，但在讲斯巴达埋葬死者时用的是斯巴达人，笔者认为这里的斯巴达人就是拉开戴蒙人，斯巴达不可能埋葬了黑劳士却把庇里阿西人曝尸荒野。

拉（Artemis Diktynna）。厄庇道鲁斯·利姆拉则崇拜狄奥尼索斯。斯巴达人也常常参加庇里阿西区举行的宗教活动。典型例子是在公元前546年，斯巴达征服提拉之后，在这里举行了属于当地的宗教活动，以纪念胜利，随后提拉被并入斯巴达。但是，这种形式还不足以使庇里阿西区在实质上成为城邦。总而言之，在庇里阿西区并没有类似国家性质的组织制度，不是真正意义上的城邦。从庇里阿西人与斯巴达人统称为拉开戴蒙人看，拉开戴蒙人构成了斯巴达政治生活的基础。但是值得注意的是，庇里阿西区并没有像雅典的"demo"那样完全融入斯巴达政治生活。

综上所述，古代斯巴达的庇里阿西区拥有类似于城邦的政治组织和政治空间结构，超出古代中国地方行政区的政治权力。但庇里阿西区与城邦又有着明显的不同，它们的政治权力从属于拉开戴蒙国家，他们在内部管理上也没有盟国那样的权力。汉森、辛普莱等人认为庇里阿西区属于依附性城邦，这种观点虽然揭示了庇里阿西区的特殊性，揭示了庇里阿西区的城邦特色，但却混淆了它与城邦的本质区别。默顿认为庇里阿西区是地方行政区，似乎忽视了庇里阿西区的城邦特征，有失偏颇。尽管如此，默顿的观点更接近事实，也更可取。基于前述庇里阿西区的现实状况，庇里阿西区尽管具有某些城邦特征，但这并不能掩盖它作为斯巴达地方行政区的本质，它只是具有某些城邦特征的行政区。

第四节 黑劳士区的管理

一、黑劳士区概述

黑劳士区的形成和黑劳士的形成不一样，黑劳士的形成有征服和分化两种途径，而黑劳士区的形成主要是通过征服形成的。黑劳士区与黑劳士生活区也不一样。黑劳士区的居民主要是黑劳士，黑劳士的身份决定了黑劳士区在斯巴达国家政治中的地位，但黑劳士则分布在斯巴达各地。我们知道在斯巴达人的家庭、叙希提阿团中均有黑劳士，在庇里阿西人区也有黑劳士，如在庇里阿西区的泰纳戎就有黑劳士祭神的神庙。[1]

---

[1] Paul Cartledge, *Sparta and Lakonia*, p. 164.

黑劳士区主要位于拉科尼亚南部和美塞尼亚中部地区。拉科尼亚南部的黑劳士区出现得较早，它们主要是在多利亚人征服拉科尼亚初期形成的。据伊弗鲁斯记载，斯巴达初期，部分当地人臣服于他们，享有与他们平等的权利，阿基斯剥夺了这一权利，强令他们纳贡。这激起了这些地区居民的不满，部分当地人发动起义，尤其是赫罗斯的起义最为激烈。斯巴达镇压了这次起义，把当地居民降为黑劳士①，希洛城也成为最早的黑劳士区之一。

　　平息拉科尼亚南部的起义之后，斯巴达开始了对西部美塞尼亚地区的大规模军事行动。征服美塞尼亚地区的行动大概开始于公元前740年，前后持续了约100多年。② 其间大规模的军事行动大概有两次，集中在整个征服行动开始和结束阶段，也就是通常所说的第一、第二次美塞尼亚战争。据研究，斯巴达征服美塞尼亚地区分南北两路，先是从南路绕过泰盖托斯山，沿帕米索斯河北上，接下来从北方越过泰盖托斯山，进攻帕米索斯河谷地区的中北部。从这个进军路线看，所谓的第二次美塞尼亚战争显然是被驱逐到伊托麦山地区的美塞尼亚地区居民发动的一次暴动，但从第二次美塞尼亚战争的领袖是当地贵族来看，可能斯巴达这时还没有彻底征服依托麦地区。这次暴动可能还带有当地政治力量收复失地的性质，而斯巴达也可能借此机会完成了对美塞尼亚地区的最后征服。两次美塞尼亚战争的规模很大，也非常激烈。正因为如此，战争之后，大多数当地居民沦为黑劳士，这些地区也沦为黑劳士区。但也不是绝对的，如在伊托麦山附近就有两个庇里阿西人区：图里阿和埃萨亚，它们是第三次美塞尼亚战争的中心。③

　　黑劳士区的居民主要是黑劳士，黑劳士的政治态度和政治地位决定了黑劳士区的政治地位。当然，现有的资料没有直接述及黑劳士区的政治地位，我们只能从黑劳士的政治地位推知。在斯巴达有关黑劳士的政治地位和黑劳士对斯巴达的政治态度存在不同的看法，大多数学者认为黑劳士与斯巴达处于长期的对立和对抗之中，斯巴达必须时时防止黑劳士可能举行的反抗和起义，在这种情形之下，黑劳士区的政治地位可想

---

① Strabo, VIII. 5. 4.
② J. F. Lazenby, *The Spartan army*, pp. 84 – 86；W. G.. Forrest, *A history of Sparta*, pp. 70 – 71.
③ Thuc. I. 101. 1 – 2. 着重号系笔者所加，罗伊卜丛书1928年版。

而知。笔者认为，黑劳士的政治地位是发展变化的，公元前5世纪之前黑劳士的政治地位和对斯巴达人的政治态度显然不同于古典中后期。前期的黑劳士政治地位相对来说还是比较高的，如有自己的家庭，拥有私有财产，可以自备武装从军打仗，还可以担任警察、信使等职务。但黑劳士区毕竟是在征服过程中形成的，这里的黑劳士区与斯巴达城区、黑劳士与斯巴达人的关系交织着征服者和被征服者的矛盾，因此，他们与斯巴达人的关系相对来说比较紧张。笔者认为，黑劳士群体分为不同的类型，在这些类型中，黑劳士区的黑劳士与斯巴达的关系最为紧张，当然，这种紧张不同于学术界通常认为的那种程度。因此，斯巴达人对黑劳士区的防范还是比较严格的。

黑劳士区对斯巴达国家来说还具有特殊的经济价值。黑劳士区并没有连成整体，而是分为一个个单元散布各地，无论是拉科尼亚地区还是美塞尼亚地区都有黑劳士区。相对而言，黑劳士区主要在斯巴达国家的中部地区，在拉科尼亚地区，北部地区、东部沿海地区和南部半岛地区主要是庇里阿西区。在美塞尼亚地区，黑劳士区主要集中在斯腾克拉罗斯平原地区，北部、西部大多是庇里阿西区，斯巴达中部的泰盖托斯山区也主要是庇里阿西区。从黑劳士区分布的范围可以看出一个特点：黑劳士区大多分布在地势平坦、土壤肥沃的河谷和平原地区，这里是斯巴达农业发展条件最好的地区。所以，斯巴达将这些地区作为黑劳士区加强控制不仅仅是因为这里曾经有过激烈的战争，这里的居民的反抗精神最突出，同时也是因为这里在经济上对斯巴达国家来说最重要。

二、以家庭为中介的管理

正是因为黑劳士的特殊经济价值和政治地位，斯巴达对黑劳士区的管理也比较特殊。虽然黑劳士区散布斯巴达各地，但各地的黑劳士区没有自己的统治和管理机构，而是直属斯巴达中央政府。斯巴达将黑劳士区分为份地，交给各个公民个人。公民个人构成了对黑劳士区的第一道管理。斯巴达国家对公民个人与黑劳士的关系有许多限制，如禁止公民私自买卖或处死黑劳士，私自增加税额等。但是，斯巴达的公民长期占有同一份土地，而份地由黑劳士耕种。斯巴达没有文献说黑劳士是否能自由迁徙，但从斯巴达社会机制整体上求稳防变来看，黑劳士势必不允许私自迁徙。但是，一群黑劳士长期依附于属于同一个公民家庭的份地，他们与公民之间本身结成了特殊的依附关系,这种依附关系反过来构成了对在自家份地上劳动的黑劳士的制约。我们看到在温泉关战役、普拉提亚战役、皮罗斯战役中斯巴达战士都有一些黑劳士跟随。笔者认为这些黑劳士不太可能是随意安排的,他们都应该是依附于自己份地的黑劳士,至少依附于自身份地的那些黑劳士是这些随从的主要来源。对这些黑劳士而言,作为主人的斯巴达人应该对他们提供某种形式的帮助或保护。

斯巴达公民对所属黑劳士的控制还通过对从事家务劳动的黑劳士的控制来实现。斯巴达的黑劳士不仅要为公民耕种土地,同时还要为公民提供各种家庭服务和其他服务。在斯巴达,不仅男性公民被免除了各种劳动,女性也免于纺纱织布,以便参加各种体育锻炼,生育出健康的下一代。① 原本应由斯巴达妇女完成的女红大多由黑劳士妇女完成了。我们还见到一些从事其他家务劳动的女黑劳士,如国王阿里斯通的妻子幼时就由一位女黑劳士照顾②,国王阿基斯的妻子也在密闺中与黑劳士女仆私聊。③ 一些女黑劳士可能还与男主人通奸,生出了不少私生子。④ 这些私生子曾经作为斯巴达军队的组成部分参加远征奥林托斯的战争,可见人数之多,亦可见在斯巴达人家庭中服役的女黑劳士之多。除了女黑劳士之外,从事家务劳动的男黑劳士人数也很多,如通知国王阿里斯通妻子生育消息的就是一位在其家中服役的男黑劳士。⑤ 传说国王戴玛拉托斯是其母亲与马夫私通所生,这位马夫可能也是黑劳士。⑥ 温泉关战场上和皮罗斯战役中紧随斯巴达战士的黑劳士显然与普拉提亚战役作为轻装步兵的黑劳士不一样,他们是作为斯巴达战士的服务人员出现的。在斯巴达的叙希提阿团中也有许多黑劳士服役,他们负责给聚餐的斯巴达人倒酒⑦,为饮酒作乐的斯巴达人表演节目。⑧ 在斯巴达有一个特殊的

---

① Xen. *Lac. Pol.* I. 3 – 4.
② Hdt. VI. 61.
③ Plut. *Ages.* 3.
④ S. Hodkinson, "*Servile and Free Dependants of the Classical Spartan Oikos*", Estratto eds., *Schivai E Dipendenti Nell'ambito Dell'Oikos E Dell Familia*, Atti Del XXII Colloquio Girea Pontgnano (Siena), 19 – 20 novembre 1995.
⑤ Hdt. VI. 63.
⑥ Hdt. VI. 68.
⑦ Athen. 463e.
⑧ Athen. 657c – d; Plut. *Lyc.* 28.

阶层——Monthone，他们与主人家的孩子一起接受"阿高盖"教育，部分学者认为他们就是年幼的黑劳士，可以想见，这些黑劳士并不享有与斯巴达儿童平等的权力，他们在学校中显然会与叙希提阿团的父辈一样遭受屈辱的待遇，如当斯巴达儿童的陪练等。综上所述，在斯巴达人家庭中从事家务劳动的黑劳士是很多的，这些从事家务劳动的黑劳士应该都来自于自己份地上的黑劳士家庭，我们很难想象一个斯巴达人能够从别人份地上征调如此多的黑劳士。虽然，色诺芬称斯巴达人可以随便使用别人的仆人①，但这种使用只是个别的、偶尔的。对于斯巴达人来说可以更容易地控制在这些从事家庭服役的黑劳士，通过这种控制，斯巴达人又可以进而控制在份地上劳动的更多的黑劳士。可以说，这些从事家务劳动的黑劳士成为人质，尤其是那些年幼的黑劳士。我们知道，斯巴达人并没有取消黑劳士的家庭，如此一来，年幼的黑劳士对黑劳士家庭来说具有更加强烈的牵制作用。

斯巴达还以叙希提阿团、家庭为单位，通过份地的形式实现了对黑劳士区经济上的控制。斯巴达将所有的黑劳士区分为份地分给每个斯巴达家庭，若干个斯巴达家庭又组成一个叙希提阿团。黑劳士向其主人缴纳份地税，税额大约为土地出产的一半，普鲁塔克称斯巴达的每份土地足可以每年为每个男子生产70墨狄姆诺斯大麦，为他的妻子生产12墨狄姆诺斯大麦，还有相应数量的酒和油。② 此外，公餐税中的乳酪、无花果、货币等可能也来自黑劳士的贡奉。每个家庭再将份地税中的部分作为公餐税交给叙希提阿团。通过"份地——公民家庭——叙希提阿团"这一途径斯巴达实现了对黑劳士的经济剥削。

以家庭为中介的管理模式是一种温和的管理形式，与此同时，斯巴达政府还通过库普提亚制对黑劳士地区实现较为暴力的管理。这种管理模式建立在斯巴达国家对黑劳士区土地特殊的占有模式基础上。如前所述，黑劳士区的土地资源得天独厚，是最适合农业发展的地区，对黑劳士地区土地的占有构成了斯巴达国家的经济基础，同时也决定着斯巴达对这一地区的管理模式。笔者认为，黑劳士地区的土地占有本质上是私有制，斯巴达国家在早期曾经实行过土地的平均分配，但分配之后就不再收回，我们在历史上没有见到斯巴达反复分配土地的情形，因此，这

---

① Xen. *Lac. Pol.* VI. 3.
② Plut. *Lyc.* 8. 4

种土地所有制本质上是私有制。但斯巴达的土地占有与公民的公民权紧密相连，一旦不能交纳公餐税，公民将失去公民权，而公餐税的基础是份地，所以，斯巴达公民对属于自己的那份份地视如至宝，竭力避免其分解缩小。这就导致斯巴达土地占有的长期稳定。斯巴达国家为了维持公民队伍的稳定，也采取了一些措施限制土地的转让，这使得斯巴达的土地带有国有的某些特征。正是由于黑劳士地区土地在本质上属于私有，所以，斯巴达国家并没有对黑劳士区建立国家管理机构，而是通过比较原始落后的库普提亚制。

三、库普提亚制

国内学者通常将库普提亚制译作"秘密警察制度"。据里德尔词典，"库普提亚"（Crypteia）的意思是"secrete service"，罗念生、水建馥主编的《古希腊语汉语词典》将其译为"秘密任务、秘密使命"。对库普提亚制记述最详细的是普鲁塔克，他在《莱库古传》中说：一般情况下，行政长官不时地派一些最为谨慎的青年战士到乡下去，他们只带着短剑和必需的给养，白天绕开大路，分散地隐蔽在隐蔽之处，悄悄地躲在那里。但是，到了晚上，他们就来到大路上，杀死他们抓住的每一个黑劳士。有时，他们还到黑劳士干活的田野去，屠杀最结实有力、最优秀的黑劳士。[1]密西尔将这里的行政长官理解为埃伏尔[2]，密西尔没有说明理由，但据亚里士多德说，埃伏尔就职时要举行针对黑劳士的宣战仪式。可以想象，有关黑劳士的管理主要由埃伏尔执行。斯巴达埃伏尔通常行使监督之职，监察的对象上到国王下到普通公民包括黑劳士，监察的范围大到国家大事，小到衣着打扮。斯巴达埃伏尔不是实权官员，所以其监察活动当然不乏公开的监察活动，但可能更多的是在秘密中执行。埃伏尔活动的特征可能影响他们对黑劳士的管理活动，至少对黑劳士区的管理不是通过公开、正式的政府组织实现的。所以，笔者认为，库普提亚制反映了斯巴达政府对黑劳士地区管理的非正式性。

参与执行库普提亚制的人员可能是20—30岁之间的男性斯巴达人，

---

[1] Plut. Lyc. 28. 但是柏拉图并不认为克利普提亚制度是针对黑劳士的，他认为这是斯巴达锻炼公民吃苦耐劳精神的一种制度。（Plato, Laws, 633b.）

[2] H. Michell, Sparta, p. 162.

他们是国王卫队的前身。吉劳德（Giraud）认为是斯巴达的国王卫队，笔者认为这不可能，因为，据希罗多德，国王卫队是 100 人。① 另外，国王卫队由国王指挥，其职责是卫护国王，而库普提亚制由埃伏尔负责。但有一点是肯定的，执行库普提亚制的人组成一个相对稳定的常备组织。克利奥墨涅斯三世在改革的最后岁月，与反对派之间发生军事冲突，而原先支持自己的马其顿军队叛变，这时克利奥墨涅斯指令执行库普提亚的军队的指挥官达摩特勒斯前往观察。但达摩特勒斯也被收买，最后导致克利奥墨涅斯失败。② 这里我们看到，执行库普提亚制的军队站在国王的身边。但这个组织原先应该归埃伏尔指挥，克利奥墨涅斯曾经发动政变，取消埃伏尔制，这时由埃伏尔指挥的库普提亚军队转归国王指挥这是很有可能的，所以不能用特殊历史条件下的材料来说明这个古代斯巴达的情形。色诺芬曾经介绍，斯巴达男性长到 20 岁时，由埃伏尔任命三名指挥官——Hippagretai，然后由他们各自挑选 100 名青年。这些青年的主要工作是狩猎。③ 普鲁塔克在介绍库普提亚制的时候就称参与库普提亚活动的人是经过挑选出来的最谨慎（intelligent）的人。普鲁塔克与色诺芬所说的可能是同样一件事，而这里的狩猎本身与普鲁塔克所说的昼伏夜出以及袭击黑劳士也可能是一回事。因为对斯巴达人来说，狩猎主要是培养战争技巧，而将黑劳士作为狩猎对象则是更为逼真的战争。因此，笔者认为，参与执行库普提亚活动的人就是由埃伏尔主持选出的这 300 名年轻精英。但反过来，希派斯并不是专业的库普提亚警察，基那敦起义时，埃伏尔指派部分人随基那敦前去奥隆地区执行抓捕任务，而直接负责选派随行人员的就是 Hippagretai。

关于库普提亚制的性质，人们通常根据普鲁塔克的记载，同时辅以修昔底德关于斯巴达秘密处死两千名黑劳士的记述，认为具有很强的残暴性，反映了专制政府的残暴本质。但普鲁塔克并不同意这一点，他指出，库普提亚制度只是在公元前 464 年大地震和随后的奴隶大起义之后才变得残暴起来。笔者认为残暴确实是库普提亚制的一个特点，但也只

---

① Hdt. VI. 56. 国王卫队的人数通常认为是 300 人。常用的例证是温泉关战役使利奥尼达斯留下了 300 名精兵。但这似乎不足为证，因为这 300 人是利奥尼达斯当时临时挑选的。在曼提尼亚战役中，阿基斯的身边也有 300 名战士，但修昔底德只是说他们是骑士，排在阵线中央。（Thuc. V. 72）。

② Plut. *Cleom*. 28.

③ Xen. *Lac. Pol.* IV.

是特点之一。作为一种针对被征服地区的管理机制，一定程度的暴力色彩是不可避免的，但作为一种常态的管理方法，不可能天天如此。柏拉图在《法律篇》中称库普提亚制的目的是培养斯巴达青年吃苦耐劳的精神①，他对法治国家的乡间管理提出自己的设想，其中一条措施就是组织巡逻队，这一制度的具体方法是：以部落为单位，每个部落选出5名队长，每名队长各自再选出10人，年龄必须在25—30岁之间。他们用抽签的方法决定每个月本巡逻队巡逻的具体地点。他们的一个任务是建立边防设施，抵御外敌入侵，第二个任务是修筑道路，第三个任务是兴修水利设施。第四个任务是为当地居民提供医疗服务等。② 这种乡间巡逻制度与斯巴达的库普提亚制度有许多相似之处，如都以部落为单位、都是先确定首领后由头领选择随从、都是在30岁之下的青年。至于乡间巡逻队的任务与库普提亚制的任务是否一致我们无法确定，但黑劳士地区在很长时间内没有见到大规模的起义说明，如果库普提亚制确实早就存在，那么它的主要特点就不可能是我们平常所认为的那样充满了暴力，它必须具有较多的公益性。

  库普提亚制的首要功能与乡间巡逻一样是维护地方治安。库普提亚"警察"处理的所谓黑劳士绝不仅仅是出于消除可能的暴动。须知，斯巴达的黑劳士都分配到具体的公民，黑劳士劳动能力的强弱与公民家庭的经济实力密切相关，如果把强壮的黑劳士全部铲除，势必削弱相关公民家庭的劳动力。在基那敦暴动中，埃伏尔指示基那敦到奥隆去拘捕罪犯，其中包括了黑劳士，可见即使黑劳士犯罪也不是在当地随便处置，假如这里的黑劳士是罪孽深重者，那么犯轻罪的黑劳士将在当地审理。

  与这一职能相联系的是所谓的暗杀。实际上这一措施，正如普鲁塔克所说，只是在公元前465年第三次黑劳士大起义之后实施的。③ 这一措施实际是对失败者的"秋后算账"。第三次美塞尼亚战争持续了十年之久，最后斯巴达与起义者签署和约，同意起义者离开斯巴达，对离开斯巴达的起义者将不再追究，但如果仍然停留在斯巴达，一旦被发现或逮捕，那么将被卖作奴隶。④ 我们可以想见，在和约签署之后，势必有

---

① Plato, *Laws*, 633B.
② Plato, *Laws*, 760A – 761D.
③ Plut. Lyc. 28.
④ Thuc. I. 103.

大量的起义者和支持起义的人因为主观或客观条件没有离开斯巴达，斯巴达政府必然要对这些漏网之鱼或潜伏下来的起义者采取措施加以搜捕，以防止再次发生起义。所以，暗杀只是表述了库普提亚制在特殊历史情况下出现的部分新变化，实际上，除了暗杀更多的是拘捕，拘捕对斯巴达来说有着潜在的经济利益，因为这些俘虏可以被卖到国外换取收入，或卖给个人成为斯巴社会的下层劳动者。

库普提亚制的第二个主要功能可能与税收有关，我们知道斯巴达没有常设的税收队伍，斯巴达公民也不住在自己的份地上，份地税如何缴纳成为黑劳士区管理必须解决的问题。库普提亚"警察"的一个重要职能可能就是催缴份地税。但我们不知道他们是不是兼负征收、运送税收的任务，也许斯巴达如日本中世纪初期那样，由黑劳士自己运送份地税，而库普提亚警察则起监督作用，对未及时交税的黑劳士家庭实施处罚。

库普提亚制管理不是空间固定的、常住式的管理，而是巡回式的。我们没有见到任何黑劳士区的正式官员，也没有见到黑劳士地区有任何官府或市政建筑。库普提亚警察"昼伏夜出"的生活情形恰恰反映了这种管理特点。

斯巴达控制黑劳士区的第三种方法就是借助于庇里阿西人和庇里阿西区。在斯巴达的政治生活中，庇里阿西人也有较高的地位，仅举一例就足以证明。在古代希腊，庇里阿西人与斯巴达人合称为拉开戴蒙人，在希罗多德、修昔底德、柏拉图、色诺芬乃至亚里士多德的著作中，用得最多的是拉开戴蒙人而不是斯巴达人，在指称我们现在所谓斯巴达国家时多用拉开戴蒙而非斯巴达，"斯巴达"一词更多的指斯巴达城及其周围地区，少数情况下代指拉开戴蒙。可见，庇里阿西人与斯巴达人之间有着较高的一致性。如前所述，斯巴达的黑劳士区主要分布在自然条件相对较好的拉科尼亚中南部和美塞尼亚中部地区，黑劳士区的周围主要是庇里阿西区，这种政治地理格局无形当中形成了对黑劳士区的包围，阻断了黑劳士区与海外和伯罗奔尼撒中部强国的联系。如奥隆割断了与厄利斯的联系，瓦斯洛克割断了与阿卡迪亚的联系。所以卡特利奇称庇里阿西区有监视黑劳士的作用。[①] 其实严格地说，应该是监视黑劳士区，因为黑劳士与黑劳士区不一样，黑劳士散布在斯巴达各地。与此同时，

---

① Paul Cartledge, *Sparta and Lakonia*, p. 180.

在黑劳士区的中心地区也设有庇里阿西区，如前文例举的，在帕米索斯河流域中游地区就有图里阿（Thuria）和埃萨亚两个庇里阿西区，这两个区后来成为第三次美塞尼亚战争的中心。如果说分布在黑劳士区周围的庇里阿西区起到了阻隔、监视作用，散布在黑劳士区之间的庇里阿西区更如军事堡垒一样起到监视、威慑作用。

总之，黑劳士区是斯巴达国家重要的经济支柱。在古代历史的大部分时间内，黑劳士区与斯巴达国家的关系并不是如某些晚期古典作家所说的那样处于对立状态，相反，它拥有一定的政治地位，斯巴达国家对黑劳士区也实施了较为有效的管理。这种管理主要通过以斯巴达人个体家庭为单位的分割管理、国家层面的以库普提亚制为主要内容的巡回管理和庇里阿西区监控三种主要途径。

第七章　境外管理模式研究

公元前6世纪后期，斯巴达组建伯罗奔尼撒同盟，成为伯罗奔尼撒半岛的霸主，同时斯巴达也开始了对盟国"管理"。公元前5世纪后期，随着伯罗奔尼撒战争的发展，斯巴达开始直接控制境外领地，建立帝国体制，从而开始了境外领地的管理。为了控制盟国和境外领土，斯巴达建立起独特的海外管理模式。这个体制主要包括总督制、亲斯巴达政府和海军统帅制。实行总督制和亲斯巴达政府的地区主要分布在希腊本土和小亚地区，而海军统帅往往没有明确的管理区域，他们往往带领海军成为海外属地的威慑力量，有时也会直接介入地方事务的管理。

第一节　亲斯巴达政府

在盟国或附属国、控制区建立亲斯巴达政府是斯巴达长期实行的政策。修昔底德在总结伯罗奔尼撒同盟的特点时说：斯巴达并不要求盟国交纳盟金，却在各国建立贵族政体以确保它们为斯巴达的利益效力[1]；在另一处，雅典代表在斯巴达指责斯巴达在伯罗奔尼撒地区行使领导权时，安排各邦的事务以合乎自己的利益。[2] 伯里克利在回复斯巴达使者时也说：拉开戴蒙人要允许他们的诸城市独立，允许他们按照自己的而不是斯巴达的利益来选择政府。[3] 可见，这一原则可能早在伯罗奔尼撒同盟建立之时就已开始实施。

---

[1] Thuc. I. 19.
[2] Thuc. I. 76.
[3] Thuc. I. 144.

早期斯巴达并没有对盟国实现较为严格的控制，亲斯巴达政府之"亲"主要表现为：通过口头誓约的形式接受"同敌共友"的原则。誓约通常需要勒石刻碑，如公元前6世纪后期与提盖亚的盟约就采取了这一形式，公元前427年，在雅典与斯巴达之间签署了两份协约，第二份协约的第九条特别要在神庙附近建立有关协约的纪念柱。[1] 伯里克利称斯巴达在同盟内部对盟国没有强制力，这与雅典对那些敢于违抗指令、叛离同盟的国家动辄施以武力大不相同。总体来看，早期斯巴达扶植的亲斯巴达政府不是在斯巴达的干预下经过内部的机构重组建立起来的，它的"亲斯巴达"主要是在国家政策取向上表现出亲斯巴达的倾向，在政治活动中向斯巴达履行某一定的义务，主要是提供军队和经济支持。这种"亲"是一种表面化的、形式化的。

这种表面化的"亲斯巴达"在伯罗奔尼撒战争后期发生了变化。伯罗奔尼撒战争早期，斯巴达高举解放希腊城邦、恢复独立自由的旗帜，对投奔斯巴达的城邦不可能采取强制控制的政策。但在战争后期，尤其是在莱山德担任海军统帅之后，斯巴达改变了此前的政策，强化对盟国的控制。但这种新现象并不是莱山德的个人行为，而是斯巴达的国策，正如狄奥多罗斯所说，莱山德的这一举措得到了埃伏尔的批准。[2] 这种改变发生的历史背景是雅典在西西里远征中失败，斯巴达得到波斯的支持，综合国力和国际地位迅速上升。随着战争的发展，斯巴达需要更多的物资，为了满足战争的需要，斯巴达发动了对小亚细亚的远征，同时也加强了对被征服地区的控制。正是在这种背景下，亲斯巴达政权迅速涌现。

斯巴达主要依靠两股力量来建立亲斯巴达政权，一是国内的政治派别，一是国外的流亡者。普鲁塔克说：莱山德被委任为海军大将后，来到小亚细亚，他召集各城邦的政治人物在以弗所聚会，会上宣传他的十人制政府的主张，敦促他们在各自的国家建立政治派别，积极参与国家政治活动，承诺如果他们支持他，一旦雅典帝国被推翻，他们将有机会剥夺民主派的权力，自己登上权力顶峰。[3] 我们现在所见比较典型的是底比斯。当斯巴达派军北上进攻色雷斯的时候，底比斯国内正发生政治

---

[1] Thuc. V. 18, 23.
[2] Diod. XIV. 13.
[3] Plut. *Lys.* 5.

斗争，其中一派吁请斯巴达的援助，斯巴达前线指挥官临时改变原先的军事计划，攻占了底比斯的卫城，将亲斯巴达的利翁提阿戴斯扶上底比斯的最高权力宝座。雅典的亲斯巴达政权也是这样建立起来的。早在伯罗奔尼撒战争后期，雅典城内就形成了以皮山大为代表的寡头派，主张建立寡头政府，让少数人执政以便赢得波斯的支持。[1] 但寡头派在雅典始终处于弱势。斯巴达征服雅典之后，立即扶植寡头党人上台，使其成为自己的利益代言人。亚里士多德正确地指出：三十寡头是在莱山德的保护下成立的。[2]

对那些缺少内部政治势力的城邦，斯巴达则在流亡者中寻找自己的代言人，将他们扶上权力宝座。公元前4世纪，希腊各国包括斯巴达公民队伍开始解体，各个国家的军队大量地依靠雇佣军，而流亡者成为雇佣军的主要来源，在进攻阿尔戈斯的斯巴达军队中就有科林斯的流亡者[3]，在进攻密提林的战斗中也有来自密提林的流亡者[4]，在进攻底比斯的军队中也有来自底比斯的流亡者。[5] 一旦斯巴达征服某个城邦，来自这个城邦的、曾经为斯巴达服务的流亡者往往就成为该城邦的统治者，比较典型的如斐鲁斯。起初，来自斐鲁斯的流亡者请求斯巴达助其恢复政权，斯巴达在流亡者中选择人员组成军队，攻入城内，在斯巴达的高压下，流亡者与原先的统治者达成和解，但在新政权的统治下，斐鲁斯成为斯巴达盟友，可以推测，在新的政权中，流亡者占了主导地位。

亲斯巴达政权有多种形式，寡头制是最主要的一种形式。寡头制政府又有两类型：即十人制政府和三十人制政府。其中又以前者为主。莱山德在小亚地区打败波斯之后，兑现了自己的诺言，在各个城邦大力扶植跟随自己的亲斯巴达人士。普鲁塔克说：他在所有被控制地区，包括小亚地区的希腊城邦，从亲斯巴达的政治派别中选择十名代表，组成亲斯巴达的"十人制政权"（decarchy）。[6] 我们现在确知的"十人制政权"

---

[1] Thuc. VIII. 53.
[2] Arist. *Ath. Pol.* 34.
[3] Xen. *Hell.* IV. 4. 8.
[4] Xen. *Hell.* IV. 8. 28. .
[5] Xen. *Hell.* V. 4. 40.
[6] Plut. *Lys.* 13.

有三个：雅典庇利乌斯港区①、雅典卫城②和萨摩斯③。但从史料记载看，"十人制政权"是比较普遍的。色诺芬在述及莱山德怂恿阿吉西劳斯远征小亚时指出：当时的小亚地区传统的民主政体和莱山德时代的十人制政府均已崩溃，政治上处于一片混乱之中④，莱山德的目的是到小亚重建当年他在小亚诸城市建立的"十人制政权"。⑤ 直到公元前371年，雅典使节在斯巴达发表的演讲中仍指出：斯巴达到处建立十人制政府或三十人制政府。⑥ 由此我们可以推知，斯巴达的十人制政府是比较普遍的。

十人制政府主要存在于小亚地区。虽然普鲁塔克说莱山德在所有地区设立十人制政府，但莱山德的活动范围主要在小亚地区。如下文所示的，我们在希腊半岛看到的亲斯巴达政权大多是三十人制或僭主制或贵族制的政权。我们不排除在希腊本土也有十人制政府，但肯定不多。

三十人制政府也是比较典型的。公元前371年，雅典使节曾经指出斯巴达除了到处推行十人制政府之外，还推行三十人制政府。这说明三十人制政府是十人制政府之外的一种比较普遍的亲斯巴达政权。但我们见到的比较典型的三十人制政府是雅典的"三十寡头"。三十寡头的领袖克里提亚斯也声称三十寡头制是得到斯巴达人允许建立起来的，他把斯巴达人称为他们的保护人。⑦ 雅典的三十人制政府内部矛盾重重，极端寡头派和温和的寡头派之间不断发生冲突，加之民主派时时刻刻准备卷土重来，在这种复杂的政治形势中，雅典按每个部落一人的原则选举产生新的寡头色彩更强的十人制政府，三十寡头的残余逃到厄琉西斯。他们同时向斯巴达请求援助，斯巴达政府派莱山德兄弟亲自率军帮助三

---

① 普鲁塔克称斯巴达在雅典卫城和庇里乌斯港区分别建立了三十人制政府和十人制政府，但亚里士多德称三十人政府选任了庇里乌斯港口的十位官员，色诺芬没有说明到底谁在庇里乌斯港任命了十人，但他肯定有这个职位，而且在公元前403年，斯巴达干预雅典内部的冲突，这个十人委员会还得到了特别的照顾。可见，即使这个十人委员会是三十僭主主持选任的，它与斯巴达的关系也非常特殊。Plut. *Lys.* 15；Arist. *Ath. Pol.* 35；Xen. *Hell.* II. 4. 19, 38.

② Arist, *Ath. Pol.* 38. 雅典卫城的十人制政府是在三十寡头政权被推翻之后建立的，同时不包括厄琉西斯地区在内。

③ Xen. *Hell.* II. 3. 7. 又见奈波斯：《外族名将传》，第69页。

④ Xen. *Hell.* III. 4. 7.

⑤ Xen. *Hell.* III. 4. 2.

⑥ Xen. *Hell.* VI. 3. 8.

⑦ Xen. *Hell.* II. 3. 25.

十寡头。此时,斯巴达内部发生政治斗争,国王波桑尼阿斯取代了莱山德,在他的主持下,雅典各派和解,重新成立十人制政府,这个新政府当然也是"亲斯巴达"的政府。

除了上述的寡头制政府外,斯巴达还扶植建立了极端寡头政体或僭主式政府。公元前429年,斯巴达著名将军伯拉西达斯在科林斯,麦伽拉城内发生政变,雅典出兵干预,伯拉西达斯当即召集军队,阻止雅典军队进一步前进。麦伽拉城内的亲斯巴达分子乘机组建政权,这个新政权显然是亲斯巴达政权。修昔底德称这次政变是如此少的同党通过党派斗争而实现的,因此,新政体也是一个极端的寡头政体。① 公元前383年,底比斯内部发生党派斗争,利翁提阿戴斯投靠斯巴达,先是劝诱斯巴达将领福比达斯占领了底比斯卫城,然后又争取了斯巴达政府的支持,组成审判团,驱逐、处死了自己的政治对手,这样,利翁提阿戴斯及其党派执掌了底比斯的大权。② 关于利翁提阿戴斯政府的性质有学者认为是寡头政体,但根据色诺芬的记载,利翁提阿戴斯及其党派试图借助于斯巴达的支持建立专制统治,直到公元前379年,美隆等七位流亡者发达政变③,杀死利翁提阿戴斯,驱逐了斯巴达驻军,在第二年建立起寡头统治。④ 当时,利翁提阿戴斯在整个政府体制中处于核心地位,这种政体与缺少核心政治人物的三十人、十人制政府存在明显的不同,实际上是僭主式政体。

第三种类型是曼提尼亚式的政府。公元前385年,曼提尼亚被斯巴达在征服。斯巴达占据了曼提尼亚的城堡,拆毁了城墙,将所有的居民都赶回乡村,把曼提尼亚全国分为四个村落。⑤ 斯巴达在每个村落都派驻了斯巴达官员。被征服的曼提尼亚的政体不像其他国家那样有明确的介绍,但色诺芬说到曼提尼亚的地主对这一变化很高兴,因为他们的居住地靠近乡村的庄园,同时又摆脱了恼人的蛊惑家的聒噪,享受着良好的贵族统治。⑥ 色诺芬在其他的地方多次使用 Decarchy、oligarchy、the Thirty 等词,但在这里却用的是 aristocratic government。Aristocrachy 与 oli-

---

① Thuc. IV. 74.
② Xen. *Hell.* V. 2. 25 – 36.
③ Xen. *Hell.* V. 4. 1.
④ Xen. *Hell.* V. 4. 46.
⑤ Xen. *Hell.* V. 2. 7; Diod. XV. 12. 1.
⑥ Xen. *Hell.* V. 2. 7.

garchy 的相似之处都在于其统治人数较少，但色诺芬似乎没有特别指出曼提尼亚统治集团的人数，笔者认为在这里暗示出：曼提尼亚的政治制度是比较典型的贵族统治，其统治人数要多于十人、三十人。

由此看来，斯巴达建立的亲斯巴达政府从制度的角度看多种多样，我们上述只是从现有的文献资料总结出来的，可能还有其他的类型没有得到记载。但不管形式如何，这些政府的共同特点是"亲斯巴达"。表现在政治活动中就是要与斯巴达"同敌共友"。无论在陆地还是海洋都要听从斯巴达的调遣，斯巴达指向哪里他们就奔向哪里。① 他们还必须向斯巴达缴纳赋税，向斯巴达提供军队和各种物资，随其出征。

帝国时期的亲斯巴达政权的最大特征是它们都是在斯巴达的武力干涉下建立起来的，又受到斯巴达的武力保护。无论是萨摩斯型的十人制政府，还是在雅典型的三十人制政府，还是底比斯型的僭主政府，他们都是在斯巴达的武力干涉之下建立起来。萨摩斯的十人制政府是莱山德直接任命的。② 雅典的三十寡头虽然是经过选举产生的，但整个选举过程则是在莱山德的操控之下进行的③，直到选举完成莱山德才离开雅典。④ 底比斯的僭主政体则是在斯巴达军队的直接帮助下建立的。

这些亲斯巴达政府在建立之后也得到了斯巴达政府的全力支持。⑤ 斯巴达在雅典卫城直接派驻总督和军队，这些军队成为三十寡头的私人卫队和统治帮手。克里提亚斯把斯巴达人称为他们的保护人。⑥ 确实，当三十寡头的统治面临危机时，斯巴达任命莱山德为雅典总督，莱山德的弟弟为海军统帅，分别率领陆、海军给予支持。⑦ 底比斯的亲斯巴达僭主统治则处于斯巴达总督福比达斯及其所率领的军队的直接保护之下，福比达斯后来率军北上，新的总督没有能够守好底比斯，致使亲斯巴达政权被推翻，驻防底比斯的总督竟被斯巴达处死。我们较少见到十人制政府与斯巴达总督和驻军之间的联系，但按照普鲁塔克、狄奥多罗斯的说法，斯巴达在每个城市都派驻总督和驻军，这些军队的主要目的就是

---

① Xen. *Hell.* II. 2. 20; VI. 3. 7.
② Xen. *Hell.* II. 3. 7.
③ Arist. *Ath. Pol.* 34.
④ Xen. *Hell.* II. 3. 3.
⑤ Xen. *Hell.* II. 3. 14; II. 4. 10.
⑥ Xen. *Hell.* II. 3. 25.
⑦ Xen. *Hell.* II. 4. 10.

维护斯巴达的利益，他们与当地的亲斯巴达政府之间必然存在互相利用、互相支持的关系。

除了军事支持和保护之外，斯巴达还借助于私人依附关系实现对亲斯巴达政府的影响与控制。公元前381年，在斯巴达进攻奥林托斯的军队中出现了一支特殊的军事力量①，他们是来自国外的"养子"。在晚期斯巴达，"养子"是斯巴达社会出现的新的社会集团。这种"养子"部分来自斯巴达国内贫困化的公民，他们从小依附于富人，作为斯巴达富裕家庭的小孩上学期间的陪护人员，与主人家的孩子一起接受斯巴达教育，一起成长。还有一部分来自其他国家，这部分人或来自外国的斯巴达崇拜者，如雅典的色诺芬和弗锡安都曾经把自己的儿子送到斯巴达接受教育。② 或来自各城邦的流亡者，比如色诺芬的儿子作为斯巴达的养子就具有这种特征。色诺芬首先是被雅典驱逐的流亡者，在得到阿吉西劳斯的赞助定居斯巴达之后，秉承阿吉西劳斯的意愿，将儿子也带到斯巴达接受教育。还有部分养子直接来自各城邦，这些家庭往往希望通过这个途径与斯巴达上层建立起政治联系，从而抬高自己在国内的身份，以牟取政治利益。这些人往往来自当地的上层家庭，他们与斯巴达的上层家庭结成特殊的"主从关系"，他们的生活经历与前述来自斯巴达国内的贫困家庭的"养子"相似。这些养子在斯巴达的生活费用全部由斯巴达的庇护人提供。他们在斯巴达的生活使其接受了斯巴达的价值观，培养了对斯巴达的亲近感。这些人在斯巴达期间对在国内的亲人来说，也类似于人质，当他们回国之后，他们与斯巴达之间有着密切的联系，其外交政策往往倾向于斯巴达。再一部分"养子"直接来自那些流亡者，如莱山德的小政治团体主要都是来自各个城邦的流亡者，他们聚结在莱山德的身边，与莱山德之间实际上结成了一种依附关系。一旦时机成熟，他们被送回国内，直接组成该国的政府。这种"国外养子"对斯巴达来说至少具有这样的双重外交利益：一是他们是仍在国内的亲人的人质，这些亲人作为在野人士势必处处为斯巴达辩护，一旦直接成为政治中人，他们势必更多地追随斯巴达；二是他们具有比较浓厚的斯巴达情结，他们回国之后势必在外交领域更多地追随斯巴达。

亲斯巴达政府在莱山德失势之后曾经经过了挫折。公元前404年，

---

① Xen. *Hell.* V. 3. 8.
② Plut. *Ages.* 2; *Phocion.* 20.

斯巴达征服雅典，斯巴达政府趁机削弱了莱山德的势力，将其降为雅典总督。公元前401年，小居鲁斯战死，提撒弗利斯继任小亚沿海总督，提撒弗利斯改变了小居鲁斯的亲斯巴达政策，大力打击斯巴达在小亚的存在，斯巴达在小亚的势力范围急剧缩小。另一方面，为讨好波斯，斯巴达采取了投降的外交政策，色诺芬称埃伏尔取消了小亚地区的十人制政府。鉴于上述原因，小亚地区的亲斯巴达政府急剧减少。然而，亲斯巴达政府毕竟是斯巴达维持帝国体制必不可少的。公元前396年，阿吉西劳斯再次远征小亚地区，十人制政府又有了明显的增加，而且范围进一步扩展。阿吉西劳斯的活动范围主要在莱山德传统的活动区域，即小亚希腊世界的中南部，但由于莱山德与阿吉西劳斯之间的矛盾，莱山德被阿吉西劳斯派往赫勒斯滂地区，莱山德显然会在赫勒斯滂地区继续复制十人制政府。但随后科林斯战争爆发，雅典、底比斯、阿尔戈斯、科林斯等国结成反斯巴达同盟，斯巴达在希腊世界的势力范围再次缩小。在小亚地区，斯巴达在公元前386年与波斯签署了《国王和约》，放弃了对小亚地区的政治要求，亲斯巴达政府也随之大减。此后斯巴达经过艰辛的努力，在希腊本土逐步收复失地，到公元前379年，斯巴达彻底控制了底比斯，科林斯也绝对服从于斯巴达，雅典盟国丧失殆尽成为孤家寡人，阿尔戈斯也必须视斯巴达的脸色行事，斯巴达帝国再次达到极盛状态。① 此后，虽然底比斯、雅典相继摆脱斯巴达的控制，但斯巴达依然是希腊世界的盟主。这样，直到公元前371年，雅典使节还指责斯巴达到处建立亲斯巴达政府。

第二节　总督体制

公元前550年前后，斯巴达建立了伯罗奔尼撒同盟，成为希腊世界的盟主。斯巴达在与盟国关系上维持了比较平等的关系。这种政策一直维持到伯罗奔尼撒战争爆发。伯罗奔尼撒战争之后，虽然斯巴达表面上以希腊城邦的解放者自居，但出于战争的需要，斯巴达加强了对新征服地区的控制。这些代表斯巴达控制被征服地区的统治者被称作"总督"

---

① Xen. *Hell.* V. 27.

(harmost)。

斯巴达总督的设置是伯罗奔尼撒战争期间为了控制被征服的境外地区而设置的。伯罗奔尼撒战争之前,斯巴达很少在境外直接派人、派军,实行直接管制。但伯罗奔尼撒战争爆发之后,为了应对战争的需要,斯巴达开始在境外长期驻军,最初的驻军是阿基达玛斯在普拉提亚驻军①,但时间不长。此后斯巴达的驻军越来越多,驻军的时间也越来越长。修昔底德说,在公元前424年,麦伽拉的尼塞亚港曾经有斯巴达驻军。② 我们不知道这支驻军什么时候驻扎的,麦伽拉原先是斯巴达的盟国,后被雅典征服,约在公元前446年重新投靠斯巴达,伯罗奔尼撒战争爆发时是斯巴达的盟国之一,战争初期大部分国土曾经遭到雅典的抢掠,可见,这时候还没有斯巴达驻军,雅典军队每年都要袭扰麦伽拉。③ 公元前429年,伯拉西达斯作为海军的一名指挥官,曾经在麦伽拉策划进攻庇里乌斯港的战斗,战后撤回到科林斯。④ 这时候,似乎也没有驻军。斯巴达的驻军可能是在这之后不久派驻的,很可能在赫拉克利亚殖民地建立前后。如下文所说,赫拉克利亚建立的主要目的是出于军事的需要。那么,也许与此同时,斯巴达也在麦伽拉驻军了。公元前426年,斯巴达出于控制中希腊、建立海军基地以抑制雅典的需要,在特拉启斯建立殖民地赫拉克利亚,来这里定居的有斯巴达人和庇里阿西人,还有其他的希腊人,如伊奥尼亚人、阿卡亚人和其他一些居民,总人数达到一万多人。公元前413年,斯巴达在雅典的狄开利亚修建军事堡垒,派军队长期驻扎,国王阿基斯也在此长期指挥作战。

除了建立稳定持久的军事基地,派驻军队之外,斯巴达还需要在外持续日久的军事行动。在伯罗奔尼撒战争初期,斯巴达主要是靠军队对雅典进行短暂的骚扰,但这种骚扰不能有效打击雅典的实力。战争需要斯巴达采取连续的军事行动征服雅典的盟国,打击雅典。公元前424年,伯拉西达斯率军远征色雷斯、马其顿。伯拉西达斯在北希腊一直活动到公元前422年,直到牺牲为止。公元前415年吉利普斯率军支持西西里抗击雅典。吉利普斯可能像伯拉西达斯一样长期在外率军作战,至少在

① Thuc. II. 71.
② Thuc. IV. 66.
③ Thuc. II. 31.
④ Thuc. II. 93.

整个西西里战役中,他一直在西西里率军作战。史料关于吉利普斯的记述较少,后来的记述就是在公元前 404 年,莱山德派其送战利品回国。也许此间吉利普斯一直在外指挥作战。

这些新的军事活动需要赋予在外率军作战的将领以新的职权,这使得这些官职与国内的官职以及以往率军出征的国王有了明显的差异,成为海外总督的早期形式。早期的总督类型很多。

一是殖民地头领。赫拉克利亚创建时有三位领导者:列翁、阿尔西达斯、达玛贡,但此后可能就改为一人。公元前 419 年,赫拉克利亚有一位指挥官是克尼迪斯,他的儿子在与邻邦的战斗中战死①,第二年,统治者阿吉西皮达斯被波奥提亚人驱逐。② 阿吉西皮达斯被逐的原因是"没有能力管理该城镇"。这说明,殖民地首领同时掌握了军权和民政权,而且民政管理的责任还比较重大,他们必须努力协调与当地民众的关系。不过这些官员似乎在这方面失败了,开始当地人都抱有很高的期望,纷纷迁来,但后来人口减少、城市萧条。修昔底德认为,这里的统治者应该对此负主要责任。③ 总体看,这种官职与海外总督比较相似,但修昔底德本人并没有称他为总督。

二是远征军首领。代表人物是伯拉西达斯。伯拉西达斯是伯罗奔尼撒战争初期斯巴达的著名将领,虽然伯拉西达斯没有被称作总督,但伯拉西达斯体现出许多不同于以往斯巴达境外作战的军事将领。首先,伯拉西达斯不是国王,而是贵族特里斯之子④,按照希罗多德、亚里士多德的叙述,传统的率领陆军作战的都是国王。其次,伯拉西达斯任命的主要原因是他自己的请求,以及盟国的请求。这与斯巴达国王受长老会议和公民大会之命出征有很大的不同。再次,他率领的军队不同于以往的公民兵。虽然他的军队的兵种与国王相似,都是重装步兵。但是,这些重装步兵并不是由斯巴达公民组成,而是招募的黑劳士和雇佣军。⑤ 军队给养也不是由斯巴达自己解决,主要是由当地的盟国提供,原先色雷斯计划向斯巴达军队提供一半的给养,后因双方关系恶化,色雷斯只

---

① Thuc. V. 51.
② Thuc. V. 52.
③ Thuc. III. 92 – 93.
④ Thuc. II. 25.
⑤ Thuc. IV. 80.

肯提供三分之一的给养。① 我们不知道其他的给养如何解决，但伯拉西达斯可能必须靠自己的努力来解决。与国王不同的是，伯拉西达斯在前线的权力似乎比国王更大。在伯拉西达斯的军营中没有埃伏尔随军监督，直到第二年，伯拉西达斯的势力危及到斯巴达国内的"主要人物"，同时色雷斯国王也向斯巴达政府提起诉讼，斯巴达才派了一个三人组成的代表团到前方视察当地形势。② 在此之前，在外征讨的国王只是短期逗留，对当地事务处置很少。但伯拉西达斯却长期在外，对所征服的地区有相当多的处置权。伯拉西达斯在到达前线之前，似乎接受了斯巴达政府的训示。③ 但他一到前线，就调整了原先的外交安排，冷淡色雷斯国王帕第卡斯，巩固与卡尔基斯和马其顿的关系，接着率军攻占安菲波利斯。伯拉西达斯对攻占之后的政策独自做出安排，并没有向斯巴达政府汇报④，这与在占领雅典之前，无论是国王还是势力如日中天的莱山德都不能接待雅典使节大不相同。前述三人代表团出发时的任务似乎是检查伯拉西达斯的活动是否违法，但到了前线之后却成为当地的统治者，这个计划不像是临行前斯巴达政府的指令，更像是伯拉西达斯的安排。正是因为他的擅自行动、巨大的成功和赫赫声威引起了斯巴达国内的猜忌，在他向斯巴达提请支援时遭到拒绝，最终导致战败身亡。⑤

伯拉西达斯任命了克里阿里达斯为安菲波利斯的统治者、帕希特里达斯为托伦涅的统治者。⑥ 斯巴达控制托伦涅仅仅一年就被雅典征服，帕希特里达斯也被雅典俘虏。⑦ 但斯巴达对安菲波利斯的统治时间较长，虽然伯拉西达斯在安菲波利斯战死，斯巴达也一度同意让出安菲波利斯，但斯巴达最终也没有让出。公元前412年，雅典还未收复，公元前394年，阿吉西劳斯还在这里接待了德尔西里达斯的信使。⑧ 我们不知道克里阿里达斯的去踪。从帕希特里达斯第二年依然在任职，很可能克里阿

---

① Thuc. IV. 83.
② Thuc. IV. 105, 132.
③ Thuc. IV. 88. 伯拉西达斯在出征之前立下誓言：保证所有同盟者独立。
④ Thuc. IV. 105.
⑤ Thuc. IV. 108.
⑥ Thuc. IV. 132.
⑦ Thuc. V. 3.
⑧ Xen. *Hell*. IV. 3. 1.

里达斯担任此职不止一年。

吉利普斯也是此类型的代表之一。他的情形也比较独特。首先，与伯拉西达斯一样，吉利普斯也是普通公民，而非王室成员或国王。其次，他的军队也是非公民兵，起初，斯巴达政府只是派吉利普斯一人单枪匹马前往叙拉古，担任叙拉古军队的指挥官，出征前，吉利普斯从科林斯征调了两艘战舰。后来，吉利普斯在西西里招募陆军和海军，同时也从斯巴达和科林斯争取了少量军队。我们可以看到，吉利普斯的军队主要是雇佣军，公民兵仅占少数。吉利普斯的军队既有陆军也有海军。这一点不同于后来的总督和海军统帅，前者只指挥陆军，后者只指挥海军。再次，吉利普斯显现出"将在外君命有所不受"的特性，在前往西西里的途中，吉利普斯听说叙拉古被完全包围，于是他自行改变了当初的军事计划，从春季到夏季都在意大利南部行动，直到得到确实的消息，叙拉古尚未被完全包围。

可以看到，在伯罗奔尼撒战争中，斯巴达的境外管理机制发生了很大的变化。境外管理者再也不是短暂的临时任职，而是长期任职，其职权依然是以率军作战为主。但其军队不再是公民兵，而以雇佣军和盟国军队为主。由于长期在外作战，这些军职人员还对与军事有关联的外交等事务有较多的处置权。

公元前413年，斯巴达利用西西里战败之际，趁势发动攻击。这年冬天，国王阿基斯派阿尔克墨涅斯和麦兰托斯到优卑亚担任指挥官，随后他们带着300名涅奥达摩德斯前往就职。后来列斯波斯计划举行起义叛离雅典，请求斯巴达给以支持，阿基斯又将阿尔克墨涅斯改派，前往列斯波斯做总督。① 这是修昔底德的作品中出现的唯一一次总督。笔者认为，修昔底德的作品表明，经过此前十多年的发展演变，那些驻扎或活动于境外的管理者此时已经成为总督。斯巴达的总督体制终于建立起来。修昔底德大约逝世于公元前399—396年之间，他在临逝世之前仍然在写作，第八卷的写作显然不及前七卷成熟，这说明这一卷是在修昔底德生命的最后时段写成的。再者，修昔底德的写作态度之认真历来为史学史家称道。因此，修昔底德用harmost显然不是笔误，而是深思熟虑后的仔细区别。阿尔克墨涅斯和麦兰托斯与斯巴达其他公共职务的最大区

---

① Thuc. VIII. 5.

别就是他们在境外任职,而不是在希腊本土。第二个区别就是他们是由(阿基斯)个人任命的,据修昔底德介绍,阿基斯拥有全部权力,可以随心所欲地调派军队,募集兵源,征收钱款。① 显然,这时的阿基斯权势已经超越于斯巴达国家权力之上,他有实力抛开政府独自任命官员。这种职务与后来由莱山德任命的那些总督如出一辙,由个人任命。修昔底德在后文还提到,开俄斯人和埃里特莱准备起义,脱离雅典,他们一起到斯巴达国内请求支援,但最后还是在前线由阿基斯召开同盟大会,任命阿尔克墨涅斯的部将卡尔基丢斯率军队前往开俄斯。这里修昔底德特别强调了阿基斯在委任卡尔基丢斯中的作用。这暗示,在修昔底德看来,卡尔基丢斯也是总督。

斯巴达大规模设置总督是在公元前 405 年之后,这年,波斯国王病重,波斯沿海总督小居鲁斯回国争夺王位,将当地的收税权委托给莱山德,莱山德实际上控制了该地区。公元前 404 年,斯巴达打败雅典,获得伯罗奔尼撒战争的胜利。四年后,小居鲁斯在率军进攻他哥哥的战争中身亡,斯巴达在小亚乘机四处扩张,征服了米利都、以弗所、萨摩斯、赫勒斯滂等小亚地区。斯巴达遂在这些地区大规模设置总督,总督遂成斯巴达帝国的重要制度支撑。

此时,斯巴达的海外总督已经形成了某种官僚等级体系,并不是单一的直接对上级负责。有些总督管辖的范围非常广阔。如,公元前 399 年,斯巴达在亚洲面临的形势发生了巨大的变化,小居鲁斯战死,莱山德被调回希腊,提撒弗利斯就任波斯沿海总督、试图收复亚洲各地,小亚地区的希腊各邦拒绝接受提撒弗利斯的统治,要求斯巴达保护他们,于是斯巴达派了提波戎前往就职。② 但提波戎在亚洲放纵士兵四处抢劫,这引起了小亚各邦的不满,于是,斯巴达政府派遣德尔西里达斯接替提波戎。③ 公元前 394 年阿吉西劳斯从亚洲前线被斯巴达召回,他任命优克鲁斯留守亚洲,担任总督,同时留下一支不少于 4000 人的军队,以保护各邦的安全。④ 公元前 391 年,提波戎重新回到亚洲,色诺芬没有说明提波戎担任哪种职务,但他告诉我们,提波戎在陆地指挥军队,那么

---

① Thuc. VIII. 5.
② Xen. *Hell.* III. 1. 4.
③ Xen. *Hell.* III. 1. 16.
④ Xen. *Hell.* IV. 2. 5.

他很可能也是地方总督。① 提波戎战死之后,狄弗里达斯搜集了提波戎的残余部队,前往罗德斯岛。此后我们又见到公元前388年,阿那克西比乌斯前往阿比杜斯担任总督。② 公元前383年,斯巴达派优达米达斯率领由被释黑劳士、庇里阿西人和西里提斯人组成的人数约为2000人的军队前往奥林托斯③,虽然色诺芬没有称他为总督,但当时的演说家埃尼阿斯(Aeneas Tacticus)却称他为总督④,优达米达斯死后波利比阿德斯继任,公元前381年(一说382年),斯巴达又任命特琉提阿斯为奥林托斯地区的总督,同时要求周边盟国接受他的领导。⑤ 这些总督显然都权倾一方,他们控制的地区都非常辽阔,超过了一城一地。这种制度我们称之为区域总督。

有些总督的管辖范围虽不及前述总督,但也不是局限在一城一地,而是有两个或三个城市,如斯森涅拉奥斯就是拜占庭和卡尔西冬的总督⑥,我们称之为地方总督。

但是我们也看到不少总督只是驻防一地,其权势、所帅军队之规模显然远远小于上述总督。我们在史书上看到:拉伯塔斯是赫拉克利亚的总督⑦,卡利比乌斯是雅典的总督⑧,莱山德也曾经担任雅典的总督⑨,德尔西里达斯在莱山德任海军统帅时曾任阿比杜斯总督⑩,列斯普斯曾任厄庇塔里尤姆总督⑪,高尔哥帕斯任厄吉纳总督⑫,托拉科斯为萨摩斯的总督⑬,索福德里阿斯为特斯皮埃总督⑭,福比达斯为特斯皮埃总

---

① H. W. Parke, "The Development of the Second Spartan Empire", *JHS*, Vol. 50, part 1, 1930, p. 69.
② Xen. *Hell.* IV. 8. 32.
③ Xen. *Hell.* V. 2. 24.
④ H. W. Parke, "The Development of the Second Spartan Empire", *JHS*, Vol. 50, part 1, 1930, p. 72.
⑤ Xen. *Hell.* V. 2. 37.
⑥ Xen. *Hell.* II. 2. 2.
⑦ Xen. *Hell.* I. 2. 18.
⑧ Xen. *Hell.* II. 3. 14.
⑨ Xen. *Hell.* II. 4. 28.
⑩ Xen. *Hell.* III. 1. 9.
⑪ Xen. *Hell.* III. 2. 29.
⑫ Xen. *Hell.* V. 1. 5.
⑬ Xen. *Hell.* II. 2. 2; Diod. XIV. 5.
⑭ Xen. *Hell.* V. 4. 15.

督①，潘托伊德斯是塔拉格拉的总督。② 公元前385年，斯巴达征服曼提尼亚，将曼提尼亚分为四个村落，每个村落派一个官员。这种官员估计也应该属于总督。③ 这些材料基本上证实了史书所说"每个城邦一名总督"的说法。④ 史书上也多次用复数指称斯巴达在小亚地区设置的总督，如德尔西里达斯在与波斯议和的过程中，波斯总督曾经要求斯巴达的军队和总督撤出小亚，这里的总督用的是复数。⑤ 公元前389年的阿比杜斯战役中，一次阵亡的斯巴达总督就有12位。⑥ 这12位总督只是在赫勒斯滂地区逃亡到阿比杜斯的总督，还不包括其他地区和逃到其他地方的总督。法拉巴佐斯和科农在打败斯巴达海军之后也曾经驱逐了许多斯巴达在小亚沿海和岛国的总督。⑦ 公元前371年，斯巴达与雅典、底比斯签署和约，和约要求斯巴达撤回驻扎在陆地和岛屿上的总督⑧，可见直到此时，斯巴达的总督还有许多。他们大概是驻扎各个城邦或军事要塞的总督，我们称之为城市总督。

前述的高级总督也不是所有地方总督的头领，只是部分地区总督的上级总督。色诺芬说德尔西里达斯8天之中征服了9个城市，后来他又渡海征服了色雷斯地区的比提尼亚，他控制地区主要是在赫勒斯滂地区。特琉提阿斯为奥林托斯地区的总督，同时要求周边盟国接受他的领导。⑨阿吉西劳斯任命的优克鲁斯也主要是管辖原属阿吉西劳斯的米利都周围地区。由此可见，这些高级总督的管辖范围主要在小亚地区，并不包括希腊本土，即使在小亚地区，也不是所有的地区，而是部分地区。但他们的管辖范围较广，在所辖地区内还有若干地区，这些地区拥有多个城市或城邦，这些城邦可能也设有总督。

总体来看，总督与斯巴达最高权力之间可能存在四种模式：中央政府或主要政治人物——区域总督——地方总督——城市总督，中央政府或主要政治人物——区域总督——城市总督，中央政府或主要政治人

---

① Xen. *Hell*. V. 4. 41.
② Plut. *Pel.* 15.
③ Xen. *Hell*. V. 2. 7.
④ Plut. *Lys.* 13；Diod. XIV. 10. 2.
⑤ Xen. *Hell*. III. 2. 20.
⑥ Xen. *Hell*. IV. 8. 39.
⑦ Xen. *Hell*. IV. 8. 1，3，5.
⑧ Xen. *Hell*. VI. 3. 18.
⑨ Xen. *Hell*. V. 2. 37.

物——地方总督——城市总督，中央政府或主要政治人物——地方总督，中央政府或主要政治人物——城市总督。

总督的主要职能有两个。政治上控制当地的局势，维持斯巴达的统治。在这方面，总督主要以斯巴达代表和军事统帅的身份出现。总督所率军队主要是来自斯巴达的被释放奴隶、盟军、雇佣军。像前文所提到的伯拉西达斯所率的军队，在这期间，比较典型的是提波戎所率的军队，有1000名黑劳士、4000名来伯罗奔尼撒各地的盟军，还有从雅典招募的300名骑兵。① 但对地方政府来说，总督是其统治的保护伞。斯巴达通常依靠当地居民对被征服或受其控制的地区实现统治，但是这样的政权往往面临着国内民众的反对。总督的首要任务就是支持这个亲斯巴达政权，防止和扑灭可能出现的暴动。比较典型的是雅典总督卡利比乌斯，他与雅典的三十寡头沆瀣一气，支持他们所做的一切，同时为他们提供卫队以保障其人身安全，拘捕那些胆敢冒犯三十寡头的人士。② 公元前383年，斯巴达控制了底比斯，在底比斯派驻军队，虽然色诺芬没有说到驻底比斯的总督，但这支军队的首领显然就是总督，因为，色诺芬在后文述及底比斯人政变时曾经说到斯巴达总督向普拉提亚和特斯皮埃请求援助。③ 这个总督的任务就是维持斯巴达对底比斯的控制。④ 公元前379年，底比斯发动政变，斯巴达总督被迫放弃底比斯，事后斯巴达以"没有等待援军，擅自放弃底比斯"的罪名判处其死刑。⑤ 总督并不完全取代地方政府的统治，一个实例可以说明这个问题。公元前377年，阿吉西劳斯率军进入特斯皮埃，这里正在发生党派之争。特斯皮埃是斯巴达主要的军事基地，阿吉西劳斯来了之后并没有取消当地政府，而是调和了两派矛盾，同时在这里任命了总督。这应该是总督在地方上常用的方法。

总督不仅要控制当地局势，还要支持周边地区的总督。比较典型的是在底比斯周围。斯巴达不仅在底比斯派驻总督，同时还在周边的普拉提亚、佛西斯⑥、特斯皮埃、奥瑞斯派驻总督。当底比斯人政变时，驻

---

① Xen. *Hell.* III. 1. 4.
② Xen. *Hell.* II. 3. 14.
③ Xen. *Hell.* V. 2. 35.
④ Xen. *Hell.* V. 4. 10.
⑤ Xen. *Hell.* IV. 4. 13.
⑥ Xen. *Hell.* VI. 2. 1.

底比斯的总督曾经向普拉提亚和特斯皮埃请求援助。① 阿吉西劳斯曾经两度从特斯皮埃出兵进攻底比斯。公元前377年,当底比斯因为斯巴达的进攻、连续两年粮食歉收、城内粮食无法维系需要大量进口谷物时,驻防奥瑞斯的阿克塔斯曾经派战舰拦截运粮船。② 驻麦伽拉的总督对雅典起到巨大的威慑作用。

总督还负责向各盟国征收赋税,维持斯巴达的帝国财政。这些财富首先要缴纳给中央政府。据说,总督每年征收的赋税仅金钱其总量不少于1000塔兰特。③ 其次,要解决自己在海外的日常开支,主要是军队,尤其是雇佣军的开销。如提波戎就承诺自己供应雅典骑兵的开销,他还因放纵自己的士兵抢劫盟国领土而被免职④,其中的原因与自己解决军需供应不无关系。接替他的德尔西里达斯显然对提波戎的失败非常了解,所以他首先全力自己解决军队的供应,决心不增加盟友的负担⑤,在达尔达努斯的波斯总督麦迪阿斯投降后,他不顾麦迪阿斯的不满,夺取前任总督麦尼娅的财产,开心地宣称他一下子解决了8000人的薪饷。⑥ 我们在史书中几乎没有见到斯巴达国家向总督提供后勤供应,所有的物质和金钱的供应都是由总督就地解决。阿那克西比乌斯接替德尔西里达斯时只得到三艘三列桨战舰和可以招募1000名雇佣军的承诺,却也没有钱,因此他接任后声称:一旦他得到钱和船就向雅典开战。⑦ 可能有些由海军统帅或在外征战的国王任命的总督会从其任命者那里得到一些供应,但主要的钱款则是靠自己筹集。

总督的权限比以前更大。如下文即将说到的,帝国时期的总督大多数由海军统帅和国王任命,少数由斯巴达政府任命。这些由海军统帅和国王任命的总督往往直接听命于任命者,斯巴达政府无力驾驭。如,伯拉西达斯虽然类似于总督,但伯拉西达斯在任时先后三次接受斯巴达政府的三人代表团的检查,阿尔克墨涅斯在前往列斯波斯时埃伏尔也要求

---

① Xen, *Hell.* V. 2. 35.
② Xen. *Hell.* V. 4. 56.
③ Diod. VI. 14. 10.
④ Xen. *Hell.* III. 1. 9.
⑤ Xen. *Hell.* III. 2. 1.
⑥ Xen. *Hell.* III. 1. 28.
⑦ Xen. *Hell.* IV. 8. 32.

派一名骑兵及时通报情况。① 但在帝国时期我们只看到一次类似的情况，而且是对由斯巴达政府任命的德尔西里达斯的辖区派遣的。又如，斯森涅拉奥斯是莱山德任命的拜占庭和卡尔希冬的总督，但后来又有了克利阿库斯当拜占庭总督，我们只能推测后者是由斯巴达政府为了削弱莱山德和斯森涅拉奥斯的权势而精心设置的。在辖区之内，总督应该说是斯巴达军队的绝对统治者，以前斯巴达军队多是公民兵，这样指挥者在决定军机大事时往往要听取士兵和国内公民大会的意见。但是，现在因为总督所率军队大多是被释放的奴隶、庇里阿西人、盟国军队和雇佣军，公民人数大为减少，往往只有 30 人，这使得军队中的士兵会议，亦即公民大会荡然无存。另外，在盟军面前，斯巴达指挥官处于主导地位。在他驻扎的地区，总督对地方政府官员也是高高在上，克利阿库斯在拜占庭任总督时俨如当地的僭主。② 总督在辖区内的权力几乎不受限制。原来，斯巴达的远征军往往由国王统帅，国王身边总有两位埃伏尔跟随，行使监督权力，但总督的身边就没有埃伏尔加以监督，他们可以根据形势需要自行决策。斯巴达政府就曾经对索福德里阿斯和福比达斯擅自行动大为恼火，认为他们无视中央政府的权威。而提波戎在前线放纵自己的士兵掠夺盟国财富引起盟国的愤怒，德尔西里达斯在前线与提撒弗利斯结盟，与法拉巴佐斯作战。这些政策显然没有经过斯巴达政府的审批，最后，他们因此被斯巴达政府罢免。德尔西里达斯的罢免颇具代表性，笔者认为根本原因是德尔西里达斯实力日盛，开始无视国家权威，引起了政府的不满。早在他就任之初，德尔西里达斯征服了阿塔纽斯之后，就自行任命德拉孔为当地的统治者。③ 这件事在三人团视察时没有受到指责，这说明这个行为很可能被其隐瞒，不管原因如何，这都说明总督的权力很大。综上所述，总督的权力部分来自制度设置，部分来自权力行使过程中的逐步僭越，但总体来看，他的权限远远大于传统的职官。

　　在此之后，斯巴达的各派政治实力围绕海外总督的任命展开了争夺。这些政治势力主要有海军统帅、国王和斯巴达政府，或者说是实权人物与国家政府之间的争夺。最早被任命的总督可能是公元前 412 年，阿基斯任命阿尔克墨涅斯为列斯波斯总督，卡尔基丢斯为开俄斯总督。公元

---

① Thuc. VIII 11.
② Diod. XIV. 12. 2.
③ Xen. *Hell*. III. 2. 11.

前405年莱山德任命斯森涅拉奥斯为拜占庭和卡尔西冬总督,第二年又任命卡利比乌斯为雅典总督。① 但随后斯巴达政府开始强力干预总督的任命过程,首先剥夺了强势人物莱山德的实权,莱山德靠海军起家,叱咤斯巴达政坛,但随后斯巴达在征服雅典之后设法剥夺了莱山德的海军指挥权,任命其为公元前403年的雅典总督。②

此后,斯巴达政府一度控制了总督的任免权,同年,斯巴达政府任命克利阿库斯为拜占庭总督。公元前399年,斯巴达派提波戎前往小亚细亚就任总督③,第二年又免去提波戎,重新任命德尔西里达斯为小亚总督。④ 斯巴达政府还派来一个三人代表团检查德尔西里达斯的工作,三人代表团同时代表斯巴达政府宣布德尔西里达斯为下年度的总督。⑤ 此后,斯巴达政府对总督的控制权一度有所削弱,公元前397年,国王阿吉西劳斯即位,第二年,他与莱山德联合取得远征小亚细亚的统帅权。阿吉西劳斯开始在斯巴达政坛上崛起,在小亚他重新控制了总督的任免。他曾经委派莱山德前往赫勒斯滂地区,任命优克鲁斯为小亚总督。⑥ 公元前389年,另一位海军统帅希拉克斯任命他的副帅高尔哥帕斯为厄吉纳总督。公元前389年,阿那克西比乌斯得到埃伏尔的信任,被派往亚洲接替德尔西里达斯。⑦ 约在公元前4世纪90年代末,斯巴达政府再次试图控制总督的任免权,公元前383年,斯巴达政府任命优达米达斯为奥林托斯地区总督,公元前382年,斯巴达政府任命特琉提阿斯为该地区总督。在公元前379年,国王克里奥布鲁托斯任命索福德里阿斯为特斯皮埃总督,第二年,国王阿吉西劳斯又任命福比达斯为特斯皮埃总督。

当然,斗争依然存在。优达米达斯在就职之前迫使斯巴达政府同意他的弟弟福比达斯接管自己留在底比斯的军队,实际上是同意福比达斯为当地的总督。公元前378年,索福德里阿斯听信底比斯的怂恿,擅自进攻雅典,曾经引起斯巴达政府的极大不满,认为他目无中央政府,但

---

① Xen. *Hell*. II. 3. 14.
② Xen. *Hell*. II. 4. 28.
③ Xen. *Hell*. III. 1. 4.
④ Xen. *Hell*. III. 1. 16.
⑤ Xen. *Hell*. III. 2. 6.
⑥ Xen. *Hell*. IV. 2. 5.
⑦ Xen. *Hell*. IV. 8. 32.

之后却在阿吉西劳斯的干预之下无罪释放①，尽管索福德里阿斯是国王克里奥布鲁托斯的党羽，而阿吉西劳斯与克里奥布鲁托斯是政治对手，但在争夺总督控制权的问题上双方似乎有着共同的语言。福比达斯在任底比斯总督时擅自行动致使底比斯丢失，这又一次引起斯巴达政府的愤慨，但又是在阿吉西劳斯的帮助之下免去惩罚，非但如此，福比达斯还被阿吉西劳斯任命为特斯皮埃总督。

总督制不同于传统斯巴达职官制度的最引人注目的是任命制。在上述我们列举的这些总督中，部分都是任命的。首先那些由国王或海军统帅任命的总督全都是任命产生的，如阿基斯任命阿尔克墨涅斯、卡尔基丢斯和列斯普斯，莱山德任命了斯森涅拉奥斯和卡利比乌斯，希拉克斯任命了高尔哥帕斯，阿吉西劳斯任命莱山德、福比达斯和优克鲁斯为小亚总督，优达米达斯任命福比达斯，克里奥布鲁托斯任命索福德里阿斯。设置总督最多的可能是莱山德，据说他在所征服的每一个城邦都设置了总督。部分总督由斯巴达政府任命，但我们在色诺芬的作品中看到，斯巴达政府任命的总督部分取决于埃伏尔，典型的是阿那克西比乌斯得到埃伏尔的信任，接替德尔西里达斯成为小亚地区的总督。② 部分是由"拉开戴蒙人"任命的，如提波戎（公元前 399 年）、德尔西里达斯（公元前 399 年）、特琉提阿斯（公元前 382 年）、波利比阿德斯（公元前 380 年）。令人困惑的是，如果海军统帅、国王任命的总督肯定没有经过选举，我们不知道埃伏尔和拉开戴蒙人派出的总督是否经过民众推选。在斯巴达的历史上，埃伏尔是公民大会的召集人和会议决定的宣布者，拉开戴蒙人本身是个集体，所以他们的任命可能是经过选举产生的，但在古典晚期，斯巴达政治中的集权色彩越来越浓厚，也有可能是由埃伏尔小群体任命的。但不管怎么说，在总督制中，基于任命制而产生的集权色彩明显浓于基于选举制而产生的传统职官。

正是由于个人任命情况的普遍，任命逐渐忽视了个人任命与国家委任之间的差别，于是所有率军驻扎境外的将领都被称为总督。修昔底德可能把国家委任的总督称作 archon，而把个人任命的总督才称作 harmost。但在色诺芬那里这种差别已经没有了，所以在色诺芬的笔下这类官职被统统称为总督。

---

① Xen. *Hell.* V. 4. 15 – 24, 33.

② Xen. *Hell.* IV. 8. 32.

总督的任期很可能没有明确的规定，而是因应形势的需要而定。一年任期是传统的城邦职官制度的特征之一，我们从某些的材料中似乎可以看到一年一任的影子，但在这种短任期似乎主要来自总督的身亡或不称职，有时有突破，如提波戎就因为不称职而被德尔西里达斯取代。索福德里阿斯和福比达斯都因为擅自行动导致战败而被罢免，特琉提阿斯则是因为作战身亡。帕克试图证明公元前 394—391 年依次经过了优克鲁斯—菲洛皮达斯—亚历山大—提波戎①，但其中的菲洛皮达斯是依据第奥根尼的色诺芬传记推出来的，据第奥根尼记载，菲洛皮达斯是小亚地区达尔达努斯地区的指挥官，他赠给了色诺芬许多战俘，但在古希腊参战的士兵和下级指挥官都可以在战场上捕获战俘，所以不足以证明菲洛皮达斯就是与优克鲁斯平级的总督。亚历山大则是因为他的乐手特尔山大曾经协助他把所控地区移交给提波戎而推测出来的。但亚历山大驻扎在爱奥利斯地区②，其辖区与优克鲁斯不一样，优克鲁斯由阿吉西劳斯任命，在米利都、以弗所一带。所以这样的任职年表并不成立，也不足以证明一年一任。而从德尔西里达斯的任职情况看，其年限似乎不受限制。德尔西里达斯在公元前 399 年被派往小亚任职，直到公元前 389 年被阿那克西比乌斯所取代，而且他一直活跃在赫勒斯滂海峡两岸。因此他的任期可能是不间断的。综上所述，总督的任期在制度上没有明确的规定，但因为工作情况和突发事件，大多数总督的任期较短，通常只有一年，甚至不到一年。

总督的人选似乎也不限于斯巴达人，底比斯的代表曾经在雅典说：斯巴达任命黑劳士作总督。③ 这种判断是有道理的。如上所述，总督大多数是任命的，没有经过正常的选举。我们知道斯巴达的选举掌控在斯巴达人手中，这样选出的官员主要来自斯巴达人群体。但由于采用了任命制，那么被任命的总督大多来自海军统帅、总督、国王身边，跟随其出生入死的战士，来自那些立下赫赫战功的战士。而那些跟随其远征海外的战士大多是被释放奴隶、庇里阿西人、盟军和雇佣军，而斯巴达人通常很少，我们多次见到只有三十人随军出征这样的记述。在这当中，黑劳士要靠军功获得自由、获得奖赏，所以，他们在战场的勇敢不会输

---

① H. W. Parke, "The Development of the Second Spartan Empire", *JHS*, Vol. 50, part 1, 1930, p. 768.

② Polyaenus, VI. 10.

③ Xen. *Hell*. III. 5. 13.

于斯巴达人。由于绝对人数的差异和参战目的的不同，黑劳士立功的机会和人数会大大超过斯巴达人，因此较多的黑劳士成为总督是可能的。其他的还有下层公民，如莱山德就是下层公民。当然，我们也会注意到国王常常会任命自己的亲信、族人，如特琉提阿斯就是阿吉西劳斯的弟弟。此外那些由埃伏尔和拉开戴蒙人任命的总督应该大多来自斯巴达人，但不是全部。这些出自行伍的总督相对而言大多具有丰富的行政和军事才能，像德尔西里达斯在莱山德任海军统帅时就担任过城市总督，大约在 8 年之后，又被委任为小亚地区的区域总督。像特琉提阿斯虽是阿吉西劳斯的弟弟，但绝不是膏粱子弟，他在公元前 393 年就代任海军将领，公元前 391 年，率领海军参加了进攻雅典的战役，并长期在这里驻扎，直到公元前 382 年才被任命为总督。担任雅典总督的莱山德更是毋庸多说。当然，其中不乏一些无用之辈，如福比达斯就被色诺芬贬为好大喜功之人。[1] 但总体看，总督制虽然采取了任命制，但体现了唯才是举的准则，打开了面向下层社会成员的大门，为下层民众升入上层提供了条件，也成为斯巴达帝国存在的组织基础。

前文我们已经述及总督制的兴衰，这里再概述一下作为总督制最后的结局——消亡。总督制伴随着斯巴达帝国的解体而消亡。进入公元前 4 世纪 80 年代，斯巴达已经无法维持庞大的帝国。在国外，雅典的势力得到一定程度的恢复、底比斯经过厄帕密南达的改革开始强大起来，原先服从于斯巴达的盟国不满于斯巴达的统治，在国内，斯巴达的公民队伍解体，国家财政无法维系常年的征战。公元前 378 年，特斯皮埃总督福比达斯在支援驻底比斯的总督的战斗中死亡，斯巴达没有派新的总督，而是派波利马科斯率领一个军团驻防特斯皮埃。这说明斯巴达政府对总督制可能产生信任危机。大多数总督出身于社会下层，与掌控国家权力的斯巴达人之间存在隔阂；他们在外都有着较多的权威，对许多问题往往独断专行，无视中央政府的权威，这也引起斯巴达政府的不满。因此，斯巴达政府开始抛弃总督制。这可以看做总督制瓦解的起点。另一个原因是总督制受到各地的抵制。在伯罗奔尼撒战争开始之际，斯巴达以"解放希腊城邦，恢复各邦的独立地位"相号召，一时赢得广泛的支持，但在此后的战争中，斯巴达凭借自己的军事实力违背了自己的诺言，依

---

[1] Xen. *Hell.* V. 2. 28.

靠总督制将希腊各邦实际上纳入自己的统治之下，干涉内政，征收赋税，抢夺财富，贪污腐败。这些都引起当地居民的不满。公元前419年赫拉克里亚首领被驱逐主要就是因为管理不善。但更主要的原因还是斯巴达政府无力维持帝国体制。但在公元前374年，当法萨鲁斯的波利达马斯向斯巴达提出申请，要求支援以抵御弗赖的伊阿宋的崛起，并警告如果不给以支持他们将被迫投降时，斯巴达也只能眼睁睁地看着伊阿宋征服自己的传统势力范围。① 公元前371年，斯巴达与雅典之间再次签署和约，"城邦独立"的原则再次成为和约的基本原则，作为和约缔约方，承诺撤回所有海外总督。② 但斯巴达国王克里奥布鲁托斯拒绝撤军，然而，在留克特拉战役中国王克里奥布鲁托斯兵败身亡，斯巴达的总督体制最后一位坚持者消失，总督体制彻底破灭。

第三节 海军统帅制度

海军统帅（nauarchos）是古代斯巴达的海军最高将领，在古代斯巴达的政治生活中一度具有举足轻重的影响。亚里士多德在《政治学》中曾经说道：斯巴达的海军统帅权力太大，堪与王室对峙，因此受到人们的批评。③ 亚里士多德没有详细介绍斯巴达海军统帅的情况，只是提到其在斯巴达政治生活中地位显赫。人们对这一官职的来龙去脉、职权内容还不够了解。

斯巴达的海军统帅最初出现于希波战争时期。但斯巴达海军在当时的希腊世界还比较弱小，在希腊联军中也很不起眼，所以叙拉古提出要担任海军统帅。只是由于雅典出于争取斯巴达保卫自己的政治需要，坚决支持斯巴达，这样斯巴达才顺利获得统帅职位。这时，先后有两位斯巴达人担任最高海军统帅，一位是非王族出身的尤利比亚德斯，一位是国王利乌杜奇戴斯。④ 斯巴达在希波战争初期的激烈战争结束之后就退出了战争，自动交出了希腊联军的最高指挥权。我们现在不知道斯巴达

---

① Xen. *Hell.* VI. 1. 14.
② Xen. *Hell.* VI. 3. 18.
③ Arist. *Pol.* 1271b37.
④ Hdt. VIII. 42, 131.

海军统帅是否随之被撤销。总体来看，这时的斯巴达海军统帅还不是一个常设的官职，也没有与王室对峙，没有成为王权的对立物，在斯巴达政治生活中的影响还非常有限。

伯罗奔尼撒战争爆发之后，斯巴达又见到海军统帅的明确记载。约在公元前430年，克涅姆斯任海军统帅①，率领100艘战舰进攻扎金苏斯，这些战舰依然主要是由同盟国提供的，其中有1000名斯巴达重装步兵。据说克涅姆斯的海战失败是斯巴达第一次。克涅姆斯率领的军队进行过两次大的战役，一次在陆地，斯巴达军队获胜，一次在海上，失败了。这说明修昔底德的说法是正确的。克涅姆斯是斯巴达直接任命的从属于本国政府的海军统帅，但是克涅姆斯指挥的海军主要由盟国提供，在第一次海战失败之后，斯巴达只能再次要求各个盟国赶紧提供海军。②克涅姆斯的活动范围主要在科林斯海峡的西部，没有超出希腊本土。

大约在公元前428年，斯巴达开始组建海军进行跨海作战。当时的海军统帅是阿尔西达斯。第二年，阿尔西达斯率42艘战舰渡海支持密提林发动叛乱，但是当他到达前线时，密提林已经失败了。阿尔西达斯匆忙撤退。这其中的主要原因还是斯巴达的海军不够强大，不敢在远海与雅典正面作战。③后来，阿尔西达斯又率53艘战舰支持科西拉，但也没有直接参加战斗就撤军。④这说明斯巴达的海军直到此时还没有形成战斗力，更多是一种威慑力量。

公元前425年，斯巴达海军统帅——特拉西米达斯率领海军参加皮罗斯战役。皮罗斯战争对斯巴达来说非常重要，斯巴达势必会竭尽全力，但是参战的海军只有43条船。这说明斯巴达的海军依然实力极小，与此相适应，海军统帅在斯巴达政治中的地位也不高。因为，一来斯巴达的海军本身还很弱小，相对于陆军在整个国家政治中的地位还很轻。二来海军控制的范围也很有限，主要在希腊本土周围，三来海军统帅的战斗表现非常糟糕，像阿尔西达斯之流一触即溃，不断逃亡，这对崇尚勇敢的斯巴达来说自然不能享有较高的政治声誉和政治地位。

海军统帅政治地位的提升是从斯巴达海军的强大开始的。公元前

---

① Thuc. II. 66.
② Thuc. II. 80 - 82, 83 - 85.
③ Thuc. III. 16, 26, 31, 33, 69, 76, 77, 78, 79 - 81.
④ Thuc. III. 76, 81.

413年，雅典远征西西里失败，其海军遭到毁灭性的打击。这给了斯巴达、波斯等反雅典的政治力量一个彻底摧毁雅典的政治军事力量的极好机会。斯巴达国内的部分人物这时也充分认识到海军的重要性。驻扎在狄开利亚的国王阿基斯提出建立一支100艘战舰的计划，他一方面向盟国征收贡款，建造船只，另一方面要求各盟国大力建造船只。① 波斯也认为这是将雅典驱逐出亚洲的极好机会，于是波斯的伊奥尼亚地区总督提撒弗利斯和赫勒斯滂地区总督法拉巴佐斯相继派人与斯巴达联系，商讨加强军事合作，消灭雅典的海上力量，法拉巴佐斯甚至直接带着25塔兰特的巨款前来商谈。② 与此同时，原来依附于雅典的许多盟邦也纷纷酝酿暴动，尤其是优卑亚、列斯波斯、开俄斯等，他们迫切需要斯巴达的支持。在这种情况下，斯巴达开始大规模组建海军。一时间，斯巴达派出了许多支海军分遣队，卡尔基丢斯率军前往开俄斯，阿尔克墨涅斯率军前往列斯波斯，克利阿库斯率军前往赫勒斯滂地区。③ 后来国王阿基斯又在科林斯召开同盟大会，决定派出三支军队。④

这三支军队的统帅人选比较耐人寻味，埃伏尔原先委派的开俄斯远征军指挥官是麦兰克利达斯，后改为卡尔基丢斯，而卡尔基丢斯和阿尔克墨涅斯则是阿基斯指定的指挥官。看来，斯巴达国内围绕海军的控制权曾经进行过一番争夺。起先国王获得暂时的胜利。但最终是埃伏尔和公民大会获得胜利，其标志则是公元前412年阿斯泰奥库斯就任海军统帅。阿斯泰奥库斯与前面的海军统帅不同之处：一是它是由拉开戴蒙人任命的⑤，而不是阿基斯的指挥官；二是他拥有海军的最高指挥权⑥，阿斯泰奥库斯先到开俄斯，后又率军前往列斯波斯，看来他显然取代了前述的两个海军指挥官；三是他的管辖范围不在希腊本土而在小亚细亚地区，他必须到米利都就职，实际上他获得了在小亚细亚地区的军事权力。⑦ 因此，可以说阿斯泰奥库斯是斯巴达第一位真正意义的海军统帅。

---

① Thuc. VIII. 3.
② Thuc. VIII. 5, 6, 8.
③ Thuc. VIII. 8.
④ Thuc. VIII. 6, 8.
⑤ Thuc. VIII. 20.
⑥ Thuc. VIII. 20.
⑦ Thuc. VIII. 33, 36.

在以后的历史过程中，海军统帅的地位随斯巴达海军的兴衰而起落。公元前413年到401年之间，斯巴达海军得到波斯的支持而强盛起来。波斯的资助在公元前413年之后曾经一度减弱，但斯巴达海军却依赖这种资助迅速壮大。尤其是在公元前407年小居鲁斯就任沿海总督之后，小居鲁斯出于国内夺权的需要进一步加强了与斯巴达的政治联盟，斯巴达海军也因此达到鼎盛状态。公元前404年，莱山德的海军拥有空前绝后的200艘战舰。相应地，斯巴达海军统帅莱山德也成为历届海军统帅中实力最强大的，甚至在其卸任之后，他再次与国王阿吉西劳斯出征小亚时，当地城邦只知有莱山德，不知有国王。

但公元前401年，小居鲁斯在夺权过程中失败身亡，波斯改变了与斯巴达结盟的外交政策，斯巴达海军失去了波斯的支持，迅速衰落，海军统帅的影响也迅速下降。公元前400—397年，我们甚至没有见到海军统帅，可能在这段时间内，海军统帅空缺了。相反，这一期间在小亚地区领导军事行动的是总督提波戎和德尔西里达斯。公元前396年，斯巴达与波斯的战争重启，国王阿吉西劳斯率军出征，但其主要兵种是陆军。战争期间莱山德随军出征，由于战争的需要，斯巴达开始重新装备海军，但海军依然不占主力。次年，阿吉西劳斯兼任海军最高统帅。公元前394年，斯巴达本土面临邻国的进攻，阿吉西劳斯被迫率军回援。斯巴达的海军重新成为小亚战场的主力，但其实力已经大不如前，更重要的是斯巴达的海军统帅皮山大缺少指挥才能。同年，波斯海军在著名雅典将领科农的率领下打败皮山大，斯巴达海军遭到毁灭性打击，爱琴海岛国趁机驱逐斯巴达驻军，斯巴达失去了对爱琴海的控制权。

公元前388年，阿尔戈斯、科林斯、底比斯、雅典、曼提尼亚联手进攻斯巴达，斯巴达的军事重点转向大陆，海军的作用急剧下降。此后十多年我们没有见到海军统帅。公元前376年，泊利斯先后任海军统帅，但海军的规模只有60艘战舰，且只能在希腊本土活动。不久，这支海军遭到雅典海军的毁灭性打击，从此一蹶不振。我们没有直接的资料证明这之后海军统帅还在活动，但公元前371年斯巴达在留克特拉败于底比斯，次年，美塞尼亚独立。斯巴达沦为希腊世界的二流国家，无力称雄海洋。皮之不存毛将附焉！斯巴达海军统帅的辉煌也一去不复返了。

从海军统帅的发展史看，斯巴达海军统帅只是在公元前413年到公元前388年之间成为斯巴达政坛举足轻重的人物。在这段时间内虽然海军统帅的权势显赫，但我们还应该对其权力进行冷静的研究和分析。

斯巴达海军统帅具有如下特征。首先有相对固定的任期，一般为一年一任。色诺芬明确提到斯巴达海军统帅有任期，公元前406年，卡里克拉提达斯接替莱山德。色诺芬称这是因为莱山德的任期已到。① 但色诺芬没有明确说明任期的年限，不过，从现已知道的海军统帅名单中可以推知，任期一年。如阿斯泰奥库斯在公元前412年年初被委任为海军统帅，冬季才到米利都正式就任，但公元前411年就为明达鲁斯所取代。又如，公元前408、407年、406年、405年克拉特斯皮达斯、莱山德、卡里克拉托斯、阿拉库斯相继就任海军统帅，这四位海军统帅都是因为任期已满而更换的。其他的如：法拉克斯和皮山大分别就任公元前396、395年的海军统帅，希拉克斯和安塔尔希达斯先后就任公元前389、388年的海军统帅，公元前376年、375、374年，泊利斯、尼科洛科斯、姆那斯普斯先后任海军统帅。更为重要的是，任何一位公民不能两次担任海军统帅。公元前406年年底，卡里克拉托斯任期已满，卡里克拉托斯在任期间与波斯关系不佳，也得不到小亚各希腊城邦的拥护。相反，莱山德在任期间政绩颇佳。但是，按照斯巴达的法律：一个人不能两次担任海军统帅，莱山德无法再次担任海军统帅，而是任命阿拉库斯为海军统帅，而莱山德任海军副帅。② 我们在后来的历史中没有见到阿拉库斯的任何活动，显然，阿拉库斯的才华不出众，也没有立下赫赫战功，倒是莱山德依然八面威风，所向无敌。可以想象，斯巴达为了充分发挥莱山德的才华，故意任命了一位弱势的海军统帅，而实际发挥作用的是莱山德。由此可见，斯巴达为了回避"一个人不能两次担任海军统帅"的法律才做了这样的安排。

其次，海军统帅是由斯巴达国家任命的。卡里克拉托斯在回击莱山德的朋友的攻击时理直气壮地说："我是国家派来的"。③ 在目前见于史料记载的海军统帅中，唯一提到任命海军统帅的个人是阿吉西劳斯。公元前395年，阿吉西劳斯被斯巴达国家赋予最高陆军和海军统帅权，他

---

① Xen. *Hell*. I. 6. 1.
② Xen. *Hell*. II. 1. 6.
③ Xen. *Hell*. I. 6. 5.

有权任命海军统帅。① 同年，他任命皮山大为海军统帅。② 但公元前 394 年，皮山大战死，同年，阿吉西劳斯被斯巴达政府召回。史书虽未提及阿吉西劳斯重新任命海军统帅，但阿吉西劳斯已经回国，估计不会干预亚洲事务，也不会再任命海军统帅了。笔者认为，除了短时间内由强势国王阿吉西劳斯任命过一位海军统帅之外，其他的海军统帅都是由斯巴达政府任命的。修昔底德多次提到阿斯泰奥库斯到米利都任职，却未提及具体的任命者。公元前 408 年，克拉特斯皮达斯被送来代替战死的明达鲁斯；公元前 389 年，希拉克斯从拉开戴蒙前来就任海军统帅③，公元前 388 年，希拉克斯调往罗德斯岛，安塔尔希达斯被斯巴达派到以弗所担任海军统帅，而原先的海军副帅高尔哥帕斯则被调往厄吉纳，听从新的副帅尼科洛科斯的指挥。④ 显然，海军统帅受到斯巴达政府的直接指挥，甚至海军副帅的任命也受中央政府的制约，它们与海军元帅共进退。据此，我们有理由说斯巴达海军统帅主要是由埃伏尔和他所控制的公民大会决定。

一旦海军统帅或副帅在战场上牺牲，那么副帅及其下级指挥官则依次递补，直到新的统帅来临。公元前 393 年先后有三位海军统帅，两位海军统帅先后战死，最后特琉提阿斯就任该年度的海军统帅。⑤ 这个时候，强势国王阿吉西劳斯已经回国，显然不可能由阿吉西劳斯任命，而是根据一般的战场惯例，由副帅或次于副帅的军官接替。

海军统帅的人选也不是随意决定的，通常是由那些有丰富战斗经验的人担任。这种人通常产生于社会下层，如卡里克拉托斯、莱山德、吉利普斯都是出身于下层公民。这种人因为出身低下⑥，他们不得不在战争第一线奋斗，从而积累了丰富的战争经验。我们现在所知的只有皮山大是由阿吉西劳斯出于私人关系任命。⑦ 其他的海军统帅许多在就任之前就已在地中海上纵横驰骋，经历过多次战斗，拥有丰富的政治经验。如克拉特斯皮达斯在公元前 410 年就率军驻扎在开俄斯，公元前 408 年

① Xen. *Hell.* III. 4. 27.
② Xen. *Hell.* III. 4. 29.
③ Xen. *Hell.* V. 1. 3.
④ Xen. *Hell.* V. 5 – 6.
⑤ Xen. *Hell.* IV. 8. 10 – 11.
⑥ Alian. XII. 43.
⑦ Xen. *Hell.* III. 4. 29. 皮山大是阿吉西劳斯夫人的兄弟，史书其他地方未见记载。

才担任海军统帅；赫里庇达斯在公元前395年曾经接任莱山德之职，第二年又在克里松尼斯担任过三人审判团的成员，还担任过盟军指挥官，公元前393年才担任海军统帅①；泊利斯在公元前393年就已担任海军副帅，公元前376年才担任海军统帅。②尼科洛科斯在公元前388年就担任了海军副帅，直到公元前375年才担任海军统帅。③色诺芬虽然没有提到莱山德就职之前的经历，普鲁塔克也没有明确提及，但普鲁塔克说莱山德从小接受过良好的教育，具有优良的品格，在就任之前就是一位有能力的指挥者。④仅有的无能之辈可能只有阿拉库斯和皮山大，前者是为了方便莱山德操控海军，后者则是因为裙带关系而担任的。

海军统帅拥有最高的海军指挥权。⑤他全面掌控斯巴达的海军，自行决定战略决策。最典型的就是莱山德以副帅身份代行统帅职权之时，对赫勒斯滂地区发动攻势，取得了埃戈斯塔密战役的胜利，严重打击了雅典海军，接着继续北上，攻占拜占庭、卡尔西冬，在这里任命手下做当地的总督，然后派厄提奥尼库斯侵扰色雷斯沿海地区，自己则率领200艘战舰浩浩荡荡开往雅典。公元前391年，埃克迪库斯一面派狄弗里达斯前往亚洲进攻波斯总督斯特拉托斯，自己率军进攻罗德斯，同时指令特琉提阿斯率军前往支持。⑥这些行动似乎都没有得到斯巴达的指令，而是由海军统帅自行决定的。对海军副帅的指挥权是其最高海军指挥权的主要体现。公元前388年安塔尔希达斯委派副帅尼科洛科斯指挥驻防在以弗所的海军。⑦公元前389年希拉克斯委任副帅高尔哥帕斯为厄吉纳的总督。对其他的指挥人员，海军统帅拥有当然的指挥权。如厄提奥尼库斯先是作为卡里克拉托斯的助手被派往开俄斯，后又作为莱山德的部下被派往色雷斯。特琉提阿斯曾经作为统帅，卸任之后接受埃克迪库斯的指挥，曾经受命前往罗德斯。可见，海军统帅在海军内部拥有无可争议的权力。

在海外地区，海军统帅不仅拥有海军指挥权，还拥有这一地区的行

---

① Xen. *Hell.* III. 4. 20; IV. 2. 8; IV. 3. 15, 17; IV. 8. 10.
② Xen. *Hell.* IV. 8. 10; V. 4. 61.
③ Xen. *Hell.* V. 1. 6; V. 4. 65.
④ Plut. *Lys.* 2 – 3.
⑤ Thuc. VIII. 20.
⑥ Xen. *Hell.* IV. 8. 20.
⑦ Xen. *Hell.* V. 1. 6.

政权力。最典型的是莱山德在任期间在各个依附国设立了"十人制政府",这种政府的工作人员都是莱山德的亲信,以致后来莱山德随阿吉西劳斯大军来到小亚地区时,各地的统治者只知有莱山德不知有阿吉西劳斯。海军统帅的行政管理权还表现为可以任命地方总督。地方总督是斯巴达中央政府对地方实行统治的重要职务,这一职务理应由斯巴达政府任命的,但在海外地区尤其是在小亚地区,海军统帅经常任命自己的部下做地方总督。公元前 405 年莱山德以海军副帅的身份任命斯森涅拉奥斯为拜占庭和卡尔西冬的总督①,公元前 404 年任命卡利比乌斯为雅典总督②;公元前 389 年,希拉克斯任命副帅高尔哥帕斯为厄吉纳总督。③海军统帅卸任之后也可能担任地方总督,如特琉提阿斯先是接替赫里庇达斯担任海军统帅,11 年后又担任了奥林托斯的总督。④ 希帕克里特斯则先做海军副帅,后作卡尔西冬的总督。⑤ 这些总督虽然从属于政府,但由于他们与海军、海军统帅之间的特殊关系,也使得海军统帅对当地的行政事务拥有较大的影响。

尽管海军统帅拥有相当大的实权,但其权力依然受到许多限制。首先,海军统帅的职权主要行使于海外。公元前 412 年,阿斯泰奥库斯被斯巴达委任为海军统帅,其就职地点就在米利都。⑥ 公元前 407 年之后,莱山德担任海军统帅时期,主要驻扎在以弗所,此后十多年,海军统帅主要以以弗所为根据地。总体看,斯巴达的海军活动范围南起罗德斯岛,北至赫勒斯滂地区。当然,斯巴达的海军并不只活动在小亚地区,我们也看到海军统帅活跃在科林斯海峡和厄吉纳等希腊本土海域,但这一地区的海军相对于陆军更轻微。

海军统帅同时也受到斯巴达中央政府的控制,如公元前 412 年,斯巴达政府派了 11 个人到阿斯泰奥库斯的军营,与他一起共同处理一般性事务,这个 11 人团体甚至有权决定出兵计划,决定罢免海军统帅,重新任命海军统帅。⑦ 阿斯泰奥库斯因为不支持开俄斯和过分亲近提撒弗利

---

① Xen. *Hell*. II. 2. 2.
② Xen. *Hell*. II. 3. 14.
③ Xen. *Hell*. V. 1. 5.
④ Xen. *Hell*. IV. 8. 10; V. 2. 37.
⑤ Xen. *Hell*. I. 1. 23; I. 3. 5.
⑥ Thuc. VIII. 33, 36.
⑦ Thuc. VIII. 39.

斯8个月之后被斯巴达政府撤换。① 莱山德也曾经因为法拉巴佐斯的指控被斯巴达政府召回接收问讯。② 公元前395年，莱山德被阿吉西劳斯派往赫勒斯滂地区，与莱山德同行的还有三十位斯巴达人，这三十人可能既是军官团，又制约着统帅的职权行使。公元前401年，海军统帅萨米乌斯身在海外却必须服从埃伏尔的指示，接受小居鲁斯的指挥。③ 厄克迪库斯也是因为战果不佳任期未到就被特琉提阿斯所取代。④

海军统帅并没有获得对地方事务绝对的控制权，也没有垄断任命海外总督的权力。海军系列的军官转为地方总督毕竟有限，我们见于史书的出自海军的总督有五位。当然，我们不排除还有许多此类总督没有被记录下来。但在公元前389年的阿比杜斯战役中，一次阵亡的斯巴达总督就有12位⑤，这些总督都是在斯巴达衰落时候逃亡聚集到阿比杜斯的。这说明小亚地区的总督数量是比较多的，而其中有许多并不是由海军统帅任命的。⑥

虽然海军统帅在海外地区拥有相当的权威和实力，但在外交方面却受到较多的限制。海军统帅在就任之时通常都要接受斯巴达政府的训示，执行国家制定的外交政策。如阿斯泰奥库斯因为过分亲波斯的政策而被斯巴达政府罢免。公元前401年，斯巴达希望改善与波斯的关系，于是他们指示海军统帅萨米乌斯接受小居鲁斯的指挥。⑦ 公元前388年，斯巴达为了进一步改善与波斯的关系，任命安塔尔希达斯为海军统帅，而安塔尔希达斯就任之后，就前往巴比伦与波斯商谈和平协作事宜。海军统帅对外交的无奈在莱山德身上表现得更明显，莱山德虽然是最强势的海军统帅，但在雅典派使节向莱山德求和时，莱山德指示他们到斯巴达去见埃伏尔，虽然埃伏尔的答复秉承了莱山德的意旨，但这件事说明即使炙手可热的莱山德也不能对外交事宜独自作出决策。

关于斯巴达海军统帅的权力，亚里士多德有一个著名的论断，称它可以和国王分庭抗礼。亚里士多德的这句话易使人误认为海军统帅是斯

---

① Thuc. VIII. 85.
② Plut. *Lys.* 19-20.
③ Xen. *Hell.* III. 1. 1.
④ Xen. *Hell.* IV. 8. 23.
⑤ Xen. *Hell.* IV. 8. 39.
⑥ Xen. *Hell.* III. 2. 11.
⑦ Xen. *Hell.* III. 1. 1.

巴达国家最有实力的政治人物之一。其实不然。就斯巴达国家的政治格局看，海军统帅并没有达到君临天下、大权独揽的地步，也没有达到与国王瓜分国家权力的程度，更没有能超越国家权力之上。

海军统帅有一个重要的助手——海军副帅。海军副帅希腊文写作 epistoleus，字面意思是"秘书"，但这个秘书可以直接参与指挥战争，不是仅仅从事文字和参谋工作。副帅可能是由斯巴达政府任命的，如莱山德就是由斯巴达政府任命为阿拉库斯的副帅。通常，当统帅受伤不能指挥战斗或牺牲时由副帅递补，代行指挥权，如明达鲁斯牺牲之后由副帅希帕克里特斯继位，直到正式任命的海军统帅到任为止。特殊的情况下，副帅可以取代统帅，如前引前往阿斯泰奥库斯军营的十一代表团人，临行前斯巴达征服指示他们如有必要可以由安提斯提尼取代阿斯泰奥库斯为统帅。副帅可以独立指挥战争，如莱山德就以副帅身份指挥战争。史书上提到的海军副帅有四位——明达鲁斯的副帅希帕克里特斯、阿拉库斯的副帅莱山德、波戴涅姆斯的副帅泊利斯、安塔尔希达斯的副帅尼科洛科斯。由此观之，副帅的人数可能也是一人①，我们没有见到一位统帅有两位或更多副帅的记载。但我们见到波戴涅姆斯战死，副帅泊利斯受伤时，赫里庇达斯代行指挥权。密希尔据此认为有两位副帅，一高一低。② 此说不准确。副帅的任期可能与统帅一样，也是一年，但我们没有明确的证据。一个反面的例子是莱山德可能任了两年的副帅（公元前405年—前404年），但莱山德的例子也许是特例，而不是普遍情况。另外，公元前404年莱山德是否是副帅也不敢肯定，史书既没有说他是也没有说不是。

在副帅之下还有一些将领，这些将领或者跟随统帅南征北讨，或者受命独守一方。比较著名的如厄提奥尼库斯、特琉提阿斯。公元前405年，莱山德再次向小居鲁斯借款，小居鲁斯取出一本账本，上面记述了小居鲁斯已经向许多将领支付过款项。这里的"许多将领"都是斯巴达海军将领，因为，小居鲁斯此时执行的是彻底的亲斯巴达政策，不可能向其他国家的海军将领提供借款。小居鲁斯之所以绕开斯巴达海军统帅直接向斯巴达下级军官提供借款主要是因为此时的斯巴达海军统帅卡里克拉托斯与小居鲁斯的关系不好。

---

① J. F. Lazenby, *The Spartan Army*, p. 20.
② H. Michell, *Sparta*, p. 280.

综上所述，海军统帅是斯巴达特定历史时期出现的特殊的官职，它的辉煌时期在公元前412年至372年之间，尤其以公元前407年至388年之间为盛。在组织制度上，海军统帅由斯巴达国家任命，一年一任。海军统帅拥有最高的海军指挥权，在小亚细亚地区对地方管理也有较大的影响，但其权力毕竟有限，不能凌驾于国家政权之上。

第八章 职官制度研究

官僚队伍是一个政权的核心组成部分，我们在本书其他地方已经研究了斯巴达的主要官职，如国王、长老、埃伏尔、海军统帅、海军副帅、总督等。但这些还不足以全面反映斯巴达的职官制度。本章将对尚未深入研究的职官进行系统研究，以便全面展现斯巴达官僚队伍状况。

第一节 斯巴达官僚系统的分类

斯巴达的官僚队伍大致上分为国王系统、埃伏尔系统、长老会议和公民大会系统。

国王系统的官职依据国王的主要职权包括宗教和军事两大类。宗教的官职主要有皮提安，军事类的官职更为系统完备，包括军事参谋人员、各级军事指挥官。

埃伏尔系统的职官同样依据其职能主要包括日常生活管理和教育类职官。

长老会议和公民大会所属职官主要是总督和海军统帅等等。

一、国王系统的职官

国王系统的官职大致上分为集体性组织和个体性组织。集体性组织是以集体形式履行职权，它们一般不具有行政职能，而个体性组织虽然通常有多人，但它们具有行政职能，一般要独自或集体履行特定职责。集体性组织有两种，而个体性组织则多种多样。

国王叙希提阿团。国王叙希提阿团的职能与御前会议有同有异。国王叙希提阿团肩负为国王出谋划策和直接管辖具体事务的职能。叙希提阿团包括六名波利马科斯、两名皮提安、两名埃伏尔。色诺芬还提到三名负责国王及其随从饮食起居的人①，他们也应该是国王叙希提阿团成员，外加一名国王，可能还有一位高级占卜师。按照普鲁塔克的记述，叙希提阿团通常是 15 人。② 这些人可能恰好组成了国王叙希提阿团。从叙希提阿团的成员看，他们各自都负有实职，但在具体职务之外，可能他们还一起商讨某些具体问题，做出决策。色诺芬称波利马科斯参加国王叙希提阿团的目的是方便与国王一起商讨军务。③ 显然，国王叙希提阿团具有政治职能，不是一般的饮食单位。

营帐幕僚。色诺芬在《希腊史》中曾经提到斯巴达国王有一群 tent-companions。tent-companions 字面意思为"营帐同伴，营帐幕僚"。它显然不是一般的亲兵和卫士，而是一个由经验丰富的斯巴达公民担任的特殊官僚组织。它也不同于国王叙希提阿团，这从色诺芬提到的一位成员——索福德里阿斯可以看出来。因为索福德里阿斯虽然曾经担任过总督之类的高级职务，独立率军打过仗，但没有资料表明他担任过波利马科斯。但是营帐幕僚的职能可能与国王叙希提阿团有相似之处，即作为参与军机大事的参谋人员。④

御前会议。御前会议主要负责为国王出谋划策。其前身大概是公元前 418 年设立的十人委员会。公元前 418 年。当年阿基斯在进攻阿尔戈斯时擅自从前线撤军，受到斯巴达的惩罚，其中一项就是设立十人委员会。从此，国王不经过十人委员会的同意，国王不得带兵出城。⑤ 可见这时的十人委员会的职权高于国王。但后来，十人委员会显然经过了发展和变化。莱山德在赫勒斯滂地区广泛搜罗地方贵族，然后在各地设立十人制政府，这些十人制政府都听从于莱山德。这个组织可能是从十人委员会演变而来，这种演变的前提就是这种组织已经从属于最高指挥官。到了公元前 4 世纪初，其人数也似乎增加为三十人。阿吉西劳斯远征小亚的军队中，阿吉西劳斯的身边有一个 30 人的特殊团体。⑥ 这三十人显然不是普通的斯巴达人，而是担任特殊职位的权力组织。他们是有任期

---

① Xen. *Lac. Pol.* XIII. 1.
② Plut. *Lyc.* 12.
③ Xen. *Lac. Pol.* XIII. 1.
④ Xen. *Hell.* V. 4. 15；VI. 4. 14.
⑤ Thuc. V. 63.
⑥ Xen. *Hell.* III. 4. 2.

的。第二年，莱山德任满回国，这个 30 人团体也与他一起回国。随后，赫里庇达斯接任，与其同来的还有一个 30 人团体。① 显然，这个团体的任期与其他斯巴达官员一样都是一年。这个组织担负着为国王（或指挥官）出谋划策的任务。如当阿吉西劳斯与莱山德产生矛盾时，30 人团体向阿吉西劳斯进言，称莱山德行为自负违法②，这些谗言直接导致莱山德被派往赫勒斯滂。当阿吉西劳斯接见奥提斯、法拉巴佐斯时 30 人团体均在场。③ 因此，这种组织肯定是担负一定职责的咨询、参谋组织。

普罗迪科（摄政王）。当新任国王年幼无父时，斯巴达任命一位年长、政治军事经验丰富的亲属担任监护人。这位监护人通常帮助年幼国王处理国事，所以，又是摄政王。相传第一位摄政王是提拉斯，他是第一任双王普罗克里斯和尤利斯特尼斯的舅父；已知第二位摄政王是莱库古，他曾经担任过卡利拉奥斯的监护人与摄政。当时卡利拉奥斯还是一位刚出生的婴儿。④ 利奥尼达斯在温泉关牺牲之后，他年幼的儿子普雷斯特库斯即位，波桑尼阿斯担任他的监护人。⑤ 后波桑尼阿斯被处死，他的年幼的儿子普雷斯特阿那克斯即位，克里奥布鲁托斯之子尼克米德斯担任其摄政王，代其指挥军队。⑥ 普雷斯特阿那克斯成年之后被放逐，其子波桑尼阿斯即位，但他年幼不能带兵打仗，由他的叔叔克利奥墨涅斯代其指挥。⑦ 尽管后来波桑尼阿斯继续担任国王，但他之后，他的儿子阿基斯波利斯同样年幼不能率军，由监护人阿里斯托戴摩斯代其指挥战争。⑧ 由此可见，普罗迪科主要是由王室成员中幼王的近亲担任，直至幼王可以自己处理国事。

皮提安（Pythian）是协助国王从事宗教活动的主要职官。据希罗多德记述，每个国王可以为自己挑选两名皮提安，他们的主要职能是去德尔菲神庙求取神谕，他们和国王一起用餐，其费用由国家承担。当国王不能去公共食堂用餐时，他们要把相应的食物送到国王家中。⑨ 色诺芬

---

① Xen. *Hell*. III. 4. 20
② Xen. *Hell*. III. 4. 8
③ Xen. *Hell*. IV. 1. 5，30.
④ Plut. *Lyc*. 3.
⑤ Thuc. I. 132.
⑥ Thuc. I. 107.
⑦ Thuc. III. 26.
⑧ Xen. *Hell*. IV. 2. 9.
⑨ Hdt. VI. 57.

也提到这一职务,但他只是说他们与国王一起用餐。① 这一职务的名称与阿波罗的祭司一样,这暗示了这一职务的职责主要负责德尔菲神庙及宗教事务。

除了皮提安之外,色诺芬提到一种特殊的宗教人员——"持火者"(Fire-Bearer)。众所周知,斯巴达的宗教色彩特别浓厚,几乎所有的重大事件都要求神问卜,尤其出征之时。色诺芬称,斯巴达国王在出征之前要举行祭祀活动,求取神意。当神意吉利的时候,就率军出征。这时,持火者就从祭坛上取出火种点燃火把,在军队前面带路,直到军队抵达国境线。在国境线上再举行祭祀,当神谕吉利时,持火者继续带领军队行进,并保证一直不灭。② 估计,这位持火者会一直伴随着这个军事行动的始终。

在国王身边还有一种特殊的宗教人员——职业占卜师(seer),他们也与国王一起用餐。③ 这类人可能与前述的皮提安不同,皮提安主要是负责到德尔菲神庙求取神谕,同时也可能在平常负责整个求神问卜和其他具体的宗教活动。而这类人的地位可能低于皮提安。他们的人数不止一位,在普拉提亚战役前夕,波桑尼阿斯在求神问卜时得到的神谕总是不吉,于是他只好反复问卜。估计这时有不少祭司协助其问卜。④ 另外,希罗多德记述,斯巴达曾经想方设法将厄利斯籍的占卜师——提撒美诺斯接纳为公民,让他专门负责卜筮。⑤

文化官员。文化官员主要负责文化事务。但具体名称不清楚。长期以来不少学者认为斯巴达的文化事业比较落后,尤其是在第二次美塞尼亚战争之后,斯巴达成为"文化沙漠"。事实上,斯巴达的文化事业一直比较发达,只不过斯巴达的文化繁荣不是雅典式的宏伟建筑、优美的歌剧、文学、哲学、史学等知识,而是诗歌、音乐。斯巴达的诗歌音乐很早就开始繁荣起来,莱库古改革时就有文人协助其工作,直到公元前4世纪,斯巴达的音乐、诗歌都比较发达,尤其是音乐。有资料表明,文人在斯巴达政治中具有重要作用,如莱库古改革中,塔勒塔斯就曾经

---

① Xen. *Lac. Pol.* XV. 5.
② Xen. *Lac. Pol.* XIII. 2 – 3.
③ Xen. *Lac. Pol.* XIII. 7.
④ Hdt. IX. 61 – 62.
⑤ Hdt. IX. 33 – 35.

参与其中①，他还是 Gymnopaideia 的创立者。提尔泰乌斯在第二次美塞尼亚战争中成为文化事业的领袖，创作了大量具有鼓动性的战争诗。塔勒塔斯、提尔泰乌斯不太可能是普通的诗人，势必在斯巴达文化事业中担任一定的职务。色诺芬记载，有一种风笛演奏者是国王的职员。② 这种长笛演奏者也一定不会是普通的长笛手，他们肯定具有行政职能。修昔底德记述，斯巴达军人在打仗时按照常规，和着由众多长笛手演奏的音乐，缓慢前进。③ 可见，乐队的表演事关斯巴达的军事，其社会意义非常特别，斯巴达不可能置之不管，而且，古代希腊的诗歌音乐往往不可分离，如泰尔潘达既是诗人又是七弦琴演奏家。所以，斯巴达肯定会任命特殊的官职管理相关的文化事务，包括军事活动、宗教祭祀以及日常生活中的文化活动。但是，非常遗憾的是，我们只知道这些官职的大概职能（主要管理文化事业）和资格（主要来自诗人或音乐家），却不知道这些官职的人数和具体的职能。

外国利益代表（Proxeny）。外国利益代表通常是某个国家在斯巴达的代言人和该国在斯巴达侨民的保护人，这种人均由国王任命。④

三、埃伏尔系统的职官

埃伏尔系统的职官目前所知主要是儿童教育方面的官员，包括成为正式公民之前的青年人。

儿童连队长。普鲁塔克提到斯巴达儿童年满七岁就必须进入学校接受具有军事性质的严格教育，直到十二岁。他们被分成若干连队，那些判断力卓著、格斗极其勇敢的人被选为连队的队长。⑤ 这一职务的人选都是同龄儿童，因此，他们大概不能算作正式的国家官员。

派迪诺莫斯（paedonomos）及其助手。派迪诺莫斯是斯巴达国家委派的负责十三到十八岁之间的儿童教育的最高官员。他们是从城邦最高贵最优秀的人当中挑选产生的。⑥ 派迪诺莫斯对儿童实行严格的监督，对那些懒惰的儿童实施严厉的惩罚，甚至给他们配置了助手，这些助手

---

① Plut. *Lyc.* 3.
② Xen. *Lac. Pol.* XIII. 7.
③ Thuc. V. 70.
④ Hdt. IV. 57.
⑤ Plut. *Lyc.* 16.
⑥ Plut. *Lyc.* 17.

被称作持鞭者,对懒惰者进行鞭打。①

优秀的埃壬(hilachos erien)。这些人在派迪诺莫斯的领导下主要负责十三到十八岁之间儿童连队的管理。斯巴达的埃壬一般指20岁的男青年,他们已经接受了早期的阿高盖(agoge)教育,成为准公民,但不能参加公民大会,也不能担任高级官职。② 并不是所有的埃壬都成为少年的管理者,普鲁塔克称,斯巴达少年组成若干连队,各个连队由最能干、最精明的埃壬率领。这些埃壬负责少年的日常训练和生活。他们组织少年的体育训练,组织模拟战争,分派儿童准备膳食所需的柴火、蔬菜,大一些的去打柴,小一些的则到别人的菜园里和食堂里偷取食物。埃壬对少年的饮食量加以控制。晚上,埃壬还要组织儿童进行思想品德方面的教育,组织儿童唱歌,问问题。埃壬有权惩罚儿童,对回答不上或不正确的人常常给以咬手指的惩罚,他们还常常当着长者和官员的面惩罚儿童。埃壬同时也要接受国家的监督,一旦惩罚不当会受到责问。③

希帕克莱特(Hippagretai)。这是军官系列中的一种特殊职官。希帕格拉特斯的字面意思是"希派斯(Hippeis)指挥官"。色诺芬介绍挑选希派斯时称,埃伏尔先挑选三名希帕克莱特,每个希帕格莱特再挑选100名希派斯。④ 希派斯是斯巴达军队中的精锐部队,通常人数是300人,他们是从埃壬群体中挑选出来的优秀青年。这支军队有三个职能:(1)军队精英。它常常紧随国王冲锋陷阵,如在曼提尼亚战役中,正是紧随国王阿基斯的希派斯部队打败了阿尔戈斯的精锐部队,才扭转了战场局势,取得了战争的最后胜利。(2)国王卫队。由于希派斯主要跟随国王,因此他们同时兼有护卫国王的作用。⑤ (3)国家警察。希派斯的一项重要职能是维护国内安全,类似于警察。色诺芬记载,基那敦起义中,斯巴达埃伏尔为了诱捕基那敦,欺骗基那敦到奥隆抓捕罪犯,同行的正是希派斯,而途中正是这些希派斯抓捕了基那敦。⑥ 希帕格莱特正是这支特殊军队的指挥官,其职权可由希派斯的职能推而得知。随基那敦行动的希派斯正是基那敦从希帕克莱特处领取的。

---

① Xen. *Lac. Pol.* II. 2.
② Plut. *Lyc.* 17.
③ Plut. *Lyc.* 18; Xen, *Lac. Pol.* II. 5.
④ Xen. *Lac. Pol.* IV. 4.
⑤ 正因为如此,有人又称之为国王卫队,但这种意译法似乎不妥。
⑥ Xen. *Hell.* III. 3. 9.

阿伽托埃尔戈伊（Agathoergoi）。希罗多德称希派斯服役期满之后，会从中选出五位最年长的人，带着托付给他们的任务立即到斯巴达国家派他们分头前往的那些地方。① 这五位最年长的人又称作"阿伽托埃尔戈伊"，阿伽托埃尔戈伊从字面上看意为"优秀的、好的"，其含义当为希派斯中"工作比较优秀的"人。他们在任期满之后被选为国家官员，承担特殊的任务。至于什么任务我们不得而知，也许是到庇里阿西区担任首领，或者是一次性的特殊任务，等等。希罗多德曾经记载，一位名叫利卡斯的阿伽托埃尔戈伊曾经被派遣参与寻找奥瑞斯特斯的尸体，并凭自己的智慧成功找到。②

科莱玛通（chrematon）。科莱玛通分管财物，该词的词根含义与"钱"相关，由其派生的词都与钱有关，如商人、经商、金库、铸币等等，衍生意如"讨论"。该职务见于色诺芬的《斯巴达政制》，色诺芬指出，国王率军出征，领用钱款需向科莱玛通申请。③ 斯巴达军队出征所需的军需物质均由埃伏尔筹备，埃伏尔在外可以监督国王，由此可以想象，科莱玛通可能是从属于或听命于埃伏尔的财务官。我们可以由此推知，斯巴达可能有一个相对独立的财政官员队伍，这个官僚体系的最高官员管辖全国财政，但他们只在战场上履行职责。不过，我们没有见到其他记载，只能作此推论。

三、公民大会系统的职官

笔者认为，从属于公民大会的职官主要是军事职务，这与公民大会主要负责宣战媾和这一职权紧密相关。另外，史料表明，军事职官对斯巴达国王往往心存不恭，这也说明军事职务与国王之间有一定的距离。当然，军事职务也不是只管军队事务，同时必然兼管不少行政事务。海军统帅和总督主要属于公民大会系统，但因为前文已经多有叙述，这里就不再多述。

波利马科斯。我们见到最早的波利马科斯是雅典早期的军事执政官，只有一位。希罗多德曾记述雅典在十位将军之外还有一位由抽签产生的

---

① Hdt. I. 67.
② Hdt. I. 68.
③ Xen. *Lac. Pol.* XIII, 11.

波利马科斯①，但在另一处希罗多德暗示我们，斯巴达的波利马科斯不止一位。这则史料见于《历史》的第七卷。其时斯巴达派军与其他城邦的军队一起驻守北希腊，其军队的首领埃乌埃涅托斯是从波利马科斯中选出来的，他本身并不是出生王族。②修昔底德也提到斯巴达的波利马科斯，在曼提尼亚战役中，波利马科斯跟随在国王的身边，国王通过他们向大队长——洛卡古斯（Lochagos）传达国王的指令，大队长再向下一级传达命令。洛卡古斯是洛库斯的指挥官。值得注意的是，洛库斯（Lochos）是最大的战斗单位。洛卡古斯则是拥有实权的仅次于国王的最高军事长官。那么，波利马科斯则是不具有实权的高级军事参谋人员。但斯巴达的军制在公元前5世纪末似乎发生了巨大的变化，摩拉伊（morai）取代了洛库斯，成为最大的军事单位，洛库斯则是摩拉伊的下级军事单位。按色诺芬的记述，斯巴达共有六个摩拉伊，每个摩拉伊共有四个洛库斯。③波利马科斯则是摩拉伊指挥官，他们常常独立率军完成特殊的军事任务，或驻扎在军事要地。如公元前378年斯巴达曾经任命一位波利马科率领一个军团驻扎在特斯皮埃④；战争中要身先士卒，不少波利马科牺牲于战场，如：公元前377年阿吕派托斯牺牲于波特里埃前线。⑤作为高级军官，他们常常紧随国王，与国王一起商讨军情，制定决策⑥；他们常常或独立或秉承国王旨意，直接向下属士兵发布命令。⑦正因为如此，他们也是国王叙希提阿团的成员，他们与国王一起用餐。⑧可见，波利马库是最高军事指挥官，但在早期它不直接指挥军队，参加战斗。

洛卡古斯。如前所述，洛卡古斯是洛库斯的指挥官，其地位仅次于波利马科斯。需要特别指出的是，洛古斯在公元前5世纪及其之前是斯巴达的最大战斗单位，因此，洛卡古斯的军事权力更大一些；此后洛库斯从属于摩拉伊，其军事权力有所削弱。

---

① Hdt. VI. 109.
② Hdt. VII. 173.
③ Xen. *Lac. Pol.* XI. 4.
④ Xen. *Hell.* V. 4. 46, 47.
⑤ Xen. *Hell.* V. 4. 52.
⑥ Xen. *Hell.* III. 5. 22.
⑦ Xen. *Lac. Pol.* XIII. 6, 9; XII. 6.
⑧ Xen. *Lac. Pol.* XIII. 1, 4.

潘泰孔忒（pentnkonter）。潘泰孔忒是潘泰库斯图斯（pentekostus）的指挥官。潘泰库斯图斯是仅次于洛库斯的军事单位，按色诺芬的记述，每个洛库斯有两个潘泰库斯图斯。潘泰孔忒和潘泰库斯图斯的词根都是pentekont，意思是五十、第五十、五十分之一。这导致人们对pentekostus的人数存在不同意见，有人认为其人数是五十人，有人认为其人数是整个斯巴达公民人数的五十分之一，约两百人。笔者认为后一观点更可取。但不管怎么说，有一点是共同的，即：Pentekostus是次于洛库斯的一级军事单位。因此，潘泰库忒应属于次于洛卡古斯的中级军事指挥官。

伊诺摩提阿科斯（enomotarches）。Enomotarches 是由 enomot 和 archon 组合而成。enomot 的词义是"誓言"，即凭誓言组成的军事单位，古希腊称之为伊诺摩提亚（enomotia）。希罗多德、修昔底德、色诺芬都提到这一军事组织，在整个斯巴达军事体制中，这一组织也是争论最少，它从属于潘泰库斯图斯，是具有实际军事职能的常设的军事组织，可能也是最小的可以独立执行军事任务的军事组织。按色诺芬的记述，每个潘泰库斯图斯有两个伊诺摩提亚。总之，伊诺摩塔科斯是斯巴达的下级军官。

希罗多德曾经提到斯巴达还有一个更小的军事组织——特里卡达斯。① 特里卡达斯的字面意思是"三十"，估计特里卡达斯的人数约为三十人。斯巴达的政治组织越到底层血缘色彩越浓，因此，特里卡达斯很可能是建立在血缘关系基础上的一级组织，按照三个部落制的原则，三个特里卡达斯组成一个伊诺摩提亚，那么从人数关系上看恰好符合。但这个组织不见于其他文献记载。如果这一组织曾经存在过，那么他的指挥官应该是次于伊诺摩塔科斯的下级军官。修昔底德在叙述曼提尼亚战役时没有提到这一军事组织，可能该组织不能独立执行军事任务。

与战争相关的还有一位特殊的官员——拉菲罗波赖斯（Laphyropoles）。他主要负责战争期间掠获的战利品的处置。战利品通常由他们拍卖，国王无权过问。② 这个官职与前文所述科莱玛通的关系不甚清楚。

斯巴达还有一个特殊官职——赫拉诺迪克（hellanodikai）。这一官职也见于色诺芬的《斯巴达政制》。水建馥主编《古希腊语汉语辞典》将

---

① Hdt. I. 65.
② Xen. *Lac. Pol.* XIII, 11.

其译为"（联军内部有分歧时的）军机仲裁官"。① 色诺芬的原文为国王出征期间，"祈求公正的原告被国王移交给赫拉诺迪克法庭（the court of hellanodikae）"。从上下文看，这个法庭主要存在于行军打仗之时，处理的问题主要是战争期间的纠纷。结合古代希腊的司法传统，法庭不可能由一人组成，所以赫拉迪诺克也许有多人，他们组成军事法庭。

特派员。斯巴达国家经常派遣一些公民作为特派员完成特殊使命。如公元前429年，斯巴达派提摩克拉托斯、伯拉西达斯、和吕科弗隆到刚刚经历失败的海军将领克涅姆斯军中，要求再组织海战。② 伯拉西达斯曾被派往海军将领阿尔西达斯的军营，作为参谋。大约在公元前412年，斯巴达派遣一个由11人组成的委员会前往亚洲担任阿斯泰奥库斯的顾问。这些人在此之前可能没有担任任何官职，他们的任务是监视阿斯泰奥库斯，如果需要他们甚至可以解除阿斯泰奥库斯的职务。③ 这十一名特派员来到亚洲前线，推翻了阿斯泰奥库斯早先与波斯地方政府签署的和约。公元前427年，斯巴达征服普拉提亚，斯巴达从国内派来了5位特派员，担任审判官。④ 约在公元前423年，此时伯拉西达斯在北希腊不断获胜，斯巴达派来三位使者，据说他们一行的目的是来察看地形，但其真实目的是来做当地城市的统治者。⑤ 显然，这三人肩负特殊的使命。特派员主要由公民大会委派。

境外国家利益代表。这是斯巴达在其他国家的利益代表，代表本国处理与他国的关系，保护本国在代表所在国的侨民，接待和安排本国使节。这一职务涉及国家的外交事务，可能是由公民大会委任。这种利益代表有时在一个国度可能会有两个或多个。利益代表的身份也可能世袭。如客蒙和阿尔西比阿德斯都是斯巴达在雅典的利益代表。⑥ 阿尔西比阿德斯家族可能长期担任斯巴达的利益代表。⑦ 公元前421年，斯巴达与雅典签署尼西阿斯和约，因为阿尔西比阿德斯年轻而忽视他家族，转而通过尼西阿斯和拉齐斯与雅典接洽。这件事引起阿尔西比阿德斯的强烈

---

① 水建馥主编：《古希腊语汉语辞典》，北京，商务印书馆，2004年，第261页。
② Thuc. II. 85.
③ Thuc. VIII. 39.
④ Thuc. III. 52.
⑤ Thuc. IV. 132.
⑥ Paus. IV. 24. 6; Thuc. V. 43; Plut. *Alcib*. 14.
⑦ Thuc. VI. 89; Plut. *Alcib*. 14.

不满，认为其家族的世袭荣誉受到玷污，转而激烈抨击、破坏雅典与斯巴达之间的和约。① 可见，这种利益代表不仅仅是办事员，同时对斯巴达的外交也会有一定的影响，因为斯巴达与他国的外交交涉正是通过他们做中介展开的，他们的建议势必对斯巴达的外交产生一定的影响。②

有趣的是，我们没有见到直属于长老会议的职官。

第二节 斯巴达职官的任命

一、身份、特权与才干

按照一般的观点，斯巴达人是斯巴达社会享有全部公民权的等级，庇里阿西人则是不享有公民权的自由民，黑劳士及其他更低级的社会等级则处于被统治的地位。那么，我们似乎可以做出这样的推论：只有斯巴达人才可以担任国家官员，尤其是高级官员，庇里阿西人至多只能担任低级官员，黑劳士和其他社会等级不能担任国家公职。这样的推论总的来看是成立的。

但是，斯巴达人群体并不是像他们自认为的那样，是"彼此平等的"，大量证据证明斯巴达人内部分为不同的等级或阶层，而斯巴达官员主要来自上层或贵族阶层。先看总督，赫拉克利亚的总督叫拉伯塔斯，这个名字明显具有王室的特征，斯巴达早期一位国王也叫拉伯塔斯③；拜占庭总督克利阿库斯的父亲是兰菲亚斯④，而兰菲亚斯曾经担任使者出使雅典⑤，后来又在卡尔西迪克担任指挥官。⑥ 索福德里阿斯是特斯皮埃的总督，曾经与国王同属一个叙希提阿团，他的儿子与国王阿吉西劳斯的儿子是同性恋伙伴。⑦ 公元前413年，阿尔克墨涅斯受国王阿基斯指派，率领一支由新公民组成的军队，前往优卑亚。他或者是总督，或

---

① Thuc. V. 43; Plut. *Alcib.* 14.
② Thuc. V. 43; VI. 89.
③ Xen. *Hell.* I. 2. 18
④ Xen. *Hell.* I. 1. 35; I. 3. 15 – 9.
⑤ Thuc. I. 139.
⑥ Thuc. II. 25; III. 69; IV. 70; V. 19, 24.
⑦ Xen, *Hell.* V. 4. 25.

者是军团司令。他自己拥有王室的名字，同时又是斯森涅莱达斯的儿子。① 这位斯森涅莱达斯可能就是公元前432年的埃伏尔。但与他同行的另一位指挥官麦兰托斯却名不见经传。② 法拉克斯是公元前397年的海军统帅③，公元前370年曾经出使雅典。④ 他与皮罗斯战役中被俘的斯提丰的父亲同一个名字⑤，祖孙同名是古代希腊常见的现象，所以，他似乎属于这一家族。而皮罗斯战役中的斯提丰应该属于贵族家庭。修昔底德在皮罗斯战役中提到三名指挥官——厄庇提塔斯、希帕格里塔斯（Hippagretas）、斯提丰⑥，前两者先后牺牲，最后斯提丰主持了与雅典的议和。修昔底德在这里分别介绍了厄庇提塔斯、斯提丰的门第，提到了他们的父亲的名称。笔者认为这种介绍本身显然反映了他们绝不是平常人家，通常只有高贵人家才对自己的家谱比较清楚。另外，修昔底德特别提到公元前421年，斯巴达急于与雅典议和，他们迫切希望把皮罗斯战役中被俘的俘虏释放回来，因为这些人或者是上层阶级的成员，或是他们的男性亲属。⑦ 这实际上清楚告诉我们，斯提丰属于贵族阶层。

如果修昔底德关于皮罗斯战役俘虏身份的叙述适用于所有皮罗斯战役参加者，那么我们可以由此推知，军团司令、骑士长官也都属于社会上层。就皮罗斯战役本身而言派往斯伐克特里亚岛驻防的军队是420人，这支军队的规模相当于3个潘泰库图斯⑧，可以看作是一个缩小版的军团。另外，希帕格里塔斯不是人名，而是希派斯的指挥官。在斯巴达的军制中希派斯是与军团并列单独设置的一级军队的组织，其指挥官的地位应该相当于军团司令。厄庇提塔斯牺牲之后希帕格里塔斯接任，希帕格里塔斯牺牲之后斯提丰接任，这说明他们都是最高的、唯一的指挥官，其地位就是军团司令。希罗多德的一则史料也可以提供佐证。我们到目前为止只知道一个人的名字，即希罗多德提到的皮塔纳军团（皮塔纳洛

---

① Thuc. VIII. 5.
② Thuc. VIII. 5.
③ Xen. *Hell*. III. 2. 12.
④ Xen. *Hell*. VI. 5. 33.
⑤ Thuc. IV. 38.
⑥ Thuc. IV. 8，36.
⑦ Thuc. V. 15.
⑧ 莱赞比据此认为，Epitadas、Hippagretas、Styphon相当于三位潘泰库图斯的指挥官（Lazenby, p. 22）。另，这时的斯巴达军制规模大为缩小，每个潘泰库图斯只有140人左右。

库斯，Pitana Lochos）的首领阿蒙法列图斯。① 我们没有其他方面的信息。但在普鲁塔克所写的《梭伦传》中提到在雅典与麦伽拉围绕萨拉米的战斗中，双方曾经请斯巴达做仲裁，斯巴达派了五名仲裁官，其中一名也是阿蒙法列图斯。② 作为军团司令的阿蒙法列图斯也许出自这位仲裁官家族。这样，其门第一定不会低。普鲁塔克在《佩罗皮达斯传》中提到一位名叫色奥彭浦斯的波利马科斯③，这位埃伏尔的名字与历史上斯巴达的一位国王同名，其出生肯定也比较高贵。

另一位斯巴达的重要政治人物伯拉西达斯也能反映出贵族阶层对高级官职的垄断。伯拉西达斯是斯巴达色雷斯战区的最高指挥官，权倾一时。同时，他又是特里斯的儿子，而特里斯是尼西亚和约的参与者。④ 按照当时签名的顺序，前两位是斯巴达国王，第三位是埃伏尔⑤，按照亚里士多德的观点，埃伏尔有五位，排在第十位的腓洛卡利达斯曾经主持了签署了公元前423年的与雅典的一年休战和约，可见其地位非同一般。特里斯与这些高官要人在一起，虽然史书上仅在此见到该人，但说明他的身份非同一般。

但是也有特殊情况。一是少量来自下层的、杰出的非斯巴达人才可以担任高级军事职务。公元前395年，底比斯的使者曾经在雅典说：黑劳士都可以担任总督。⑥ 有学者认为这是底比斯使者夸张的说法。笔者认为，这里的黑劳士很可能是新公民，或被释放的黑劳士，而不是真正的黑劳士。但这至少说明部分总督产生于社会的中下层。色诺芬两次提到总督是拉开戴蒙人⑦，这暗示我们总督也可能是来自于庇里阿西人。但总体看，来自于非斯巴达人阶层的高级官职极少。公元前5世纪末，部分斯巴达人贫困化，成为摩坦科斯（mothankes）、希波墨涅斯（hypomeiones）。然而，贫困并没有能阻止这些斯巴达人进入高级官阶。如伯罗奔尼撒战争后期的海军统帅卡里克拉提达斯、莱山德、吉利普斯都出

---

① Hdt. IX. 53.
② Plut. *Solon*. 10.
③ Plut. *Pel*. 17. 3.
④ Thuc. V. 19；V. 24.
⑤ 按修昔底德的排名，第一、第二位是 Pleistoanax、Agis，第三位是 Pleistolas，尼西阿斯和约与公元前421年签署，按照色诺芬的监察官年表，Pleistolas 正是该年度的监察官。
⑥ Xen. *Hell*. III. 5. 12.
⑦ Xen. *Hell*. I. 1. 32；II. 2. 2.

生于摩坦科斯。从这些材料我们可以得到这样的认识：来自下层的职官主要担任军事职务，他们凭借战功和军事才能得到提升。

二是一些普通的非斯巴达人可以担任类似伊诺摩提阿科斯的低级官员。如在留克特拉战役中，参加战争的斯巴达人只有700人，如果去除300名希派斯，只剩下400人，如果再除去不适合担任官职的30岁以下的年轻人，那么从自然条件上适合担任官职的只有300人。据记载留克特拉前线的斯巴达军队共有4个摩拉伊，8个洛库斯，16个潘泰库斯图斯，128个伊诺摩提亚，共需要官员156人。这里，300名普通斯巴达人中有一半的人出任各级官职，如果我们考虑到个人的才能，这种情形难以想象，反过来，我们可以得出这样的推论：部分类似伊诺摩提阿科斯的下级军官似乎不是斯巴达人。另外，阿吉西劳斯出征小亚时只带了30名斯巴达人，这三十名斯巴达人只能担任潘特孔忒级别以上的职务，那么大量的普通军官——伊诺摩塔科斯都是非斯巴达人。

由此我们可以得出这样的结论：（1）斯巴达的重要官职大多由斯巴达人所垄断；（2）非斯巴达人只能充当军事职务，少数人甚至可以担任高级军事职务。我们几乎没有见到非斯巴达人担任非军事类职务。

贵族阶层对官僚队伍的把持势必带来特权。事实证明，斯巴达贵族在官员任用方面拥有较多的特权。这种特权一是表现为贵族家庭在获取职位方面拥有特权。如公元前383年，优达米达斯在远征奥林托斯人时向埃伏尔提出允许他的弟弟在后方收集军队，并获得批准。兰菲亚斯当属贵族阶层或高级官员，他曾经在公元前432年担任外交使节①，公元前422年担任重要指挥官职，率军支持伯拉西达斯。② 他的儿子克利阿库斯在公元前412年之后担任在伊奥尼亚战争中担任了重要指挥职务。他先是率军出征赫勒斯滂地区，后为赫勒斯滂地区斯巴达与波斯海军联军的指挥官。③ 克利阿库斯还是拜占庭的利益代表，两次被任命为拜占庭总督与此不无关系。阿吉山德曾经与兰菲亚斯一起出使国外，也应当属于贵族阶层或高级官员，他的儿子阿吉山德里达斯也在伊奥尼亚战争中担任重要职务，公元前410年，他率领斯巴达海军从西西里前

---

① Thuc. 1. 139.
② Thuc. V. 12.
③ Thuc. VIII. 8, 39, 80.

往赫勒斯滂地区。① 修昔底德曾经提到海盖山德罗斯②，有学者认为这是修昔底德的笔误，实际就是阿吉山德里达斯，如果此说成立，那么他还有一个儿子，名叫帕希特里达斯，这个人年满20岁之后曾经担任托伦涅的总督。③

二是表现为在任职期间享有特权。如阿尔西达斯，公元前427年他担任海军统帅，驰援密提林，但没能及时赶到，致使密提林失陷。他担心雅典海军的追击，仓皇逃回伯罗奔尼撒。斯巴达派伯拉西达斯前来支援，实际担任其助手，通知并协助他进攻科库拉，但阿尔西达斯没有听从伯拉西达斯的建议，支援也没有取得成功。然而后来，他竟然主持了赫拉克利亚殖民地的建立。④ 又如阿吉西皮达斯，公元前419年，他担任赫拉克利亚的总督，但因管理不善被当地人赶走，第二年，又被任命为厄庇道鲁斯的总督。⑤ 又如优达米达斯的弟弟福比达斯，公元前383年，他在协助其兄管理后方的时候，占领底比斯。但他疏于职守，导致底比斯失陷，最后在阿基达玛斯的干预下竟不了了之，公元前379年，又出任特斯皮埃总督。再如索福德里阿斯在公元前379年，被国王克里奥布鲁托斯任命为特斯皮埃地区的总督。翌年，他接受底比斯的贿赂，进攻阿提卡。斯巴达埃伏尔曾经向雅典承诺要判其死刑。但他有一个儿子与阿基达玛斯的儿子是好朋友。最后也是得到阿基达玛斯的帮助免于惩罚。

我们也看到某些人凭其才干得到重任。比较典型的如伯拉西达斯，虽然伯拉西达斯出生贵族门第，但他的政治生涯似乎主要凭其才干获取。公元前431年，伯拉西达斯只是驻守一方的小股地方军队的指挥官，但在当年他夺回了一度被雅典占领的麦松⑥，第二年，他当选名年埃伏尔⑦公元前429年，他被委任为海军统帅克涅姆斯的三个顾问之一，排在第

---

① Thuc. VIII. 91.
② Thuc. IV. 132.
③ Thuc. IV. 132.
④ Thuc. III. 92.
⑤ Thuc. V. 52, 56.
⑥ Thuc. II. 25.
⑦ Xen. *Hell.* II. 3. 10. 斯巴达往往以五位埃伏尔中的一位的名字来纪年，这位埃伏尔称为"名年埃伏尔"。

二位。① 公元前 427 年，被任命为海军统帅阿尔西达斯的助手。② 公元前 425 年，率领海军指挥皮罗斯战役，当时他只是一位舰长。③ 公元前 424 年，他率军指挥远征色雷斯的战役。可以看到，伯拉西达斯的任职和升迁主要凭借其功绩和才干。

不过，通观史书，我们发现只有总督、海军统帅这类军事官员主要是凭借才干得以任职。在我们所知的海军统帅中，只有皮山大是由阿吉西劳斯出于私人关系任命。④ 其他的海军统帅许多在就任之前就已在地中海上纵横驰骋，经历过多次战斗，拥有丰富的政治经验。

二、世袭、选举与任命

斯巴达社会确实存在职业世袭的现象。如塔尔塞比乌斯家族长期担任出使国外的使节工作。塔尔塞比乌斯传说中是阿伽门农的传令官，在斯巴达受到崇拜，建有祭祀神庙。塔尔塞比乌斯家族就生活在这个神庙中，享有担任斯巴达派出的各种使节的特权。⑤ 但这是普通职业还是国家公职不好确定。就国家公职而言，我们见得比较多的世袭职位则是国王。但王位的世袭受到多重因素的制约，使其世袭制执行得并不彻底。其他的官职都不是世袭，埃伏尔肯定是一年一选，海军统帅也是一年一任。另外，波利马科斯可能也是一年一任、一年一选。

选举制确实是斯巴达选举官员的一种方法。但就我们所拥有的史料而言，选举制在斯巴达似乎主要存在于埃伏尔与长老会议成员的选拔、叙希提阿团成员的接纳等方面。选举的方法我们在相关部分也多有提及，主要有呼声选举和投票选举两种。呼声主要用于埃伏尔的选举，而投票主要用于叙希提阿团新成员的接纳。但一些非军事的官员，如儿童教育方面的官员、财务官、公卖官等官员，我们缺少足够的史料说明。从一般的情况来看，他们可能也主要是通过选举的方法产生，由于斯巴达的投票方法具有简单直接等特点，不适合于全国性的官员选举，所以，这类官员的选举可能也主要是通过呼声选举的方法。实际上，斯巴达有许

---

① Thuc. II. 85.
② Thuc. III. 69.
③ Thuc. IV. 11 – 12.
④ Xen. Hell. III. 4. 29. 皮山大是阿吉西劳斯夫人的兄弟，史书其他地方未见记载。
⑤ Hdt. VII. 134.

多重要官员都是由拉开戴蒙人决定的，如：提波戎①、伊克迪克斯、狄弗里达斯②、优达米达斯。③ 这些官员不可能由某个拉开戴蒙人任命，势必是经过公民大会选举获任的。

任命是斯巴达选择国家官员的重要方法。任命者或是国王，如阿基斯任命埃伏尔斯森涅莱达斯④的儿子阿尔克墨涅斯和麦兰托斯为优卑亚总督⑤，任命列斯普斯为厄庇塔里尤姆总督。⑥ 阿基斯在阿提卡前线任命了不少人作为分遣队的首领，执行特定的军事任务。⑦ 阿吉西劳斯任命自己的妻弟皮山大为海军大将，优克鲁斯为小亚总督⑧，莱山德为赫勒斯滂总督⑨，福比达斯为特斯皮埃总督。⑩ 克里奥布鲁托斯任命索福德里阿斯为特斯皮埃总督⑪。或是高级官员，莱山德任命的官员可能是最多的，据说他在所征服的每一个城邦都设置了总督。他曾经在公元前405年任命斯森涅莱达斯的另一个儿子斯森涅拉奥斯（也可能是另一个斯森涅莱达斯的儿子）为拜占庭和卡尔西冬的总督⑫，还任命卡利比乌斯为驻雅典总督⑬，还曾任命自己的兄弟利比斯为海军大将，自己担任总督。⑭ 海军统帅阿斯泰奥库斯曾经任命埃特尼奥库斯为分遣队将领率军进攻安提撒和麦塞姆那。⑮ 高级军事将领优达米达斯任命自己的弟弟福比达斯为自己的助手，组织军队。⑯ 海军统帅希拉克斯任命了自己的助

---

① Xen. *Hell*. III. 1. 4.
② Xen. *Hell*. IV. 8. 21,
③ Xen. *Hell*. V. 2. 23.
④ 可能就是公元前432年任职的那位著名的监察官。
⑤ Thuc. VIII. 5, 10.
⑥ Xen. *Hell*. III. 2. 29.
⑦ Thuc. VIII. 5.
⑧ Xen. *Hell*. IV. 2. 5.
⑨ Xen. *Hell*. III. 4. 10.
⑩ Xen. *Hell*. V. 4. 41.
⑪ Xen. *Hell*. V. 4. 15. 特斯皮埃（Thespiae）靠近底比斯和雅典，公元前379年，索福德里阿斯担任特斯皮埃总督，但因受底比斯的劝诱，擅自进攻雅典被免职，公元前378年，阿吉西劳斯在特斯皮埃重新任命福比达斯担任该地总督。
⑫ Xen. *Hell*. II. 2. 2.
⑬ Xen. *Hell*. II. 3. 14.
⑭ Xen. *Hell*. II. 4. 28.
⑮ Thuc. VIII. 23.
⑯ Xen. *Hell*. V. 3. 24.

手海军副帅高尔哥帕斯为厄吉纳总督。①

　　埃伏尔也可任命官员,如阿比杜斯总督阿那克西比乌斯就是由埃伏尔任命。② 按色诺芬的记述,阿那克西比乌斯的前任德尔西里达斯并没有被发现任何过错,阿那克西比乌斯仅仅因为有几个埃伏尔与他成为好朋友,就被委派为阿比杜斯总督,取代前任。

　　值得指出的是,我们所见到的被任命的官员大多是总督、海军统帅这类兼有行政与军事性质的官员,而且多见于伯罗奔尼撒战争后期和公元前4世纪。之所以出现这种情况,根本的原因在于传统的职官选用方式更多的代表了贵族的利益,不利于选拔有真才实学的官员。就世袭、选举和任命三者而言,世袭自然代表了贵族的利益,选举制本身也较多地代表了贵族的利益,因为在古希腊,包括斯巴达,官员没有薪俸,能被选出来的、愿意和有实力担任公职的主要是那些经济富足的贵族。而任命制在当时的形势下有利于人们突破传统的制约,直接从下层和有真才实学的人群中选拔有才干的人。伯罗奔尼撒战争中期之前,斯巴达社会的贵族占据了明显的优势,控制了国家官吏队伍,他们享有特权,即使事实证明无才无能,也能异地为官。这种吏治的腐败也成为斯巴达在战争初期处于劣势的重要原因。但正如修昔底德所说,战争是个严厉的教师,终于惊醒了斯巴达,部分有真实才能的人如伯拉西达斯开始得到重用。从此之后,斯巴达开始突破传统的职官遴选方式,用任命的形式提拔人才。此后,斯巴达提拔了大量富有经验与才干的人,正是这些人才为斯巴达帝国的复兴立下了赫赫功劳。

---

① Xen. *Hell*. V. 1. 5.
② Xen. *Hell*. IV. 8. 32.

结束语：斯巴达是寡头制国家吗？

就笔者的思维理路而言，笔者不愿意用贴标签的方法将复杂的历史问题简单化，更愿意对这些问题做出最接近事实的叙述，而让读者自己得出结论。但在对斯巴达政制作了多角度的研究之后，我们似乎也不应该回避一个重大的问题：斯巴达政制的本质特征是什么？尽管回答这个问题有贴标签之嫌。但毋庸置疑，简单化有助于历史知识的传播。当今学术界都自觉或不自觉地把斯巴达政治体制作为与雅典相对立的政治制度，具体讲又有两种观点：寡头制和整体主义，相对而言，前一种观点更普遍，后一种观点涉及整个国家体制，包括经济、军事、教育等等方面，对这一观点展开反思需要大量的相关研究，这不是本书所能完成的。但在前文的基础上，我们可以对前一种观点作出反思。实际上，前文对此已经做出了回答，但似乎还有进一步申述的必要。下文将主要从史料学的角度结合现实的历史分析对此做出进一步的回答。

一、当代学者对斯巴达政制的认识

关于古代斯巴达的政治制度的性质在国际学术界存在较多的争论。其观点大致上分为两类：民主制或准民主制、寡头制。不过，无论哪一方都不否认民主因素或寡头因素的存在，区别在于到底哪个因素为主，前者认为斯巴达政制中民主成分为主，而后者则认为寡头因素为主。

前一种观点的代表人物有：A. 安德鲁斯、D. M. 刘易斯、C. G. 斯塔尔。斯塔尔在其所著《世界古代史》中认为斯巴达政制是"有限的民主制度"（arrested democracy），其依据是大瑞特拉规定："公民大会是最高权力机构"。[①] 但他没有说明为什么又是"有限的"民主，也许他是以雅

---

① C. G. Starr, *A History of the Ancient World*, Oxford, Oxford University Press, 1983, p. 257.

典民主为参照得出这一结论的。

刘易斯认为，斯巴达的公民大会确实有自己的意志，可以进行讨论，他列举了公元前432年和前415年的两次公民大会为例，前一次大会得出的决议显然不同于国王阿基达玛斯和埃伏尔斯森涅莱达斯的建议，后一次大会上则在阿尔西比阿德斯的建议下重新通过入侵阿提卡、支持叙拉古的决议。刘易斯认为斯巴达的埃伏尔来自平民，其政治地位和政治权利仅次于公民大会，而长老会议的政治地位和权力次于前两者，国王的权力更小。①

安德鲁斯虽然明确表明斯巴达的政治不同于雅典，但他比前两位更强调斯巴达政制的民主因素。他在《预审：斯巴达对管理艺术的贡献》一书中总结了寡头制的主要特征：公民权受到限制。在寡头制下大量的公民因为财产低于特定的标准被剥夺了政治权利，公共事务的管理主要地交给了人数较少的议事会和行政官员，公民大会得不到重视。② 他指出莱库古改革的特别之处是引入了预审制，这在当时的希腊是对政治民主化的重要贡献。在《古典时期斯巴达的政府》一文中安德鲁斯一方面声称他并不认为斯巴达就是民主制度，认为斯巴达的制度与雅典大不相同，但他特别强调公民大会和埃伏尔的作用，认为在古典时期斯巴达主要的决议都是在公民大会上，长老会议从未召开，形同虚设。埃伏尔拥有征调军队、任命指挥官、干预前方战事、处理外交事务、主持公民大会等权力。而埃伏尔由公民选举产生，是民主因素的象征。③ 由此观之，安德鲁斯的观点与斯塔尔基本一致，即斯巴达政制的基本面是民主制，但其民主程度不及雅典。

后一观点的代表人物有哈蒙德、弗雷斯特、克鲁瓦、卡特利奇、霍德金森等。他们都是不同时期国际学术界在斯巴达研究的代表人物，尤其是卡特利奇和霍德金森可谓是当今国际斯巴达研究的最高水平，这也表明这种观点是目前西方学术界的代表性观点。

哈蒙德没有直接说斯巴达政体的性质，但他在述及古风时期希腊政

---

① David M. Lewis, *Sparta and Persia*, Leiden: Brill, 1977, pp. 36 – 49.

② A. Andrewes, *Probouleusis, Sparta's Contribution to the Technique of Government*, Oxford: Clarendon Press, 1954, p. 4.

③ A. Andrews, "the Government of Classical Sparta", in *Ancient Society and Institutions: Studies Presented to Victor Ehrenberg on His 75th Birthday*, Oxford, Blackwell, 1966, pp. 1 – 20.

治发展时，将斯巴达排除在民主城邦之外，同时强调斯巴达有王权残存，另外，他又强调所有的贵族政体都是寡头政体。因此，他认为斯巴达政体属于君主政体或寡头政体。①

卡特利奇认为在公元前650年之后，斯巴达的国家政治中，国王的权力下降了，但仍然得以延续。长老会议成为国家最高权力机构，长老会议人数有限，且受到公民大会选举的牵制。平民有政治表决权，但没有创制权、即提案权，作为平民代表的埃伏尔没有实际的政治权力。②

在这些学者中，尤以克鲁瓦的论述最为详尽。与安德鲁斯的观点不同，克鲁瓦认为，公元前5—4世纪，在斯巴达的政治决策中，公民大会只是橡皮图章，习惯于顺从的斯巴达公民不可能进行自由发言和讨论，也不可能违背长官意志，公民大会表决的是早已由长老会议和埃伏尔议定好的议案。长老会议是政治决策的主角，国王除非他们能力非常有限，在决策中也发挥着重要作用。但他主要不是作为国王的宪制权力，而是个人的影响力。埃伏尔在宪制上也有比国王更大的权力，但实际上他们很少有实际影响，而是常常被国王所控制。虽然埃伏尔由平民选举产生，平民也有权当选。但克鲁瓦、卡特里奇等人认为不能过高估计埃伏尔的作用，因为史书上见到的埃伏尔本身很少，另外埃伏尔的任期很短，任满之后就不能再担任其他官职，这使得埃伏尔因担心卸任之后遭受报复而不敢行使职权。总之，斯巴达政制是以长老会议为中心的寡头制。③

在国外学者中还有一种隐而不发的观点，认为斯巴达的政治制度是极端的极权制。在西方社会存在这样的观点，认为斯巴达是整体主义国家（totalism、totalitarianism）。其实整体主义比极权制的内容更丰富，它强调整个国家和社会联结为一个整体，包括经济、社会、道德、教育等方面，当然也包括政治。在政治生活中，地方绝对服从中央，中央绝对服从最高权力拥有者。这种观点在学界已经被基本放弃，这里就不再多述。

国内学者对斯巴达政治制度的观点基本一致：寡头制。其中只有郭小凌教授指出：公元前5世纪之前的古风时代以及古典时代早期长老会

---

① N. G. L. Hammond, *A History of Greece*, pp. 139–145.
② Paul Cartledge, *Sparta and Lakonia*, p. 135.
③ De Ste. Croix, *The Origins of the Peloponnesian War*, pp. 124–150; Paul Cartledge, *Agesilaos and the Crisis of Sparta*, pp. 126–127.

议的政治作用因为埃伏尔权力的扩大而有所下降,其政治制度属于贵族共和制度。他认为:在这段时间内,至少从理论上讲德才兼备的老人构成的斯巴达长老会议实际操纵着国家机器,长老控制权力的方式与一般贵族共和制是相同的,尤其类同于罗马的贵族共和制。公元前5世纪中叶之后,斯巴达公民大会的权力有了明显扩大的趋势,其表现就是五位埃伏尔的政治作用明显得到加强,因此此时的斯巴达政体称为混合政体或共和政体更恰当些。如此看来,郭小凌先生的贵族共和制度至少与贵族寡头制具有较多的共同性。①

晏绍祥则明确指出:"与雅典不同,斯巴达实行的是贵族寡头制度"。"斯巴达的政治结构,虽然由于公民大会的存在和监察官的权力而具有一定民主色彩,但是国王和长老会议的巨大势力,使它的民主成分难以发挥作用。所以,它是一种带有落后寡头色彩,兼有君主制、民主制因素的混合政体。"② 不过这种混合政体不同于古典作家的混合政体,而是以寡头制为主要特色兼有其他制度因素的政体。

在国内影响较大、由刘家和、王敦书先生主编、高等教育出版社出版的《世界史》(古代史编·上卷)则认为:斯巴达实行的是最彻底的贵族寡头政体。依据是莱库古改革之后贵族会议成为城邦政权的实际掌握者,埃伏尔均由贵族及其亲信之流担任。第二次美塞尼亚战争之后,贵族会议和埃伏尔的权力进一步强化,公民大会实际上没有任何权力,一切皆由贵族会议和埃伏尔操纵,也由埃伏尔主持召开。③

另一部当今使用较广的大学教材、由齐涛主编的《世界通史教程》也认为:为了防范和镇压数倍于自己的被征服者的反抗,斯巴达人大力强化国家机器,形成了贵族寡头政体。④

综合上述观点,"寡头制论"的依据主要如下:(1)公民大会、埃伏尔没有实际权力,国家权力主要由国王和长老会议掌握。(2)虽然承认埃伏尔拥有较大权力,但埃伏尔代表的是少数贵族的利益。(3)公民因为财产资格的限制失去了参加政治生活的权力。

---

① 施治生、郭方主编:《古代民主与共和制度》,北京,中国社会科学出版社,1998年,第215、219、220页。
② 晏绍祥:《世界上古史》,北京,中国人民大学出版社,2009年,第177、179页。
③ 刘家和、王敦书主编:《世界史》(古代史编·上卷),北京,高等教育出版社,1994年,第240、243页。
④ 齐涛主编:《世界通史教程》,济南,山东大学出版社,2001年,第114页。

对第一、第二个观点，前文已经有所论述，这里只是略加总结。本文认为：古代斯巴达存在着国王、埃伏尔、公民大会、长老会议四个主要权力机构，这四个权力机构在宪制上不存在主次之分。埃伏尔由平民选举产生，所有平民不分贫富均可当选。在实际运作过程中，国王与长老会议结为政治同盟，以国王为代表，埃伏尔与公民大会结为政治同盟，以埃伏尔为代表。很长时间内，国王与埃伏尔的政治地位和权力不分伯仲。

对第三点，前文也有所涉及，这里略加阐述。公民权的财产资格限制在古代希腊普遍存在，不仅仅见于斯巴达。斯巴达公民因为财产而失去政治权利最早见于亚里士多德的《政治学》。[1] 亚里士多德说：公餐团的费用应该像克里特那样由公共财政承担。但在拉科尼亚，每个人都必须承担，尽管有些公民无力负担，其结果与立法者当初的意图正相反。立法者的本意是赋予公餐团以民主色彩，但受这一制度影响，结果适得其反。因为，穷人是交不起公餐税的，而按照古制，公民权不属于交不起税的人。显然，亚里士多德这句话反映的是他所生活的那个时期，或稍早一段时期的情形，而不是整个斯巴达历史的情况。严格说来，虽然斯巴达的公民权与公餐团成员身份和公餐税联系在一起，但是，斯巴达在美塞尼亚战争之后实行了土地的平均分配，在此后的历史时期内，斯巴达社会内部采取了多种措施保持这种相对平等的土地占有格局，斯巴达公民内部尽管存在贫富不均，但不至于出现普遍的公民交不起公餐税的情形，正因为如此，斯巴达公民才自称为"平等人"。斯巴达历史上的土地集中开始于公元前5世纪中期，而严重的贫富分化则开始于公元前5世纪末。早期虽然存在财产资格的要求，但这种规定不至于使大量的公民失去政治权利，也不至于使公元前四世纪之前的斯巴达成为寡头制国家。

二、古典作家对斯巴达政体的分析

第一个将斯巴达政体称为寡头政体的古典作家是修昔底德。他先是指出斯巴达不要求同盟国缴纳贡税，但在盟国内建立代表自身利益的寡头制[2]，似乎斯巴达是寡头制的总代表。接着在伯里克利的葬礼演讲中

---

[1] Arist. *Pol.* 1271a27.
[2] Thuc. I. 19.

又指出：雅典的政治是大多数人而不是少数人加以管理，暗指斯巴达在政治上由少数人执掌政权，称雅典选择公职人员优先考虑的是对城邦的贡献，而不是个人的社会地位，暗指斯巴达优先考虑人的地位和门第。① 在另一处他又借伯拉西达斯之口说：斯巴达是一个少数人统治多数人而不是多数人统治少数人的国家。② 对修昔底德的看法我们要作客观的分析。虽然，修昔底德声称他对伯罗奔尼撒方面的军事行动作了深入的研究，从他的著作也确实看出他对斯巴达方面有较多的了解。但他对斯巴达的政体的认识却带有雅典人特有的片面性。

首先，修昔底德声称斯巴达到处推行寡头制，这并不符合实际情况，我们可以举伯拉西达斯在北希腊的行动为证，伯拉西达斯是修昔底德颇为欣赏的斯巴达将领，他在北希腊宣布他的目的不是征服当地的国家，而是保护他们的自由，不是建立以强凌弱的帝国，而是解放那些遭受雅典奴役的国家。③ 受伯拉西达斯政策的鼓舞，不少原先臣服于雅典的城邦都投靠了斯巴达，但我没有见到修昔底德所说的在各个城邦推行寡头制，他对投降后的安菲波利斯人说：凡是愿意投降的人不论是安菲波利斯的公民还是雅典侨民，愿意留下的可以拥有原先的财产，享有完全的自由，不愿意留下的可在五天之内带着自己的财产离去。④ 他在征服了托伦涅后宣布：所有愿意回来的将照旧享有公民权和财产。⑤ 他在斯基奥涅又发表了同样内容的演讲。⑥ 事实上，在初期我们看到斯巴达的盟国中不乏非寡头制国家，如麦伽拉、叙拉古、厄利斯等，斯巴达肆意推行寡头制是在伯罗奔尼撒战争后期，莱山德称雄东地中海之时。再者，在他国推行寡头制并不意味着他自身就实行寡头制。

其次，所谓的斯巴达由少数人统治多数人实际是雅典的外交和政治宣传的策略。我们知道，在希波战争期间，由于需要大量的水手，大多数雅典公民都参加了军队，同时，雅典征服了不少海外地区，又建立了提洛同盟，雅典对同盟国采取的帝国主义式的控制政策，因此雅典的政治需要大量的公民参与，雅典的民主制度也达到繁荣的顶峰。民主制度

---

① Thuc. II. 37.
② Thuc. IV. 126.
③ Thuc. IV. 85–87.
④ Thuc. IV. 105.
⑤ Thuc. IV. 114.
⑥ Thuc. IV. 120.

确实使更多的普通公民享受到雅典政治经济繁荣的果实，为雅典赢得了内部支持。雅典人自己也对自己实施的民主制度非常自豪。另外，我们知道，雅典是后起的国家，原先的希腊世界大多听从于斯巴达，雅典要想使这些国家转向自己，必须要借助新的政治力量，于是，提倡民主制，着眼于各国内部的社会下层，号召他们起来革命，这对雅典有着切身的利益，它可以乘机插手别国事务。所以，雅典极力将自己打扮成民主的化身，下层民众的代表。而将斯巴达丑化成少数人统治、寡头统治的代表，将斯巴达的政体称为寡头政治。在公元前5世纪中期，斯巴达的政治确实给了雅典攻击的口实，因为当时斯巴达因遭遇大地震，公民人数大减，明显少于雅典，因此，相对于雅典，统治集团人数也更少。另外，斯巴达还存在国王、长老会议等代表贵族利益的机构，斯巴达还实行以选举为主、以门第为参考标准的选官制度。这些都为雅典夸大两者之间的差别提供了依据。伯里克利的葬礼演讲就是这一政治宣传的杰作，演讲本身的最大目的就在于鼓舞雅典公民和盟友士气，它不可能不夸大事实，至少它与当时雅典舆论宣传的口径保持了一致。

事实上，大多数古典作家认为斯巴达政体是混合型政体。这一思想首先由柏拉图提出，由亚里士多德、波利比乌斯所继承。柏拉图在《理想国》中称斯巴达政体属于不良政体，但在现实的四种政体中属于最好的，它仅次于理想中的、绝对善的好人政制。斯巴达政体的基本特点是其公民好强争胜、贪图荣誉，这个社会成员分为两个部分，一部分人贪图钱财，一部分人贪图荣誉，后者建立起对前者的统治。在《法律篇》中进一步发掘了斯巴达政体的特点和优点，他说：拉科尼亚的王政由多种正确成分混合而成，有着某种限制，其结果就是使这种政体得以保存。① 他还说：一想起拉开戴蒙人的制度，我确实不能马上告诉你它的恰当名称是什么。它确实与独裁制有相似之处——事实上，我们的埃伏尔的权力是极为独裁的——但有时候我又认为我们的体制在所有的社会中是最民主的。还有，如果否认它是一种寡头制，那么就会引起悖论，但同时所有人，包括我们自己在内，都断定它是一种活生生的君主制，是这种制度最古老的形式。②

在古典思想家中直接将斯巴达政体与寡头制联系在一起的是亚里士

---

① Plato, *Laws*, 692a.
② Plato, *Laws*, 712d–e.

多德。亚里士多德将斯巴达政体与克里特、迦太基归为一类,尽管在集中研究斯巴达政制的部分它没有明确地将其政制定性为寡头制,但他把迦太基的政制定性为寡头制。不过我们也应该注意到,他在这里没有像给迦太基政体那样明确定性。实际上在整部《政治学》中,亚里士多德都没有将斯巴达政体称为寡头政治。亚里士多德在研究政体时注意区分了理论中的寡头政体和现实中的寡头政体,理论中的寡头政体表现为各种代表贵族利益的要素,如选举制、财产资格、门第要求等,但这些要素充斥着现实的政治生活,使国家权力掌握在贵族的手中,这种政体才是现实的寡头政体,有些政体寡头要素并不充分,并没有使国家权力绝对的控制在贵族手中,这种政体兼具其他政体的特征。

事实上,亚里士多德并没有把斯巴达政体归为典型的寡头政体。他说:"拉开戴蒙(斯巴达)那样的政体,同时只兼顾才德和平民多数两项因素而类似贤良主义和平民主义两原则混合了的政体,也未尝不可以称为贵族政体。"① 如果仅仅是从统治人数看,贵族政体与寡头政体没有实质的差别。那么斯巴达政体是否就可以归为贵族政体呢?其实不然,亚里士多德多次借用别人的研究成果指出斯巴达的政体中包含了大量平民政体的要素。他说:"的确,有些思想家认为理想的政体应该是混合了各种政体的政体,因此,他们就推崇斯巴达式的制度。这些思想家都把斯巴达的政体看作君主政体(一长制)、寡头(少数制)和民主(多数制)政体三者的混合组织。有些人认为斯巴达的二王代表君主政体,其长老会议便代表寡头政体,至于埃伏尔(监察)既由民间选出,则监察会议便代表民主政体。可是另有一些人认为,监察会议实际表现为僭主政治,只在斯巴达的日常生活及会餐制度中,才显见他们的政体具有民主精神。"②

亚里士多德实际上赞同这些作家的观点,他说:"一种政体如果要达到长治久安的目的,必须是全邦各部分(各阶级)的人民都能参加而怀抱让它存在和延续的意愿[这种意愿,在斯巴达的各个部分是具备的];两王满足于这种政体所给予的光荣,勋阀贵族乐于长老院可以表达各人的意见,个人则可凭其才德而受任为长老;对平民大众而论,则人人都

---

① Arist. *Pol.* 1293b16.

② Arist. *Pol.* 1265b32 – 66a1.

有被选为监察的机会,他们既乐意于监察制度也就乐意于这一政体了。"① 他甚至具体研究了斯巴达政治生活中的寡头要素和平民要素,认为拉开戴蒙的政体可举以为例,因为这个政体具有若干民主精神的特征,许多人认为它是民主的。第一,关于儿童的教育,在斯巴达是贫富相同的,他们以同样的文化标准教育富家和贫户的子弟。对于青年和成年的教育方针也是一样的。在衣食方面也贫富不加区分:在公共食堂上每个人面前都摆着一样的食品,富人所穿的都是穷人也能照样制备的极为朴素的服装。斯巴达民主精神的第二个特征是人们对于邦内两个最高机构分别享有对长老的选举权和担任埃伏尔的被选举权。②

波利比乌斯认为:莱库古认识到各种政体形式的优劣,建立了混合政体,将各种政体的优点都吸纳其中。每一种单一的政体都会过分发展,从而陷入与之天生伴随的错误之中。但混合政体下,每一种政体受到其他政体的制约,不能超越其他政体。国王由于害怕民众而不敢骄纵,民众由于害怕长老而不敢冒犯国王,长老选自最优秀的人这样可以确保他们行事公正。这使得国家生活中绝对顺从传统习惯这一本来极为软弱的部分,由于得到长老的支持变得强大有力。这样做的结果是在斯巴达保持了自由,并且比迄今所知的其他城邦更为持久。③

从政体的代表性看,混合政体的代表性最强。亚里士多德特别推崇混合政体。他指出:凡能包含多种要素的总是比较完善的政体;所以那些混合多种政体的思想应该是比较切合事理的。④ 混合政体的重要之处在于:在各种政体因素不存在的情况下,即,众人在为自己的利益考虑时,混合政体可以使权力体系中各个要素分别代表不同的阶层,从而保障全体社会成员的利益。在古代希腊,社会成员分为穷人和富人两大集团,政体也相应地分为平民政体和寡头政体两种,平民政体是多数穷人掌权的政体,它的执政目的只在保护平民的利益,常常伤害富人的利益,而寡头政体只维护少数富人的利益,因此他主张混合平民政体和寡头主体,兼顾贫富两种因素、两个阶层。他一再指出:所谓的混合政体的本

---

① Arist. *Pol.* 1270b23.
② Arist. *Pol.* 1295a20 – 30.
③ Poly. VI. 4 – 11.
④ Arist. *Pol.* 1266a3 – 4.

旨就是"混合贫富,兼顾资产者和自由出生的人们而已"。①

这里我们应该注意区分混合政体与民主政体。按照伯里克利的解释,雅典的政体之所以被称为民主制,是因为城邦是由大多数人而不是由少数人加以管理。② 但这种由大多数人统治的政体被亚里士多德称为平民政体,即由占人口大多数的平民阶层管理国家。亚里士多德对平民政体虽然不乏肯定,但其批评同样深刻。他指出:平民政体并没有照顾到全体公民的利益,而是指为了本阶级的利益,为此他们不惜牺牲贵族阶层、富人阶层的利益,沦为平民暴政。这种政体归根结底属于病态政体。亚里士多德将平民政体分为若干类型,只有第一种类型平民奉行"穷人不占富人便宜"的政策,这样的政体实际上成为混合政体,其他的类型都不值得肯定。显然,雅典式的民主政体并不是亚里士多德的理想政体。在亚里士多德的思想中,混合政体兼顾了贫富的利益,从而达到了保护全体成员的利益的效果,是最值得实行的政体。从民主的角度看,混合政体使得所有公民都有机会参加政治活动,担任各种公职,使得所有公民的利益得到保护,无疑它具有更彻底的民主性。笔者对此深表赞同,大多数人执政只能是较为民主的一种政体形式,从理想化的标准看,它不能不大打折扣。贵族虽然在经济上富有、在门第上高贵,但他们同样属于公民阶层,任何人无权剥夺它作为公民的权益,伯里克利的民主思想隐含了剥夺富人的思想内容,所以,这种思想、这种思想指导下的民主体制并没有达到最民主的程度。

三、古典作家对寡头制的认识

尽管历史学家们仍在使用寡头制,但在现代的政治学中已经几乎没人用这个概念。不过在古代希腊的政治学中,这个词被众多的学者所使用。因此,识别古代斯巴达是否是寡头制国家还必须回到古典作家,从理论上认清寡头制的本质属性。

在公元前5世纪后期之前,"寡头制"一词还没有出现。③

在《荷马史诗》中,奥德修斯曾经指出:多头制不是好制度,应当

---

① Arist. *Pol.* 1293b30 – 32;1294a16 – 17;1294a23.

② Thuc. II. 37.

③ Wartin Ostwald, "Oligarchy and Oligarchs in Ancient Greece", in Pernille Flensted-Jensen (ed) *Polis and Politics: Studies in Ancient Greek History*, Stuttgart: Steiner, 2000, p. 387.

让一个人当君主。① 这里的"多头制"作为一种政治制度类似于寡头制。

希罗多德的《历史》第三卷有一段关于政体问题的争论，其中谈到寡头政体，但后文对它的解释是将政权交给一批最优秀的人。这里触及带寡头制的本质特征——政权掌握在少数人手中，同时对"少数人"的特征进行了界定——"最优秀的"。但这里没有涉及后来亚里士多德所说的财富问题和是否遵守法律、是否为全体公民或他人谋利益等问题。② 公元前5世纪的作家中使用寡头制一词频率较高的是修昔底德。修昔底德对寡头制曾经有一个不太严密的定义：即所有的贵族都享有平等权利。③ 在科西拉革命时，修昔底德开始用寡头党来解释科西拉的政治。寡头党是建立寡头制的基础，科西拉的寡头党是那些在海战中被俘后被赎回的那部分人，这部分人具有两个特点，一是人数少，毕竟只是战俘中的一部分，二是经济上富裕，他们要交出800塔兰特的赎金，如此巨额财富非富裕家庭无法承担，三是得到海外势力，主要是科林斯的支持。④ 但具体的寡头政体是在公元前411年的雅典，这一年，雅典的流亡政治人物阿尔西比阿德斯试图重新回到雅典东山再起，于是竭力鼓动推翻民主政治⑤，建立实际由他自己操纵的寡头制。阿尔西比阿德斯的倡议得到了皮山大的响应。但他们两人的出发点不一样，阿尔西比阿德斯希望借此清除政敌，阿尔西比阿德斯属于雅典的贵族阶层，民主政体下更多的政敌进入政坛，建立由贵族控制的政体可以极大地清除自己的政敌，这是他的出发点。皮山大则认为，建立寡头政体可以赢得波斯国王的信任，赢得波斯的支持，维持雅典的存在。⑥ 要实现这个目的，就必须把原先那些主张抗击波斯的政治人物撤换掉，在当时的雅典剩下的政治人物就只有少数人。通过改变政体形式可以达到特定政治目的。这是雅典人的一大发现。修昔底德通过分析历史提出了他对寡头政体的独特认识：即由上层阶层实行统治，同时上层阶层从中也获利最大。⑦ 寡头政治仅代表部分国民，寡头政治会使人民大众分担苦难，寡

---

① *Ild.* II. 204 – 205.
② Hdt. III. 81.
③ Thuc. III. 62.
④ Thuc. III. 69, 70, 74.
⑤ Thuc. VIII. 47.
⑥ Thuc. VIII. 53.
⑦ Thuc. VIII. 48.

头党人不仅不满足于拥有最大的权益,甚至想独占全部。①

柏拉图是第一个对寡头制作出理论研究的人。柏拉图对寡头制、民主制、僭主制同样不屑一顾,认为它们都称不上政体,只是一种党派政治,是自愿的统治者统治不自愿的被统治者②,它必然带来内部的混乱。关于寡头制的具体特点柏拉图指出:一是少数人统治,不追求荣誉③,二是财产资格决定统治权力④,国家法律规定:权力拥有者必须具有基本的财产资格,财产总数达不到标准的就不得当选。寡头制程度高的地方,财产标准就高一些,程度低的地方,财产标准就低一些。⑤ 寡头制国家的不足在于选官任人依靠财产而不是知识才能⑥;国内分为贫富两个阶层,彼此对立⑦;所有的公民无论统治者还是被统治者都贪财。⑧

古希腊对寡头政体研究最深的是亚里士多德。亚里士多德把各种政体分为两大类,凡照顾到公共利益的各种政体就是正当的或正宗的政体,而那些只照顾到统治者利益的政体就是错误的政体或正宗政体的变态。⑨ 在此基础上,亚里士多德又按执政者人数的多少将每一类分为三种类型。最高治权的执行者可以是一人,也可以是少数人或多数人。在正宗政体中以一人为统治者的,通常称为王制(君主政体);以少数人,虽不止一人而又不是多数人为统治者,则是贵族(贤能)政体,以群众为统治者的是"共和政体"。相应于上述各种类型的变态政体,僭主政体为王制的变态,寡头政体为贵族政体的变态,平民政体为共和政体的变态。⑩

由此可见寡头制的基本特点:首先,寡头制属于变态政体,它行政的目的是维护贵族寡头的利益。其次,寡头政体以富人的利益为依归。⑪ 再次,寡头制属于少数人执政。第一条标准无可商量,但第二第三条亚

---

① Thuc. VI. 39.
② Plato. *Laws.* 832c.
③ Plato. *Rep.* 544c.
④ Plato. *Rep.* 553a.
⑤ Plato. *Rep.* 551b.
⑥ Plato. *Rep.* 551c.
⑦ Plato. *Rep.* 551d – e.
⑧ Plato. *Rep.* 548a;553a;555b – c.
⑨ Arist. *Pol.* 1279b20.
⑩ Arist. *Pol.* 1279a26 – 79b10.
⑪ Arist. *Pol.* 1279b6.

里士多德似乎无所适从，有时强调这一点，有时强调另一点。亚里士多德认为：政体实际上是一种利益分配制度，参加的人越多说明分配越公正；寡头政体的治权寄托于少数；① 寡头政体为少数人的统治；② 寡头政体就是人数较少的富人控制了城邦的治权。③ 但现实往往是丰富多样的，在特殊情况下，希腊城邦可能出现有产者的人数多于贫困者人数，如科洛封。④ 对于这种情况，亚里士多德指出，寡头政体更强调财富，"任何政体，其统治人数无论多少，如以财富为凭，则一定是寡头政体；同样的，如以穷人为主，则一定是平民政体。"⑤ 有产者执掌这个政治体制的最高治权，就成为寡头政体。⑥ 有时，对寡头政体的界定还会考虑统治阶层的门第。在古代希腊，门第高贵的人往往在经济上也富有。寡头制下少数贵族为了维护自身的利益，牢牢控制各级官职，往往将门望作为从政参政的一道门槛。所以，亚里士多德指出："寡头政体"一词的准确解释应该是由富有而出生（门望）较高——同时又为少数——的人们所控制的政体。⑦

亚里士多德还从政体的阶级基础分析了各种政体存在的阶级条件。他指出：最好的政治体制必须由中产阶级执掌政权，如果一个社会有些人家产巨万，另一些人则贫无立锥，结果就会趋于极端，不是成为绝对的平民政体，就是成为单纯的寡头政体。⑧ 因此在亚里士多德看来，典型的寡头制度应是只有少数贵族阶级掌握国家政权的政体，这一政体只代表贵族阶层的利益，处处限制打击其他阶层主要是平民阶层的利益。

亚里士多德对寡头政体的类型进行了研究和分类。首先是现实存在的寡头政体，它将其分为四种，第一种是，大多数的公民都有财产，但为数不很巨大，一般可说是小康家庭，凡属小康（有产）之家，便一律容许享有政治权利。这种类型提倡实行法治，类似于民主政治。第二种是财产数量增加，而小康之家的数量却减少了，他们掌握了较多的政治

---

① Arist. *Pol.* 1278b9.
② Arist. *Pol.* 1280a4.
③ Arist. *Pol.* 1280a9.
④ Arist. *Pol.* 1290b16.
⑤ Arist. *Pol.* 1219b40；1290b2；1294a10.
⑥ Arist. *Pol.* 1279b18.
⑦ Arist. *Pol.* 1290b19；1317b40.
⑧ Arist. *Pol.* 1295b40.

权力，但他们还没有废除法治，同时也允许其他人员进入公民团体和担任公共职务。第三种是有产阶级的人数更少，各家的财产更多。这些寡头力求操纵一切官职，他们虽然还依法执政，但已经开始了官位的世袭。第四种则是形成了权门政治，政治体制以个人权力为基础。它类似于君主政体和极端平民政体。类似于君主体制之处在于它以个人权力为基础，类似于平民政体之处在于它时时做出暴劣的行动。①

亚里士多德还提出了他认为较为理想的寡头政体，他分为三种，第一种，各部分势力适当地平衡了的最好的寡头政体，是最接近于所谓的"共和政体"的。这一政体，应具备一高一低两种标准的资产册籍。在低级册籍中的公民可以充任低级职司；较重要的官员则限于由高级册籍中的公民选任。任何人只要有一定数额的财产就让他入籍而取得政治权力。次一级品种类似于第一种，但任官资格稍高，以此逐步加强财产条件。最后一种寡头政体是门阀政治，近似于僭主政体。②

这里，亚里士多德其实告诉我们，寡头政体下的执政人数还有不同，有的寡头政体执政人数较多，比较类似于平民政体，有的人数少，类似于僭主政体。

综上所述，我们可以以亚里士多德的认识为基础提出寡头制的本质特征：（1）寡头制的行政目的是维护贵族寡头的利益。（2）寡头政体以富人的利益为依归。③（3）寡头制属于少数人执政。（4）寡头制强调门第高低，只有门第高的人才能掌权。

四、从政体代表性看斯巴达政体性质

其实所有的政治制度都是一个阶级剥削另一个阶级的工具，都带有阶级性。在古代希腊，不管是民主制，还是僭主制，还是寡头统治，就其民主的程度而言只是代表了仅仅占国家总人口一小部分的自由人的利益。但在自由人（或公民）内部，这些政治制度的代表性并不一样，从而决定了政体的不一样。以参与国家政治生活的人数来简单地评价古代希腊政体的代表性，参与人数多其代表性就广泛，就具有了较多的民主成分，否则就成为僭主制度或君主制度，介于两者之间就属于寡头制度。

---

① Arist. *Pol.* 1293a16f.
② Arist. *Pol.* 1320b19f.
③ Arist. *Pol.* 1279b6.

对君主制或僭主制，我们比较容易理解，这是只有一人控制国家政权的政体。对民主制也相对容易理解，所有的公民或绝大多数公民都参与国家管理的政体即为民主政治。但从行政官职来说，职位毕竟有限，不可能所有的公民都能同时参与管理。雅典解决这个问题的办法是实行轮番制、抽签制，提升公民大会、五百人会议、民众法庭的政治地位，让尽可能多的公民参与到国家政治生活中来。尽管如此，古代思想家也指出，雅典的民主政治的政治代表性仍然有限，只是代表了占公民人口大多数的平民阶层的利益，而没有代表所有的公民的利益。但对寡头政治却难以理解。亚里士多德在对寡头政治的不同类型分类时已经指出，从财产标准来说，有的寡头政治的财产标准很低，大多数的公民都可以参与国家政治，这就与民主政治（共和政治）一样了。这里，就产生了政体的代表性问题，即控制政权的人数最高多少，代表了多少公民？

寡头政治，顾名思义，即参与政治、控制政权的人数很少。但人数少到什么程度属于寡头政体？多到什么程度就是民主政体？这里的关键是后者。从纯数学的角度看，"多"必须达到一半以上，否则难称"多数"。另外，"多"与"寡"还要看相对于什么而言，从古希腊的城邦政治看，至少有这样几个参照标准：享有全权的公民、享有部分权利的公民、包括前两者的公民队伍全体，简称为"公民"、包括公民和享有自由但不享有公民权的自由民、包括自由民和非自由民在内的居住在本邦的所有居民，即"国民"。其中最关键的是相对于全权公民、公民整体和国民整体的代表性。

由于古代思想家大多来自于雅典，雅典的400人统治是雅典思想家面临的第一个寡头政体，我们就以雅典的寡头政治为例来看看寡头制下的执政人数与公民人数的比例关系。当时雅典的实际公民人数约为20000人，四百人执政后重新修订公民名册，登记在册仅仅5000人。但这5000人实际上没有发挥作用，他们不能召开公民大会，不能决断国家大事。① 四个月之后，四百人统治被推翻，权力交给了5000人团体。按照亚里士多德的观点，这一政治变革标志着寡头统治被推翻，或者说5000人统治就不再是寡头政治了。② 大致上，我们可以将400人统治下的雅典政体作为寡头制度标准，并以此推测各种代表性的数值。当时雅

---

① Thuc. VIII. 66.
② Arist. *Ath. Pol.* XXXIII.

典的人口结构据《剑桥世界古代史》的数据,在伯罗奔尼撒战争前夕,总人口约为 30 万人,其中奴隶 10 多万人,外邦人约 5 万人,雅典人 15 万人,成年雅典男子 4.5 万人,30 岁以上的全权公民 1.7 万人。① 依此推算,全权公民的代表性为 1∶43(400÷17000),自由民的代表性为 1∶500(400÷200000),国民的代表为 1∶600(400÷300000)。如果我们以雅典民主政治繁荣时期为准推算其代表性,繁荣时期雅典公民大会处于权力中心,我们可以此为例来推算其代表性。当时的雅典公民大会与会者最多时约为 6000 人,通常情况下不到此数,我们仍以 6000 人为准。那么,全权公民的代表性约为 1∶3,自由民的代表性约为 1∶35,国民的代表性约为 1∶50。

斯巴达的公民大会由全体成年男性公民参加,这与雅典类似。但斯巴达公民大多居住在斯巴达城,且完全脱离了生产劳动,因此几乎所有的人都参加公民大会,公民参加公民大会的比率极高,而雅典在民主政治繁荣时期参加公民大会的人数也仅仅 6000 人。如果将只享有部分公民权的人除外,那么斯巴达的代表性更高,几乎达到百分之百。

一般认为,斯巴达的人口结构中,斯巴达人约为 4 万人,其中全权公民人数约为 0.9 万—1 万人,按普鲁塔克记述的斯巴达人与庇里阿西人之比为 1∶3,那么,庇里阿西人约为 12 万人。按希罗多德的记述,同时也是学界比较公认的,斯巴达人与黑劳士的比例为 1∶7,那么黑劳士人数约为 28 万人,斯巴达国内长期以黑劳士为主要劳动力,奴隶不占主要地位,外邦人几乎不见于史书,那么,黑劳士包括其他下层奴隶,总人口约为 30 万人。依此推算,自由民的代表性约为 1∶16(1÷(4+12)),国民的代表性约为 1∶46(1÷(4+12+30)),这个数值高于雅典。

公元前 5 世纪,斯巴达公民队伍遭受了大地震和战争的影响,人数减少,但大部分时间保持在 3000—4000 之间,直到公元前 4 世纪 70 年代,这个数值是以前的三分之一。值得注意的是,斯巴达的公民大会一

---

① D. M. Lewis etc., *The Cambridge Ancient History*, Vol. 5, Cambridge: Cambridge University Press, 2008, p. 83. 关于古代雅典人口的估计很多,哈蒙德估计的数字为:总人口 40 万,雅典人 16.8 万,其中第一、第二等级为 4000 人,第三等级 10 万人,第四等级 6.4 万人,奴隶 20 万。(N. G. L. Hammond. *A History of Greece*, p. 329)另外,在 400 人会议成立时期,雅典人口已经发生了变化。这里只是近似的估算,特此说明。

直召开，在公元前 380 年左右，我们仍然看到公民大会接待外国使节，所以，尽管此间斯巴达公民人数仅为 3000—4000 人，但他们不是斯巴达政治的看客，而是一直参与国家政治。由于前述原因，居住比较集中的斯巴达公民的政治参与度比较高，其全权公民代表性仍然维持在 1∶1 的水平。但自由民代表性和国民代表性有所下降。不考虑庇里阿西人和黑劳士人数减少，仅考虑公民人数缩减为以前的三分之一，那么自由民代表性约为 1∶40—53，国民代表性约为 1∶140—152。可见，全权公民代表性和自由民代表性高于或相当于雅典民主政治繁荣时期的水平，只有国民代表性低于雅典。同时，这个数值又高于雅典标准寡头统治（即 400 人统治）时期的数值。

如果从现代政治学的标准看，国民代表性是衡量民主程度的主要标准。但从古希腊看，奴隶被排除在政治生活之外，因此全权公民代表性和自由民代表性更主要，从这个角度看，斯巴达政体的代表性相当于雅典民主政治繁荣时期的标准。

再从两个国家参与国家政治生活的绝对人数看，斯巴达历史上最低时在 3000—4000 人之间，大多数情况下维持在 5000—10000 人之间，而雅典历史上参与公民大会的人数大多在 5000—6000 人之间，雅典在 400 人统治被推翻，政权归还于 5000 人大会时，修昔底德甚至称这时的雅典政制是过度民主。①

总而言之，从政体的代表性来看，斯巴达在多数情况下与雅典相当。因此，我们武断地断定斯巴达的政体是寡头制度，而雅典的政体就是民主制度是不正确的。

五、从平民的政治地位看斯巴达政体的性质

如前所述，寡头政治的基本特征是平民不掌握国家政权，对国家的大政方针缺少决断力。那么斯巴达的平民地位如何呢？我们首先看斯巴达公民大会的存在和运行情况。斯巴达公民大会早已存在，在斯巴达国家建立之后一直存在。所有成年公民都可以参加。在第二次美塞尼亚战争前后，据说由于公民大会对贵族的提案经常进行讨论、修订，增减字句，导致通过的议案完全违背原来的意思。于是斯巴达重新规定，国王

---

① Thuc. VIII. 92.

和长老会议有权休会以防止类似的情况发生。这里，有一点值得注意，新规定没有取消公民大会的讨论权和修订权，但对公民大会随意的讨论和修订作了限制。从受限制而言，公民大会是无权的，他们只能通过与原提案基本一致的决议。但是，斯巴达设有代表平民利益的埃伏尔，他们与国王和长老会议一样具有提案权，他们所提出的议案在公元前5世纪前基本上代表了平民的利益。斯巴达对同一个问题可以提出不同的议案，公民可以在不同提案之间做出选择。如公元前432年，斯巴达对是否对雅典宣战的讨论，最后做出的决定与埃伏尔的提案基本一致，但还是有较大的不同，它没有立即对雅典宣战，而是积极准备，寻机开战。这说明斯巴达公民大会一直在行使职权。再者，并不是只有埃伏尔、国王或长老会议才能在公民大会上提出议案，公元前475年的斯巴达公民大会就有人以私人身份提出议案，最后大会接受了该提案。相反，长老会议的所谓提案权在很长时间内并没有实现，其中原因我们无从知晓。但事实是，在我们所知的材料中，只有一次是长老会议和埃伏尔一起迫使斯巴达国王阿那克桑戴里达斯重新娶妻生子，还有一次是在基那敦起义之前，由埃伏尔召开的。更多的时候是国王提出议案，国王虽属贵族阶层，按亚里士多德的说法，如果国王与长老会议的意见一致，议案就具有了法律效力，公民大会批准与否都无足轻重。国王提出议案说明他们之间的意见并不一致，否则就无需自找麻烦了。即使是国王的提案，我们见得也比较少，也只是公元前432年和475年见过一次。埃伏尔的提案也不多见，我们在色诺芬记述的8次公民大会中，没有见到一次有经过了预审的提案，大多是埃伏尔将外国使节直接带到会上，公民大会直接听取使节的倡议，然后进行表决。所以，笔者认为，斯巴达的公民大会是一个实权组织。

其次，我们要注意到，在斯巴达有一个具有极强平民性质的特殊官职——埃伏尔委员会。埃伏尔委员会由5名埃伏尔组成。这些官员由公民大会选举产生，平民也可当选。亚里士多德说埃伏尔代表了斯巴达政治生活中的民主因素。在政治职权方面，埃伏尔有两点尤其值得重视，一是其强大的监督权。埃伏尔可以对所有的官员和社会生活实施监督，对犯错误的官员和违反传统道德的行为及时加以纠正，据说斯巴达国王率军出征时通常有两位埃伏尔跟随，一方面监督国王的行动，另一方面确保罚款全部上缴国库，监督国家财税的征收，负责战利品的出售，以及管理盟国的贡金。① 埃伏尔不仅有责任发现犯错误的官员,同时还有权对其提出检控,加以审判,长老会议议员、国王也不例外,公元前395年,斯巴达判处当时的国王波桑尼阿斯流亡,其中也有埃伏尔参于其中。② 一些主要官员更是概莫能外,如公元前479年,埃伏尔参与拘捕、处死了斯巴达大将波桑尼阿斯。二是埃伏尔拥有部分立法权。这个职权主要表现为提案权和立法程序控制权。由于埃伏尔具有较强的平民性质,所以他们的决议更容易为公民大会通过,以致阿基斯四世改革时为了减轻阻力,他先是提拔一位倾向于改革的埃伏尔莱山德,然后由他先向长老会议提出自己的法案——Rhetra,在未获通过的情况下,又向人民大会提出该法。③ 埃伏尔是公民大会的召集人,他可以通过决定大会召开的时间、确定表决方式等方法影响公民大会的表决。如公元前432年,斯巴达召开公民大会讨论雅典的行为是否违背了三十年和约,在这次会议上,埃伏尔改变了传统的呼声表决的方式,采用了立队表决的方法,立队可以使个人的观点表现于众人面前,从而利用人们的畏惧心理和从众心理影响其投票。公元前399年,基那敦起义时,埃伏尔预先得知这一消息,来不及召开公民大会,甚至来不及召开小公民会议,就匆忙做出决定。④ 在色诺芬的《希腊史》中我们可以看到,许多场合色诺芬没有提到公民大会直接讲埃伏尔颁布宣战令,或派遣军队、军队将领。⑤ 这些都足以说明:埃伏尔此时在斯巴达拥有巨大的权威,相应地平民在斯巴达也拥有极高的政治地位。

尽管平民在斯巴达政治生活中具有重大的政治作用,但我们也不能忽视,代表贵族利益的非平民因素的存在。在斯巴达政治生活中,代表贵族的要素主要是长老会议和国王。这两者在第二次美塞尼亚战争前后的色奥彭浦斯改革中,获得了特殊的权利,即当公民大会对贵族提出的议案的讨论和修订将会促使一个违背贵族利益的法律通过时,他们有权宣布休会。宣布休会将阻挠公民大会对修订后的决议的表决,从而使公民大会失去对贵族的制约作用。另外,亚里士多德曾经告诉我们,在斯

---

① Paul Cartledge, *Agesilaos and the Crisis of Sparta*, pp. 128 – 129.
② Paus. III, 5, 2.
③ Plut. *Agis*, 9.
④ Xen. *Hell*. III. 3. 8.
⑤ Xen. *Hell*. III. 1. 1; III. 2. 12; III. 4. 6; V. 2. 9; V. 4. 14.

巴达如果国王与长老会议的决议案一致，就可以不将议案提交公民大会，提交了也不能讨论修订。

综上所述，至少在古典时代前期，贵族因素在斯巴达政治生活的作用逊于平民因素。换而言之，斯巴达政治中的民主成分要强于寡头和专制成分。

六、民主视角下的雅典与斯巴达政体

诚如上文已经指出的，斯巴达的政治制度具有明显的民主色彩，但是，这种民主与雅典的民主又有明显的不同。古代斯巴达与雅典奉行不同的价值观，斯巴达社会体现了共和主义的价值观，而雅典则奉行自由主义的价值观。共和主义认为，国家自由先于个人自由，离开国家自由，个人自由便无从说起，自由的国家是个人自由得以展现的公共空间。因此，共和主义的民主虽然也承认个人自由，但它更强调国家的优先性。依据这一原则，在斯巴达，公民虽然彼此之间享有平等的权力，他们彼此之间也以"平等者"互称，但他们必须将国家利益置于优先地位。而自由主义则认为个人自由先于国家自由。自由主义的民主认为，国家自由不能限制个人自由。正如伯里克利说：雅典公民参加政治活动不受门第和财富的制约，而在私生活中可以为所欲为，不受猜疑与监视。[1] 柏拉图则称雅典"容许有广泛的自由"[2]，这里"连人们畜养的动物在这种城邦里也比在其他城邦里自由不知多少倍。狗也完全能像谚语所说的'变得像其主人一样'了，同样，驴马也惯于十分自由地在大街上到处撞人，如果你碰上它忙而不让路的话。什么东西都充满了自由精神。"[3]

受制于不同的价值观，在社会分层客观存在的情况下，斯巴达没有在政治生活中人为取消这一客观差异，而是围绕不同的权力机构，使得不同的阶层、不同的社会力量均获得参与政治的机会，从而兼顾国家各阶层。在斯巴达，四个主要权力机构各自分掌部分权力，彼此互不从属，地位大致相当。这四个权力机构大致上可以分为两类，一类是国王和长老会议，另一类是公民大会和埃伏尔。国王和长老会议代表了贵族的利益，而公民大会和埃伏尔则代表了平民的利益。平民与贵族的矛盾是城

---

[1] Thuc. I. 37.
[2] Plato. *Rep.* 557d. 见郭斌和、张竹明译，《理想国》，第341页。
[3] Plato. *Rep.* 563c. 见郭斌和、张竹明译，《理想国》，第341页。

邦体制下社会的主要矛盾之一。然而斯巴达的政治体制则为两个彼此矛盾的阶层设置了参与国家政治的机制，较好地解决了两个阶层之间的矛盾。因此，斯巴达的民主政治是不同阶层共同参政的民主。

与此不同，雅典则是平民掌控政权的民主。雅典虽然没有在法律上明文取消平民之外的阶层参与国家政治的权力，尽管伯里克利声称"我们的政权不是掌握在少数人手中，而是掌握在全体公民的手中"，[①] 但雅典却通过各种制度设置使得平民牢牢掌控了国家权力。雅典的民主政治是在平民与贵族长期斗争的过程中建立起来的。梭伦曾经期望建立贵族与平民共同参与的政治体制，他声称他自己"拿着一只大盾，保护两方，不让任何一方不公正地占据优势"。[②] 但是，在以后的政治进程中，雅典的平民通过庇西特拉图僭政、克里斯提尼改革、厄菲厄尔特改革和伯里克利的努力逐步占据了优势，成为雅典政治的主导者。雅典理论上规定公民参与公共事务不会受到等级和财富方面的任何限制，但是，雅典实施抽签制的选官制度、多数原则的票决决策制度，这些制度在国家大事一决于公民大会、民众法庭的形式下，实际上使得平民阶层凭借人数优势控制了国家政权。伪色诺芬在《雅典政制》开头就表明：雅典人的国家体制是"一种使平民日子过得比贵族还好的制度"[③]。雅典人"对穷人以及整个平民都较贵族在各方面受优待"[④]。亚里士多德一针见血地指出：雅典的民主政治是平民政体，"自由而贫穷同时又是多数的人们所控制的政体"[⑤]，执政的平民只关注本阶层的利益，因此，并非真正的民主政体；这种政体不是完美的政体，而是"非正宗"的政体。

前述特征进一步导致具体制度设置方面的差异。斯巴达的民主是分权式民主，而雅典的权力主要掌握在公民大会的手中，呈现出集权式民主的特征。"民主"应该包含"主权在民"和"政治分权"两个层面上的含义，前者是价值理性，后者是实践理性，两者缺一不可，后者为前者提供制度保障。通常我们比较重视前者，然而仅仅有"主权在民"的理念是远远不够的，还必须有必要的制度保证，两者相结合才能建立起

---

① Thuc. I. 37.
② Arit. *Ath. Pol.* 12.
③ 伪色诺芬：《雅典政制》，I，1。
④ 伪色诺芬：《雅典政制》，I，2。
⑤ Arist. *Pol.* 1290b17 – 18，又见：1279b11 – 1289a6；1290a30 – 1290b17。

真正的民主制度。雅典式的民主很好地体现了主权在民的思想，它通过权力碎化，将权力分散到每一个公民的手中，建立起以直接民主为特点的民主制度。斯巴达虽然没有建立雅典那样的民主制度，然而埃伏尔的设置推进了斯巴达政制的分权，为平民阶层参与国家政治提供了有效的途径，从另一个途径将斯巴达引入民主政治的殿堂。在古代希腊政治制度的大家族中，雅典和斯巴达构成了两种不同的民主形式。

在斯巴达，长老会议在斯巴达的政治结构中具有举足轻重的地位，拥有实际的创制权和决策权。公民大会虽然也有终审权和最高决定权，但却不拥有创制权。公民大会虽然有权对贵族的提案进行修改，但一旦违背贵族意愿，贵族则可以解散公民大会。所以大致上我们可以说，长老会议掌握了立法权。国王以军事和宗教权力为主，战时负责带军出征，平时负责国家的宗教祭祀。军事在斯巴达的国家生活中具有举足轻重的地位，尤其是在古典时期中期之后，整个斯巴达国家就是一座随时准备镇压黑劳士的军事机器，军事权力在斯巴达涉及面广，影响大。由国王掌握的军事权力实际上可以看作斯巴达政治权力划分的一极。埃伏尔以监督和司法审判权作为自己的基本权力，司法权使监督权落到了实处，进而使埃伏尔成为斯巴达政治生活中非常重要的官职。因此，斯巴达基本上实现了政体层面的分权。这种分权与近代的三权分立一致又有所区别。一致的地方在于都是由不同的权力机构分掌不同的权力，各个机构之间相对独立，互不统属，同时又互相制约。不一致的地方是现代的三权分立是立法权、司法权、行政权的分立，而斯巴达是监督权、立法权和军事权的分立。

但是，在雅典，公民大会成为政治体制的中心，国家大事不分巨细全部在公民大会上讨论表决。雅典的民众法庭虽然在形式上不同于公民大会，但两者的实质却是一致的。民众法庭由一定数量的陪审员组成，陪审员没有财产、身份等资格限制。法庭表决采用投票的方法，获得多数票的意见被通过。法庭根据案件的性质和复杂程度规模不同，规模最大的法庭人数多达6000人，这几乎就是一次公民大会，因为雅典的公民大会通常也只有6000人参加。尽管雅典有许多具体的官职，但他们都直接听命于公民大会，受制于公民大会。尽管雅典在组织层面实行了分权制，但是，由于国家权力只有一个中心，而这个中心又主要在掌握在平民阶层的手中，因此，出现了公民代表性不及斯巴达的情形。这一制度又为平民阶层利用以反对贵族，从而被部分古典思想家贬为"平民暴政"。因此，从政体意义来说，雅典实际是一个阶层、一个阶级的专权政治。

但是，在组织层面，斯巴达的政治分权远不及雅典。应该承认，斯巴达与雅典一样，也在组织层面上实行了一定程度的分权，如斯巴达有两位国王、五位埃伏尔，其他官职也有若干，而且，这些官员之间没有正副、主次之分，体现出同僚制的特征。但是，斯巴达的组织层面的分权远没有雅典彻底，首先，斯巴达高级官职和主要官职的同僚人数少于雅典，在雅典，最高官职执政官有9位，将军有10位，祭司官员有10位，会计官员10位，尽管少数官职也有1位、5位，但主要官职大多有10位，甚至更多。其次，斯巴达的任期比较长，国王、长老都是终生任职，埃伏尔、总督、军事将领虽然任期较短，但他们似乎总是在重要职位之间流动，或埃伏尔，或总督，或高级军事将领。在雅典，除了军事系列的官员，大部分官职都是通过抽签制产生，而在斯巴达，则主要通过选举、世袭、任命等方法产生。

综上所述，古代斯巴达的政制是特殊形式的民主制度——有限民主。斯巴达在长期的历史过程之中一直处于希腊霸主的地位，大大得益于这种特殊的政治民主。

最后必须指出，斯巴达的特殊民主政制主要存在于公元前4世纪之前。如前文所述，判断是否民主、民主的程度主要看政权是否代表人民的利益。公元前5世纪后期，斯巴达公民队伍开始解体，人数不断减少，到公元前4世纪中期，人数减到3000人，公元前4世纪后半叶，只剩下1000余人。在这种形势下，即使公民群体中参加政治活动的人所占比例极高，但由于公民相对于社会总人口的比例极低，整个政体也就不具有广泛的代表性了，权力局限在极少数人手中。从此之后，斯巴达政体演变为寡头政体。

附录一：斯巴达王表

斯巴达王表①					
Agiad		Eurypontid			
Eurysthenes		Procles		Procles	Procles
1		2	3	4	5
Agis I	[930-900]	Eurypon	895-865	835-860	Soos	Soos
Echestratos	[900-870]	Prytains	865-835	860-830	Euryphon	Euryphon
Leobotas	[870-840]	Polydekets	835-805	830-800	Prytanis	Prytains
Dorussus	[840-815]	Eunomos	805-775	800-780	Eunomus	Eunomos
Agesilaos I	[815-785]	Charillaos	约775-750	约780-750	Polydetktes	Polydetktes
Archelaos	约785-760	Nicander	约750-720	约750-720	Charillaos	Charillaos
Teleklos	约760-740	Theopompos	约720-675	约720-675	Nicander	
Alkmenes	约740-700	Anaxandridas I	约675-660	约675-665	Theopompos	
Polydoros	约700-665	Archidamos I	约660-645	约665-645	Zeuxidamus②	
Eurycrates	约665-640	Anaxilas	约645-625	约645-625		
Anaxandros	约640-615	Leotychidas I	约625-600	约625-600	Anaxandamus	
Eurycratidas	约615-590	Hippocratidas	约600-575	约600-575	Archidamos	
Leon	约590-560	Agasicles	约575-550	约575-550	Agasicles	
Anaxandridas II	约560-520	Ariston	约550-515	约550-515	Ariston	
Cleomenes I	约520-490	Demaratos	约515-491	约515-491	Demaratos	
Leonidas	490-480	Leotychidas II③	491-469	491-469	Leotychidas	

① 本表所列年代均为公元前纪年。

② 色奥彭浦斯的儿子阿基达玛斯先死于其父，儿子也有译为"沙西达摩斯"的继位。所以这两代国王不是父子继承，而是祖孙继承。

③ 公元前478年（又说公元前477年、476年）在远征帖撒利亚时未获战果，回国后被指控受贿而遭放逐（Hdt. VI. 72.）。维基百科称这时阿基达玛斯即位。《牛津古典词典》称虽然列奥提奇达斯流放了但仍然遥控着阿基达玛斯。

续表

Agiad		Eurypontid				
Eurysthenes		Procles			Procles	Procles
1		2		3	4	5
Pleistarchos①	480–459	Archidamos II②	469–427	469–427		
Pleistoanax③	459–446	Agis II	427–399	427–400		
空缺④	446–?					
Pausanias⑤	?–427					
Pleistoanax⑥	427–409					

① 利奥尼达斯之子，即位时年幼不能带军打仗，由波桑尼阿斯任摄政，代其指挥战争。

② 宙西达摩斯之子，宙西达摩斯乃利奥提奇达斯之子，但早于其父去世。利奥提奇达斯第二位妻子只有一女，利奥提奇达斯将其嫁给阿基达玛斯。

③ 希波战争中斯巴达著名将领波桑尼阿斯之子，即位时年幼不能亲政，由其堂兄尼克米德斯任摄政王。公元前446年，入侵阿提卡之后，被控擅自撤军而被放逐。公元前421年，回国主持签订《尼西阿斯和约》。克利奥墨涅斯、利奥尼达斯、克里奥布鲁托斯乃阿那克桑戴里达斯二世之子，是同父异母的三兄弟。波桑尼阿斯乃克里奥布鲁托斯之子。利奥尼达斯与克利奥墨涅斯的女儿结婚。

④ 是否有人担任国王不清，据普鲁塔克的《阿基斯传》，普雷斯托阿那克斯之后就是波桑尼阿斯，似乎出现王位空悬。但也可能是另一位幼主任国王，成年之后又被赶下台。

⑤ 最早见于公元前427年率军进攻阿提卡，当时的波桑尼阿斯因年幼不能出征，由克利奥墨涅斯任摄政王。克鲁瓦认为，公元前446年之后波桑尼阿斯继承其父普雷斯特阿那克斯的王位，公元前427年又让位给普雷斯特阿那克斯，直至公元前408年重新即位，最后于公元前395年被处死刑。波桑尼阿斯即位的年代难以推算。据色诺芬，公元前395年，波桑尼阿斯因为与莱山德配合不力，导致莱山德战死，而被判死刑。这个时间点似乎没有疑义。斯巴达公民一般从军30年，即从30岁到60岁。但斯巴达国王阿吉劳斯曾经因为自己从军超过40年多次要求解除兵役，因此，斯巴达国王可能从20岁就正式从军，指挥战争。波桑尼阿斯没有见过此种抱怨，那么公元前395年波桑尼阿斯最大是60岁。公元前427到前395年，间隔32年。如果公元前395年波桑尼阿斯60岁，那么公元前427年应该是28岁。这就不存在年幼不能指挥战争的问题。但据修昔底德，公元前427年，波桑尼阿斯因为年幼不能指挥军队，想必这时候波桑尼阿斯至少不足20岁。其父公元前446年被放逐，到公元前427年，间隔20年，如果波桑尼阿斯公元前446年就即位，就不存在年幼不能带军打仗的问题。另外，普雷斯托阿那克斯约在公元前459年即位，即位时年幼不能率军，那么即使以他即位时只有一岁，公元前446年他被放逐，此时他已经23岁。斯巴达青年结婚较晚，一般都在20岁之后。如果波桑尼阿斯是在其父婚后（或即位）三年之内所生，那么在公元前427年，他已年满20，基本上也可以带军了。波桑尼阿斯在公元前427年不能带军打仗，说明他一定是在公元前446年之后，即普雷斯特阿那克斯流亡之后生的。但这就面临三个问题：流亡途中的王子能回来即位吗？如果能，波桑尼阿斯几岁回国即位？按常理他不可能一出生就回国即位，至少要在父母身边待几年，那么公元前446年至波桑尼阿斯回国之间的若干年是王位空缺，还是另有国王？普雷斯特阿那克斯是被流放的，罪人的后裔怎么回来继承了王位？什么力量促使他回国？只有一个解释，即优律彭家族为了权力控制了阿基斯家族的王位继承，故意扶植年幼无知的国王，波桑尼阿斯回国也是优律彭家族的安排。

⑥ 与公元前459年即位的国王是同一人。

续表

Agiad		Eurypontid				
Eurysthenes		Procles			Procles	Procles
1			2	3	4	5
Pausanias①	409 – 395	Agesilaos II	399 – 360	400 – 360		
Agesipolis I	395 – 380	Archidamos III②	360 – 338			
Cleombrotos I	380 – 371	Agis III③	338 – 331	338 – 330		
Agesipolis II	371 – 370	Eudamidas I	约 331 – 305	330 – 约 305		
Cleomenes II	370 – 309	Archidamos IV	约 305 – 275	约 305 – 275		
Areus I④	309 – 265	Eudamidas II	约 275 – 244	约 275 – 244		
Acrotatos⑤	265 – 约 262					
Areus II⑥	约 262 – 254					
Leonidas II	约 254 – 244					
Cleombrotus	244 – 241	Agis IV⑦	约 244 – 241	约 244 – 241		
Leonidas II	241 – 236	Eudamidas III	约 241 – 228	241 – 约 228		
Cleomenes III	236 – 222	Archidamos V	228 – 227	228 – 227		
Agesipolis III	219 – 215	Eucleidas⑧	227 – 222	227 – 222		
		Lycurgus	219 – 210			

---

① 与公元前 427 年即位的那位可能是同一人。
② 后死于意大利南部的曼多尼乌姆。
③ 在麦伽拉波利斯死于与安提帕克的战争。
④ 在科林斯与马其顿王安提帕克展开战争，牺牲于战场。
⑤ 与麦伽拉波利斯僭主阿里斯托戴摩斯发生冲突，失败后在麦伽波利斯被杀。
⑥ 即位时年幼不能亲政，由列奥尼达斯任摄政王。
⑦ 阿基斯登位之后为实行改革，驱逐了列奥尼达斯二世，扶植自己的妻兄克里奥布鲁托斯为王。列奥尼达斯二世则利用阿基斯在前线打仗的机会，回到斯巴达，发动政变，驱逐了克里奥布鲁托斯，消灭了从前线返回的阿基斯，恢复王位，同时将阿基斯的遗孀嫁给自己的儿子克利奥墨涅斯。
⑧ 优克里达斯是阿基斯家族成员，但在克利奥墨涅斯的扶植下成为优律彭家族的国王。他去世后，该家族王位有三年空位。

续表

Agiad	Eurypontid			
Eurysthenes	Procles		Procles	Procles
1	2	3	4	5
	Pelops	210 – 206		
	Machanidas① (Tyrant)	210 – 207		
	Nabis②	206 – 192		

注：

1. 本表第一栏参见：Hdt. VII, 204，Pausanias, *Description of Greece*, III. 2; III. 3。

2. 本表第一、二栏参见：W. G. Forrest, *A History of Sparta*, 950 – 192 B. 约，W. W. Norton & Company, 1969, pp. 21 – 22. 第一栏第五、第六位国王更替年份《牛津古典辞书》定为公元前 790 年，第二栏最后四位国王年份依据维基百科，其中纳比斯统治起始年代《牛津古典辞书》定为公元前 207 年。

3. 第二栏 Nicander 之前的王表参见 Hdt. VIII. 131。

4. 第三栏参见：Simon Hornbilower and Antony Spawforth, *The Oxford Classical Dictionary*, Oxford Universty Press, Oxford New York, 1996, p. 1432。

5. 第四栏前六王参见 Paus. III. 7. 1; IV. 4. 4; IV. 7. 7; IV. 15. 3. 全表参见克里姆斯（K. M. T. Chrimes）《古代斯巴达》（*Ancient Sparta*），马萨诸塞大学出版社（Manchester Universty Press），1952 年，第 334 页。原书未标出年份。

6. 第五栏参见：Plut. *Lyc.* 1。

7. 波桑尼阿斯对斯巴达早期王表也有不同的记载，他认为优律彭家族的阿基达玛斯一世先于其父色奥彭浦斯去世，没有做国王，而是由他的儿子、色奥彭浦斯的孙子宙西达摩斯继承王位。

---

① 马卡尼达斯是来自意大利塔兰顿的雇佣军头领，最初为莱库古的儿子、继任者佩洛普斯服务，后来控制了国家权力，被罗马史家称为僭主。公元前 207 年在与阿卡亚同盟的战争被杀。

② 公元前 5 世纪逃亡国王戴玛拉托斯的后裔，其父也叫戴玛拉托斯。在罗马东扩的第二次马其顿战争（公元前 200—前 197 年）中，与马其顿国王菲利普四世结盟，作为回报，得到阿尔戈斯地区的统治权。后投降罗马。战后，罗马应阿卡亚同盟要求，进攻纳比斯。斯巴达被迫投降，让出了阿尔戈斯，同时割让了东部沿海地区。公元前 197 年，埃托利亚同盟联合叙利亚的安条克，发动反罗马暴动。埃托利亚同盟联合马其顿和斯巴达。斯巴达同意参加，反对阿卡亚同盟，试图收回东部沿海地区。但来援的埃托利亚军队叛变，占领斯巴达，杀死纳比斯。阿卡亚同盟彻底控制了斯巴达，从此，斯巴达失去了独立。

附录二：历次公民大会一览表

序号	时间	出处	主要事件
1	公元前 540 年	Hdt. V. 39 – 40	阿那克桑戴里达斯无子，迫使其娶妻生子
2	公元前 506 年	Hdt. VI. 82	审判克利奥墨涅斯一世。
3	公元前 475 年	Diod. XI. 50	讨论夺回海军指挥权问题
4	公元前 432 年	Thuc. I. 79f.	讨论对雅典宣战问题
5	公元前 418 年	Thuc. V. 77. 1	处罚阿基斯二世
6	公元前 415 年	Thuc. VI. 88. 10	讨论支援叙拉古问题
7	公元前 404 年	Xen. *Hell.* II. 2. 19	讨论雅典战败处理问题
8	公元前 403 年	Xen. *Hell.* II. 4. 38	讨论雅典内部政治冲突
9	公元前 402 年	Xen. *Hell.* III. 2. 23	讨论对厄里斯宣战问题
10	公元前 389 年	Xen. *Hell.* IV. 6. 3	讨论支持卡吕东的阿卡亚人
11	公元前 383 年	Xen. *Hell.* V. 2. 11, 20	讨论支持阿堪杜斯和阿波罗尼亚
12	公元前 382 年	Xen. *Hell.* V. 2. 33	讨论底比斯事务，决定支持寡头派
13	公元前 374 年	Xen. *Hell.* VI. 1. 2	第三次神圣战争期间，接待帖萨利亚使节
14	公元前 371 年春	Xen. *Hell.* VI. 3. 3	与雅典和谈问题
15	公元前 371 年夏	Xen. *Hell.* VI. 4. 3	讨论执行国王和约，决定拒绝底比斯的要求，并对底比斯开战
16	约公元前 243 年	Plut. *Agis*, IX. 1 – 2	讨论阿基斯四世改革方案

附录三：人名地名对照表

A

阿比杜斯（Abydus、Abydos）
阿波罗多洛斯（Apollodorus）
阿波罗尼亚（Apollonia）
阿戴曼托斯（Adeimantus）
阿尔斐斯（Alpheus）
阿尔戈斯（Argos）
阿尔基诺斯（Alcinons）
阿尔克劳斯（Archelaus）
阿尔克曼（Alcman）
阿尔克墨涅（Alcmene）
阿尔克墨涅斯（Alcamenes）
阿尔特米斯·利姆耐提斯（Artemis Limnaitis）
阿尔特米斯·伊索利亚（Artemis Issoria）
阿尔特米斯·迪克提拉（Artemis Diktynna）
阿尔特米尤姆（Artemisium）
阿尔西达斯（Alcidas）
阿尔西比阿德斯（Alcibiades）
阿尔戈利斯（Argolis）
阿伽门农（Agamemnon）
阿伽西克勒斯（Agasikles）
阿基达玛斯（Archidamus）
阿基琉斯（Achillis）
阿吉山德（Agesander）
阿吉山德里达斯（Agesandridas）
阿基斯（Agis）
阿基斯波利斯（Agesipolis）
阿吉西劳斯（Agesilaos）
阿吉西皮达斯（Agesippidas）
阿卡亚（Achaea）
阿卡亚人（Achaean）
阿卡迪亚（Acardia）
阿卡罗伊（Arkaloi）
阿开奥斯人（Achaioi）
阿堪杜斯（Acanthus）
阿克罗塔图斯（Acrotatus）
阿克塔斯（Acetas）
阿拉库斯（Aracus）
阿里斯通（Ariston）
阿里斯托戴摩斯（Aristodemus）
阿里斯托克拉托斯（Aristocrates）
阿里斯托马库斯（Aristomachus）
阿里斯托墨涅斯尼（Aristomenes）
阿吕派托斯（Alypetos）
阿蒙法列图斯（Amompharetos）
阿米克莱（Amyclea）

阿摩基斯（Amorges）
阿姆普拉西亚（Ampracia）
阿那克桑戴里达斯（Anaxandridas）
阿那克西比乌斯（Anaxibius）
阿纳科托利姆（Anactorium）
阿斯泰奥库斯（Astyochus）
阿斯特罗普斯（Aestropus）
阿塔纽斯（Atarneus）
阿塔薛西斯（Artaxerxes）
阿特柔斯（Atreus）
阿提卡（Attic）
阿赞提奥（Azantioi）
埃阿斯（Ajax）
爱奥利斯（Aeolis）
爱奥尼亚（Aeolia）
埃戈斯塔密（Aegostami）
埃吉米乌斯（Aegimius）
埃吉斯（Aegys）
艾吉普提乌斯（Aegyptius）
埃拉托斯（Elatus）
埃萨亚人（Aethaea）
埃托利亚（Aetolia）
安德罗克勒斯（Androcles）
安德罗斯（Andros）
安菲波利斯（Amphipolis）
安菲亚（Ampheia）
安启莫里欧斯（Anchimolius）
安塔尔希达斯（Antalcidas）
安提诺奥斯（Antinous）
安提萨（Antissa）
安提斯提尼（Antisthenes）
奥德修斯（Odysseus）
奥林匹斯山（Mount Olympus）

奥林托斯（Olynthus）
奥林托斯人（Olynthians）
奥隆（Aulon）
奥克美诺斯（Orchomenos）
奥努斯（Oenus）
奥瑞斯（Oreus）
奥瑞斯特斯（Orestes）
奥提斯（Otis）
奥提罗斯（Oitylos）
奥伊翁（Oion）
奥伊塔（Oita）
奥伊鲁斯（Oinus）

B

巴比卡（Babyca）
拜占庭（Byzantium）
毕达哥拉斯（Pythagoras）
庇里乌斯（Piraeus）
庇里库斯（Pyrrhicus）
比提尼亚（Bithynia）
波奥提亚（Boeotia）
波戴涅姆斯（Podanemus）
波厄撒（Poieessa）
伯拉西达斯（Brasidas）
波利爱努斯（Polyaenus）
波利比阿德斯（Polybiades）
波利达马斯（Polydamas）
波利尔亨尼亚（Polyrrhenia）
波利克拉特斯（Polycrates）
伯里克利（Pericles）
伯罗奔尼撒（Peloponnesus）
波吕德克斯（Polydeukes）
波吕德克特斯（Polydectes）

波吕多洛斯（Polydorus）
波吕丰托斯（Polyphontas）
波桑尼阿斯（Pausanias）
波特里埃（Potniae）
波提迪亚（Potidaea）
波乌姆（Boeum）
波伊厄（Boeae）

C

查米达斯（Charmidas）

D

达尔达努斯（Dardanus）
达玛贡（Damagon）
达摩特勒斯（Damoteles）
德尔西里达斯（Dercylidas）
德拉孔（Dracon）
德里奥庇斯（Dryopis）
德利波斯（Drypoes）
戴玛拉托斯（Demaratus）
德玛门努斯（Demarmenus）
戴摩克拉提达斯（Damocratidas）
德米特里乌斯（Demetrius）
狄奥墨德斯（Diomedes）
狄奥尼索斯（Dionysus）
狄奥斯科里（Dioscuri）
底比斯（Thebes）
狄弗里达斯（Diphridas）
狄卡伊阿库斯（Dicaearchus）
狄开利亚（Decelea）
迪马斯（Dymas、Dymanes）
狄耶涅凯斯（Dieneces）
多里奥斯（Doriaus）

多利斯（Doris）
多利亚人（Dorian）
多罗苏斯（Doryssus）

E

厄庇塔戴乌斯（Epitadeus）
厄庇提塔斯（Epitadas）
厄庇塔里尤姆（Epitalium）
厄庇丹鲁斯（Epidamnus）
厄庇道鲁斯（Epidauros）
厄庇道鲁斯·利姆拉（Epidauros Limera）
厄吉纳（Aegina）
厄凯埃（Echeiai）
埃克迪库斯（Ecdicus）
厄拉（山）（Eria）
厄利斯（Elis）
厄利斯人（Eleian）
厄林纽斯（Erineus）
厄琉西斯（Eleusis）
厄帕密南达（Epameinondas）
厄切斯特拉托斯（Echestratos）
厄瑞特拉（Erythrae）
厄提奥尼库斯（Eteonicus）

F

法拉巴佐斯（Pharnabazus）
法拉克斯（Pharax）
法里斯（Pharis）
法瑞（Pharai）
法萨鲁斯（Pharsalus）
法提亚（Phthia）
费埃克斯（Phaiekes）

斐冬（Pheidon）
腓洛卡利达斯（Philocaridas）
菲伽利亚（Phigalia）
菲利普（Philip）
菲利乌斯（Pheneus）
斐鲁斯（Philus）
斐鲁斯人（Phliasians）
菲洛皮达斯（Phylopidas）
菲塔斯（Phintas）
福比达斯（Phoebidas）
佛西斯（Phocis）
佛西斯人（Phocian）
弗赖（Pherae）

G

高尔廷（Gortyn）
高尔哥帕斯（Gorgopas）
格诺斯塔斯（Gnosstas）

H

哈利阿图斯（Haliartus）
哈利特尔塞斯（Halitherses）
海盖希克利斯（Hegesicles）
赫尔米奥涅（Hermionea）
赫拉克勒斯（Heracles）
赫拉克利亚（Heraclea）
赫勒斯滂（Hellespont）
赫里庇达斯（Herippidas）
赫伦（Hellen）
赫罗斯（Helus）
赫摩克拉特斯（Hermocrates）
赫托伊马里达斯（Hetoemaridas）
赫西亚（Hysiai）

J

吉利普斯（Gylippus）
基隆（Chilon）
基那敦（Cinadon）
吉戎特拉（Geronthrai）
基提尼乌姆（Cytinium）
吉提乌姆（Gytheum）
居诺苏拉（Cynosoura）

K

卡达米勒（Kardamyle）
卡尔基斯（Chalcis）
卡尔基丢斯（Chalcideus）
卡尔西冬（Chalchedon）
卡尔西迪克（Chalcidike）
卡尔亚（Karyai）
卡利阿斯（Callias）
卡利比乌斯（Callibius）
卡利拉奥斯（Charillaos）
卡里克拉托斯（Callicrates）
卡里克拉提达斯（Callicratidas）
卡利亚（Caria）
卡罗尼亚（Chaeronea）
卡斯托尔（Castor）
开俄斯（Chios）
凯法恩塔（Kyphanta）
凯帕里斯亚（Kyparissia）
科菲乌斯（Kepheus）
克拉特斯皮达斯（Cratesippdas）
克拉佐美奈（Clazomenae）
克利阿库斯（Clearchos）
克里阿里达斯（Clearidas）

克里奥布鲁托斯（Cleombrotus）
克里奥戴乌斯（Cleodaeus）
克利奥墨涅斯（Cleomenes）
克利奥涅姆斯（Cleonymus）
克里斯丰忒斯（Cresphontes）
克里萨福斯（Chrysaphs）
克里斯提尼（Cleisthenese）
克里松尼斯（Chresonese）
克里提亚斯（Critias）
科林斯（Corinth）
克罗诺斯（Cronos）
科马罗斯（Cheimarrus）
客蒙（Cimon）
科纳基翁（Cnacion）
克尼迪斯（Cnidis）
克尼多斯（Cnidus）
科尼亚（Keryneia）
克涅姆斯（Cnemus）
科农（Conon）
科西拉（Corcyra）
库努里亚（Cynuria）
库提尔塔（Cotyrta）

L

拉庇阿戴（Labyadae）
拉庇泰人（Lapithae）
拉伯塔斯（Labotas）
拉科尼亚（Laconia）
拉开戴蒙人（Lacedaemonians）
拉里萨（Larisa）
拉帕托斯（Lapathos）
拉斯（Las）
莱库古（Lycurgus）

莱山德（Lysander）
兰庇多（Lampido）
兰菲亚斯（Ramphias）
朗贡（Langon）
勒奥克里托斯（Leiocritos）
利奥尼达斯（Leonidas）
利奥提奇达斯 Leotychidas
利比斯（Libys）
利吉达米斯（Lygdamis）
利姆奈（Limnai）
利姆诺斯（Lemnos）
列普利昂（Lepreum）
列斯波斯（Lesbos）
列斯普斯（Lysippus）
列翁（Leon）
利翁提阿戴斯（Leontiades）
留克特拉（Leuctra）
琉卡斯（Leucas）
罗德斯（Rhodes）
洛克里斯（Locris）
吕底亚（Lydia）
吕科弗隆（Lycophron）
吕克托斯（Lyktos）

M

马卡利亚（Makaria）
马卡尼达斯（Machanidas）
马卡塔斯（Machatas）
玛卡伊人（Macian）
玛利亚（Marea）
马其顿（Macedon）
马其顿人（Macednian）
麦安多琉斯（Maeandrius）

麦迪阿斯（Meidias）
麦伽勒波利斯（Megalopolis）
马格尼西亚（Magnesia）
麦伽拉（Megara）
麦兰托斯（Melanthus）
麦兰克利达斯（Melancridas）
麦尼娅（Mania）
麦涅拉翁（Menelaion）
麦塞姆那（Methymna）
麦松（Methone）
曼德罗克里德斯（Mandroclidas）
曼多尼乌姆（Mandonium）
曼提尼亚（Mantineia）
门托尔（Mentor）
美尔塔斯（Meltas）
美隆（Melon）
麦塞姆拉（Methymna）
美塞尼亚（Messenia）
美索拉（Mesola）
美索亚（Mesoa）
密利安人（Minyans）
米利都（Miletus）
米洛斯（Melos）
米诺阿（Minoa）
密提林（Mytilene）
明达鲁斯（Mindarus）
姆那斯普斯（Mnasippus）

N

纳比斯（Nabis）
那克索斯（Naxos）
瑙普利亚（Nauplia）
尼堪德（Nicander）

尼科洛科斯（Nicolochus）
尼科米德斯（Nicomedes）
尼莫卡（Nemca）
尼塞亚（Nisaea）
尼西阿斯（Nicias）
涅奥波利泰亚［Neopol(e)itai］
涅斯托尔（Nestor）

O

欧罗塔斯（Eurotas）
欧律马科斯（Eurymachus）
欧佩特斯（Eupeithes）
欧萨（Ossa）

P

帕特莱（Patrai）
帕希特里达斯（Pasitelidas）
帕姆费洛斯（Pamphylus）
派斯菲（Paisiphae）
潘塔利翁（Pantaleon）
潘特勒乌姆（Pentelleum）
潘提特斯（Pantites）
潘托伊德斯（Panthoides）
佩拉那（Pellana）
佩利涅（Pellene）
佩罗皮达斯（Pelopidas）
佩洛普斯（Pelops）
皮罗斯（Pylos）
皮萨（Pisa）
皮萨提斯（Pisatis）
皮山大（Peisander）
皮塔纳（Pitana）
泊里斯（Pollis）

普拉克山德罗斯（Praxandros）
普拉斯埃（Prasiai）
普拉提亚（Platea）
普雷斯特阿库斯（Pleistarchus）
普雷斯特阿那克斯（Pleistoanax）
普里阿摩斯（Priamos）
普利涅塔达斯（Prinetadas）
普利提安（Prytains）
普罗克勒斯（Procles）
普罗托斯（Prothus）

Q

奇诺普斯（Cinyps）

R

瑞翁（Rhion）

S

萨米乌斯（Samius）
萨摩斯（Samos）
塞达苏斯（Scedasus）
赛里努斯（Selinus）
塞拉西亚（Sellasia）
塞佩亚（Sepeia）
塞浦路斯（Cyprus）
色奥彭浦斯（Theopompus）
森纳里斯（Xenares）
斯法克特利亚（Sphacteria）
斯法儒斯（Sphaerus）
斯堪戴亚（Scandeia）
斯森涅拉奥斯（Sthenelaus）
斯森涅莱达斯（Sthenelaidas）
斯特拉托斯（Stratos）

斯腾克拉罗斯（Stenyklaros）
斯提丰（Styphon）
索福德里阿斯（Sphodrias）
索斯（Soos）

T

塔拉格拉（Tanagra）
塔勒塔斯（Thaletas）
塔壬廷（Tarentine）
塔索斯（Thasos）
泰尔潘达（Terpander）
泰盖托斯（Taygetos）
泰拉鲁姆（Taenarum）
泰纳戎（Taenaron）
特拉基姆（Tragim）
特拉麦（Thalamae）
特勒克劳斯（Teleklos）
特勒马科斯（Telemarchos）
特洛伊曾（Troezen）
特尔山大（Thersander）
特尔西特斯（Thersites）
特尔麦涅斯（Thermenes）
特拉斯布鲁斯（Thrasybulus）
特拉佩佐斯（Trapezous）
特里菲利亚（Triphylia）
特里斯（Tellis）
特里亚（Thria）
特墨诺斯（Temenus）
特琉提阿斯（Teleutias）
特斯皮埃（Thespiae）
提奥多罗斯（Theodorus）
提波戎（Thibron）
提尔泰乌斯（Tyrtaeus）

提盖亚（Tegea）
提拉（Thera）
提拉斯（Theras）
提里阿（Thyrea）
梯林斯（Tiryns）
提摩克拉托斯（Timocrates）
提撒弗利斯（Tissaphernese）
提撒美诺斯（Tisamenus）
提色罗斯特斯（Tithraustes）
提色戎（Teuthrone）
帖萨利亚（Thessalia）
图里（Thurii）
图里阿（Thuria）
托尔拉克斯（Thornax）
托伦涅（Torone）

W

瓦斯洛克（Vasiloko）

X

西阿斯（Scias）
希庇亚斯（Hippias）
希拉克斯（Hierax）
昔兰尼（Cyrene）
西里提斯（Sciritis）
西帕克涅米迪安（Hypocnemidian）
西塞拉（Cythera）
希息罗斯（Scyros）
希昔翁（Sicyon）
许罗斯（Hyllus）

许斯密那泰（Hysminatai）
薛西斯（Xerxes）

Y

亚历山大（Anaxander）
亚美阿（Hyameia）
伊阿宋（Jason）
伊奥尼亚（Ionia）
伊大卡（Ithake）
以弗所（Ephesus）
伊克迪克斯（Ecdicus）
伊萨戈拉斯（Isagoras）
伊托麦（Ithome）
音布罗斯（Imbros）
优卑亚（Euboia）
尤波里娅（Eupolia）
优达米达斯（Eudamidas）
优法斯（Euphaes）
优克里达斯（Euclidas）
优克鲁斯（Euxenus）
尤里涅瓮（Euryleon）
尤利斯特尼斯（Eurysthenes）
优律彭（Eurypon）
优律图斯（Eurytus）
优诺莫斯（Eunomos）

Z

扎拉克斯（Zarax）
宙西达摩斯（Zeuxidamus）

参考文献

一、外文部分

(一) 原始文献

1. Aellian, *Historical Miscellany*, edited and translated by N. G. Wilson, The Loeb classical library, Cambridge, Mass.: Harvard University Press, 1997.

2. Apollodorus, *The Library*, translated by Sir James George Frazer, The Loeb classical library, Cambridge, Mass.: Harvard University Press, 1995.

3. Aristotle, *The Politics*, translated by H. Rackham, The Loeb Classical Library, Cambridge, Mass.: Harvard University Press, 1932.

4. Aristotle, *Aristotle*, translated by J. H. Frees, etc., The Loeb Classical Library, Reprinted Cambridge, Mass.: Harvard University Press, 1973.

5. Aristophanes, *Aristophanes*, translated by B. B. Rogers, The Loeb Classical Library, Cambridge, Mass.: Harvard University Press, 1982.

6. Athenaeus, *The Deipnosophists*, translated by Charles Burton Gulick, The Loeb Classical Library, Cambridge, Mass.: Harvard University Press, 1987.

7. Dio Cassius, *Roman History*, translated by Earnest Cary, the Loeb Classical Library, Cambridge, Mass.: Harvard University Press, 2001.

8. Diodorus, *The Library of History*, translated by C. H. Oldfather, the Loeb Classical Library, Cambridge, Mass.: Harvard University Press, 1989.

9. Euripides, *Euripides*, translated by A. W. Way, The Loeb Classical Library, Cambridge, Mass.: Harvard University Press, 1978.

10. Gerber, Douglas E. edited and translated, *Greek Elegiac Poetry*, The Loeb Classical Library, Cambridge, Mass.: Harvard University Press, 1999.

11. Goold, G. P. edited, *Greek Elegy and Iambus*, The Loeb Classical

Library, Cambridge, Mass. : Harvard University Press, 1982.

12. Herodotus, *Histories*, translated by A. D. Godley, The Loeb Classical Library, Cambridge, Mass. : Harvard University Press, 1981.

13. Hesiod, *Hesiod and Homeric Hymns*, translated by A. G. E. White, The Loeb Classical Library, Cambridge, Mass. : Harvard University Press, 1977.

14. Homer, *The Iliad*, translated by A. T. Murray, The Loeb Classical Library, Cambridge, Mass. : Harvard University Press, 1978.

15. Homer, *The Odyssey*, translated by A. T. Murray, The Loeb Classical Library, Cambridge, Mass. : Harvard University Press, 1980.

16. Isocrates, *Speeches*, edited and translated by T. E. Page etc. , The Loeb Classical Library, Cambridge, Mass. : Harvard University Press, 1954.

17. Laertius, Diogenes, *Lives of Eminent Philosophers*, translated by R. D. Hicks, The Loeb Classical Library, Cambridge, Mass. : Harvard University Press, 1972.

18. Pausanias, *Description of Greece*, translated. by W. H. S. Jones, The Loeb Classical Library, Cambridge, Mass. : Harvard University Press, 1988 – 1998.

19. Pindar, *Pindar*, translated by Sandys, J. E. , The Loeb Classical Library, Cambridge, Mass. : Harvard University Press, 1946.

20. Plato, *The Dialogus of Plato & the Seven Letters*, translated by H. W. Fowler, etc. , The Loeb Classical Library, Cambridge, Mass. : Harvard University Press, 1971.

21. Plato, *Republic* Translated by Paul Shorey, The Loeb Classical Library, Cambridge, Mass. : Harvard University Press, 1926.

22. Plutarch, *The Parallel Lives*, translated by B. Perrin, The Loeb Classical Library, Cambridge, Mass. : Harvard University Press, 1982.

23. Plutarch, *Moralia*, edited and translated by By D. P. Goold, The Loeb Classical Library, Cambridge, Mass. : Harvard University Press, 1998.

24. Polybius, *The Histories*, Volume I – VI, translated by W. R. Paton, The Loeb Classical Library, Cambridge, Mass. : Harvard University Press, 1979 – 1999.

25. Sophocles, *Sophocles*, translated by F. Storr, The Loeb Classical Library, Cambridge, Mass. : Harvard University Press, 1981.

26. Strabo, *Geography*, translated by Horace Leonard Jones, The Loeb Classical Library, Cambridge, Mass. : Harvard University Press, 1988 – 1999.

27. Thucydides, *History of the Peloponnesian War*, translated by C. F. Smith, The Loeb Classical Library, Cambridge, Mass. : Harvard University Press, 1980.

28. West, M. L. , *Greek Lyric Poetry*, Oxford University Press, 1994.

(二) 研究专著

29. Arnheim, M. T. W. , *Aristocracy in Greek Society*, London: Thames and Hudson, 1977.

30. Badian, E. , *Ancient Society and Institutions*, Oxford: Blackwell, 1966.

31. Boardman, J. , etc. , *The Cambridge Ancient History*, Vol. III, Part 1, Cambridge: Cambridge University Press, 2003.

32. Boardman, J. & N. G. , L. Hammond, *The Cambridge Ancient History*, Vol. III, Part3, Cambridge: Cambridge University Press, 2002.

33. Lewis, D. M. & Boardman, J. , etc. , *The Cambridge Ancient History*, Vol. IV, Cambridge: Cambridge University Press, 2002.

34. Brock, R. & Hodkinson, S. , *Alternatives to Athens*, Oxford: Oxford University Press, 2000.

35. Burkert, W. , *Greek Religion: Archaic and Classical*, Oxford: Blackwell, 1985.

36. Burry, J. B. , *A History of Greece, to the Death of Alexander the Great*, London etc. : Macmillan, 1975.

37. Cartledge, P. , *Agesilaos and the Crisis of Sparta*, London: Duckworth, 1987.

38. Cartledge, P. & Spawforth, A. , *Hellenistic and Roman Sparta*, London: Routledge, 2002.

39. Cartledge, P. , *Sparta and Lakonia, A Regional History* 1300 – 362 BC, London: Routledge, 1979.

40. Cartledge, P. , *Sparta Reflections*, London: Duckworth, 2001.

41. Cartledge, P. , *The Spartans*, Woodstock, NY: Overlook Press, 2003.

42. Catherine, M. , *Early Greek States beyond the Polis*, New York: Routledge, 2003.

43. Chrimes, K. M. T. , *Ancient Sparta*, Manchester: Manchester University Press, 1952.

44. Davies, J. K. , *Democracy and classical Greece*, London: Fontana Press, 1993.

45. Desborough, V. R. d'A. , *The Greek Dark Ages*, London: Benn, 1972.

46. De Ste. Croix, G. E. M. , *The Origins of the Peloponnesian War*, London: Duckworth, 1972.

47. Ducat, J. , *Spartan Education*, Swansea: Classical Press of Wales, 2006.

48. Edwards, I. E. S. , etc. , *The Cambridge Ancient History*, Vol. II, part 2, Cambridge: Cambridge University Press, 1997.

49. Ehrenberg, V. , *From Solon to Socrates*, Greek History and Civilization during the Sixth and Fifth Centuries B. C. , London: Methuen, 1973.

50. Estratto eds. , *Schivai E Dipendenti Nell'ambito Dell'Oikos E Dell Familia*, Atti Del XXII Colloquio Girea Pontgnano (Siena), 19 - 20 novembre, 1995.

51. Figueria, T. J. , *Spartan Society*, Swansea: Classical Press of Wales, 2004.

52. Fine, J. V. A. , *The Ancient Greek*, Cambridge, Massachusetts & London: Harvard University Press, 1983.

53. Finley, M. I. , *the Use and Abuse of History*, London: Pimlico, 2000.

54. Finley, M. I. , *Ancient History: Evidence and Models*, London: Chatto & Windus, 1985.

55. Flensted - Jensen, P. , *Further Studies in the Ancient Greek Polis*, Stuttgart: Steiner, 2000.

56. Fitzhardinge, L. F. , *The Spartans*, London: Thames and Hudson, 1980.

57. Forrest, W. G. , *A History of Sparta, 950 - 192 B. C.* , London: Hutchinson, 1968.

58. Frost, F. J. , *Greek Society*, Lexington, Mass. : Heath, 1987.

59. Glotz, G. , *The Greek City and Its Institution*, London & New York: Routledge, 1996.

60. Grote G. , *A History of Greece*, Vol II, London: Routledge, 2001.

61. Hamilton, C. D. , *Agesilaos and the Failure of Sparta*, Ithaca, London: Cornell University Press, 1991.

62. Hamilton, C. D. , *Sparta's Bitter Victories*, Ithaca; London: Cornell University, 1979.

63. Hamilton, C. D. , *The Failure of Spartan Hegemony*, Ithaca; London: Cornell University, 1991.

64. Hammond, N. G. L. , *A History of Greece: to 322 B. C.* , Oxford: Clarendon Press, 1986.

65. Hammond, N. G. L. , *The Classical Age of Greece*, London: Weidenfeld and Nicolson, 1975.

66. Hansen, M. H. , *The Polis as an Urban Centre and as a Political Community: symposium August 29 – 31, 1996*, Copenhagen: Det Kongelige Danske Videnskabernes Selskab, 1997.

67. Hodkinson, S. & Powell, A. , *Sparta: New Perspectives*, London: Duckworth, 1999.

68. Hodkinson, S. & Powell, A. , *Sparta and War*, Swansea: Classical Press of Wales, 2006.

69. Hodkinson, S. , *Property and Wealth in Classical Sparta*, Swansea: the Classical Press of Wales, 2000.

70. Hooker, J. T. , *Ancient Spartans*, London: Dent. , 1980.

71. Hooker, J. T. , *Mycenaean Greece*, London: Routledge and Kegan Paul, 1976.

72. Huxley, G. L. , *Early Sparta*, London: Faber and Faber, 1962.

73. Jones, A. H. M. , *Sparta*, Oxford: Blackwell 1967.

74. Kennell, N. M. , *Gymnasium of Virtue, Education & Culture in Ancient Sparta*, Chapel Hill, London: University of North Carolina Press, 1995.

75. Krentz, P. , *The Thirty at Athens*, Ithaca; London: Cornell University Press, 1982.

76. Lawrence, A. T. , *The Greek world in the fourth century*, London:

Routledge, 1996.

77. Lazenby, J. F. , *The Spartan army*, Warminster: Aris & Phillips, 1985.

78. Lewis, D. W. etc. , *The Cambridge Ancient History*, Vol. 5, Cambridge University Press, 2003.

79. Lewis, D. M. etc. , *The Cambridge Ancient History*, Vol. 6, Cambridge University Press, 1994.

80. Lewis, D. M. , *Sparta and Persia*, Leiden: Brill, 1977.

81. Lewis, A. , etc. , *Ancient Society and Institutions*, *Studies presented to Victor Ehrenberg on his* 75th *Birthday*, Oxford: Blackwall, 1966.

82. Nielsen, T. H. , *Once Again: Studies of Ancient Greek Polis*, Stuttgart: Steiner, 2004.

83. Liddle, H. G. and Scott, R. , *A Greek – English Lexicon*, Oxford: Clarendon Press, 1996.

84. Luraghi, N. , *Ancient Messenians*, Cambridge: Cambridge University Press, 2008.

85. Luraghi, N. & Alcock, S. E. , *Helots and Their Masters in Laconia and Messenia: Histories, Ideologies, Structures*, Washington, D. C. : Cambridge, Mass. ; London: Center for Hellenic Studies, 2003.

86. Macdowell, D. W. , *Spartan Law*, Edinburgh: Scottish Academic Press, 1986.

87. Manville, P. B. , *The Origins of Citizenship in Ancient Athens*, Princeton, N. J: Princeton University Press, 1990.

88. Marcus, N. & Tod, M. A. F. B. A. , *A Selection of Greek Historical Inscriptions: to the end of the* 5th *Century B. C.* , Oxford: Clarendon Press, 1933.

89. Meiggs, R. & Lewis D. , *A Selection of Greek Historical Inscriptions: to the end of the* 5th *Century B. C.* , Oxford: Clarendon Press, 1969.

90. Michell, H. , *Sparta*, Cambridge: the University Press, 1964.

91. Mitchell, L. G. & Rhodes, P. J. , *the Development of the Polis in Archaic Greece*, London: Routledge, 1997.

92. Murry, O. , *Early Greece*, 2nd edition, Lodon: Fontana Press, 1993.

93. Ogden, D. , *Aristomenes of Messene: Legends of Sparta's Nemesis*,

Swansea: Classical Press of Wales, 2004.

94. Oliva, P. , *Sparta and Her Social Problems*, Prague: Academia, 1971.

95. Ostwald, M. , *From Popular Sovereignty to the Sovereignty of Law*, Berkeley, Calif. , London: University of California Press, 1986.

96. Pettersson, M. , *Cults of Apollo at Sparta*, Stockholm: Textguppen i Uppsala, 1992.

97. Powell, A. & Hodkinson, S. , *Sparta beyond the Mirage*, London: Classical Press of Wales and Duckworth, 2002.

98. Powell, A. , *Classical Sparta Techniques behind Her Success*, London: Routledge, 1989.

99. Powell, A. , *Athens and Sparta*, London: Routledge, 1988.

100. Powell, A. & Hodkinson, S. , *The Shadow of Sparta*, London: Routledge for The Classical Press of Wales, 1994.

101. Proietti, G. , *Xenophon's Sparta*, Leiden, New York: Brill, 1987.

102. Raaflaub, K. A. , *Origins of Democracy in Ancient Greece*, Berkeley, Calif. ; London: University of California Press, 2007.

103. Rawson, E. , *The Sparta Tradition in European Thought*, Oxford: Clarendon Press, 1969.

104. Richard, J. A. Talbert, *Plutarch on Sparta*, Harmondsworth: Penguin, 1988.

105. Sanders, J. M. , *Philolakon: Lakonian Studies in Honour of Hector Catling*, London: British School at Athens, 1992.

106. Shipley, D. R. , *A Commentary on Plutarch's Live of Agesilaos*, Oxford: Clarendon Press, 1997.

107. Shimron, B. , *Late Sparta: the Spartan Revolution, 243 - 146BC*, Buffalo: State University of New York, 1972.

108. Starr, C. G. , *Essays on Ancient History*, Leiden: Brill, 1979.

109. Tigerstedt, E. N. , *The Legend of Sparta in Classical Antiquity*, Vol. 1, Stockholm: Almquist & Wiksell, 1965.

110. Tigerstedt, E. N. , *The Legend of Sparta in Classical Antiquity*, Vol. 2, Uppsala: Almqvist & Wiksell, 1974.

111. Toynbee, A. , *Some Problems of Greek History*, London: Oxford U-

niversity Press, 1969.

112. Walbank, F. W. , etc. , *The Cambridge Ancient History*, Vol. 7, part 1, Cambridge: Cambridge University Press, 2001.

(三) 论文

113. Asheri, D. , "Laws of Inheritance, Distribution of Land and Political Constitutions in Ancient Grecce", *Historia*, Vol. 12 (1963).

114. Cartledge, P. , "Hpolites and Heroes: Sparta's Contribution to the Tehnique of Ancient", *The Journal of Hellenic Studies*, Vol. 97 (1977).

115. Cawkwell, G. L. , "Sparta and Her Allies in the Sixth Century", *The Classical Quarterly*, New Series, Vol. 43, No. 2 (1993).

116. Cawhwell, G. L. , "the Decline of Sparta", *the Classical Quarterly*, Vol. 43 No. 2 (1993).

117. Dickins, Guy, "the Growth of Spartan Policy", *The Journal of Hellenic Studies*, Vol. 32 (1912).

118. Figueria, T. J. , "Mess Contribution and Subsistence at Sparta", *Transaction of American Philological Association*, Vol. 114 (1984).

119. Forrest, W. G. , "Legislation in Sparta", *Phoneix*, Vol. 21, No. 1. (Spring, 1967).

120. Grundy, G. B. , "The Population and Policy of Sparta in the Fifth Century", *The Journal of Hellenic Studies*, Vol. 28 (1908).

121. Grundy, G. B. , "The Policy of Sparta", *The Journal of Hellenic Studies*, Vol. 32 (1912).

122. Hammond, N. G..L. , "The Lycurgean Reform at Sparta", *The Journal of Hellenic Studies*, Vol. 70 (1950).

123. Hodkinson, S. , "Land Tenure and Intheritance in Classical Sparta", *The Classical Quarterly*, New Series, Vol. 36, No. 2 (1986).

124. Kelly, T. , "The traditional Enimty between Sparta and Argos: The Birth and Development of a Myth", *The American Historial Review*, Vol. 75, No. 4 (1970).

125. Larsen, J. A. O. , "Sparta and the Ionian Revolt", *Classical Philology*, Vol. 27, No. 2 (Apr. , 1932).

126. Larsen, J. A. O. , "The Constitution of the Peloponnesian League",

Classical Philology, Vol. 28, No. 4 (Oct., 1933).

127. Michell, H., "The Iron Money of Sparta", *Phoneix*, Vol. 1, Supplement to Volume One (Spring, 1947).

128. Nicholas F. J., "The Order of the Dorian Phylai", *Classical Philology*, Vol. 75, No. 3 (1980).

129. Park, H. W., "The Deposing of Spartan Kings", *The Classical Quarterly*, Vol. 39, No. 3/4 (Jul – Oct., 1945).

130. Park, H. W., "The Devolment of the Second Spartan Empire", *The Journal of Hellenic Studies*, Vol. 50, Part 1, (1930).

131. Smith, R. E., "Lysander and Spartan Empire", *Classical Philology*, Vol. 43, No. 3 (Jul., 1948).

132. Thomas, C. G., "On the Role of the Sprtan Kings", *Historia*, Vol. 23 (1974).

133. Toynbee A., "The Growth of Sparta", *thr Journal of Hellenic Studies*, Vol. 33 (1913).

134. Willetts, R. F., "The Neodamodeis", *Classical Philology*, Vol. 49, No. 1 (Jan., 1954).

（四）工具书

135. Simon Hornblower & Antony Spawforth, *The Oxford Classical Dictionary*, Oxford University Press, 1996.

136. Liddle H. G. and Scott R., *A Greek – English Lexicon*, Oxford: Clarendon Press, 1996.

二、中文文献

（一）原始文献

137. ［古希腊］荷马：《荷马史诗》，罗念生、王焕生译，北京，人民文学出版社，1994年。

138. ［古希腊］赫西俄德：《工作与时日》、《神谱》，张竹明、蒋平译，北京，商务印书馆，1991年。

139. ［古希腊］希罗多德：《历史》，王嘉隽译，北京，商务印书馆，1959年。

140. ［古希腊］希罗多德：《历史》，徐松岩译，上海，上海三联书店，2008 年。

141．［古希腊］修希底德：《伯罗奔尼撒战争史》，谢德风译，上海，商务印书馆，1960 年。

142．［古希腊］修息底德：《伯罗奔尼撒战争史》，徐松岩、黄贤全译，桂林，广西师范大学出版社，2004 年。

143．［古希腊］埃斯库罗斯：《埃斯库罗斯悲剧集》，陈中梅译，沈阳，辽宁教育出版社，1979 年。

144．［古希腊］索福克勒斯：《索福克勒斯悲剧两种》，罗念生译，北京，人民文学出版社，1979 年。

145．［古希腊］索福克勒斯：《索福克勒斯悲剧两种》，罗念生译，长沙，湖南文学出版社，1983 年。

146．［古希腊］欧里庇得斯：《欧里庇得斯悲剧集》（Ⅰ，Ⅱ，Ⅲ），罗念生译，北京，人民文学出版社，1957/1958 年。

147．［古希腊］欧里庇得斯：《欧里庇得斯悲剧两种》，罗念生译，北京，人民文学出版社，1979 年。

148．［古希腊］阿里斯托芬：《阿里斯托芬喜剧集》，罗念生译，北京，人民文学出版社，1954 年。

149．［古希腊］阿里斯托芬：《阿里斯托芬喜剧二种》，罗念生译，长沙，湖南人民出版社，1981 年。

150．［古希腊］伊索：《伊索寓言》，罗念生译，北京，人民文学出版社，1981 年。

151．［古希腊］柏拉图：《柏拉图全集》，王晓朝译，北京，人民出版社，2003 年。

152．［古希腊］柏拉图：《理想国》，郭斌和、张竹明译，北京，商务印书馆，1997 年。

153．［古希腊］柏拉图：《政治家》，黄克剑译，北京，北京广播学院出版社，1994 年。

154．［古希腊］柏拉图：《法律篇》，何勤华译，上海，上海人民出版社，2001 年。

155．［古希腊］柏拉图：《柏拉图对话集》，王太庆译，北京，商务印书馆，2004 年。

156．［古希腊］亚里士多德：《雅典政制》，林志纯译，北京，商务印书馆，1999 年。

157．［古希腊］亚里士多德：《政治学》，吴寿彭译，北京，商务印书馆，1997 年。

158．苗力田编：《亚里士多德选集》（伦理学卷），北京，中国人民大学出版社，1999 年。

159．苗力田编：《亚里士多德选集》（政治学卷），北京，中国人民大学出版社，1999 年。

160．［古希腊］亚里士多德：《尼各马科伦理学》，苗力田译，北京，中国社会科学出版社，1999 年。

161．［古希腊］亚里士多德：《尼各马科伦理学》，廖申白译，北京，商务印书馆，2004 年。

162．［古希腊］色诺芬：《回忆苏格拉底》，吴永泉译，北京，商务印书馆，1984 年。

163．［古希腊］色诺芬：《长征记》，崔金戎译，北京，商务印书馆，1985 年。

164．［古罗马］普鲁塔克：《希腊罗马名人传》（上册），黄宏煦、陆永庭译，北京，商务印书馆，1990 年。

165．［古罗马］普鲁塔克：《希腊罗马名人传》，席代岳译，长春，吉林出版集团有限责任公司，2009 年。

166．［古罗马］拉尔特的第奥根尼：《名哲言行录》，长春，吉林人民出版社，2003 年。

167．奈波斯：《外族名将传》，刘君玲等译，张强校，上海，上海人民出版社，2005 年。

168．《希腊罗马散文选》，罗念生译，长沙，湖南人民出版社，1985 年。

169．《古希腊罗马文学作品选》，罗念生译，长沙，湖南人民出版社，1988 年。

170．《古希腊戏剧选》，罗念生译，北京，人民文学出版社，1998 年。

171．《古希腊抒情诗选》，水建馥译，北京，人民文学出版社，1998 年。

172．《古希腊悲喜剧全集》，张竹明、王焕生译，南京，凤凰出版传媒集团，2007 年。

(二) 研究性著作

173．施治生、郭方主编：《古代民主与共和制度》，北京，中国社会科学出版社，1998 年。

174．世界上古史纲编写组：《世界上古史纲》（下），北京，人民出版社，1981 年。

175．黄洋：《古代希腊土地制度研究》，上海，复旦大学出版社，1995 年。

176．晏绍祥、黄洋：《希腊史研究入门》，北京，北京大学出版社，2009 年。

177．晏绍祥：《古典历史研究发展史》，武汉，华中师范大学出版社，1999 年。

178．晏绍祥：《荷马社会研究》，上海，上海三联书店，2006 年。

179．郭小凌：《克里奥的童年》，沈阳，辽宁大学出版社，1994 年。

180．丛日云：《西方政治文化传统》，大连，大连出版社，1996 年。

181．王以欣：《神话与历史》，北京，商务印书馆，2006 年。

182．[美] 波默罗伊等：《古希腊政治、社会和文化史》，周平等译，上海，上海三联书店，2010 年。

183．[苏联] 鲍特文尼克编著：《神话词典》，黄鸿森、温乃铮译，北京，商务印书馆，1985 年。

184．[英] 戴维斯：《民主政治与古典希腊》，黄洋、宋可即译，上海，上海人民出版社，2010 年。

185．[苏联] H. A. 库恩：《古希腊的传说和神话》，秋枫、佩芳译，北京，三联书店，2002 年。

186．[美] J. C. 斯托巴特：《光荣属于希腊》，史国荣译，上海，上海三联出版社，2012 年。

187．[英] 基托：《希腊人》，徐为祥、黄韬译，上海，上海人民出版社，1998 年。

188．[英] 卡尔·波普尔：《开放社会及其敌人》，陆衡等译，北京，中国社会科学出版社，1999 年。

189．[英] 莱斯莉·阿德金斯等：《探寻古希腊文明》，张强等译，北京，商务印书馆，2010 年。

190. ［英］默里：《早期希腊》，晏绍祥译，上海，上海人民出版社，2008年。

191. ［法］让－皮埃尔·韦尔南：《神话与政治之间》，余中先译，北京，三联书店，2001年。

192. ［法］让－皮埃尔·韦尔南：《希腊思想的起源》，秦海鹰译，北京，三联书店，1996年。

193. ［苏联］塞尔格叶夫：《古希腊史》，缪灵珠译，北京，高等教育出版社，1955年。

194. ［英］沃尔班克：《希腊化世界》，陈恒、茹倩译，上海，上海人民出版社，2009年。

195. ［美］伊迪丝·汉米尔顿：《希腊方式》，徐齐平译，杭州，浙江人民出版社，1988年。

196. ［美］珍妮弗·托尔伯特·罗伯兹：《审判雅典》，晏绍祥译，长春，吉林出版集团有限责任公司，2011年。

（三）论文

197. 林志纯：《梭伦以前雅典政治简史》，见《中西古典学引论》（日知著），长春，东北师范大学出版社，1999年。

198. 刘家和：《论黑劳士制度》，见《古代的中国与世界》（刘家和著），武汉，武汉出版社，1995年。

199. 王敦书：《斯巴达早期土地制度考》，见《贻书堂史集》（王敦书著），北京，中华书局，2003年。

200. 郭小凌：《希腊军制的变革与城邦危机》，《世界历史》，1994年第6期。

201. 晏绍祥：《古典斯巴达政治制度中的民主因素》，《世界历史》2008年第1期。

202. 晏绍祥：《荷马史诗中关于政治领袖的术语》，《华中师范大学学报》，2002年第1期。

203. 刘小荣：《莱库古改革辨析》，《南开学报》，2002年第2期。

204. 黄洋：《试论荷马社会的性质与早期希腊国家的形成》，《世界历史》，1997年第4期。

205. 王以欣：《多利亚人入侵的历史谜团》，《西学研究》（第二辑），北京，商务印书馆，2006年。

206. 郭长刚：《试论荷马社会的性质》，《史林》，1999 年第 2 期。

207. 丛日云：《古代希腊的公民观念》，《政治学研究》，1997 年第 3 期。

208. 祝宏俊：《斯巴达的"监察官"》，《历史研究》，2005 年第 5 期。

209. 祝宏俊：《古代斯巴达的王政及其特征》，《历史研究》，2009 年第 3 期。

210. 祝宏俊：《"美塞尼亚"问题研究》，《世界历史》，2009 年第 5 期。

211. 祝宏俊：《古代斯巴达的公民大会》，《世界历史》，2008 年第 1 期。

212. 祝宏俊：《斯巴达"监察官"与政治分权》，《世界历史》，2007 年第 4 期。

213. 祝宏俊：《斯巴达土地占有稳定性研究》，《史学集刊》，2009 年第 3 期。

214. 祝宏俊：《斯巴达长老会议研究》，《史学集刊》，2007 年第 5 期。

215. 祝宏俊：《斯巴达的税收制度》，《西南大学学报》（社科版），2008 年第 3 期。

216. 祝宏俊：《当代西方斯巴达研究趋势》，《齐鲁学刊》，2009 年第 4 期。

后 记

我至今仍坚持我在第一本书的后记中提出的一个观点：后记是一部书的成书史。

2003年，我的博士生涯进入最后一学年，当时的博士论文是《古希腊节制思想研究》，在研究过程中我发现古代斯巴达对古希腊的思想文化产生了巨大的影响，特别是对柏拉图的影响巨大，而柏拉图的思想又对后来欧洲的思想产生了巨大而深远的影响。因此，我转而对斯巴达产生兴趣，并利用博士最后一学期的空闲时间开始了对斯巴达的研究，同时也为该年在长沙举行的世界古代史年会准备论文。随着阅读的深入，我发现，斯巴达作为与雅典同样重要的城邦，在很长一段时间内，对古希腊政治的影响力甚至超过雅典，但国内外对斯巴达的研究却比较薄弱，这给了我决心。

2004年6月，我从北师大博士毕业，到南开大学王敦书先生门下从事博士后研究工作。这对我的学业是一个巨大的转折。先生早已开始研究斯巴达，他的《斯巴达早期土地制度考》是我国斯巴达研究的代表作之一，他希望我能够继续斯巴达研究。我既受他的鼓励，也决心将上半年的论文继续完成，于是，彻底离开了博士阶段的研究计划，转而从事斯巴达的研究。但斯巴达有关的资料匮乏，现有资料的可信度往往受人质疑，加之这一块对我来说是新的研究领域，与博士学业距离较大，这些着实让我犹豫了一番。后来我参加年会的论文《斯巴达"监察官"》，被《历史研究》编辑部相中，在反复修改稿件的过程中，我不知不觉地留在了斯巴达研究的园地中。最后，我的论文终于公开发表，这更给了我信心。从那之后直到现在，我一直从事着斯巴达研究，其间也有过犹豫，但一直坚持下来。这期间研究的主要是斯巴达中央政府的政权机关。但我在研究中发现，古希腊城邦众多，但我们对城邦的具体情形还知之甚少，因此，我决心以斯巴达为个案对古希腊城邦进行深入研究。

2006年，我有幸到中国社会科学院世界史所，继续从事博士后的研究工作，研究的重点仍然是斯巴达。不过重心有些许的转变，即从政治转向经济与社会。2007年9月份，我受霍德金森教授之邀赴诺丁汉大学参加斯巴达国际学术研讨会。第二年，我又受江苏省政府资助，赴诺丁汉大学进行了为期半年的访学，其间有幸拜访了卡特利奇、帕维尔、奥斯邦等国际知名学者，收集了一些国内未见的资料。英国之行为我的斯巴达研究带来了极大的帮助，一方面深化了对以往领域的研究，如地方管理体制、外交政策与外交斗争、美塞尼亚战争等，另一方拓展了一些新领域，如教育、宗教、军队等领域。

2008年，我从社科院世界史所出站，开始了申请国家社科基金项目的"马拉松拉力赛"。这个项目对21世纪第一个十年、又身处全国二流学校的中国学者来说，几乎是生命线。我一边申请，一边修改，对两份出站报告反复修改。在2010年，我以南开大学出站报告为主体，加上在社科院的一些研究成果，申请国家社科基金后期资助，终获立项。这个申请从2007年就开始了，多次失败，我已习以为常了，以为这次又是牺牲了500元评审费。在那个时候，500元对我来说还是不小的数字啊。因此，在该年度11月份的评审结果中，我没有见到自己的名字，并不感到意外。但在元旦后的几天忽然又通知说是被立项了，这令我颇感意外。世事难料啊！

立项之后，本人根据评审专家的意见用了一年半的时间，继续修改、完善，终于完成此项任务。总共算来，目前这个研究内容前后十几年。尽管修订完成，本人仍然对其中部分不甚满意，但又感到无能为力。这个不满意主要是部分内容的重复。本书稿主要采用专题研究的形式，而斯巴达的史料相对比较缺乏，所以，少量史料只能从不同角度多次使用，这样容易给人重复的感觉。此种不足实属无奈，还望读者见谅。目前这本书主要围绕政治，其内容也许显得传统、陈旧。但这些仍然是所有史学不可回避的主要内容，也是我们认识希腊城邦无法回避的。我希望今后早日把我在经济、社会、教育、军队、伦理道德等方面的研究呈现给大家。由于各种原因，书中错误难免，我更希望这本书出版之后，早日得到大家的批评指正。

从2003年至今，我一直从事斯巴达研究。回想至今的斯巴达研究生涯，我首先要感谢郭小凌先生，正是在郭先生门下我开始了斯巴达研究。在以后的学术生涯中，郭老师给了我多方面的帮助和指导，我的每一点进步都离不开先生的指导。我要衷心感谢王敦书先生，正是他为我争取到了来南开大学做博士后的珍贵机会，在科研资金极端紧缺的形势下，南开大学有限的博士后科研基金如雪中送炭，没有这份资金也许我不可能在科研上发展到今天。先生将自己收集的有关资料无私地提供给我，这些资料有些在国家图书馆都没有收藏，它为我的研究起步提供了必要的资料。我要特别感谢于沛老师、郭方老师。2006年在我博士后即将出站之际，我正好到北京出差，拜访了于沛老师，希望能再到社科院继续博士后，在社科院院方不愿提供资金的情况下，于老师想方设法为我争取到一笔科研基金，解除了我的后顾之忧。在社科院期间，我拜郭方教授为师，因为家庭和工作原因不能经常在北京，只能经常在电话中向他请教。我要真诚感谢刘家和先生，刘先生在我申请博士后过程中给予了很多的帮助，包括专业的选择。我的研究工作也得到他多方面的指导。

我还要感谢晏绍祥师兄，我在学业上的许多问题都得到他的指导。他和张强兄还在资料方面给了我很多的帮助，其慷慨热情令我感动至深。我还要感谢徐晓旭君，他扎实的古希腊语功夫帮我解决了许多问题。我要感谢杨俊明、宫秀华等挚友，他们多次鼓励我坚持斯巴达研究，他们的鼓励才使我能写出这本小书。最后，我要感谢赵文洪、舒建军、杨巨平、王以欣、叶民、黄洋、国洪更、王大庆、陈恒、易宁、崔丽娜等师兄、好友的支持。

最后，我还要感谢我的家人。首先是爱妻张俊，没有她的理解、帮助与支持，我不可能取得今天的成果。这句话只有经历过才能理解深切，在家庭经济拮据之时她义无反顾地支持我参加各种学术活动，我在外文文献方面的许多问题都与她一起商讨解决，可以说，她的帮助从生活到学术，无所不在。我还要把感谢献给我的父母和岳父岳母。我父母是忠厚的工人和农民，他们给了我一个健康的身体和踏实的性格，这对学术也许不是无关紧要的。我父亲像我这么大时正是《岳飞传》、《白蛇传》风靡的年代，他一生的愿望就是到杭州、镇江看看岳王庙、金山寺，甚至为此积攒私房钱。我承诺一定在他身体健康之时帮他实现愿望。然而，因为工作、生活等原因，我让他在等了将近20年之后才帮助他实现这个愿望。我妈妈是朴实的农村妇女，有着中国母亲最伟大的优点：勤劳、不服输，70多岁还在做零工、挣收入，她用父亲仅有的退休工资和零工收入维持两人的生活和治病，从不主动向我要养老费。我知道，他们不是不缺钱，而是希望以自己的劳动减轻我们的负担，让我们生活得更好，工作更专心。我岳母在我这里帮助我前后十余年，从50岁后，就几乎是夫妻分居，后来，虽然不常住我这里，但每当我们一有需求，她还是立即前来帮助，没有她和岳父的无私帮助，我的人生不可能达到今日这样的成就。

我深知，在我的一点成就背后，是一群人无私而又无声的帮助与支持，他们的支持无时不刻不在鞭策着我，我也总是提醒自己不能懈怠，不能辜负他们的辛勤付出。谨以此书献给他们！

图书在版编目(CIP)数据

古代斯巴达政制研究 / 祝宏俊著.
—北京：中央编译出版社，2013.9
ISBN 978 - 7 - 5117 - 1644 - 6

Ⅰ.①古…
Ⅱ.①祝…
Ⅲ.①斯巴达 - 政治制度史 - 研究
Ⅳ.①D091.2

中国版本图书馆 CIP 数据核字(2013)第 068645 号

古代斯巴达政制研究

出 版 人	刘明清
出版统筹	贾宇琰
责任编辑	贾宇琰
责任印制	尹　珺
出版发行	中央编译出版社
地　　址	北京西城区车公庄大街乙5号鸿儒大厦B座(100044)
电　　话	(010)52612345(总编室)　(010)52612375(编辑室) (010)66161011(团购部)　(010)52612332(网络销售) (010)66130345(发行部)　(010)66509618(读者服务部)
网　　址	www.cctphome.com
经　　销	全国新华书店
印　　刷	北京金瀑印刷有限责任公司
开　　本	787毫米×960毫米　1/16
字　　数	349千字
印　　张	22
版　　次	2013年9月第1版第1次印刷
定　　价	85.00元

本社常年法律顾问：北京市吴栾赵阎律师事务所律师　闫军　梁勤
凡有印装质量问题，本社负责调换。电话:(010)66509618